交通大数据分析与应用教程

陆化普 等 编著

人民交通出版社股份有限公司

北京

内 容 提 要

在大数据时代,交通领域的大数据技术发展迅速,给交通管理工作带来的新挑战,也对交通管理工作提出新要求。本书系统地介绍了大数据的概念和特征,在阐述大数据基础理论和云计算技术及其应用的基础上,介绍了交通大数据的分析处理方法、视频信息采集技术、车路协同与自动驾驶技术及应用,最后分析新技术开发应用现状并展望发展前景。

本书可供交通领域的学生和研究人员使用,也可供相关主管部门的管理者参考。

图书在版编目(CIP)数据

交通大数据分析与应用教程 / 陆化普等编著. — 北京:人民交通出版社股份有限公司, 2020.9
 ISBN 978-7-114-16762-1

Ⅰ. ①交… Ⅱ. ①陆… Ⅲ. ①数据处理—应用—交通运输管理—高等学校—教材 Ⅳ. ①U495

中国版本图书馆 CIP 数据核字(2020)第 142692 号

Jiaotong Dashuju Fenxi yu Yingyong Jiaocheng

| 书　　名：交通大数据分析与应用教程
| 著 作 者：陆化普　等
| 责任编辑：屈闻聪
| 责任校对：刘　芹
| 责任印制：张　凯
| 出版发行：人民交通出版社股份有限公司
| 地　　址：(100011)北京市朝阳区安定门外外馆斜街 3 号
| 网　　址：http://www.ccpcl.com.cn
| 销售电话：(010)85285857
| 总 经 销：人民交通出版社股份有限公司发行部
| 经　　销：各地新华书店
| 印　　刷：北京市密东印刷有限公司
| 开　　本：787×1092　1/16
| 印　　张：19.75
| 字　　数：481 千
| 版　　次：2020 年 9 月　第 1 版
| 印　　次：2025 年 6 月　第 1 版　第 5 次印刷
| 书　　号：ISBN 978-7-114-16762-1
| 定　　价：80.00 元

(有印刷、装订质量问题的图书由本公司负责调换)

前　　言

随着数字化、信息化、智能化技术的迅速发展,交通大数据科学与技术已经成为交通领域人才基础知识结构的一个重要组成部分,也是其综合能力培养中不可或缺的基本技能。因此,为更好地培养学生的交通大数据分析应用能力,需要对交通大数据的分析与应用方法进行系统梳理、总结,撰写一本好的交通大数据教程。

根据我的经验,撰写一本好的教材,不但需要大量的基础研究成果支撑,而且需要作者有一定的工程应用实践经验。在此背景下,我和长期从事智能交通研究的李瑞敏副教授,从博士期间就进行交通大数据分析与应用研究的孙智源博士,在视频数据提取与分析方面有深入系统研究的赵英博士,以及在交通大数据平台方面有研究与应用积累的胡庆勇博士一起商量,决定联合撰写这本《交通大数据分析与应用教程》。

这本书试图给大家一个较为系统的概念,首先从问题导入,说明交通大数据能干什么,用以开拓大家的研究与应用思路。这是非常重要的问题,弄清这一点,就能清楚研究内容、研究重点和如何开展研究了。在此基础上,本书对数据采集、数据分析及交通大数据平台进行介绍,最后以应用领域为主线,深入分析探讨交通大数据研究与应用的关键技术。

交通大数据平台是基础,也是当前比较让大家迷茫的关键问题之一。平台结构、平台的功能构成、平台的关键技术等,都是大家应该掌握的基本功。实际上,不管平台结构如何,平台的基本功能不外乎以下几方面:接入原始数据并做好数据的质量控制;做好基本的数据加工处理,让平台能够适应具有共性特点的普遍需求;进行更加专业的加工处理,适应各种专门应用的特殊需求。这可以与木材供应商的作用类比。树木砍伐原木运输就相当于数据接入,也就是形成原始数据库。但是,这些原木用起来不太方便,因此,木材供应商要根据大量的市场需求调研,将原木切割成常用厚度的板材、需要量最大的方材等,这就相当于形成基础数据库。但是,某些特定用途需要特定尺寸的材料,木材供应商还必须根据用户的定制要求提供特殊木材,这就是专用(应用)数据库。清楚了这些道理,大数据平台就不神秘了,使用者可以根据系统开发目的、模型方法以及分析研判过程中的数据需求、数据检索技术、数据提取技术等综合要素,运用自如地进行大数据平台的设计。

应用系统很重要。我们推进数字化、信息化、智能化,归根到底是应用,是要解决实际问题,使我们的工作更高效,使我们的生活更美好。因此,无论是论证项目该不该建设,还是决定系统功能构成,都应该以问题为导向,这也符合投资效益最大化原则。因此,对交通行业各个方向的发展现状与发展态势的系统把握和深度理解,是系统设计和建设成败的关键。本书选取交通强国建设中智能交通发展的若干优先领域,具体阐述了系统分析与设计方法,目的是提高大家理论联系实际的应用能力。

在诸多信息感知手段中,视频技术是感知要素最全面、最直观的方式,如果在视频信息提取技术方面取得全面突破,则具有十分重要的理论和应用意义。本书特意在视频技术方面做了较为细致的介绍,希望将来在人工智能技术高度发达之时提供更好的信息支撑。

城市智能交通管理将是率先突破、引领世界发展的领域,但目前短板还很明显。其中最基本的是智能交通控制系统,我们的市场还是国外产品占主导,很多城市的应用系统也效果不佳,急需创新和突破。

交通领域新技术的发展应用日新月异。交通大数据分析研判技术以及基于分析研判结果的智能方案生成、智能勤务技术正在不断改革发展,人们对满足各种应用实际需求、智能化程度高、控制诱导效果好的城市智能交通控制系统的长期需求呼唤着中国产品。智能网联、车路协同和自动驾驶等技术均期待着更快、更好的发展,这也是本书的重点内容之一。

总之,我们正处在智能交通系统爆发式发展的前夜、人工智能广泛应用的起点。如果用我展望的"信息共享、系统整合、业务联动、自我进化"智能交通发展阶段来对应的话,我们正处在信息共享、系统整合时期,刚刚开始业务联动的探索。值此时刻,希望本书能够为青年学子和交通领域同行提供参考,为智能交通和智慧城市的发展提供理论与方法支撑。

本书第一章、第二章由陆化普撰写,第三章由胡庆勇撰写,第四章由李瑞敏撰写,第五章由孙智源撰写,第六章由赵英撰写,第七章由陆化普、孙智源、肖天正撰写,第八章由陆化普、张永波撰写,全书由陆化普统稿。在本书的撰写过程中,柏卓彤等研究生协助进行了资料收集和校对工作。同时,本书还参阅了大量国内外资料,也向这些著作和文献资料的原作者们表示衷心感谢。

由于本书作者的理论研究深度尚不够、工程实践积累尚不充分,本书一定存在各种不足,诚请大家批评指正。

陆化普
2020 年夏
于清华大学

目　　录

第一章　绪论	001
第一节　城市交通面临的问题与挑战	002
第二节　城市交通问题的解决思路	006
第三节　交通大数据的角色及其应用	008
第四节　交通大数据应用面临的挑战与发展方向	019
本章参考文献	021
第二章　基础理论	025
第一节　大数据驱动的数学建模思路	026
第二节　模式识别	027
第三节　数据挖掘	048
第四节　系统仿真	053
第五节　大规模优化	058
本章参考文献	068
第三章　云计算技术及其应用	071
第一节　概述	072
第二节　云计算	072
第三节　边缘计算	079
第四节　大数据处理	085
第五节　分布式存储	099
第六节　5G 技术	103
第七节　可视化技术	105
本章参考文献	106
第四章　交通大数据分析处理方法	107
第一节　移动定位数据	108
第二节　公交出行数据	115
第三节　固定检测器数据	126
第四节　浮动车系统数据特点及应用	138
第五节　道路交通事故数据	139
第六节　环境及气象数据	152
第七节　交通卡口数据	157
第八节　社交媒体数据在交通领域的应用	170

本章参考文献……173

第五章　交通大数据应用领域……179
　　第一节　交通大数据应用概述……180
　　第二节　交通大数据平台：北京市交通运行检测调度中心案例解析……182
　　第三节　道路交通运行监测及辅助决策平台……186
　　第四节　居民出行行为检测与信息服务系统……191
　　第五节　"互联网+交通"……201
　　第六节　智能网联……213
　　本章参考文献……223

第六章　视频信息采集技术及其应用……225
　　第一节　概述……226
　　第二节　视频大数据生成与采集……227
　　第三节　视频大数据检测分析基础……234
　　第四节　交通中的视频检测分析应用……255
　　第五节　应用实践……266
　　本章参考文献……271

第七章　车路协同与自动驾驶……275
　　第一节　车路协同系统概述……276
　　第二节　当前车路协同发展状况……279
　　第三节　通信与网络技术……286
　　第四节　自动驾驶概述……288
　　第五节　自动驾驶研究进展……291
　　第六节　车路协同和自动驾驶的关系……296
　　本章参考文献……297

第八章　新技术开发应用现状与发展展望……299
　　本章参考文献……309

第一章

绪 论

第一节　城市交通面临的问题与挑战

城市既是人类文明发展的结果,也是人类文明的重要载体和市民的生存家园,是人类追求安全、健康、舒适栖居梦想的最佳选择。当前,占全球地表面积2%的城市容纳了约50%的地球人口,创造了全球80%以上的国内生产总值(GDP),毋庸置疑地成为全球政治、经济、文化、科技的中心。然而,高度集聚的有限城市空间、高密度高强度的人类活动,在给城市带来文明的同时,也在城市发展进程中造成了诸如交通拥堵、环境污染、雾霾多发、事故频繁等这样那样的城市问题。我国城市交通当前面临如下问题与挑战。

一、私人小汽车保有量快速增长,交通拥堵日益加剧

近年来我国机动车持续快速增长。截至2019年底,全国机动车保有量达3.48亿辆,其中私人小汽车达2.07亿辆。全国66个城市汽车保有量超过100万辆,其中30个城市汽车保有量超过200万辆,11个城市汽车保有量超过300万辆。特别是北京、成都,汽车保有量均超过500万辆。机动车保有量快速增长的同时道路交通需求也急剧增长[1]。

随着我国城市交通需求总量和道路上机动车交通量的迅猛增加,城市交通拥堵已经从高峰时间向非高峰时间、从城市中心区向城市周边、从一线城市向二三四线城市迅速蔓延,交通拥堵已经成为城市,尤其是大城市中的常见现象。

大城市道路交通高峰期间普遍趋于饱和状态,车速整体不高,以北京、上海、广州、深圳、重庆、成都6个城市为例,2019年高峰时段平均车速为25.05km/h(表1-1),交通拥堵问题依然严峻。2019年10月9日北京市道路高峰和平峰时段拥堵状态如图1-1所示。

区域名称	交通指数	拥堵等级	平均速度
全路网	6.9	中度拥堵	21.9
二环内	8.2	严重拥堵	18.5
二环至三环	7.8	中度拥堵	21.7
三环至四环	6.6	中度拥堵	24.1
四环至五环	6.9	中度拥堵	22.3
东城区	8.2	严重拥堵	18.8
西城区	8.4	严重拥堵	17.4
海淀区	6.6	中度拥堵	23.0
朝阳区	7.3	中度拥堵	22.4
丰台区	5.6	轻度拥堵	25.4
石景山区	3.0	基本畅通	29.8

■畅通[0~2)　■基本畅通[2~4)　■轻度拥堵[4~6)　■中度拥堵[6~8)　■严重拥堵[8~10]

图1-1　2019年10月9日北京道路高峰时段拥堵状态

部分主要城市高峰和平峰时段平均车速　　　　　表 1-1

类　别	年份 (年)	北京 (km/h)	上海 (km/h)	广州 (km/h)	深圳 (km/h)	重庆 (km/h)	成都 (km/h)	数据来源 (互联网公司及联合研究机构)
高峰平均车速	2016	23.14	25.16	23.05	24.39	23.44	26.90	《2016 年度中国主要城市交通分析报告》
高峰平均车速	2017	22.17	23.18	24.13	27.08	23.27	24.89	《2017 年度中国主要城市交通分析报告》
平峰平均车速	2017	28.57	29.37	28.49	31.83	30.59	29.39	《2017 年度中国主要城市交通分析报告》
高峰平均车速	2018	23.35	23.27	23.96	26.41	25.84	26.17	《2018 年度中国主要城市交通分析报告》
高峰平均车速	2019	25.65	24.29	24.25	25.78	24.95	25.39	《2019 年度中国主要城市交通分析报告》

同时,许多大城市日均交通拥堵时间较长。以北京为例,根据北京交通发展研究院公布的《2019 北京市交通发展年度报告》,北京全年日均拥堵时间为 2h50min。

二、绿色交通发展水平亟待大幅提升

1. 公交服务水平不高

近年来,我国各级政府虽然加大了公交优先政策实施力度,但受资金、技术以及道路条件的制约,公交系统发展速度相对滞缓,公交出行在我国城市居民出行中所占的比例仍然较低,如图 1-2 所示。公交服务水平缺乏吸引力,主要体现在以下几方面。

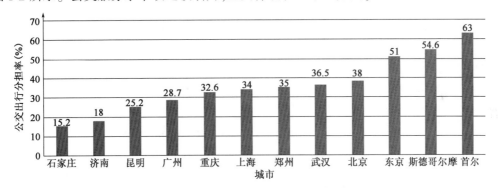

图 1-2　国内外部分城市公交出行分担率比较

(1)地面公交车运行速度慢、换乘不便,平均出行耗时持续增加(图 1-3)。北京 2018 年常规公交平均出行距离 11km,早高峰公交平均出行耗时 66.5min,晚高峰 67.6min。

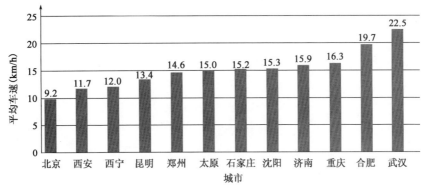

图 1-3　2018 年部分城市高峰时段公共汽车平均行驶速度

(2)公交出行中车外等待时间比例大,出行效率低。根据北京2014年第5次综合交通调查,北京公交出行车外等待时间比例为36.7%(轨道交通车外等待时间比例38.9%;常规公交出行车外等待时间比例为34.5%),严重影响公共交通的出行效率。

(3)枢纽换乘距离普遍过长。例如北京各地铁换乘时间大于2min的线路占比45%,13号线换乘2号线,在西直门步行距离420m、东直门步行距离为553m。

(4)公交系统在线网布局、站点设置等方面均在不同程度上存在问题,如:公交站点300m~500m半径覆盖率不足,线网不合理、密度低,场站用地严重不足等。在公交场站用地方面,以北京朝阳区为例,目前共有143个公交场站,其中90个为临时用地。

2. 步行、自行车交通分担率明显下滑

步行、自行车出行环境差,交通政策与对策措施尚须大力加强。

(1)自行车分担率有逐年下降趋势。北京市1986年自行车分担率为62.7%,2018年降为16.3%,同期私人小汽车分担率由5%上升到36.7%,如图1-4所示(为统一起见,计算时未含步行出行量)。

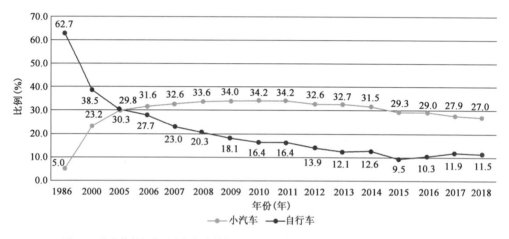

图1-4 北京特征年交通出行方式结构变化(不含步行,数据来自北京交通发展研究院)

(2)封闭大院禁止共享单车进入。共享单车有效地解决了"最后一公里"问题,如果不能进小区、大院,导致步行距离加长、出行时间优势减小或消失,共享单车的效果将大打折扣。虽然共享单车目前依然存在诸多问题,但促进其发展是正确方向,需要通过相关政策与对策规范管理和促进服务,鼓励其发展。

(3)步行、自行车通行空间不连续、被挤占现象比比皆是。

(4)缺少科学布设的自行车停放空间,自行车随意停放问题严重。

三、停车供需矛盾突出

第一,停车位供给不足。根据国家发改委公布的数据,我国大城市小汽车与停车位的平均比例约为1∶0.8,中小城市约为1∶0.5,与发达国家1∶1.3相比,比例严重偏低,全国车位缺口超过5000万个。

第二,停车设施供给结构不合理。城市合理的停车位结构是配建停车位占80%~85%,

路侧临时停车位占0%~5%,路外公共位占10%~15%,大多数城市公共停车位数量偏低、路侧停车比例偏高,如柳州市公共停车场停车位数量仅占总汽车保有量的3.3%,且布局也不够合理。

第三,停车收费结构不合理。"路内停车收费低于路外、地面停车收费低于地下"模式加剧交通拥堵、交通秩序混乱;有的城市路内停车位采用免费或低收费的管理方式,影响了道路功能的发挥。

第四,违法停车现象普遍。各类城市普遍存在违法停车现象,尤其是路边停车现象,管理难度大,严重影响道路交通通行。

四、路网规模结构仍须优化调整

我国城市路网存在道路系统不完善、道路结构不合理、断头路多等问题。根据2019年度《中国主要城市道路网密度监测报告》数据可知,我国城市道路网密度总体比较低,与国家要求的$8km \cdot km^{-2}$还有不小距离,一些城市甚至与规范要求的$5.4~7.2km \cdot km^{-2}$也有一定距离,如表1-2所示。同时,大多数城市的支、小路系统也不发达,且利用效率低,没有疏通城市"毛细血管"。

我国城市建成区域路网密度分布　　　　　表1-2

路网密度($km \cdot km^{-2}$)	城市比例(%)	路网密度($km \cdot km^{-2}$)	城市比例(%)
<4	5.6	5.4~7.2	55.6
4~5.4	30.6	>7.2	8.3

五、土地使用形态不合理态势日益加剧

1. 职住分离程度日益加剧,导致通勤交通潮汐现象日益严重

随着城市规模的迅速扩大,市民平均出行距离普遍增加。北京平均出行距离从2000年的8km增长到2016年的11.9km,增长49%;深圳从2000年的5.5km增长到2016年的10.1km,增长84%;上海从1995年的4.5km增长到2014年的6.9km,增长53%。

大城市普遍存在中心城区公共资源高度集中,就业岗位密度大,周边新城及大型居住区域缺乏就业岗位、缺乏生活配套设施和公共设施的问题;全国县级以上新城、新区超过3500个;北京三环内交通出行吸引强度为六环内平均强度的4.5倍。

2. 大规模单一居住功能小区开发有增无减

我国许多城市的居住小区普遍存在规模大、功能单一、居住人口多等现象。

超大、特大城市已存在较多的大规模单一居住功能小区,成为城市发展的痛点。典型代表是北京天通苑社区,第6次全国人口普查显示,天通苑社区共有37.9万人,有媒体报道实际居住50万~70万人。

其他大、中、小城市的中大规模、单一居住功能的小区开发有增无减,急需采取果断措施解决这一问题。

此外,大型封闭小区给城市交通组织带来难度。中共中央、国务院发布的《关于进一步加

强城市规划建设管理工作的若干意见》中提到"要推广街区制,原则上不再建设封闭住宅小区","已建成的住宅小区和单位大院要逐步打开",应加大落实力度。

六、交通高能耗、高排放及噪声问题突出

我国交通能源消费占全国能耗总量的 11.6%（交通消耗石油占比为 55%），在城市中,私人小汽车在城市交通能源消耗体系中占比高达 65%。

城市移动源已经成为 PM2.5 的首要来源。根据《2018 年中国机动车环境管理年报》,北京、上海、杭州、广州和深圳的移动源排放 PM2.5 为首要来源,占比分别达到 45%、29.2%、28.0%、21.7%、52.1%,其中柴油货车的影响最大。一辆重型柴油货车污染物排放量相当于 200 辆小汽车。

交通噪声污染日益突出,主要来源包括飞机起降、船舶及高铁运行等。

七、交通安全水平与国外相比差距显著

2018 年我国道路交通事故死亡人数为 6.3 万人,万车死亡率为 1.93,是英国的 4.0 倍、日本的 3.6 倍、美国的 1.6 倍(表 1-3)。

2018 年部分国家道路交通万车死亡率及死亡人数　　　表 1-3

国家	万车死亡率	死亡人数(人)
德国	0.62	3459
西班牙	0.51	1689
法国	0.80	3461
意大利	0.65	3419
荷兰	0.61	621
英国	0.48	1804
美国	1.25	35092
日本	0.53	4859
中国	1.93	63194

第二节　城市交通问题的解决思路

造成交通拥堵的根本原因是交通供给与交通需求失衡。因此,缓解交通拥堵的基本思路是调整交通供给和交通需求,使之实现动态平衡,即加大供给、减少需求、提高效率。

从城镇化、机动化发展不同阶段的交通供求关系变化可以看出随着城镇化、机动化发展的道路交通供求关系变化的宏观规律以及对策重点(图 1-5)。在城镇化、机动化快速增长期,随着交通需求的快速增长,交通供需缺口越来越大,导致交通拥堵日益加剧,解决方法是提高供给、减少需求、提高交通基础设施的使用效率(图 1-6)。

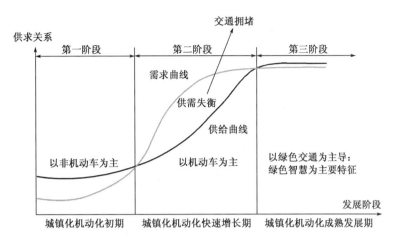

图 1-5　不同发展阶段交通供求关系变化及交通拥堵成因

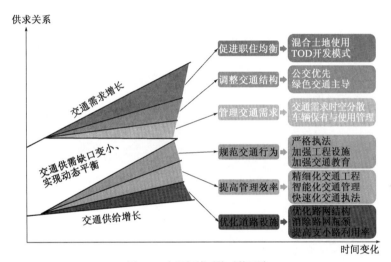

图 1-6　交通拥堵系统对策思路

总体而言,减小交通需求的对策主要包括 3 个方面:①调整城市结构、促进职住均衡,重点是促进混合土地使用、采用以公共交通为导向的开发模式(TOD);②调整交通结构,主要是通过优化完善绿色交通服务水平,促进出行者对绿色交通的使用,提高绿色交通出行分担率;③对交通需求实施管理,重点是通过加强交通诱导实现交通需求的时空分散、强化机动车保有和使用的管理对策等。

增大交通供给的对策主要包括 3 个方面:①优化道路系统,重点是优化路网结构、消除路网瓶颈、提高支小路利用率等;②提高管理效率,主要是精细化交通工程、智能化交通管理、快速化交通执法等;③规范人的交通行为,主要有严格执法、加强工程设施、加强交通教育等。

通过供、需两个方面的对策使得交通供需缺口变小、实现交通供求关系的动态平衡。在上述对策思路指导下,城市交通系统对策体系重点包括调城市结构、调交通结构、调路网结构、调路权结构、缓解停车供需矛盾、提高交通管理效率、提升交通服务水平、深化交通需求管理、规范出行行为等。

第三节　交通大数据的角色及其应用

一、大数据的概念及特点

大数据是指其大小超出了常规数据库工具获取、储存、管理和分析能力的数据集。具有"6V"特征[2]：

1. 体量巨大（Volume）

结构化数据和非结构化数据的广泛来源和长期存储，决定了大数据的大体量。

2. 处理快速（Velocity）

随着现代感测、互联网、计算机技术的发展，数据生成、储存、分析、处理的速度远远超出人们的想象，这是大数据区别于传统数据的显著特征。

3. 模态多样（Variety）

大数据与传统数据相比，数据来源广、维度多、类型杂。各种机器仪表在自动产生数据的同时，人自身的生活行为也在不断创造数据。不仅有企业组织内部的业务数据，还有海量相关的外部数据。

4. 真假共存（Veracity）

即数据存在缺失、错误、冗余等异常现象。当数据的来源变得更多元时，这些数据本身的可靠度、质量可能存在问题。若数据本身就是有问题的，那分析后的结果也不会是正确的。

5. 价值丰富（Value）

大数据有巨大的潜在价值，但同其呈几何指数爆发式增长相比，某一对象或模块数据的价值密度较低，这无疑给开发海量数据增加了难度和成本。

6. 可视化（Visualization）

数据处理可进行直观方便的显性化展现。

在大数据时代，"万物皆数"、"量化一切"、"一切都将被数据化"。人类生活在一个海量、动态、多样的数据世界中，数据无处不在、无时不有、无人不用。同时，大数据中真实可靠的数据，实质上是表征事物现象的一种符号语言和逻辑关系，其可靠性的数理哲学基础是世界同构原理。世界具有物质统一性，统一的世界中的一切事物都存在着时空一致性的同构关系。这意味着任何事物的属性和规律，只要通过适当编码，均可以通过统一的数字信号表达出来。因此，"用数据说话""让数据发声"，已成为人类认知世界的一种全新方法。

二、交通大数据的定义及分类

交通运输活动是国民经济运行及广大人民群众社会生活的重要组成部分，其活动影响因素多，涉及范围广，关联行业众多。

交通大数据是大数据的重要组成部分,数据来源涵盖大数据采集的所有渠道,也几乎囊括大数据采集过程中所有可能采集到的数据类型。

交通大数据是指交通运行本身及一切有可能与交通相关联的,用传统技术难以在合理时间内管理、处理和分析的数据集[3]。

交通大数据描述了区域、城市群、都市圈、城市现状物理空间结构,体现了交通出行个体的运行状况,反映了交通系统供给与需求特性,表现了交通运行状况的其他环境要素,为"感知现在、预测未来、面向服务"提供了最基本的数据支撑,是解决交通问题的最基本条件和前提,是制定宏观区域、城市群、都市圈、城市交通发展战略和建设规划,以及进行微观交通服务、管理与控制的重要保障。

总的来说,交通大数据主要包括以下3个大类。

1. 交通运行和管理直接产生的数据

包括各类交通领域的线圈、全球定位系统(GPS)、视频、图片等数据,这些数据是目前人们能比较完整地获取、存储和分析的交通数据,是交通大数据的数据基础和关键。

2. 交通相关领域和行业导入的数据

包括来自经济、规划、土地、气象、通信等部门的 GDP 指标、土地面积和属性、人口数量与分布、气象条件、移动通信手机信令等数据,这些数据来自交通领域以外的社会其他领域和行业,被认为与交通运行有一定关联。

3. 公众互动提供的交通状况数据

包括公众通过微博、微信、论坛、广播电台等提供的文字、图片、音视频等数据。这些数据来源面更广,是对交通行业感知采集的交通数据的重要补充,具有重要价值。但这些数据不易获取,需要通过一定技术和方法去"爬取"、收集,还可能存在侵犯个人隐私等法律问题。

以上3个方面的交通数据,来自不同领域、行业和个人,来源广泛,数据类型多样,数据量巨大,构成了一个个以交通为主题的交通大数据集,而非人们通常认为的某一方面的交通数据。

三、交通大数据的特征

与大数据相似,交通大数据也具有"6V"特征。

1. 体量巨大(Volume)

在交通领域,海量的交通数据主要产生于各类交通的运行监控、服务,高速公路、干线公路的各类流量、气象监测数据,公交、出租车和客运车辆 GPS 数据等,数据量大且类型繁多,数据量也从 TB 级跃升到 PB 级(图 1-7)。

(1)1 个高清摄像头每月能产生 1.8TB 的数据,中等城市每年的视频监控能产生约 300PB 的数据。

(2)在广州,每日新增的城市交通运营记录数据超过 12 亿条,每天产生的数据量为 150GB ~ 300GB。

(3)北京市政公交一卡通,到 2018 年在公交和市政领域累计的可用数据是 460 亿条,每天还有 3000 万条左右的增量。

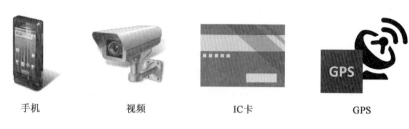

图 1-7　交通大数据海量数据来源

2. 处理快速（Velocity）

交通流具有时变性，需要较高的数据处理速度，为决策控制提供支持，满足交通管理的需求。

交通大数据实时性强，无论是交通基础设施、交通运行状态，还是交通服务对象和交通运载工具，每时每刻都在涌现大量的数据，同时也需要快速处理、分析和挖掘，并给出反馈。如交通实时动态路况、短时交通流预测、信息服务、动态交通控制、应急救援、实时调度等，均基于对大数据的实时快速处理。以北京为例，每天能够产生 1000 多万条手机匿名信令数据，进行超过 600GB 数据的实时处理。

3. 模态多样（Variety）

数据来源广泛、类型丰富，交通系统具有多状态特征，决定了交通流大数据的模态多样[4]。交通大数据的静态信息和动态信息分别见表 1-4 和表 1-5。

交通大数据静态信息　　　　　　　　　　　　　表 1-4

序号	数据大类	数据小类	具 体 信 息
1	人员信息	基础人口信息	常住人口信息、临时人口信息的户籍及暂住证相关信息
2		机动车驾驶人员相关信息	如驾驶证类型、驾驶证审验、登记住址分布、年龄、性别、交通违法记分、交通事故等基础数据
3		重点人员信息	吸毒人员、贩毒人员、刑事人员等重点人员的相关信息
4		驾校学员数据	驾校学员年龄、性别、户籍、职业等相关信息
5		重点车辆驾驶人员相关信息	具有危险货物运输车、渣土车、校车、营运客车等重点车辆驾驶资质的机动车驾驶人员的相关信息
6		网络预约车辆驾驶人员相关信息	网络预约车辆驾驶人相关信息
7		有过严重交通违法行为的人员信息	如酒驾、醉驾、毒驾、无证驾驶人员的相关信息；因暂扣、吊销、注销和驾驶证记满 12 分等"失驾"人员的相关信息
8		警务等相关人员信息	公安民警、支队民警、辅警、协警、职工、临聘人员以及协同交通管理的形象监督员
9		交警办事相关人员信息	考场工作人员、机动车检验人员、机动车登记工作人员的数据；支队各项业务办理人员相关信息
10		驾校教练员信息	教练员相关信息

续上表

序号	数据大类	数据小类	具体信息
11	人员信息	交通营运从业人员信息	交通营运从业人员信息
12		信访人员相关信息	信访人员相关信息
13		其他人员	其他需要关注的重点人员的相关信息
14	车辆信息	注册备案非机动车和机动车的基础数据	注册备案非机动车和机动车的基础数据
15		重点车辆相关信息	危险货物运输车、渣土车、搅拌车、校车等重点车辆的基础信息、违法、事故、年检、保险、环保、实时定位等信息;重点车辆发放的通行证相关信息,如规定的行驶时间、指定的行驶路线等相关信息
16		营运车辆相关信息	公交车、公路客车、旅游客车、出租车等营运车辆基础信息、违法、事故、年检、保险、环保、实时定位等信息
17		网络营运车辆相关信息	网约车的基础信息、违法、事故、年检、保险、环保、实时定位等信息
18		教练车相关信息	教练车的基础信息、违法、事故、年检、保险、环保、实时定位等信息
19		政府、企事业单位名下注册的机动车相关信息	政府、企事业单位名下注册的机动车的基础信息、违法、事故、年检、保险、环保、实时定位等信息
20		其他车辆数据	客货运企业、租赁企业所拥有的车辆相关信息
21	道路、交通及其环境信息	交通管理设施信息	道路明细、编码、路口平面、道路开口等道路基本信息;交通标志、标线、信号灯、护栏、围挡施工等城市道路设施信息
22		智能交通安全设施信息	交通信号灯、支撑杆、视频监控设备、交通流(事件)采集设备、交通诱导标志、交通违法监测设备、卡口设备的相关信息
23		公交车路线等相关信息	公交路线、站台地理信息
24		公共停车场等相关信息	公共停车场、道路停车(改造时间)、咪表停车的分布信息、车辆实时出入信息
25		小区、企事业单位等停车场(库)相关信息	小区、企事业单位等停车场(库)的基础信息、分布信息、实时进出数据
26	警务装备等装备信息	办公类装备相关信息	电脑设备、网络设备、服务存储设备、移动存储介质、保密介质等电子类设备信息
27	其他信息	业务办理类信息	支队业务办理地点分布、服务范围;驾校基本信息;考场备案信息主要包括考试容量、考试线路、考试车辆、考场布局和地址等信息;驾校备案信息主要包括教练车、教练员、训练场地等信息
28		GIS(地理信息系统)地图	GIS地图等相关信息

交通大数据动态信息　　　　　　　　　　表 1-5

序号	数据大类	数据小类	具 体 信 息
1	车辆信息	盗抢车辆、涉案车辆相关信息	盗抢车辆、涉案车辆相关信息
2		机动车的假牌、套牌数据	机动车的假牌、套牌数据
3		卡口过车数据	卡口过车数据
4		违停车辆数据	人工及自动抓拍
5		电子警察违法数据	电子警察记录的违法数据
6		车辆定位数据	车辆 GPS 定位数据
7	道路、交通及其环境信息	视频监控信息	现场视频信息(分析研判后的证据数据)
8		交通流状态信息	时间、车道(如有可以分车道)、流量值、速度、占有率(密度)、车辆长度、车型、时均流量、日均流量、周均流量等相关信息
9		交通诱导信息	信息发布终端实时显示信息(包括文字及图片)
10		行程时间信息	路段行程时间信息(路段编号、名称、行程时间等)
11		浮动车信息	车辆信息、位置坐标、行驶方向、时间、车辆类型、人员或货物信息等(主要为客货运输车辆)
12		交通管控信息	交通管制措施、交通管制地点、原因、影响范围、持续时间等
13		交通施工信息	施工地点、管理机构、联系电话、施工影响车道数、施工起始时间、施工终止时间等
14		交通相关设备运行状态信息	信号控制设备、视频监控设备、交通诱导设备、交通流检测设备、违法取证设备、卡口设备的设备运行状态相关
15		交通事故相关信息	交通事故时间、地点、交通事故成因及处理结果等数据;道路交通事故的类型、当事车辆类型、事故双方对象(车辆间、车辆与行人、机动车与非机动车、车辆自身事故)、事故损失等数据;快处快赔事故数据
16		指挥类信息	交通类报警及处置信息;路段拥堵、交通管制信息;应急联动类信息
17	警务装备等装备信息	执法类装备相关信息	警务通、对讲机、执法记录仪、酒精测试仪等执法类装备基础信息及实时信息
18	其他信息	天气信息	天气信息
19		其他信息	其他相关信息

4. 真假共存(Veracity)

真假共存指数据存在缺失、错误、冗余等异常现象。当数据的来源变得更多元时,这些数据本身的可靠度、质量是否足够高是值得探讨的。若数据本身就是有问题的,那分析后的结果也不会是正确的。

(1)数据缺失:如由于检测器扫描频率不固定、传输设备或存储设备等出现故障、人员操作失误、车辆过度密集造成检测器无法正确检测车辆等原因,使采集到的动态交通数据无法严格地按照指定的时间间隔上传,会出现数据丢失现象。

(2) 数据错误：如当交通检测器或传输线路出现故障时,采集到的数据通常是错误的,这些数据不在期望的范围内或不满足已有的原理和规则,比如车流量较少时,却有较高的车道占有率,显然是错误数据。

(3) 数据冗余：对于同一交通检测器,由于检测器或传输出现故障时,造成相同数据多次上传的现象；同一路段,浮动车系统、旅行时间检测、微波检测并存,带来数据冗余；对多检测器而言,冗余数据主要是指由于同一路段或相邻路段检测器布设密度过大,造成部分车辆信息重叠,具有冗余性(图1-8)。

数据缺失

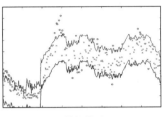
数据错误

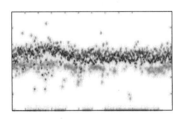
数据冗余

图1-8 数据异常形式

5. 价值丰富(Value)

交通大数据具有时间、空间、历史等多维特征,是多元服务的基础,具有传统数据所没有的价值(图1-9)。

出行空间分布(断面数据)

城市发展变化(连续数据)

图1-9 不同维度的交通大数据分析

6. 可视化(Visualization)

交通运行状态、城市路网特性等需要可视化的展现。

以深圳交警高分可视化指挥平台为例：该平台以"大数据,互联网+"技术为内核,建设了"勤务管理""民意警务""今日警务""警情研判""交通管理"等5个业务场景,实现业务场景的整屏、高分辨率、关联显示,便于全局了解交通状况、实时指挥调度。

四、交通大数据应用领域

交通大数据应用领域很广泛,包括了交通需求特性分析,交通规划支撑,智能交通全领域,与智能交通融合、业务联动的全领域等,具体主要应用领域包括：

(1) 交通需求特性分析与预测；

(2) 交通事故成因分析与态势预测；

(3)交通拥堵成因、扩散与消散机理分析;

(4)交通供求关系及其态势分析预测;

(5)交通基础设施智能建设、运维管理与优化;

(6)交通信息服务与车路协同;

(7)智能交通管理与决策;

(8)交通社会服务的智能化;

(9)智能停车;

(10)智能公交;

(11)智能物流;

(12)智能综合运输与管理;

(13)交通规划决策支撑;

(14)交通综合治理支撑;

(15)"智能交通+"领域的支撑;

(16)交通业务联动的支撑。

五、交通大数据研究现状

交通大数据领域涵盖了交通数据、气象领域、环境领域等各方面的数据,通过数据挖掘、人工智能、机器学习、模式识别、统计学、数据库、可视化等技术,自动分析数据,进行归纳性的推理,从中挖掘出潜在的模式,帮助决策者做出正确的决策。

交通大数据的研究方向涵盖了传统智能交通系统领域的内容,国内外研究者的研究关注点主要集中在以下几个方面。

1. 城市交通数据与跨行业数据关联挖掘研究

以海量交通数据为基础,整合环境、气象、土地、人口等其他行业领域信息,采用数据挖掘、机器学习等数据分析处理技术,找出环境、气象、土地、人口等与交通状态之间的关系,可以为交通政策制定、城市规划、环境治理等提供决策依据。

Xiaomeng Chang(常晓蒙)等利用智能交通技术来估算实时的 CO_2 排放量、时空排放分布[5]。

张连增从外部性的视角出发,研究了行驶里程数对环境交通和能源的影响[6]。

贾顺平等从社会成本分析角度,详细介绍了交通运输与能源消耗的有关研究成果[7]。

吕正昱等认为交通运输政策应关注能源安全问题,将能源、环境、安全等外部成本纳入交通运输的定价体系之中,从而在社会总成本的概念下建立更科学的综合运输系统,构成方案的评价指标体系[8]。

夏晶等从社会经济关系分析角度入手,从交通能耗占全社会总能耗的比例、交通产值占GDP的比例及其二者之间的比值等3个方面,整体分析交通能源消耗和经济发展的协调性[9]。

陆化普等分析了我国近年来交通能耗占能源消耗比例的变化情况,以及城市各种交通方式的能源消耗情况,指出对城市交通结构体系的优化必须将能源消耗纳入模型体系中进行分析,建立了能源消耗约束下的城市交通结构体系优化模型[10]。

徐创军等比较了各种运输方式对土地占用、能源消耗、客运和货运周转量、污染物排放、环境危害、安全、便捷性等方面的影响[11]。

2. 城市交通流预测方面

交通信息化的快速发展,可供分析的交通流数据量越来越大,如何利用大规模交通流数据进行交通预测分析是智能交通的重要研究。综合考虑各种交通数据、气象数据、手机数据、节假日及特殊突发事件等因素,可以更精确地对城市交通状况进行短时预测,更好地指导城市居民的出行。

Fangce Gu(谷方策)等使用奇异谱分析(Singular Spectrum Analysis,SSA)技术提出了一种新颖的灰色模型(Gray Model,GM)[12]。

Stephen Dunne(斯蒂芬·杜)等利用多分辨率预测框架去建立天气自适应的有效交通预测算法[13]。

Narjes Zarei(纳杰斯·扎雷)等考虑交通数据时间变化的波动性特征,探讨了高峰和非高峰时期的交通流基本趋势,针对不同时段训练独立预测模型[14]。

Bei Pan(潘蓓)等研究洛杉矶交通网络收集的实时数据,采用时间序列挖掘技术来提高交通预测的精确性[15]。

Jungme Park(荣格·帕克)等提出了一种基于神经网络的车速预测模型(Neural Network Traffic Modeling-Speed-Prediction,NNTM-SP),对加利福尼亚高速公路上的52个传感器所提供的数据集所进行实验,实验结果表明模型具有很好的精度[16]。

Javed Aslam(贾维德·阿斯兰姆)等通过静态的传感器(如摄像头)、探测线圈采集的交通数据反映交通拥堵、交通流规模、分布时通常不具有实时性、难以量化和分析的情况[17]。

Xiangyu Zhou(周晓宇)等通过GPS车载装置和无线通信设备数据,创建新的交通模型和数据处理算法,进行全面的交通流分析,进行交通状态估计和交通流预测[18]。

Anna Izabel J. Tostes(J·托斯特斯·安娜·依扎布)等利用必应地图(Bing Map,Bing 地图)提供的应用程序编程接口(Application Programming Interface,API)进行城市范围交通拥堵的信息建模、可视化分析,利用逻辑回归建立道路交通流强度的预测模型[19]。

Damien Fay(费·达米安)等利用城市中普遍安装的摄像机所搜集的图片信息来估计交通密度,建立了交通流密度预测的回归模型[20]。

Chee Seng Chong(陈志生)等采用协作分析系统,建立多个预测模型作为通勤交通流来完成交通堵塞的预测,该方法具有更好的鲁棒性和准确性[21]。

Cheng Chen(陈诚)等设计基于映射归约(MapReduce)框架的分布式数据交通预测系统,内容包括系统架构和数据处理算法[22]。

Shuangshuang Li(李双双)等利用k最近邻(k-Nearest Neighbor,k-NN)局部加权回归方法,用来作短时交通流预测,并利用预测的交通流与实际的交通流之间的均方根误差来优化权重[23]。

Chenye Qiu(邱晨业)等利用贝叶斯规则化神经网络模型来作交通流速度的短期预测[24]。

孙占全等提出了一种基于分层抽样与上均值(k-means)聚类相结合的抽样方法,并与基于序贯最小优化方法(Sequential Minimal Optimization,SMO)的支持向量机(Support Vector

Machine,SVM)结合,进行大规模交通流预测[25]。

沈国江等提出了一种新的短时交通流量智能组合预测模型,该智能组合模型包含3个子模型:卡尔曼滤波模型、人工神经网络模型和模糊综合模型[26]。

李松等提出了一种基于改进粒子群算法优化多层前馈(BP)神经网络的预测方法[27]。

陆化普等提出了应用于大规模城市路网的交通流预测组合模型,并在北京市得到了应用与验证[28]。

3. 交通出行线路推荐及交通诱导方面

随着人们消费水平的提高,人们在周末或节假日结伴旅游的机会越来越多,根据城市的实时道路交通状况,提供给旅行者最佳的旅行线路,预估旅行时间,提供良好的交通诱导服务,为外地居民提供更加个性化的服务。

Mehmet Yildirimoglu(穆罕默德·伊尔迪里英格鲁)和Nikolas Geroliminis(尼古拉斯·杰尔立米尼斯)提出旅行时间的预测基本框架包括瓶颈识别算法、在线的拥堵搜索算法等[29]。

KaiPing Chang(常凯平)等可通过驾驶轨迹信息,来发现个人驾车时习惯选择的线路。

Amna Bouhana(阿姆纳·布哈纳)等结合运输用户的属性和需要,提出了多准则途径来推荐个性化的旅行线路[30]。

Leon Stenneth(莱昂·斯坦内思)等给定一个多通道GPS跟踪,识别GPS跟踪旅行者改变运输模式,通过数据挖掘方案来理解移动数据,从数据中发现旅行者在哪里改变了交通方式[31]。

Chieh-Yuan Tsai(蔡倩元)等充分利用先前流行的访问行为作为建议,依据旅游线路建议系统来生成个性化的旅游,形成一个序列模式挖掘[32]。

Shiyou Qian(钱世友)等强调发展智能推荐系统可以通过挖掘来自大量城市出租车的大型GPS踪迹数据[33]。

Shuo Shang(尚硕)等认为单纯依靠位置信息的旅游线路推荐,难以真实地符合用户的意图,通过考虑用户偏好和线路的环境属性,可以提高推荐的质量[34]。

Wenjie Sha(沙文杰)等人提出了一种社会化导航模型,汇集驾驶者提供的路况信息,通过语音微博的形式,根据位置和目的地划分的社会组,分享不同的信息[35]。

Barbara Furletti(芭芭拉·弗雷蒂)等针对GPS数据只提供位置信息,缺乏推理人类活动内容的语义信息的问题,提出了一种对人和群踪迹进行自动注释的算法[36]。

张莉等介绍智能出租车呼叫系统的研究现状和云计算在智能交通上的应用,分析基于云计算的手机智能出租车呼叫系统的创新性和优越性[37]。

Jing Yuan(袁静)等提出了一种基于云计算的交通路况预测与个性化导航系统,系统聚合了出租车GPS数据、网络地图数据、天气数据,在日期、时刻、天气、驾驶策略等多个维度建立模型[38]。

Shenpei Zhou(周申培)等研究了驾驶者的线路选择和交通控制信号之间的关系,由交通控制信号引起的道路状况影响驾驶者的路线选择。

Jing Yuan(袁静)等通过建立时间依赖的城市地标图,对出租车GPS数据聚类来提取地标间的路线模式[39]。

4. 车辆识别系统、交通事故预警及安全监控方面

通过在各个典型交通路段的车辆徽标或车牌号码的识别,可以分析城市的车辆拥有量及外地车的涌入量,有助于交警部门对城市车辆的管理与监督。同时,对车辆信息的采集,可以管理监控车辆运行,对交通事故的分析及预警犯罪等行为进行监控分析。

Songan Mao(毛松安)等为解决车辆标识检测这个智能交通系统中的重要任务,通过搜索区域的最大有用信息来定位车辆标志[40]。

Apostolos Psyllos(阿波斯托洛斯·赛罗斯)等提出了一种增强的尺度不变特征转换算法(Scale Invariant Feature Transforms,SIFT)模块[41]。

Mohamed Ahmed(穆罕默德·艾哈迈德)等提出了一个在科罗拉多州高速公路上进行实时风险评估的框架[42]。

Rongjie Yu(于荣杰)等采用贝叶斯推理方法来对美国科罗拉多州Ⅰ-70公路的一年事故数据进行建模[43]。

Mahalia Miller(马哈利亚·米勒)等采用机器学习的方法,利用高速公路的传感器数据、天气数据,以及警方提供的事故报告的半结构化数据,分析不同时间、路段发生的事故的时空模式,建立了事故影响时间、范围的分类模型[44]。

Hongyan Gao(高洪岩)和Fasheng Liu(刘发生)在全球移动手机的传播及定位技术为高速公路交通条件的监控提供了机会的基础上,考虑了一个相对简单的聚类方法来区分多部手机一辆车的情况[45]。

方青等利用数据挖掘优势,运用关联规则挖掘方法对高速公路交通事故数据进行了研究,发现交通事故数据中存在的关系和规则,从而为高速公路交通事故预警提供数据支撑[46]。

刘晓丰等设计了交通安全预警管理平台,用于交通运输部门和企业对交通事故与交通灾害的诱因进行监测、诊断及预先控制[47]。

Huilin Fu(付慧林)等提出了一种结合L-M算法(Levenberg-Marquardt)优化的BP神经网络模型来实现交通事故预测[48]。

5. 交通出行特征的掌握方法方面

从长期历史海量数据中,通过对地铁、出租车信息数据的采集,获得不同细分人群的出行特征,如出行时间、出行距离、出行目的地、出行频率等,挖掘城市居民公共交通出行行为模式,可以对整个城市的交通布局进行评价,有利于整个城市交通网络的规划与布局,为城市交通管理者提供更好的决策支持。利用已经普及的智能手机终端的GPS数据,可以获取城市人口分布与流动的真实数据。

Yunji Liang(梁俊基)等引入社会化网络分析方法,从大量的地理轨迹数据抽取人群活动模式。

Farnoush Banaei-Kashani(法努什·巴奈-卡沙尼)等通过对洛杉矶市全境的交通传感器信息进行分析,将道路划分为路段后,抽取路段的交通流特征。

Leon Stenneth(莱昂·斯坦内思)等利用手机的GPS设备产生的轨迹数据及实时的路网信息,如公车的位置、站点等,来分析个人的出行方式,结合路网的信息可以有效地区分自驾、公

交车、轨道交通出行的特征[49]。

Lijun Sun(孙立军)等研究了新加坡城市轨道交通的运载需求规律。采用进出站旅客的刷卡记录,来分析地铁载客的动态特征[50]。

Elio Masciari(埃利奥·马斯卡里)等针对快速、连续地处理交通数据流的需要,提出了一种对城市交通轨迹数据频繁模式的流挖掘方法[51]。

冉斌利用长期历史手机话单数据,分析常住人口和就业人口分布、通勤出行特征、大区间起讫点、特定区域出行特征、流动人口出行特征等。

Wangsheng Zhang(张旺盛)等研究了拥有数百万人口的城市出租车 GPS 踪迹,发现代表出租车随机运动的轨迹包含着重要的活动模式。

六、交通大数据应用现状

我国在交通大数据应用方面走在了世界前列。我国很多城市基于大数据在智能交通部分领域取得了长足进展,积累了一定经验。

1. 在综合运输领域的应用

大数据在综合运输领域应用非常广泛,下面以基于大数据的开放式综合交通出行服务信息应用云平台和民航空管系统为例说明。

交通运输主管部门和企业将服务性数据资源向社会开放,通过互联网平台为社会公众提供了实时交通运行状态服务,在交通运输部的支持下,交通运输部公路科学研究院打造了"基于开放式综合交通出行服务信息应用云平台",江苏、辽宁、重庆、四川、河南、吉林、京津冀、黑龙江、湖北等十几个省市先后加入,开展了以平台为基础的全国综合交通出行服务信息共享政企合作模式的应用示范。

基于大数据的高速公路智能稽查系统根据数据的来源及产生范围,可以在高速公路省级中心、路段分中心、站级收费点分别应用,提高了高速公路收费稽查的效率和查得率。

基于大数据的民航空管系统建成以来,在增强空管决策能力、充分利用空域与机场资源、提高航空运营效益、改善服务质量等方面赢得社会各界的广泛认可,保障了航班运行关键时刻、停机位时刻、灵活使用空域、流量控制等重要信息的获取和高效传输,推动了航空运输量和服务质量的提升[52]。

2. 在城市交通领域的应用

大数据在城市交通的特性分析、交通规划制定、信息服务等方面得到充分应用。

近年来,基于大数据的空间联系与活力分析、居民的出行特征、交通与居民活动空间的关系等应用成果涌现。例如:北京、上海、天津等城市在最近的城市综合交通调查中均充分挖掘交通大数据资源,主要包括遥感影像数据、移动通信信令数据、车载 GPS 数据、公交 IC 卡数据、射频识别(RFID)监测数据等。

交通大数据为交通模型提供了更加全面的原始数据,上海、广州、重庆等城市不断探索通过挖掘大数据改进交通模型的技术,比如利用遥感影像数据挖掘城市用地特征,利用移动通信信令数据分析人口分布、通勤特征,利用公交 IC 卡数据分析轨道和常规公交出行特征,利用 RFID 监测数据分析小汽车总量和运行分布。

滴滴、百度、高德等互联网公司以及部分城市，基于大数据及云计算技术，构建了智慧出行云服务平台，通过对海量数据即时信息进行收集、存储，构建算法模型，提供便捷出行服务，为城市智能交通提供了大数据支撑。

北京制定了《北京智慧交通行动计划》，明确加强交通大数据建设，建设智慧型城市交通大脑，推动智慧出行，实现公交、地铁二维码"一码通乘"，大力推广一卡通手机卡使用，取消手机电子卡押金，加强智慧执法，推进公交专用道车载执法设备随车安装。

3. 在交通管理领域的应用

大数据在交管领域应用深度、广度、效果均比较好。

深圳基于交通大数据分析研判的"情指勤督"警务机制改革取得明显成效，精准勤务、高效执法以及相应的交通工程精细化、交通管理智能化水平的全面提升，使深圳脱颖而出，一跃成为交通管理领域的耀眼明星。

武汉搭建了武汉智慧交通大数据中心，借力"互联网＋"，全面开展"智慧交管"建设，建成智慧政务、智慧出行、智慧应急、智慧监管等四大平台，实现更高水平的便民服务。

贵州基于云架构建设了交通大数据共享平台，整合了交通、交管、运营商、互联网等数据，实现了数据的"聚、通、用"，创建了大数据发展的贵州模式。

广州打造"交通管理数据中心"，实现大数据"决策、运营、监管、作战、服务"五大功能；"警保联动"全面实现轻微交通事故快速处理、快速赔付、快速撤离现场；在改革窗口服务方面，实现"一次办、马上办"；在"互联网＋交管服务"方面，实现"网上办、指尖办"；在延伸下放业务方面，实现"就近办、便捷办"。

上海在推进"车管到家"交通管理服务、"警医邮"服务模式、创建"警保联动"工作模式、政务信息资源整合共享、建立事中事后综合监管平台、依托市民云建立一站式"互联网"公共服务平台等方面成效显著。

重庆智能交通的发展在国内处于先进水平，在信息采集和管理模式创新等方面很有特点，重庆在基于 RFID 的信息采集与应用方面国内领先，交通大数据精细化分析和警保联动的管理模式具有独到之处。

第四节　交通大数据应用面临的挑战与发展方向

一、交通大数据应用面临的挑战

1. 数据安全问题

交通大数据具有"Value"特征，蕴含了众多的信息，有些信息涉及国家安全，例如公安内网传输的数据；有些信息涉及个人隐私，例如卡口系统检测的车辆轨迹数据。在交通大数据采集、传输、存储、处理、应用等过程中，数据安全问题非常重要。智能交通系统依托智能交通专网进行系统内部的数据传输，以及与外网之间的数据交互时，必须符合规范和标准，保证网络安全。另外，在数据处理过程中，需要遵循隐私保护机制，应用隐私保护技术。

交通大数据具有"Veracity"特征，去伪存真是数据安全的另一重要问题。大量的冗余数据和错误数据不仅占据大量的存储空间,浪费存储资源,还会大大降低数据分析系统的有效性和稳定性。进行异常数据识别、缺失数据补充、错误数据修正、冗余数据消除具有非常重要的意义。

2. 网络通信问题

交通大数据具有"Volume""Velocity""Visualization"特征,要求网络通信要满足大容量数据的快速、稳定传输,特别是高清视频图像数据。交通大数据的"Variety"特征决定网络通信方式的多样化。

目前,城市建立智能交通系统多采用自建专网、租用城市公网相结合的模式,具备有线通信与无线通信并存且互通特征。智能交通系统常用的网络通信技术包括:有线电缆、光纤通信网络、无线传感网络、移动通信系统、卫星定位系统等。

3. 计算效率问题

交通大数据具有"Velocity"特征,要求智能交通系统具备较高的计算效率,例如:交通数据预处理、交通状态识别、短时交通流预测、实时交通流控制、动态交通诱导、实时公交调度等均具有时效性要求。

云计算技术的发展带来了新的解决方案,智能交通云的概念由此提出。基于云计算技术,计算机硬件和软件得到有效利用,提高智能交通系统的计算效率。

4. 数据存储问题

交通大数据具有"Volume"特征,特别是长时间序列的非结构化数据积累,给数据存储带来了巨大的压力。存储技术的发展远赶不上数据增长的速度,大量存储服务器的购买提高了智能交通系统的建设成本,并占用了数据中心的建筑面积。

当前,智能交通系统均采取缩短数据保存时限、降低数据存储质量的方式来减少存储成本,降低了大数据的价值。云存储技术的发展带来了新的解决方案,基于云存储与智能压缩算法可以初步解决大数据的存储问题。

二、交通大数据未来发展方向

高水平交通系统智能化是以大数据为基础,以需求为导向,利用数据挖掘分析技术,实现交通与技术的深度融合(图1-10)。

图1-10 交通大数据要实现交通与技术的深度融合

交通大数据未来发展方向是基于大数据的信息采集、传输、存储、分析、研判、决策技术,全方位提升综合交通的规划、管理、运营与服务水平,主要体现在以下方面。

1. 交通规划、建设优化及政策制定的支撑

通过信息化、大数据等技术手段,全面掌握需求特征,使得交通规划和建设、政策制定更加科学、更加精准。

2. 精准交通管理与执法的支撑

利用大数据,可以实现精准交通管理,可及时识别交通违法行为并形成违法处罚证据链;对人、车、船、企业等行政相对人进行标签画像和挖掘分析,识别信用评价低的行政相对人,加强监管,同时还可以提高交通安全水平。

3. 重大决策的评价与反馈

利用大数据等信息技术,针对重大交通政策、措施的出台,重大交通规划的编制,重大交通工程的立项等不同的应用场景,通过对大量历史的交通信息数据及与交通相关联的土地、人口、经济等相关领域数据,甚至包括公众舆论数据等,加以综合分析,建立相应的精细化决策支持,使每一项重大交通决策的出台,都经过科学论证、评价,保障重大交通决策的科学性。

4. 公众出行全过程的智能精细化服务的支撑

基于大数据的智能出行服务体系,可整合不同的出行方式和服务,为消费者提供一站式出行服务,通过大数据技术为社会公众提供精细化的出行方案服务。

5. 物流运输高效化服务的支撑

通过大数据分析可以提高运输与配送效率、降低物流成本、更有效地满足客户服务要求,使所有货物流通数据、物流运输供求方的信息有效结合,形成一个巨大的即时信息平台,从而完成快速、高效、经济的物流运输。

6. 基于智能车辆和道路技术的智能化交通协同的应用

交通信息化的发展有赖于信息技术、交通大数据的广泛应用,将实现以信息化为纽带的人(出行者)、车(出行设备)、路(出行设施)协同目标,出行者充分享受交通信息服务带来的便利,通过信息辅助使出行变得舒适和安全,同时使交通工具变得更智能,并与交通设施高度和谐,利用有限的交通资源发挥最大效益。

本章参考文献

[1] 张璁. 全国私家车保有量首次突破2亿辆[N]. 人民日报, 2020-01-08(4).

[2] 维克托·迈尔-舍恩伯格 肯尼斯·库克耶. 大数据时代:工作、生活与思维的大变革[M]. 盛杨燕, 周涛, 译. 杭州:浙江人民出版社, 2013.

[3] 何承, 朱扬勇. 城市交通大数据[M]. 上海:上海科学技术出版社, 2015.

[4] 罗强, 杨建国, 康厚荣, 等. 交通大数据应用与实践[M]. 北京:人民交通出版社, 2015.

[5] Chang X, Chen B Y, Li Q, et al. Estimating Real-Time Traffic Carbon Dioxide Emissions Based on Intelligent Transportation System Technologies[J]. Intelligent Transportation Systems, IEEE Transactions on, 2013, 14(1):469-479.

[6] 张连增,孙维伟.行驶里程数对环境、交通和能源的影响——基于外部性视角的省际面板数据研究[J].统计与信息论坛,2013,028(011):75-82.

[7] 贾顺平,彭宏勤,刘爽,等.交通运输与能源消耗相关研究综述[J].交通运输系统工程与信息,2009(03):10-20.

[8] 吕正昱,季令.考虑能源安全与外部成本的交通运输成本分析[J].交通运输工程与信息学报,2004(1):92-98.

[9] 夏晶,朱顺应.中国交通能源消耗与社会经济发展协调性分析[J].商品储运与养护,2008(09):6-8.

[10] 陆化普,王建伟,张鹏.基于能源消耗的城市交通结构优化[J].清华大学学报:自然科学版,2004(03):97-100.

[11] 徐创军,杨立中,杨红薇,等.运输系统生态可持续性评价指标体系的研究[J].铁道运输与经济,2007,029(005):4-7.

[12] Guo F, Krishnan R, Polak J. A computationally efficient two-stage method for short-term traffic prediction on urban roads[J]. Transportation planning and technology, 2013, 36(1):62-75.

[13] Dunne S, Ghosh B. Weather Adaptive Traffic Prediction Using Neurowavelet Models[J]. Intelligent Transportation Systems, IEEE Transactions on, 2013, 14(1):370-379.

[14] Narjes Zarei, Mohammad Ali Ghayour, Sattar Hashemi. Road Traffic Prediction Using Context-Aware Random Forest Based on Volatility Nature of Traffic Flows[M]// Intelligent Information and Database Systems. Springer Berlin Heidelberg, 2013:196-205.

[15] Pan B, Demiryurek U, Shahabi C. Utilizing Real-World Transportation Data for Accurate Traffic Prediction[C]// IEEE International Conference on Data Mining. IEEE, 2012:595-604.

[16] Jungme Park, Dai Li, Yi L. Murphey,等. Real time vehicle speed prediction using a Neural Network Traffic Model[C]// The 2011 International Joint Conference on Neural Networks. IEEE, 2011.

[17] Aslam J, Lim S, Pan X, et al. City-scale traffic estimation from a roving sensor network[C]// Acm Conference on Embedded Network Sensor Systems. ACM, 2012.

[18] Zhou X, Wang W, Yu L. Traffic Flow Analysis and Prediction Based on GPS Data of Floating Cars[J]. Lecture Notes in Electrical Engineering, 2013, 210:497-508.

[19] A. I. J. Tostes, Fátima de L. P. Duarte-Figueiredo, Renato Assuncão, Juliana Salles, and Antonio A. F. Loureiro. From Data to Knowledge: City-wide Traffic Flows Analysis and Prediction Using Bing maps [C]. UrbComp'13: article 12.

[20] Damien Fay, Gautam S. Thakur, Pan Hui, and Ahmed Helmy. Knowledge Discovery and Causality in Urban City Traffic: A study using Planet Scale Vehicular Imagery Data [C]. In Proceedings of the Sixth ACM SIGSPATIAL International Workshop on Computational Transportation Science. 2013:67-72.

[21] Chee Seng Chong, Bong Zoebir, Alan Yu Shyang Tan, William-Chandra Tjhi, Tianyou Zhang, Kee Khoon Lee, Reuben Mingguang Li, Whye Loon Tung, and Francis Bu-Sung Lee. Collaborative analytics for predicting expressway-traffic congestion [C]. In Proceedings of the 14th Annual International Conference on Electronic Commerce, 2012:35-38.

[22] Chen C, Liu Z, Lin W H, et al. Distributed Modeling in a MapReduce Framework for Data-Driven Traffic Flow Forecasting[J]. Intelligent Transportation Systems, IEEE Transactions on, 2013, 14(1):22-33.

[23] Li, Shuangshuang, Shen, Zhen, Xiong, Gang. A k-Nearest Neighbor Locally Weighted Regression Method for Short-Term Traffic Flow Forecasting[C]. In Proceedings of 15th International IEEE Conference on Intelligent Transportation Systems (ITSC), 2012:1596-1601.

[24] Qiu C, Wang C, Zuo X, et al. A Bayesian regularized neural network approach to short-term traffic speed

prediction[C]// 2011 IEEE International Conference on Systems, Man, and Cybernetics. IEEE, 2011.

[25] 孙占全,刘威,朱效民. 大规模交通流预测方法研究[J]. 交通运输系统工程与信息,2013(03): 125-129.

[26] 沈国江,王啸虎,孔祥杰. 短时交通流量智能组合预测模型及应用[J]. 系统工程理论与实践,2011 (03):179-186.

[27] 李松,刘力军,翟曼. 改进粒子群算法优化BP神经网络的短时交通流预测[J]. 系统工程理论与实践, 2012, 32(9):2045-2049.

[28] 陆化普. 城市道路混合交通流分析模型与方法[M]. 北京:中国铁道出版社,2009.

[29] Mehmet, Yildirimoglu, and, et al. Experienced travel time prediction for congested freeways[J]. Transportation Research Part B Methodological, 2013.

[30] Bouhana A, Fekih A, Abed M, et al. An integrated case-based reasoning approach for personalized itinerary search in multimodal transportation systems[J]. Transportation research, 2013, 31C(jun.):30-50.

[31] Stenneth L, Thompson K, Stone W, et al. Automated transportation transfer detection using GPS enabled smartphones[C]// International IEEE Conference on Intelligent Transportation Systems. IEEE, 2012.

[32] Tsai C Y, Liou J J H, Chen C J, et al. Generating touring path suggestions using time-interval sequential pattern mining[J]. Expert Systems with Application, 2012, 39(3):p. 3593-3602.

[33] Qian S, Zhu Y, Li M. Smart recommendation by mining large-scale GPS traces[C]// Wireless Communications and Networking Conference (WCNC), 2012 IEEE. IEEE, 2012.

[34] Shuo Shang, Ruogu Ding, Bo Yuan, Kexin Xie, Kai Zheng, and Panos Kalnis. User Oriented Trajectory Search for Trip Recommendation [C]. In Proceedings of the 15th International Conference on Extending Database Technology(EDBT12),156-167.

[35] Wenjie Sha, Daehan Kwak, Badri Nath,et al. Social vehicle navigation: Integrating shared driving experience into vehicle navigation[C]// Workshop on Mobile Computing Systems & Applications. 2013.

[36] Barbara Furletti, Paolo Cintia, Chiara Renso, and Laura Spinsanti. Inferring human activities from GPS tracks [C]. in Proceedings of the 2nd ACM SIGKDD International Workshop on Urban Computing 2013, article 5.

[37] 张莉,韩大明,刘洋. 基于云计算的手机智能出租车呼叫系统开发的前景分析[J]. 森林工程,2013, 29(001):72-74.

[38] Jing Yuan, Yu Zheng, Xing Xie, and Guangzhong Sun. Driving with knowledge from the physical world[C]. in Proceedings of the 17th ACM SIGKDD international conference on Knowledge discovery and data mining, 2011, 316-324.

[39] Yuan J, Zheng Y, Xie X, et al. T-Drive: Enhancing Driving Directions with Taxi Drivers´Intelligence[J]. Knowledge & Data Engineering IEEE Transactions on, 2013, 25(1):220-232.

[40] Mao S, Ye M, Li X, et al. Rapid vehicle logo region detection based on information theory[J]. Computers & Electrical Engineering, 2013, 39(3):863-872.

[41] Psyllos A, Anagnostopoulos C N, Kayafas E. M-SIFT: A new method for Vehicle Logo Recognition[C]// 2012 IEEE International Conference on Vehicular Electronics and Safety (ICVES 2012). IEEE, 2012.

[42] Mohamed Ahmed, Mohamed Abdel-Aty. A data fusion framework for real-time risk assessment on freeways [J]. Transportation research, 2013, 26C(JAN.):203-213.

[43] Rongjie Yu, Mohamed Abdel-Aty and Mohamed Ahmed. Bayesian random effect models incorporating real-time weather and traffic data to investigate mountainous freeway hazardous factors[J]. Accident Analysis and Prevention, 2013. 50(2013): 371-376.

[44] Mahalia Miller and Chetan Gupta. Mining traffic incidents to forecast impact [C]. In Proceedings of the ACM

SIGKDD International Workshop on Urban Computing, 2012: 33-40.

[45] Gao H, Liu F. Estimating freeway traffic measures from mobile phone location data[J]. European Journal of Operational Research, 2013, 229(1): 252–260.

[46] 方青, 潘晓东, 喻泽文. 基于关联规则挖掘技术的高速公路交通事故预警方法研究[J]. 公路工程, 2012, 037(006): 113-115, 121.

[47] 刘晓丰, 卢建政, 程刚. 基于云计算的交通安全预警管理平台[J]. 移动通信, 2013, 037(001): 57-60.

[48] Fu H, Zhou Y. The Traffic Accident Prediction Based on Neural Network[C]// Second International Conference on Digital Manufacturing & Automation. IEEE, 2011.

[49] Leon Stenneth, Ouri Wolfson, Philip S. Yu, and Bo Xu. Transportation mode detection using mobile phones and GIS information [C]. in Proceedings of the 19th ACM SIGSPATIAL International Conference on Advances in Geographic Information Systems, 2011: 54-63.

[50] Lijun Sun, Der-Horng Lee, Alex Erath, and Xianfeng Huang. Using smart card data to extract passenger's spatio-temporal density and trains trajectory of MRT system [C]. In Proceedings of the ACM SIGKDD International Workshop on Urban Computing, 2012: 142-148.

[51] Elio Masciari, Gao Shi, and Carlo Zaniolo, Sequential pattern mining from trajectory data [C]. IIn Proceedings of the 17 th International Database Engineering Applications Symposium, 2013: 162-167.

[52] 杨琪, 刘冬梅. 交通运输大数据应用进展[J]. 科技导报, 2019, 37(6): 66-72.

第二章

基础理论

第一节　大数据驱动的数学建模思路

大数据本身是宝贵财富,但它只是最基础的原材料。随着对大数据的分析与应用不断深入,大数据的价值才会不断显著地展示出来、发挥作用。

利用大数据的最重要途径,就是通过数学建模分析,揭示隐藏在大数据背后的规律,从而达到观察现象、分析机理、找出规律、优化决策、实现最优的目标。

大数据驱动的数学建模有如下几种思路。

1. 因果与证据的考虑

科学研究的过程一般都是通过观察到的现象反推背后的机理,从因果的角度来看这是一个由果索因的过程。我们需要了解的规律往往躲在表象的背后,而数据的分析是揭开这些规律的重要途径。大数据相比于传统数据给我们提供了更加丰富的分析素材,也使得具体的分析方法有了本质地改变。然而,由果索因这一研究过程并没有随着大数据的到来而改变。这是由于虽然大数据能够提供更多信息,但是能够采集到的信息依然是"果"而不是"因"。因此,大数据研究中的因果关系没有改变,由果索因的研究思路也没有改变。

另外,当前我们能够采集到的大数据种类繁多,有时多种数据能够相互补充验证,分析得到以往单一种类数据得不到的结果,产生"1+1>2"的效果,这种多种数据一起分析的思路称为数据融合。从因果关系上看,多种数据是同一个"因"产生的多种不同形式的"果",数据融合的思路就是把多个由果索因的过程集成起来,从而更加准确地分析机理、找出规律。

2. 知识、机理、数据驱动的组合模型

常用的数学建模方法有机理模型、知识模型和数据驱动模型。机理模型从本质上反映客观规律,但是建模过程烦琐,参数标定难度较大;知识模型以经验总结为基础,模型简单易于实现,但是模型精度较低,研究对象的复杂性具有局限性;数据驱动模型从数据出发,是一个自下而上的建模过程,无须了解机理,精度较高,但是模型的可解释性较低,模型可推广性较差。

大数据概念的提出,推动了"大数据驱动"思想的产生,促进了机理模型、知识模型和数据驱动模型的混合使用。在大数据的背景下,机理模型、知识模型和数据驱动模型存在相互渗透、优势互补的关系,3种模型构成的混合模型具有较好的应用前景。依据知识和数据,简化机理模型,并将数据驱动模型结合在一起,完成模型标定,互为补充。机理和知识可以优化数据,减少噪声,确定合适的训练样本,提高模型鲁棒性[1]。

3. 大数据与小样本调查相结合的分析方法

大数据与传统的调查数据之间的主要区别在于对采集对象的覆盖范围。传统的调查方法采集的是小样本数据,得到的数据准确度较高,并且在统计学意义下能够代表全体数据的性质。而大数据能够采集到占全部数据显著比例的样本,甚至能够采集全部样本的数据,所以拥有较大的广度。将大数据的广度与小样本调查的准确性相结合,可以弥补大数据和小样本数据各自的不足,起到互相验证、结合分析的作用。

4. 影响因素与决策变量的拓展

在传统的影响因素分析中,这些因素特征都是通过机理分析推导得出的。这种方式得到的特征可解释性强,但是也存在特征提取不全面的问题,进而导致模型的准确度不高。大数据给我们提供了一种全新的特征提取方式,即通过对数据的训练从数据的输入输出中直接提取特征。这种方法牺牲了特征的一部分可解释性,却能够极大地提升模型的准确度,因此,相比于传统的特征提取方式,在一些应用中有较大优势。

类似的思路也可以用于优化决策中。在优化过程中,传统的模型需要建立决策变量与优化目标之间的直接关系,而基于大数据的思路可以不依赖这种关系。前者的关系是由机理得出的,而后者是由统计得出的。在这种思路下,我们就能够拓展已有的方法,构建基于大数据的新的优化分析方法。

这里简单介绍一下不同思路的特点和适用范围。"因果与证据的考虑"适用于多源异构大数据的分析,能够将多种数据与分析目标之间的关系梳理清楚;"知识、机理、数据驱动的组合模型"适用于模型的知识与机理比较清晰的情况,能够在建模过程中较好地发挥知识、机理、数据三者各自的优势;"大数据与小样本调查相结合的分析方法"适用于同时采集到大数据和小样本数据的情况,能够结合大数据和小样本数据分别提供的信息建立模型;"影响因素与决策变量的拓展"适用于影响因素或者决策变量难以与分析目标之间建立直接关系的情况,能够发挥大数据的数据量优势,大幅度提高模型的准确度。

本章后面将介绍与上述思路相关的技术与方法,并简述其在交通领域的应用概况。由于篇幅的限制,本章的内容以方法论的梳理为主,具体的技术方法请查阅相关书籍。本章第二节至第五节分别介绍模式识别、数据挖掘、系统仿真和大规模优化这些技术与方法。

第二节 模 式 识 别

一、模式识别概述

模式识别(Pattern Recognition)对于人类而言并不是近年来才出现的行为,可以说每个人从出生的时候开始就在做着各种模式识别的事情。例如对具体他人形象或者声音的识别、对于不同事物的区分,都可以总结为分类任务;对于缺失数值的估计、对于未来变化的预测,则可以总结为回归任务;而对于新生事物的定义、对于抽象概念的梳理,可以总结为聚类任务;至于语言的学习等技能涉及更复杂的模式识别任务,往往是由多个任务组合完成的。人类之所以能够完成如此复杂的任务,是因为人脑在这些模式识别的过程中发挥着不可思议的作用,然而其中很多机理尚未被脑科学家研究清楚。

在有了计算机这样强大的计算工具之后,一部分模式识别的任务就可以交给机器去完成了,称为机器学习。现代的计算机以集成电路为基础,有着与人脑不同的原理和结构。相对于人脑,计算机在运算速度、储存容量上有很大优势。因此,计算机可以通过强大的储存能力和运算能力完成模式识别任务,以弥补在复杂程度上与人脑的差距。

大数据的出现挑战着人脑和计算机的能力。一方面,人脑无法同时处理和分析庞大的数据集;另一方面,计算机在面对海量数据时只能做到简单的数据分析,难以直接理解数据背后的机理。在这个背景下,需要为计算机建立模式识别的数学模型,以帮助计算机根据问题特点有效地处理大数据。

模式识别的数学模型基于统计学理论和决策论,将一个任务分解为"学习"和"输出"两步。"学习"是指为数据建立能够描述其变化规律的模型,这个模型一般建立在统计学基础上;而"输出"是指根据需求利用模型得到辅助决策的结果,模型的输出通常包含分类或聚类的类标、回归预测值等。在这个数学模型的基础上,计算机就能够从大数据中学习到数据的规律,并给出需要的输出。

本节先简要概述模式识别的数学基础和各个模型,并梳理其中关系,详细的模型将在后面的小节中展开。

说到统计学就必须要区分频率学派和贝叶斯学派,两者的差别体现在对参数的估计方式中。对于频率学派,估计参数的常用方式是极大似然估计(MLE)。这种估计方法假设参数是固定的,观测数据是可变的。似然函数的值等于观测数据在给定参数下出现的概率,最大化似然函数得到的参数就是参数最大可能的值。具体地说,假设观测数据 $X = \{x_n, n=1,\cdots,N\}$ 是分布 $f(x|\theta)$ 的一组独立同分布抽样,那么似然函数可表示为:

$$L(\theta|X) \triangleq P(X|\theta) = \prod_{n=1}^{N} f(x_n|\theta) \tag{2-1}$$

最大化似然函数等价于最大化对数似然函数:

$$LL(\theta|X) = \sum_{n=1}^{N} \ln f(x_n|\theta) \tag{2-2}$$

这里采用对数似然函数的原因是转化为概率的对数之和比较方便计算,对数似然函数的最大化一般采用令参数的偏导数为 0 的方法。

对于贝叶斯学派,估计参数的常用方式是极大后验概率(MAP)。这种估计方法假设参数服从某种分布,是可变的,而观测数据是固定的。这里先简要说明一下先验概率和后验概率。先验概率(Prior Probability)是指根据以往经验和分析得到的概率,后验概率(Posterior Probability)是指在得到观测数据后重新修正的概率。下面的贝叶斯公式将两者联系起来:

$$P(\theta|X) = \frac{P(\theta)P(X|\theta)}{P(X)} \tag{2-3}$$

其中,X 和 θ 的定义同上;$P(\theta)$ 为参数的先验概率;$P(\theta|X)$ 为参数的后验概率。与频率学派的似然函数类似,$P(X|\theta)$ 也被称为似然函数(Likelihood Function)。由于 $P(X)$ 与 θ 无关,式(2-3)可以写作:

$$P(\theta|X) \propto P(\theta)P(X|\theta) \tag{2-4}$$

即后验概率与先验概率和似然函数的乘积成正比。最大化后验概率也就是最大化先验概率和似然函数的乘积,所以 MAP 与 MLE 的差别就在于先验概率这个因子。当先验概率为常数时,MAP 与 MLE 相同,说明没有任何先验信息。

从式(2-4)也可以看出,贝叶斯学派对于参数的理解是可变的,参数的估计结果是可以通过似然函数不断更新的。这一点非常有利于顺序数据的在线学习:当新的数据流被观测到时,系统能够将之前估计得到的先验概率与观测数据产生的似然函数结合起来,对参数进行极大后验概率估计。对于大量数据,这种方法也可以把数据分为若干集合,对每个集合依次估计参数,以减少每一次估计的计算复杂度。

模式识别的另一个数学模型基础是决策论,这里先区分模式识别中的两类不同学习任务:监督学习(Supervised Learning)和无监督学习(Unsupervised Learning)。两者的差异主要在观测数据中是否有标记,这个标记可以是类别的标记,也可以是具体的数值。例如在分类问题中,观测数据的分类类标是已知的,所以是监督学习;在回归问题中,观测数据的因变量值已知,也是监督学习;而聚类问题中,所有观测数据的类标都未知,所以是非监督学习。聚类问题将在本章的第3节具体叙述,这里重点讨论分类和回归两大任务。

分类问题与回归问题看似差别很大,其实两者的不同点仅仅在输出的类型上。在"学习"步骤中,两者都是根据观测数据和类标(因变量)进行参数估计;在"输出"步骤中,分类问题的输出是离散的类标,而回归问题的输出是连续的因变量的值。

这里给出分类问题的定义:已知观测数据 $X=\{x_n\}$ 和对应的类标 $Y=\{y_n\}$,其中 $n=1,\cdots,N$,给出新的输入 x_t 时,求对应的类标 y_t。回归问题的定义与之类似:已知观测数据 $X=\{x_n\}$ 和对应的因变量 $Y=\{y_n\}$,其中 $n=1,\cdots,N$,给出新的输入 x_t 时,求对应的因变量值 y_t。

从统计学的角度看,这两种输出类型可以通过输出的概率分布统一起来。分类的输出看似离散,很多情况下也是由连续的概率分布决策的。例如"输出"步骤可以得到分类目标在不同类别下的概率,概率最大的类别即为结果输出的类别 y_t。回归问题的因变量值 y_t 属于某个概率分布,常常是正态分布,输出的 y_t 值可以取分布的均值。如果把所有的参数都用 θ 统一表示,那么分类或回归的过程可以表达为:"学习"步 $\{X,Y\}\Rightarrow\theta$,"输出"步 $\{p(y|x;\theta),x_t\}\Rightarrow y_t$。这里需要注意的是,观测数据的因变量或类标 Y 往往都包含噪声,所以对于观测数据的拟合不是越精确越好,否则模型和参数会包含很多噪声的信息。这里对形式 $p(y|x;\theta)$ 和参数 θ 有一个平衡度的把握:过于简单的形式和参数会导致欠拟合(Under-Fitting),而过于复杂的形式和参数会导致过拟合(Over-Fitting),这两点在分类和回归的过程中都是需要避免的。

对 $p(y|x;\theta)$ 的建模,主要有两种方式:生成式模型(Generative Model)和判别式模型(Discrimitive Model)。生成式模型的思路是先求得联合概率分布 $p(y,x|\theta)$,然后再用贝叶斯公式计算 $p(y|x;\theta)$,而判别式模型的思路则是直接计算条件概率分布 $p(y|x;\theta)$ 或判别函数 $f(y|x;\theta)$。下面,将沿着《模式识别和机器学习》[2]一书的思路对贝叶斯网络、核方法、支持向量机、神经网络和非参数方法进行介绍。

二、贝叶斯网络与朴素贝叶斯

作为典型的生成式模型,贝叶斯网络(Bayesian Network)是概率图模型(Probabilistic Graphical Model)的一种。概率图模型是把随机变量作为节点,把变量之间的关系作为节点之间的边而形成的图的模型。这种模型的出现是为了解决随机变量较多时出现的巨大参数集合的问题。具体地说,当一个模型中有多个随机变量时,它们的联合密度需要用一个高维的联合密度函数表示。如果这些随机变量是离散的,每种随机变量的组合都需要给出对应的概率密度。当概率密度未知时,每一种组合需要用一个参数表示,这样就会带来大量需要估计的参数,估计这些参数也需要大量的数据。对于连续随机变量的情况,模型也会类似地形成大量参数。然而,现实中的随机变量之间大部分是独立的,只有少量随机变量之间具有因果或影响关系。这就使整体的联合密度函数能够分解,这种变量之间关系可以用图来直观地表示,即形成了概率图模型。

概率图模型中的边可以是有向的,也可以是无向的。有向的边表示两个变量之间的因果关系,表示"因"的结点称为父节点,表示"果"的结点称为子节点。父节点的变量对子节点的变量有影响,而子节点的变量对父节点的变量没有影响。如果这个有向的概率图是无环的,这个概率图模型就称为贝叶斯网络。另外,如果概率图模型中的边是无向的,则称为马尔可夫网络(Markov Network),或马尔科夫随机场(Markov Random Field)。无向的边表示两个随机变量之间的互相影响关系,比因果关系更加复杂。本节重点介绍贝叶斯网络,其他类型的网络模型请查阅相关资料。

在得到贝叶斯网络的拓扑结构之后,所有变量的联合概率密度就可以分解为多个概率密度函数和条件密度函数之积,这个分解的过程称为联合概率密度的因子分解。如果用 $\mathscr{F}(X_n)$ 表示节点 X_n 的父节点集合,那么因子分解可以写为

$$P(X_1,X_2,\cdots,X_N) = \prod_{n=1}^{N} P[X_n | \mathscr{F}(X_n)] \tag{2-5}$$

其中,当 X_n 没有父节点时,$P(X_n | \mathscr{F}(X_n)) = P(X_n)$。根据因子分解的结果,我们就可以写出似然函数,采用极大似然的方法估计模型中的参数。

根据贝叶斯网络的拓扑结构,我们还可以进行变量之间的独立性分析。当两个变量之间有边连接时,它们一定不是独立的。当两个变量之间没有边连接时,需要根据两个对应节点之间的迹(Trace)的特征进行判断。这里先介绍图论中迹的概念,迹在有向图和无向图中都可以定义如下:对于图中的节点集合 $\{v_1,v_2,\cdots,v_n\}$,如果每两个相邻的节点 v_i 和 v_{i+1} ($i=1,2,\cdots,n-1$) 之间都存在边,那么这个节点集合就称为图中的一条迹。这个定义里的边可以是有向边或无向边,而且对边的方向没有限制。

在贝叶斯网络中,两个节点 v_a 和 v_b 之间的迹可以包含很多个节点。为了研究这两个节点之间的独立性,我们先考虑比较简单的情况,即只包含 3 个节点的迹 $\{v_a,v_m,v_b\}$。考虑到边的有向性,共有 4 种可能出现的情况:$v_a \rightarrow v_m \rightarrow v_b$、$v_a \leftarrow v_m \leftarrow v_b$、$v_a \leftarrow v_m \rightarrow v_b$ 和 $v_a \rightarrow v_m \leftarrow v_b$。其中前两种情况类似,也可以看作只有 3 种情况:$v_a \rightarrow v_m \rightarrow v_b$、$v_a \leftarrow v_m \rightarrow v_b$ 和 $v_a \rightarrow v_m \leftarrow v_b$。这些情况中,$v_m$ 是否是观测变量会直接影响 v_a 和 v_b 的独立性,下面分 3 种情况讨论:

(1) 对于 $v_a \rightarrow v_m \rightarrow v_b$,如果 v_m 没有被观测到,v_a 会通过 v_m 向 v_b 传递不确定性信息,即 v_a 和 v_b 不独立;如果 v_m 被观测到,v_a 对 v_b 的影响会被观测"阻隔",所以 v_a 和 v_b 独立,也可以说 v_a 和 v_b 关于 v_m 条件独立。

(2) 对于 $v_a \leftarrow v_m \rightarrow v_b$,如果 v_m 没有被观测到,v_a 和 v_b 中都包含了 v_m 的不确定性信息,所以 v_a 和 v_b 不独立;如果 v_m 被观测到,v_m 的信息变成了确定值,也可以称为 v_a 和 v_b 被 v_m "阻隔",所以 v_a 和 v_b 关于 v_m 条件独立。

(3) 对于 $v_a \rightarrow v_m \leftarrow v_b$,如果 v_m 没有被观测到,v_a 和 v_b 互相没有影响,v_a 和 v_b 独立,称为 v_a 和 v_b 被 v_m "阻隔";如果 v_m 被观测到,它反映了 v_a 和 v_b 的关系,所以 v_a 和 v_b 不独立。

当 v_a 和 v_b 之间的迹包含大于 3 个节点时,需要考虑两点之间的所有可能的迹。对于其中每条迹,我们考察它是否被"阻隔",即轨迹中是否存在一个节点 v_m,在上述讨论中前 2 种情况的 v_m 被观测到,或满足第 3 种情况的 v_m 没有被观测到。如果所有的轨迹都被"阻隔",v_a 和 v_b 关于这些 v_m 形成的集合条件独立,这时也称 v_a 和 v_b 被这个集合 D-分割(D-Separation)。

朴素贝叶斯(Naïve Bayesian)模型是贝叶斯网络的一种特殊形式,其概率图模型如图2-1所示。朴素贝叶斯模型的目标是根据特征$\{x_1,\cdots,x_D\}$分类(朴素贝叶斯模型一般解决离散特征变量问题),分类的结果是z表示的二分类变量(或多分类变量)。朴素贝叶斯模型的关键假设是,以类别z为条件时,特征变量$\{x_1,\cdots,x_D\}$之间相互独立。所以在概率图中$\{x_1,\cdots,x_D\}$之间没有边连接。又因为特征变量是由类别决定的,所以连接z和x_d之间的边的方向

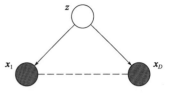

图2-1 朴素贝叶斯概率图

指向x_d。特征变量都是观测变量,类别是未观测到的变量。这样联合概率密度为:

$$P(x_1,\cdots,x_D,z) = P(x_1,\cdots,x_D|z)P(z) \qquad (2\text{-}6)$$

由特征变量的独立假设可得:

$$P(x_1,\cdots,x_D,z) = P(x_1|z)\cdots P(x_D|z)P(z) \qquad (2\text{-}7)$$

由边缘密度函数的定义可得:

$$P(z|x_1,\cdots,x_D) = \frac{P(x_1,\cdots,x_D,z)}{P(x_1,\cdots,x_D)} = \frac{P(x_1|z)\cdots P(x_D|z)P(z)}{P(x_1,\cdots,x_D)} \qquad (2\text{-}8)$$

为了确定z的取值,即分类的结果,只需比较上式中的分子,因为对所有的分类,分母的值相同。目标可以写作:

$$\max_z P(x_1|z)\cdots P(x_D|z)P(z) \qquad (2\text{-}9)$$

其中,$P(x_d|z)$的值可以对每个特征分别估计参数,从而很大程度节省计算量和数据量;$P(z)$是分类的先验概率,可以根据数据中的分类结果进行估计。

$P(z)$的估计可以采用极大似然的方法,假设$P(z=z_0)=p_0$,那么$P(z\neq z_0)=1-p_0$。若总观测数为N,$z=z_0$的观测数为N_0,那么$z\neq z_0$的观测数为$N-N_0$。似然函数为:

$$L(p_0|z) = \prod_{n=1}^{N} p_0^{N_0}(1-p_0)^{N-N_0} \qquad (2\text{-}10)$$

对p_0求偏导,令导数等于0得:

$$p_0 = \frac{N_0}{N} \qquad (2\text{-}11)$$

对$P(x_d|z)$的估计也可以采用极大似然的方法,这时只需要考虑$z=z_0$的条件下的情况。假设$P(x_d=d_0|z=z_0)=q_0$,那么$P(x_d\neq d_0|z=z_0)=1-q_0$。若$z=z_0$的观测数为$N_0$,$z=z_0$且$x_d=d_0$的观测数为$N_{00}$,那么$z=z_0$且$x_d\neq d_0$的观测数为$N_0-N_{00}$。类似地,有如下似然函数:

$$L(q_0|z,x_d) = \prod_{n=1}^{N} q_0^{N_{00}}(1-q_0)^{N_0-N_{00}} \qquad (2\text{-}12)$$

同样的方法可以得到:

$$q_0 = \frac{N_{00}}{N_0} \qquad (2\text{-}13)$$

这样就得到了$P(x_d|z)$和$P(z)$的所有参数,由式(2-9)即可给出新的特征变量$\{x_1,\cdots,x_D\}$的分类结果。

三、基函数与核方法

判别式模型的过程可以描述为:如何找到一个含参的函数形式将输入与输出关联起来,并对参数进行估计。假设输入变量为 D 维向量 $\{x_n, n=1,\cdots,D\}$,对应的回归或分类结果为 $\{y_n, n=1,\cdots,N\}$,那么关联函数为 $f(y|x;\theta)$。注意这里的关联函数与条件概率分布 $p(y|x;\theta)$ 不同,输出的 y 值直接就是回归或分类的结果。对于函数 f 的形式,可以采用最简单的线性组合如下:

$$f(x;\theta) = g(\theta^T x) = g\left(\sum_{d=0}^{D} \theta_d x_d\right) \tag{2-14}$$

其中,$x_0 = 1$,即 θ_0 表示常数项,也称为偏置参数(Bias Parameter)。$g(\cdot)$ 表示激活函数(Activation Function),当问题为回归问题时,$g(x) = x$,上述模型就是线性回归模型;当问题为分类问题时,$g(\cdot)$ 的任务是把线性组合 $\theta^T x$ 转化为分类的类标。

然而,这种线性的模型并不能很好地描述很多复杂的关系。更加一般的关系可以写成以下形式:

$$f(x;\theta) = g[\theta^T \varphi(x)] = g\left[\sum_{k=0}^{K} \theta_k \varphi_k(x)\right] \tag{2-15}$$

式中:$\varphi_k(x)$——基函数(Basis Function),$\varphi_0(x) = 1$;

θ_0——常数项;

$g(\cdot)$——激活函数。

注意这里的求和下标的上限 K 不是 x 的维度 D,而是表示基函数的数量[如果把 $\varphi_0(x)$ 算上,基函数的数量是 $K+1$]。基函数的形式一般是非线性的,因为线性的基函数会导致式(2-15)退化为线性模型(2-14)。

在回归问题中,最常用的基函数形式是多项式基函数,即 $\varphi_k(x) = x^k$。多项式函数集合 $\{1, x, x^2, \cdots, x^K\}$ 能够作为基函数是由于它们在函数空间里可以形成一组基底,下面简要回顾函数空间的一些概念。在向量空间中,每个向量都可以表示为一组基向量的线性组合。这就要求基向量是两两线性无关的,并且是完备的。类比到函数空间,我们也需要一组基函数来表示所有连续函数,对基函数同样也有线性无关性和完备性的要求。我们一般用到的向量空间是有限维度的,然而函数空间往往是无限维的。这就要求函数空间中线性无关且完备的基函数集合也是无限的,例如函数的幂级数展开就采用了多项式基底 $\{1, x, x^2, \cdots, x^n, \cdots\}$,这是一个无限的函数集合。然而,受限于表示能力和计算能力,我们只能取有限的基函数集合,例如 $\{1, x, x^2, \cdots, x^K\}$。这就会导致基函数集合失去完备性,因为非多项式形式的函数无法用基函数的线性组合表示。好消息是,当我们取合适的 K 值时,基函数的线性组合可以近似我们需要的连续函数,能够满足回归问题和分类问题的要求。

除了多项式基函数,在回归问题中常用的基函数形式还有傅里叶基函数 $\{1, \sin(x), \cos(x), \cdots, \sin(Kx), \cos(Kx)\}$、高斯基函数 $\varphi_k(x) = \exp\left[-\dfrac{(x-\mu_k)^2}{2\sigma^2}\right]$、sigmoid 基函数 $\varphi_k(x) = \dfrac{1}{1+\exp[-(x-\mu_k)/\tau]}$ 等。傅里叶基函数是由函数空间的傅里叶基有限化得到,后两种基函数 $\varphi_k(x)$ 描述了函数在 μ_k 附近的局部性质,因为这两种函数只有在 μ_k 附近变化很快,而远离 μ_k

时几乎不变,其影响范围受到参数 σ 和 τ 的控制。将傅里叶基函数与高斯基函数的思路结合,产生了一种叫作小波函数的基函数。这种基函数用于小波分析(Wavelet Analysis)中,结合了傅里叶基函数能够在时域和频域之间相互转化的优点和高斯基函数的局部性质,在时域和频域上都可以局部分析,很多情况下能够产生比傅里叶变换更好的结果。

在选定基函数之后,回归问题和分类问题的思路可以看成用观测数据拟合基函数的参数以及对应线性组合的参数,然后用得到的参数计算回归或分类结果的过程。这种思路在低维特征的数据上非常有效,然而随着观测数据维度的增长,基函数的数量通常以指数速度增长,这个问题被称为"维数灾难"。指数数量的基函数对数据量和计算量的要求都超出了现有的水平,所以当我们处理高维数据时,需要采用更复杂的模型。

核方法(Kernel Method)就是一种解决"维数灾难"的方法,它的思路与上述的判别式模型略有不同。回归问题和分类问题的判别式模型需要先估计基函数的相关参数,再使用参数得到结果。如果我们换一种思路,把参数看作蕴含于观测数据中,就不需要显式地计算参数了。回归与分类的原理都是根据目标数据与观测数据的某种"相似程度"给目标数据标定因变量的值或者类标的,所以我们可以用这些"相似程度"和观测数据的因变量/类标的值去表示目标数据的因变量/类标。这种思路就称为核方法,其中"相似程度"的度量称为核函数(Kernel Function)。如果 x_1、x_2 是特征空间中的两个向量,$\psi(x)$ 是特征空间中任意一个映射,那么核函数表示为:

$$k(x_1,x_2)=\psi(x_1)^T\psi(x_2) \tag{2-16}$$

这个核函数关于 x_1 和 x_2 是对称的,表达了向量 x_1 与 x_2 的相似程度。例如当 $\psi(x)=x$ 时,$k(x_1,x_2)=x_1^T x_2$ 表示两个向量的内积,而内积就是一种相似程度的度量。核方法可以写作:$\{k(x_n,x_t),y_n\}\Rightarrow y_t$,其中 x_n 是观测数据的特征,y_n 是对应的因变量/类标,x_t 是目标数据的特征,y_t 是需要求解的因变量/类标。

在构造核函数时,一般不需要从 $\psi(x)$ 构造起,可以直接构造 $k(x_1,x_2)$。很多对称的双变量向量函数都可以作为核函数,称为合法的核函数。如果 $k_1(x_1,x_2)$、$k_2(x_1,x_2)$ 和 $k_3(\cdot,\cdot)$ 是合法的,下面的核函数也是合法的:

$$k(x_1,x_2)=ck_1(x_1,x_2)$$
$$k(x_1,x_2)=f(x_1)k_1(x_1,x_2)f(x_2)$$
$$k(x_1,x_2)=g[k_1(x_1,x_2)]$$
$$k(x_1,x_2)=\exp[k_1(x_1,x_2)]$$
$$k(x_1,x_2)=k_1(x_1,x_2)+k_2(x_1,x_2)$$
$$k(x_1,x_2)=k_1(x_1,x_2)k_2(x_1,x_2)$$
$$k(x_1,x_2)=k_3[\psi(x_1),\psi(x_2)]$$
$$k(x_1,x_2)=x_1^T A\, x_2$$

其中,c 是正实数;$f(x)$ 是任意函数;$g(\cdot)$ 是非负系数的多项式;$\psi(x)$ 是任意映射函数;A 是对称半正定矩阵。我们可以根据这些规则利用简单的核函数构造出多种合法的核函数,例如常用的高斯核:

$$k(x_1,x_2)=\exp\left(-\frac{\|x_1-x_2\|^2}{2\sigma^2}\right) \tag{2-17}$$

其中:$\|x_1-x_2\|$表示两个向量之间的距离,例如欧几里得距离。

高斯核是一种径向基(Radial Basis Function,RBF)核函数,这种核函数包括所有满足$k(x_1,x_2)=\kappa(\|x_1-x_2\|)$的形式的核,其中$\kappa(\cdot)$是使$k(x_1,x_2)$合法的函数。常见的核函数还有线性核、多项式核、S型生长曲线(Sigmoid)核等。

核方法还有一个好处是可以直接处理非向量的特征,这是因为核函数的输入可以定义为集合、文本、语音、图像等特征,从而直接计算两个观测之间的相似程度。例如A_1和A_2是一个集合中的两个子集,那么

$$k(A_1,A_2)=2^{|A_1\cap A_2|} \tag{2-18}$$

这个核函数表示A_1和A_2交集的所有子集数,对应了特征空间的一种内积。因为在计算过程中只需直接计算相对简单的$k(x_1,x_2)$,而不需要计算复杂的$\psi(x)$,核方法能够有效地避免维数灾难。除了能够避免维数灾难,核方法还可以用非线性的边界对线性不可分的特征数据进行分类,我们可以在后面关于支持向量机的介绍中看到这一点。

在具体的回归问题或分类问题中,核方法是怎么操作的?下面用一个回归的例子简单说明。在贝叶斯曲线拟合中,参数的先验分布如果是正态分布,那么预测分布也服从如下正态分布(推导过程省略):

$$p(y_t|x_t,x,y)\sim\mathcal{N}[y_t|m(x),s^2(x)] \tag{2-19}$$

其中,$\mathcal{N}(\cdot|\mu,\sigma^2)$表示正态分布,$m(x)$和$s^2(x)$的形式如下:

$$m(x)=\beta\varphi(x)^{\mathrm{T}}S\sum_{n=1}^{N}\varphi(x_n)y_n \tag{2-20}$$

$$s^2(x)=\beta^{-1}+\varphi(x)^{\mathrm{T}}S\varphi(x) \tag{2-21}$$

矩阵S定义为:

$$S=\left[\alpha I+\beta\sum_{n=1}^{N}\varphi(x_n)\varphi(x_n)^{\mathrm{T}}\right]^{-1} \tag{2-22}$$

式中,α是参数的先验分布的精度(精度定义为方差的倒数),β是y_t分布的精度,α和β均为已知量,I是单位矩阵。$\varphi(x)$表示多项式基函数组成的列向量,即$\varphi_i(x)=x^i,i=0,1,\cdots,M-1$。这里用$M$表示基函数的数量,$N$表示观测的数量。

如果引入核函数$k(x_a,x_b)=\varphi(x_a)^{\mathrm{T}}\varphi(x_b)$,可以证明$m(x)$和$s^2(x)$可以写成只用$k(x_a,x_b)$表达而不需要$\varphi(x)$的形式。证明如下。

定义矩阵Φ的第n行为$\varphi(x_n)^{\mathrm{T}}$,即

$$\Phi=\begin{bmatrix}\varphi(x_1)^{\mathrm{T}}\\\vdots\\\varphi(x_N)^{\mathrm{T}}\end{bmatrix} \tag{2-23}$$

那么Φ为N行M列矩阵。定义矩阵$K=\Phi\Phi^{\mathrm{T}}$,则K的第m行第n列元素为:

$$K_{mn}=\varphi(x_m)^{\mathrm{T}}\varphi(x_n)=k(x_m,x_n) \tag{2-24}$$

那么K是N行N列Gram方阵。由于:

$$\sum_{n=1}^{N}\varphi(x_n)\varphi(x_n)^{\mathrm{T}}=\Phi^{\mathrm{T}}\Phi \tag{2-25}$$

$$\sum_{n=1}^{N}\varphi(x_n)y_n=\Phi^{\mathrm{T}}y \tag{2-26}$$

其中，y 是 y_n 组成的列向量。所以有：

$$\begin{aligned} m(x) &= \beta \varphi(x)^T S \sum_{n=1}^{N} \varphi_n(x) y_n \\ &= \beta \varphi(x)^T [\alpha I + \beta \sum_{n=1}^{N} \varphi(x_n) \varphi(x_n)^T]^{-1} \Phi^T y \\ &= \beta \varphi(x)^T (\alpha I + \beta \Phi^T \Phi)^{-1} \Phi^T y \\ &= \frac{\beta}{\alpha} \varphi(x)^T \left(I + \frac{\beta}{\alpha} \Phi^T \Phi \right)^{-1} \Phi^T y \\ &= \frac{\beta}{\alpha} \varphi(x)^T \Phi^T \left(I + \frac{\beta}{\alpha} \Phi \Phi^T \right)^{-1} y \end{aligned} \qquad (2\text{-}27)$$

最后一步用到了矩阵的如下性质：

$$(I + AB)^{-1} A = A (I + BA)^{-1} \qquad (2\text{-}28)$$

其中，A 和 B 是任意满足运算要求的矩阵；I 是对应大小的单位矩阵。

定义列向量 $k(x)$ 的元素为 $k_n(x) = k(x_n, x) = \varphi(x_n)^T \varphi(x)$，那么：

$$k(x) = \begin{bmatrix} k(x_1, x) \\ \vdots \\ k(x_N, x) \end{bmatrix} = \begin{bmatrix} \varphi(x_1)^T \varphi(x) \\ \vdots \\ \varphi(x_N)^T \varphi(x) \end{bmatrix} = \Phi \varphi(x) \qquad (2\text{-}29)$$

所以有：

$$m(x) = \varphi(x)^T \Phi^T \left(\frac{\alpha}{\beta} I + \Phi \Phi^T \right)^{-1} y = k(x)^T (\alpha \beta^{-1} I + K)^{-1} y \qquad (2\text{-}30)$$

至此，$m(x)$ 中的 $\varphi(x)$ 都已经表示为核函数 $k(x_a, x_b)$ 的形式。对于 $s^2(x)$ 有：

$$\begin{aligned} s^2(x) &= \beta^{-1} + \varphi(x)^T S \varphi(x) \\ &= \beta^{-1} + \varphi(x)^T (\alpha I + \beta \Phi^T \Phi)^{-1} \varphi(x) \\ &= \beta^{-1} + \varphi(x)^T \alpha^{-1} \left[I - \Phi^T \left(\frac{\alpha}{\beta} I + \Phi \Phi^T \right)^{-1} \Phi \right] \varphi(x) \end{aligned} \qquad (2\text{-}31)$$

最后一步用到了矩阵的如下性质：

$$(A + BD^{-1}C)^{-1} = A^{-1} - A^{-1} B (D + C A^{-1} B)^{-1} C A^{-1}$$

其中，A、B、C、D 是任意满足运算要求的矩阵；I 是对应大小的单位矩阵。所以有：

$$\begin{aligned} s^2(x) &= \beta^{-1} + \alpha^{-1} \varphi(x)^T \varphi(x) - \alpha^{-1} \varphi(x)^T \Phi^T \left(\frac{\alpha}{\beta} I + \Phi \Phi^T \right)^{-1} \Phi \varphi(x) \\ &= \beta^{-1} + \alpha^{-1} k(x, x) - \alpha^{-1} k(x)^T (\alpha \beta^{-1} I + K)^{-1} k(x) \end{aligned} \qquad (2\text{-}32)$$

所以 $s^2(x)$ 中的 $\varphi(x)$ 也可以都表示为核函数 $k(x_a, x_b)$ 的形式，证毕。

从证明中可以看出，当我们用核函数表示回归结果时，不需要显式地知道基函数 $\varphi(x)$。而且对矩阵求逆的对比中可知，核方法能够大幅度地减少计算量。这是因为在原始计算中需要求逆的矩阵是 $\alpha I + \beta \Phi^T \Phi$，它是 $N \times N$ 的方阵；而核方法中需要求逆的矩阵是 $\alpha \beta^{-1} I + \Phi \Phi^T$，它是 $M \times M$ 的方阵。由于一般来说 $M \ll N$，而矩阵求逆计算是这些计算中复杂度最高的，所以核方法能够大幅减少计算量。

核方法不仅可以应用于回归问题，分类问题等其他有监督学习的问题中都存在类似用核函数代替基函数的方法，之后将介绍的支持向量机(Support Vector Machine)就是一个很好的例子。

四、支持向量机

将核方法应用于分类问题也有避免维数灾难和减少计算量的作用,然而当观测数据过多时,计算观测数据间的 $k(x_a,x_b)$ 和目标与观测之间的 $k(x_t,x_a)$ 都会耗费较多时间。由于分类问题的任务可以看作找一个超平面将不同类别的观测分隔开使得错分的观测数最少(这是典型的判别式模型的思路),所以对于超平面参数影响最大的那些观测点是错分点和到超平面距离最近的正确分类的点。这种性质叫作稀疏性(Sparseness),我们可以利用它减少部分核函数的计算量,同时不影响分类的准确度,这种分类的方法就称为支持向量机。我们主要考虑二分类的支持向量机,具体推导过程如下。

对于二分类问题,我们根据基函数小节中的结果写成如下形式:

$$t = f(x;w,b) = g[y(x)] = g[w^T\varphi(x) + b] \tag{2-33}$$

其中,$y(x) = w^T\varphi(x) + b; t \in \{-1,1\}$ 表示类标。

这里我们把参数 θ 表示为支持向量机中常用的参数形式 w 和 b,b 称为偏置参数。函数 $g(\cdot)$ 将 $y(x)$ 转化为类标的过程一般是用 $y(x) = 0$ 表示决策超平面,$y(x) < 0$ 和 $y(x) > 0$ 的点就被分到两类中。图 2-2 中左上方的点表示 $y(x_n) < 0$ 的观测点,对应的 $t_n = -1$;右下方的点表示 $y(x_n) > 0$ 的观测点,对应的 $t_n = 1$。所以对所有观测点都有:

$$t_n y(x_n) > 0 \tag{2-34}$$

这种情况称为线性可分,即用一个决策超平面可以将观测数据分隔开使得错分点不存在。线性不可分的情况将在后面讨论。

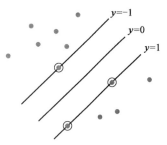

图 2-2 线性可分时支持向量机的支持向量与决策边界

为了估计参数 w 和 b,我们需要对决策超平面 $w^T\varphi(x) + b = 0$ 构造一个目标函数。一个非常直观的目标是,使所有观测点到决策超平面的距离之和最大。点 x_n 到超平面的距离为:

$$d_n = \frac{|y(x_n)|}{\|w\|} = \frac{t_n y(x_n)}{\|w\|} = \frac{t_n[w^T\varphi(x_n) + b]}{\|w\|} \tag{2-35}$$

式(2-35)中利用了 $t_n \in \{-1,1\}$ 和式(2-34)进行变换,$\|w\|$ 表示向量 w 的长度。目标函数可以写作:

$$\max_{w,b}\{\min_n d_n\} = \frac{1}{\|w\|}\max_{w,b}\{\min_n t_n[w^T\varphi(x_n) + b]\} \tag{2-36}$$

由于目标函数中包含"取最小距离的点"这个离散的过程,这个优化问题的直接求解比较困难。考虑到分类问题的稀疏性,我们只需要考虑距离决策超平面最近的观测点,即图 2-2 中圈出的点,这些点也叫作支持向量。

现在的问题就变成了如何寻找支持向量。对这个优化问题换一个角度考虑,可以认为观测点满足某些线性约束,而支持向量恰好在约束的边界上。我们可以构造出如下约束:

$$t_n[w^T\varphi(x_n) + b] \geq 1 \tag{2-37}$$

这个约束事实上表示了两类观测点:$t_n = -1$ 时,$w^T\varphi(x_n) + b \leq 1$;$t_n = 1$ 时,$w^T\varphi(x_n) + b \geq 1$。这样就可以使所有观测点都满足约束(2-37),并且边界上的点满足 $t_n[w^T\varphi(x_n) + b] = 1$。

这是因为 w 和 b 的标度可以变化而不影响 $y(x)$ 的符号,所以一定有一组 w 和 b 能够使 $t_n[w^T\varphi(x_n)+b]=1$。$t_n[w^T\varphi(x_n)+b]=1$ 也叫作边缘超平面,如图 2-2 中的 $y=-1$ 和 $y=1$ 两条直线,线性可分的情况下两个边缘超平面之间没有观测点。为了避免 $|w^T\varphi(x_n)+b|$ 的值不太大导致支持向量的数量很少,可取目标函数为:

$$\min_{w,b} \frac{1}{2}\|w\|^2 \tag{2-38}$$

这里最小化 $\|w\|^2$ 而不是 $\|w\|$ 的原因是 $\|w\|^2$ 是向量 w 各分量的二次函数,优化问题较易求解;而 $\|w\|$ 中含有根式,会导致优化问题更加复杂。添加常数 $1/2$ 是为了求导的时候能够简化系数,方便运算。结合目标函数(2-38)和约束(2-37),我们就得到了基于支持向量的寻找最优决策超平面的优化问题。

上述优化问题是一个线性约束的二次规划问题,一般采用拉格朗日乘子法(Lagrange Multiplier Method)求解。引入拉格朗日乘子 $\{a_n \geq 0, n=1,\cdots,N\}$,得到原问题的拉格朗日函数:

$$L(w,b,a) = \frac{1}{2}\|w\|^2 - \sum_{n=1}^{N} a_n\{t_n[w^T\varphi(x_n)+b]-1\} \tag{2-39}$$

对 w,b 分别求偏导,令偏导数为 0 可得:

$$w = \sum_{n=1}^{N} a_n t_n \varphi(x_n) \tag{2-40}$$

$$\sum_{n=1}^{N} a_n t_n = 0 \tag{2-41}$$

代入(2-39)得:

$$L(w,b,a) = \sum_{n=1}^{N} a_n - \sum_{n=1}^{N}\sum_{m=1}^{N} a_n a_m t_n t_m \varphi(x_n)^T \varphi(x_m) \tag{2-42}$$

这里又出现了熟悉的 $\varphi(x_n)^T\varphi(x_m)$,说明我们可以再一次用核函数 $k(x_n,x_m)$ 代替基函数 $\varphi(x_n)$。新的优化问题的目标函数为:

$$\max_a L(a) = \max_a \sum_{n=1}^{N} a_n - \frac{1}{2}\sum_{n=1}^{N}\sum_{m=1}^{N} a_n a_m t_n t_m k(x_n,x_m) \tag{2-43}$$

约束条件是式(2-41)。在这个新的二次规划中,$t_n t_m$ 和 $k(x_n,x_m)$ 都是已知数,式中经没有了基函数 $\varphi(x_n)$。这也意味着核函数 $k(x_n,x_m)$ 可以取任何合理的核函数,形成不同形状的决策超曲面(不一定是平面),将原本线性不可分的观测集合变得可分。

对应的拉格朗日乘子法的 KKT 条件(Karush-Kuhn-Tucker Conditions)是

$$a_n \geq 0 \tag{2-44}$$

$$t_n[w^T\varphi(x_n)+b]-1 \geq 0 \tag{2-45}$$

$$a_n\{t_n[w^T\varphi(x_n)+b]-1\} = 0 \tag{2-46}$$

式(2-44)~式(2-46)说明 a_n 和 $\{t_n[w^T\varphi(x_n)+b]-1\}$ 对于观测 (x_n,t_n) 至少有一个等于 0,也就是说,当 x_n 是支持向量时,a_n 可以不为 0,而当 x_n 不是支持向量时,$a_n=0$。这一点对于目标数据类标的预测非常有帮助,因为当模型训练完成后,我们只需要保留支持向量对应的那些观测。模型对 x_t 对应的 $y(x)$ 的预测为:

$$y(x_t) = w^T\varphi(x_t) + b = \sum_{n=1}^{N} a_n t_n \varphi(x_n)^T \varphi(x_t) + b = \sum_{n=1}^{N} a_n t_n k(x_n,x_t) + b \tag{2-47}$$

因为非支持向量的数量远多于支持向量,整个求和只需要计算少量支持向量对应的$k(x_n,x_t)$,大大减少了预测所需的计算量。这样也不需要计算出w和b的具体值,简化了整体的计算过程。

另外,当我们确定支持向量之后,对于减少模型再次估计的计算量也有很大帮助。例如有新的观测数据进入模型时,可以只计算支持向量与新观测的核函数;当我们需要换核函数形式时,也可以只使用支持向量进行优化,得到近似的结果。

对于$\varphi(x)$线性不可分的数据,上述优化问题可能没有可行解。这时可以加入一组松弛变量$\{\xi_n \geq 0, n=1,\cdots,N\}$,使得:

$$t_n[w^T\varphi(x_n)+b] \geq 1-\xi_n \tag{2-48}$$

如图2-3所示,当$\xi_n=0$时表示分类正确且在两个边缘超平面外的观测点,$0<\xi_n \leq 1$表示分类正确且在两个边缘超平面内的点,而$\xi_n>1$表示分类错误的点。

目标函数中也需要添加关于ξ_n的一项:

$$\min_{w,b} \frac{1}{2}\|w\|^2 + C\sum_{n=1}^{N}\xi_n \tag{2-49}$$

其中,C表示错分数据的重要程度,$C>0$。

当C接近0时会导致欠拟合,而C趋于正无穷时回到了线性可分的情况。经过类似的拉格朗日变换(需要给每个ξ_n设置一个拉格朗日乘子),得到与式(2-43)同样的拉格朗日函数和与式(2-41)同样的约束,唯一不同之处是现在的a_n多了一个约束:

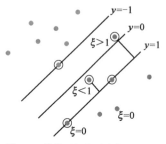

图2-3 线性不可分时支持向量机的支持向量与决策边界

$$0 \leq a_n \leq C \tag{2-50}$$

这时$0<a_n<C$对应的x_n是支持向量;$a_n=0$对应的x_n分类正确,但不是支持向量;$a_n=C$对应的$\xi_n>0$,对应的x_n在两个边缘超平面内或分类错误。

对于大规模问题,一种叫作顺序最小化优化(Sequential Minimal Optimization)的方法最为流行。它结合了核矩阵分块思路和启发式的方法,以达到高效求解二次规划的目的。

五、人工神经网络

人工神经网络(Artificial Neural Network)本质上是多层逻辑斯谛(Logistic)回归模型,这里先回顾一下Logistic回归模型。首先需要注意的是Logistic回归模型是分类模型而不是回归模型,这是因为它的输出是各个类别的概率。广义的Logistic回归模型形式如下:

$$p(x) = \sigma[w^T\varphi(x)] \tag{2-51}$$

其中,$w^T\varphi(x)$包含偏置项;$\sigma(\cdot)$是Logistic Sigmoid函数,形式如下:

$$\sigma(z) = \frac{1}{1+\exp(-z)} \tag{2-52}$$

可以发现$\sigma(z)$的取值范围是$(0,1)$,恰好对应了分类概率的范围。这个函数的优点还有处处连续可导,并且导数形式非常简单:$d\sigma(z)/dz = \sigma(z)[1-\sigma(z)]$。在得到各类别概率时,需要取最大概率对应的类别得到最终的类标。最常见的logistic回归形式是$\varphi(x)=x$的模型,广泛应用于疾病诊断、经济预测等领域。

当观测为 $X=\{x_n\}$,对应类标为 $Y=\{y_n,y_n\in\{0,1\}\}$ 时,上述模型的对数似然函数为

$$LL(w|Y,X)=\sum_{n=1}^{N}\{y_n\ln[p(x_n)]+(1-y_n)\ln[1-p(x_n)]\} \tag{2-53}$$

这种似然函数也被称作交叉熵(Cross Entropy)损失函数,在模式识别中大量地用于衡量两组概率的相近程度上。

对于多分类问题,$\sigma(\cdot)$ 可以取柔性最大化(Softmax)函数。Softmax 函数是 Sigmoid 函数的一种推广,当类别数量为 K 时,其输入是向量 z,第 k 个元素为 z_k, $k=1,\cdots,K$。Softmax 函数的输出也是一个 K 维向量,第 i 个分量形式如下:

$$\sigma_i(z)=\frac{\exp(z_i)}{\sum_{k=1}^{K}\exp(z_k)} \tag{2-54}$$

它表示第 i 个分类的概率。从这里可以看出,这个函数叫作 Softmax 也是因为它没有直接取 K 项中最大的一个 z_k,而是认为取每一个类标都是有一定概率的。交通规划中非集计模型(Disaggregate Model),也称为离散选择模型(Discrete Choice Model),中的多项 Logit 模型也可以看作一种基于效用理论的 Softmax 模型。

对于线性可分问题,logistic 回归具有很好的表现,但是它较难处理线性不可分的问题。例如经典的线性不可分问题——异或(eXclusive OR,XOR)问题,Logistic 回归就无法求解。异或是一种逻辑运算,输入是两个可比较量 a 和 b,当 $a=b$ 时输出为 0,否则为 1。为了解决这种线性不可分带来的问题,我们引入多层 Logistic 回归模型,这里先以两层模型为例介绍。对于式(2-51),我们把前一层得到的 $p(x)$ 作为后一层的基函数 $\varphi(x)$,可以得到如下两层 Logistic 回归模型:

$$p(x)=\sigma[w_2^{\mathrm{T}}\varphi_2(x)] \tag{2-55}$$
$$\varphi_2(x)=\sigma[w_1^{\mathrm{T}}\varphi_1(x)] \tag{2-56}$$

其中,$p(x)$ 是各类别概率;w_1 和 w_2 是两组不同的权值参数。这里的 $\sigma(\cdot)$ 大多数都是 Sigmoid 函数,只有输出层的 $\sigma(\cdot)$ 可以取 Softmax 函数输出多类标结果。模型中一般取 $\varphi_1(x)=x$,这时整体模型为:

$$p(x)=\sigma[w_2^{\mathrm{T}}\sigma(w_1^{\mathrm{T}}x)] \tag{2-57}$$

这个两层的模型就是最简单的人工神经网络,也叫作包含一个隐含层的人工神经网络。这是因为可以把每个 $\varphi_2(x)$ 的值看作网络的隐含节点,组成的一层节点构成了隐含层,如图 2-4 所示。其中圆点表示计算节点,箭头表示计算关系的方向。每一层的节点与上下层的每个节点之间都有计算关系,并且方向是从输入节点到输出节点的,这与式(2-57)的计算关系一致。在人工神经网络领域的术语中,节点也叫作神经元,因为它的工作方式与生物的神经元类似。同时,人工神经网络中的连接方式与生物的神经元之间的连接方式也有相似之处,所以这种多层 Logistic 回归模型被命名为人工神经网络。本书中的神经网络都是指人工神经网络模型,所以在后面的叙述中省略人工两字。

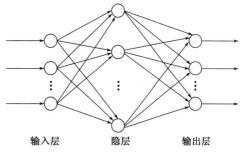

图 2-4 两层神经网络

多层的 logistic 回归模型也可以类似定义,将式(2-51)迭代多次,即可得如下模型:

$$p(x) = \sigma\{w_M^T \cdots \sigma[w_2^T \sigma(w_1^T x)]\} \quad (2\text{-}58)$$

这个模型叫作 M 层神经网络,即网络层数与可调节参数的层数一致。它包含输入层、输出层和 $M-1$ 个隐含层,如图2-5所示。神经网络中的 $\sigma(\cdot)$ 也称为激活函数(Activation Function),借鉴了生物神经元激活的说法。最早采用的激活函数是 Sigmoid 函数,后来也出现了其他类型的激活函数,例如双曲正切(tanh)函数、修正线性单元(ReLU)函数、带泄漏修正线性单元(Leaky ReLU)函数、指数线性单元(Exponential Linear Units,ELU)函数等,它们的形式如下:

$$\tanh(z) = \frac{\exp(z) - \exp(-z)}{\exp(z) + \exp(-z)} \quad (2\text{-}59)$$

$$\text{ReLU}(z) = \begin{cases} z, & z > 0 \\ 0, & z \leq 0 \end{cases} \quad (2\text{-}60)$$

$$\text{ReLU}_{\text{Leaky}}(z) = \begin{cases} z, & z > 0 \\ \alpha z, & z \leq 0 \end{cases} \quad (2\text{-}61)$$

$$\text{ELU}(z) = \begin{cases} z, & z > 0 \\ \alpha[\exp(z) - 1], & z \leq 0 \end{cases} \quad (2\text{-}62)$$

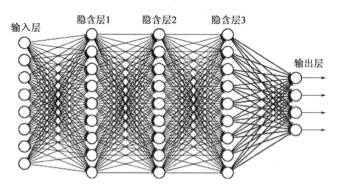

图2-5 多层神经网络

这些激活函数在实际使用时各有优缺点,需要根据具体情况选择。需要注意的是,如果在多层神经网络中采用线性的激活函数,会使模型退化为单层的线性模型,所以激活函数不采用线性的形式。

模型(2-58)看似简单,但是其中参数数量众多,计算关系复杂,难以直接估计参数。在1986年鲁姆尔哈特(Rumelhart)等提出误差反向传播(Error Back Propagation)算法之后,神经网络的参数估计才变得相对容易。反向传播算法,即 BP 算法,是建立在梯度下降法(Gradient Descent)的基础上的。具体的梯度下降优化方法在2.5小节中介绍,本节的重点放在梯度的计算上。这里的梯度具体指的是最终的误差函数 $E(w)$ 关于参数向量的梯度,即 $\nabla E(w)$,其中 w 表示所有权值参数 $w_1, \cdots, w_M$ 组成的向量。梯度 $\nabla E(w)$ 得到与 w 相同长度的梯度向量,它的每一个分量是 $\partial E(w)/\partial w_{ijk}$,其中 w_{ijk} 表示指向第 i 隐藏层的第 j 个神经元的第 k 个箭头对应的权值参数。这里考虑一般的神经网络模型,包含大多数形式的误差函数和各种合理的激活函数。

大多数误差函数 $E(w)$ 的定义是各观测误差 $E_n(w)$ 之和,例如对数似然函数、最小二乘函数、交叉熵函数等。因此我们只需要计算$\nabla E_n(w)$，即$\partial E_n(w)/\partial w_{ijk}$即可。当$i$较小时，说明$w_{ijk}$那一层距离输出层较远，$\partial E_n(w)/\partial w_{ijk}$的计算关系到第$i$层之后的所有层中的所有点，会比较复杂。反向传播算法的策略是先计算距离输出层较近的偏导数$\partial E_n(w)/\partial w_{ijk}$，再根据后一层的偏导数得到前一层的结果，逐层向前推导，最终得到全部偏导数。因为推导的方向与从输入到输出的计算方向相反，计算的目标是误差函数的偏导数，所以算法被命名为误差反向传播法。

对于输出层（可以看作第M隐含层）与最近的隐含层（第$M-1$隐含层）之间的参数w_M，其分量为$w_{Mjk}, j=1,\cdots,D_M, k=1,\cdots,D_{Mj}$，其中$D_M$表示输出层神经元的个数，$D_{Mj}$表示指向输出层第$j$个神经元的箭头个数，一般来说$D_{Mj}=D_{M-1}$。因为多个输出的误差函数也可以分解为每个输出误差之和，所以可以先假设只有一个输出节点，即$D_M=1$。假设第$M-1$隐含层的第k个神经元输出为$z_{M-1,k}$，输出节点的输入为a_M，输出为z_M，激活函数为$h_M(\cdot)$，那么：

$$z_M = h_M(a_M) = h_M\left(\sum_{k=1}^{D_{M-1}} w_{Mjk} z_{M-1,k}\right) \tag{2-63}$$

其中，$j=1$。所以有：

$$\frac{\partial E_n(w)}{\partial w_{Mjk}} = \frac{\partial E_n(w)}{\partial a_M}\frac{\partial a_M}{\partial w_{Mjk}} = h'_M(a_M) z_{M-1,k} \tag{2-64}$$

式中，$h'_M(\cdot)$是$h_M(\cdot)$的一阶导数。

由于式(2-64)中a_M和$z_{M-1,k}$都是已知量，$h'_M(\cdot)$可以求导得到函数形式，所以$\partial E_n(w)/\partial w_{Mjk}$的值可以计算得到。这样就得到了第$M-1$隐含层与输出层之间的$w_{Mjk}$对应的偏导数，下面我们用第$m$隐含层的结果推导第$m-1$隐含层的$\partial E_n(w)/\partial w_{m-1,jk}$。

假设第$m-1$隐含层的第k个神经元输出为$z_{m-1,k}$，第m隐含层的第j个神经元输入为a_{mj}，输出为z_{mj}，激活函数为$h_{mj}(\cdot)$，那么：

$$z_{mj} = h_{mj}(a_{mj}) = h_{mj}\left(\sum_{k=1}^{D_{m-1}} w_{mjk} z_{m-1,k}\right) \tag{2-65}$$

所以有：

$$\frac{\partial E_n(w)}{\partial w_{mjk}} = \frac{\partial E_n(w)}{\partial a_{mj}}\frac{\partial a_{mj}}{\partial w_{mjk}} = \sum_{l=1}^{D_{m+1}}\left[\frac{\partial E_n(w)}{\partial a_{m+1,l}}\frac{\partial a_{m+1,l}}{\partial a_{mj}}\right]\frac{\partial a_{mj}}{\partial w_{mjk}} \tag{2-66}$$

这是因为a_{mj}是通过后一层的全部$a_{m+1,l}$对$E_n(w)$产生影响，所以有上式中的偏导数链式法则分解。又因为：

$$a_{m+1,l} = \sum_{j=1}^{D_m} w_{mjl} z_{mj} = \sum_{j=1}^{D_m} w_{mjl} h_m(a_{mj}) \tag{2-67}$$

所以有：

$$\frac{\partial a_{m+1,l}}{\partial a_{mj}} = w_{mjl} h'_m(a_{mj})$$

所以有：

$$\begin{aligned}\frac{\partial E_n(w)}{\partial w_{mjk}} &= \sum_{l=1}^{D_{m+1}}\left[\frac{\partial E_n(w)}{\partial a_{m+1,l}} w_{mjl} h'_m(a_{mj})\right] z_{m-1,k} \\ &= z_{m-1,k} h'_m(a_{mj}) \sum_{l=1}^{D_{m+1}}\left[w_{mjl}\frac{\partial E_n(w)}{\partial a_{m+1,l}}\right]\end{aligned} \tag{2-68}$$

又因为在计算上一层的结果时已经得到 $\partial E_n(w)/\partial a_{m+1,i}$ 的值,所以这个偏导数的值也是可以计算得到的。这样利用归纳原理,我们可以得到所有层的 $\partial E_n(w)/\partial w_{ijk}$,即得到了 $\nabla E_n(w)$。在得到梯度之后,我们可以采用多种基于梯度的方法利用误差函数对参数向量 w 进行估计,例如梯度下降法、牛顿法、共轭梯度法等。

在介绍了神经网络的参数估计方法之后,让我们重新审视一下这种多层模型。通过对神经网络的研究发现,在隐含神经元的数量足够多的情况下,两层的神经网络也可以近似绝大多数的连续函数。这说明神经网络具有很好的适应性,能够"学习"出观测数据中自变量与因变量(或者特征与类标)之间的各种复杂的非线性关系。然而,这种模型的隐含层和隐含神经元使其成为了一种"黑箱模型",这里"黑箱"是指模型中的神经元输入输出和参数的意义很难直接描述。虽然一些图像识别的神经网络可以做一些权值参数的可视化,然而人类还是难以完全理解这些权值。从人类对事物的认知角度来说,这些黑箱也起到了无可替代的作用。这是因为对于很多事物的发展,人类还没有完全掌握其规律,或者因素太多导致无法完全分析,这时必须借助黑箱模型近似表示。另外,人类对自身完成模式识别任务方法的认识也处于较为初级的阶段,在使用机器代替人脑学习的过程中,也需要黑箱模型来模拟人脑的工作方式,以实现各种模式识别的功能。因此,现阶段的人类离不开黑箱模型,而对于模型隐含部分的解释,需要相关领域的继续探索。

深度学习(Deep Learning)是应用隐含层较多的神经网络模型进行机器学习,因为隐含层的层数可以看作模型的深度,故得此名。增加隐含层数量的目的不是为了得到更好的函数近似,因为浅层的模型已经可以做到很好的近似。在很多实际的应用中,隐含层数的增加不会提升网络的性能,有时候还会出现性能下降的情况。深度学习增加隐含层的目的主要在于特征的自动提取,而浅层的模型无法做到这一点。在机器学习中,特征的提取是得到良好模型的基础。然而在很多实际应用中,人类不能直接根据问题的机理提取需要的特征,而根据训练效果来选择特征既耗时又可能会不准确,所以传统的机器学习中人工提取特征的方式需要得到改进。较多隐含层的神经网络把特征提取和模型都放在一个网络中,一定程度上实现了特征的自动提取。

常用的神经网络模型还有卷积神经网络(Convolutional Neural Network)和循环神经网络(Recurrent Neural Network)。卷积神经网络是在图像处理等应用中,利用相邻元素之间的关系建立的人工神经网络模型。卷积这一操作是卷积神经网络的核心,能够大幅度减少神经元之间的连接,从而减少需要拟合的参数数量。这是由于在图像处理等应用中,局部的特征只与相邻的一部分像素有关,而与较远距离的像素几乎无关,所以可以切断特征与较远距离像素之间的连接,使特征提取更集中。

循环神经网络则主要解决的是序列数据的分析,主要应用于自然语言处理等应用。它刻画了每个节点输出与节点信息之间的关系,而且当前的节点的信息会受到序列中之前节点信息的影响,所以说循环神经网络具有记忆性。简单的循环神经网络具有短时记忆性,但是无法实现长时记忆,所以较少使用。常用的循环神经网络包括长短期记忆网络(LSTM)和门控循环单元(GRU),它们都是门控算法,能够实现长距离记忆。具体地说,长短期记忆网络通过设置输入门、遗忘门和输出门,门控循环单元通过设置更新门和复位门实现长时记忆。

与神经网络有关联的一种流行的方法是强化学习(Reinforcement Learning),是一种机器自学习的方法。不同于神经网络等模型,强化学习不是监督学习,也不是非监督学习,而是一种利用奖惩机制训练模型,使其获得自我学习能力的方法。强化学习的数学本质是马尔可夫决策过程,最终的目的是决策过程中整体回报函数期望最优,它带来的推理能力,是智能的一个关键特征,它真正地让机器有了自我学习、自我思考的能力。

六、人工智能与类脑计算

人工智能并不是大数据出现之后才有的概念。在20世纪50年代,"人工智能之父"艾伦·图灵(Alan Turing)给出了图灵测试的定义,标志着人工智能的诞生。从20世纪50年代到70年代,人工智能进入了一个发展的黄金时代,出现了采用人工智能的移动机器人沙基(Shakey)、聊天机器人伊丽莎(ELIZA)(简单人机对话)和证明应用题的机器人斯图恩特(STUDENT)。然而,当时的算法存在两方面局限:数学模型的缺陷和指数算法复杂度。当时的计算机的内存容量和计算速度不足以解决实际问题,因此人工智能在20世纪70年代末进入了一段低谷期。

20世纪80年代初,"专家系统"受到各方重视,日本开始研究第五代计算机,美国启动大百科全书(Cyc)项目。专家系统的定义是一个智能计算机程序系统,其内部含有大量的某个领域专家水平的知识与经验,能够利用人类专家的知识和解决问题的方法来处理该领域问题。也就是说,专家系统是一种模拟人类专家解决领域问题的计算机程序系统。不久之后的20世纪80年代末至90年代初,人们发现专家系统的实用性仅仅局限于某些特定情景,应用范围过于狭窄。各个专家系统研究项目经费被削减,人工智能的研究进入了冬天。这一阶段的人工智能引入了知识库,某种程度弥补了20世纪50年代完全依赖推理的人工智能的不足,称为第一代人工智能。

1993年起,人工智能进入了真正的春天。1997年,IBM的国际象棋机器人"深蓝"战胜了国际象棋世界冠军卡斯帕罗夫,在当时的人们看来很不可思议。卡斯帕罗夫在20多年的职业生涯中,保持世界头号棋手的地位长达20年之久,代表着当时人类的最高棋艺水平。国际象棋是人类智慧的试金石,然而人工智能击败了最高水平的人类选手,引起了人工智能是否能够超越人类智能的广泛讨论。"深蓝"每秒可以计算两亿步棋,并且存储了18世纪到当时的大量经典对局,所以可以说它是依靠强大的计算能力和存储能力弥补了在经验和棋感等方面与人类的差距,利用专家系统和一些搜索规则形成了某种意义下的智能,但不算真正的智能。

2006年,"深度学习之父"杰弗里·辛顿(Geoffrey Hinton)提出多层神经网络为基础的深度学习算法。后来,深度学习在多个领域取得了成功,例如语音和图像识别、自然语言处理、机器翻译等。2016年,基于深度学习和强化学习的围棋机器人"阿尔法围棋(AlphaGo)"击败了世界围棋冠军李世石,成了第一个战胜人类世界围棋冠军的人工智能机器人。这一次的人机对弈使人工智能被更多的人熟知,人工智能的应用也进入了爆发式增长的阶段。事实上,在1997年"深蓝"战胜卡斯帕罗夫之后,人们便对人工智能在棋局更加复杂的围棋中的表现有了不同的猜测。一部分人认为围棋的对弈策略更多依赖于棋感,很难设计出类似"深蓝"的专家系统和搜索规则;另一部分人认为随着计算能力和存储能力的飞速提高,类似"深蓝"的程序最终一定能超越人类的围棋水平。人工智能后来的发展证明,上述两种观点都不完全正确。"AlphaGo"的策略依然是依靠计算机强大的计算和存储能力进行搜索,但是它与"深蓝"的方法有很大差别。在监督学习的部分，"AlphaGo"用深度学习代替了"深蓝"基于专家系统的搜索，利用大规模的对局数据进行参数训练；另外，"AlphaGo"增加了强化学习的部分，使其有了自我学习的能力。因此，"AlphaGo"与"深蓝"的差别体现了人工智能的不同发展阶段：人工智能从专家系统的"规则"结构演变为深度学习的"黑箱"结构，伴随着智能水平的提高，可解释性水平降低。在这个发展过程中，数据量的快速增加也是促使这一变化的关键因素，只有大量的数据才能支撑参数数量巨大的深度学习。这一代人工智能的特点就是数据驱动，称为第二代人工智能。

深度学习的快速发展掩盖了它的一些缺陷，例如上文提到的可解释性问题，以及鲁棒性、缺乏语义、缺乏常识推理能力等。清华大学人工智能研究院院长张钹院士指出，深度学习技术从应用角度已经接近天花板，要想再出现奇迹的可能性比较小。由于深度学习固有的缺陷，其难以在除了语音识别、图像识别和棋类之外的领域获得很大发展。张钹院士认为，深度学习擅长的领域必须满足如下5个条件：充足的数据、确定性问题、完全信息、静态问题和有限领域。语音识别、图像识别和棋类都满足这些条件，在这些领域中机器能够做得比人类还好，然而很多当前深度学习正在探索的领域并不满足所有的条件。例如牌类不满足完全信息条件，它们都属于不完全信息博弈；人机对话不满足有限领域条件，因为对话中面对的问题是开放的；复杂路况下的自动驾驶既不满足静态问题和确定性，也不满足有限领域，因为决策的结果不是确定的，而且进入道路的障碍物的可能不是有限的。另外，特定的深度学习机器人只能完全单一任务，例如"AlphaGo"只能下围棋，不能完成其他任何任务。这些条件和特点使得基于深度学习的人工智能看起来与人类的智能相去甚远，相比于不灵活的人工智能，人类的智能是灵活的：同一个大脑能够处理各种各样的任务，能够在少量的示例中学习和推理，在不确定的、动态的、不完全信息的情况下能够有效应对。如果人工智能能够做到这些，才可以说拥有了真正的智能。

为了从根本上解决这些问题，人工智能需要寻找新的技术路线。张钹院士指出，目前可以探索的道路是：与数学和脑科学结合，在脑科学的启发下使用新的数学工具开拓新理论；另外要把数据驱动和知识驱动结合起来，利用深度学习和专家系统各自的优势，开发第三代人工智能。其中脑科学给人工智能带来了"类脑计算"这一新概念，它回归了神经网络的本源：对大脑的仿生。一般地说，类脑计算是指借鉴大脑中进行信息处理的基本规律，在硬件实现与软件算法等多个层面，对于现有的计算体系与系统做出本质的变革，从而实现在计算能耗、计算能力与计算效率等诸多方面的大幅改进。类脑计算不仅需要对软件算法进行变革，更重要的是打破现有的"冯·诺依曼架构"，把类似大脑的突触做到芯片上，从硬件上实现对大脑的模仿。

在算法方面，脉冲神经网络(Spiking Neuron Networks)对神经元的模拟更加接近实际。真实的神经元是依靠神经脉冲传递刺激的，神经脉冲在神经元内部依靠电位的变化传递，而在神经元之间依靠称为神经递质的化学物质传递。当神经元的细胞膜未受刺激时，细胞膜内外两侧会形成外正内负的电位差，称为静息电位；细胞膜的某个位置受到刺激时，会在局部形成外负内正的反向电位差，称为动作电位。静息电位的形成是由于细胞膜内外离子分布不均匀，并且对于不同离子的通透性不同。具体地说，钠-钾泵（一种神经元细胞膜上的蛋白质）使得细胞膜内钾离子浓度高而钠离子浓度低，而且细胞膜对钾离子通透性大而对钠离子通透性小，对氯离子和其他阴离子几乎没有通透性，所以细胞膜两侧钾离子的浓度差和电位差平衡时造成了外正内负的静息电位。动作电位的形成是由于细胞膜上的离子通道受电位影响会打开使得膜内外离子按浓度梯度进出。具体地说，当细胞受到刺激产生兴奋时，少量钠离子通道开放使膜内外电位差减小，电位差达到一定阈值时，大量钠离子通道开放导致电位差变为外负内正，形成动作电位。同时钾离子通道激活，钾离子快速外流。钠离子达到平衡后，钠离子通道关闭，电位差快速向外正内负的方向变化，最终恢复静息电位。细胞内外的电位差经过了一个峰值电位之后恢复，神经脉冲就这样通过这个局部区域向后传导。在神经元之间，神经脉冲在突触从一个神经元传递到下一个。动作电位使突触前膜产生神经递质，通过突触间隙到达突触后膜，在下一个神经元重新产生动作电位。

  脉冲神经网络对真实神经元的模拟主要在于以下几点：神经脉冲的电信号在神经元上会有衰减；神经元不是每次都被激活，而是要达到一定阈值才会激活；相对于人工神经网络每层之间全连接的情况，神经元之间的连接比较稀疏；把动作电位在神经元上传导的时间信息考虑在内，采用脉冲编码，通过脉冲发生的精确时间获得更多的信息。

  在硬件方面，类脑计算芯片能够加速脉冲神经网络等神经科学导向的神经网络模型，同时降低计算功耗。类脑计算芯片能够模仿神经元的脉冲传导机制，在硬件层面上实现对大脑的模拟。近年来对此类芯片的研发处于实验室阶段。例如清华大学类脑计算研究中心教授施路平团队研发了一款类脑计算芯片"天机芯"，有望促进人工通用智能发展。北京大学计算机科学技术系教授黄铁军课题组联合多家单位实现了灵长类视网膜中央凹神经细胞和神经环路的精细建模，提出了模拟视网膜机理的脉冲编码模型，研制成功仿视网膜芯片。

七、非参数方法

  前面提到的方法中对参数的分布均有某种形式的假设，所以都属于参数方法。本节中介绍的非参数方法（Non-Parametric Method）能够解决的是总体分布形式未知的问题，这种方法的思路是不对总体建模，而是利用已知的邻域性质（例如连续分布等）对局部进行建模，同样能够达到估计和预测的目的。相比于参数方法，非参数方法的优势在于模型的灵活性，不会受到具体函数形式的约束，可以解决更加复杂系统的问题。同时，非参数模型自身也存在对数据量的需求大、训练速度较慢和容易过拟合的问题，在使用过程中需要衡量这些问题带来的影响。最常用到的非参数方法就是直方图，无论总体的分布是什么样的分布，直方图都能够用箱型的图表示分布在各个局部的频率，直观地展示分布大致的概率密度函数。本节将主要介绍 K 近邻（K-Nearest Neighbor, KNN）和非参数回归（Non-Parametric Regression）这两种非参数方法。

  K 近邻方法常用于分类问题，是基于特征空间中临近点的类别比较接近的假设构建模型的方法。模型中唯一的参数是 K，表示近邻的数量，可以在建模之前设定。当 K 确定时，选择在特征空间中与目标点最近的 K 个样本点，将目标点的类标设定为这 K 个样本点的多数类标即可完成此分类任务。

  图 2-6 展示了 K 近邻方法的一个例子。这个分类问题的样本有两类，分别用三角形（正类）和正方形（负类）表示；目标点用圆点表示。为了得到目标点的类标，首先设定 K 值为 3，即寻找距离圆点最近的 3 个样本。这时 3 个近邻中有两个正类和一个负类，目标点将设为正类。K 近邻方法的结果与 K 值的选择有很大关系，在这个例子中，如果 K 值设为 5，5 个近邻中

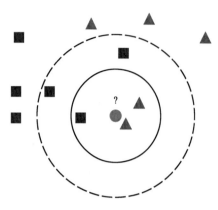

图 2-6　K 近邻方法

将有两个正类和 3 个负类，目标点将设为负类。在实际应用中，K 值的设置中需要考虑实际需求等多种因素，采用交叉验证法（Cross Validation）等方法对比样本准确率来选择最优的 K 值。

非参数回归方法可以看作 K 近邻方法的回归版本，它的作用原理也是寻找与目标点相近的样本模式（这个过程称为模式匹配，是非参数回归方法的核心），然后通过加权平均等方法对目标点的值进行预测。这种方法不需要先验知识，也不需要进行参数估计，只需要数据量足够多，以便满足模式匹配的需求。与其他非参数方法类似，非参数回归的思路同样是只关注局部性质，不需要对整体的分布有任何的假设，因此其在处理非线性的复杂系统时能够发挥很大作用。因为非参数回归数据量巨大，需要构建合理的数据结构满足存储、查询和更新的需要，所以样本数据库的建立是方法中的关键技术。由于对数据量的需求较大，非参数回归同样存在以下不足：当样本点在特征空间中密度很低时，会出现难以匹配到相近的模式或者匹配到的模式与目标点差别较大的情况，这时对于目标点的预测准确度会大幅降低。

八、模式识别各方法的应用范围及在交通领域的应用概况

前面简要介绍了常用的一些模式识别方法，这些方法的应用范围不尽相同。本部分将结合文献中对各方法的使用，介绍模式识别在交通领域的应用概况。

贝叶斯网络与朴素贝叶斯主要用于分析多个因素间的因果关联，得到目标的状态预测，例如文献[3]用贝叶斯网络处理浮动车轨迹数据估计交通流参数，如图 2-7 所示。文中建立了 3 层贝叶斯网络，底层表示用浮动车数据可以观测到的一些值，上方的两层分别表示泊松到达率和每个信号灯周期的流量，是未知的、需要估计的参数。由于因果关系是自上而下的，模型可以根据观测值对网络中的参数进行估计，从而得到各个交通流参数。

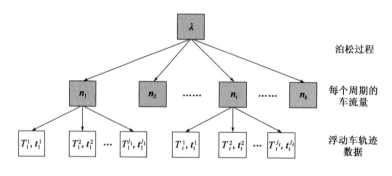

图 2-7　贝叶斯网络应用案例

核方法主要用于处理高维映射，以避免维数灾难。例如文献[4]采用径向基神经网络进行短时交通预测，在神经网络的输入层和隐含层之间使用径向基核函数处理高维映射问题，避免在模型中出现过多参数。文中用到的径向基模型如下：

$$y_t = \hat{y_t} + e_t = \sum_{i=1}^{M_0} \varphi_i(x_t) w_t(i) + e_t \tag{2-69}$$

$$\varphi_i(x_t) = \exp\left(-\frac{\|x_t - c_i\|^2}{\sigma^2}\right) \tag{2-70}$$

其中，y_t 和 $\hat{y_t}$ 分别是预测的真实值和估计值；M_0 表示隐含层节点数；$\varphi_i(x_t)$ 是径向基函数；$w_t(i)$ 是对应的回归系数。这里用的径向基函数是高斯形式的核函数，其中 c_i 表示模型的第 i 个隐含节点。

支持向量机主要用于类标的预测，多用于二分类情况。文献[5]用支持向量机求解多因素影响的换道决策模型，这些因素包括换道带来的益处、必要性以及安全，分别有如下线性表示：

$$f_{benefit} = a \cdot v_{benefit} + b \cdot (G_{TP} - G_P) \tag{2-71}$$

$$f_{tolerance} = c \cdot (G_P - v_E \cdot t_h) \tag{2-72}$$

$$f_{safety} = d \cdot (G_{TR} - G_{TRmin}) + e \cdot (v_E - v_{TR}) \tag{2-73}$$

其中，v、t 和 G 分别是换道模型中的某些速度、时间和距离；a、b、c、d、e 分别是对应的系数。

换道规则是 $if\ f_{safety} > 0\ and\ f_{benefit} - \theta \cdot f_{tolerance} > 0, f_{LC} = yes; else\ f_{LC} = no$，可以建立如下支持向量机模型：

$$\begin{cases} D = [(x_1, y_1), (x_2, y_2), \cdots, (x_m, y_m)] \\ x_i = [v_{benefit}, G_{TP} - G_P, G_P - v_E \cdot t_h, G_{TR}, v_E - v_{TR}] \\ y_i = \{-1, +1\} \end{cases} \tag{2-74}$$

其中，D 表示训练集；x_i 为输入观测值；y_i 为对应类标。这里使用高斯核的支持向量机，训练之后能够直接给出预测集的类标结果。

人工神经网络主要用于输入和输出之间关系复杂的情况，多分类和连续因变量的情况均适用。其中卷积神经网络多用于图像处理，循环神经网络多用于时间序列分析，而强化学习多用于包含优化决策的问题中。文献[6]把交通时空信息看作图像，用卷积神经网络预测大规模路网中的速度。具体地说，它把路网中交通量的时空变化矩阵看作时空图中像素矩阵，用类似图像处理的方法对此矩阵建立卷积神经网络模型。

非参数方法适用于复杂系统，当数据量较大时表现得较好。文献[7]将非参数回归用于交通状态预测模型，这里的交通状态主要指的是流量、速度和占有率。由于变量的个数较少，所以特征空间的维度较低，数据在特征空间中的分布不会特别稀疏，因此可以在特征空间中寻找与预测目标相匹配的数据点，通过加权平均得到目标点的预测值。文章中的非参数回归模型并不复杂，重点是对数据库的搜索以及在线更新。与问题相适应的数据结构可以使数据库实现更快速的搜索和更新。

第三节 数 据 挖 掘

一、数据挖掘概述

在上节的关于模式识别的简介中,我们主要解决的问题是"预测性"(Predictive)的任务。对于大数据的分析,还有一类任务称为"描述性"(Descriptive)的任务。在描述性任务中没有需要预测的目标点,而是需要描述数据的某些方面的一般性质。常用的描述性任务包括以下具体内容:数据的特征化、数据区分、频繁模式挖掘、聚类分析、离群点分析等[8]。

数据的特征化是指对所研究对象类的数据的汇总,常用的数据特征化的方法是对符合要求的特征字段的筛选,然后用图表的形式可视化地展示,输出的形式包括饼状图、条形图、曲线、多维数据立方体和多维表。数据区分与数据特征化类似,是两个或多个研究对象类的数据的对比,输出同样用图表的形式可视化展示。数据的特征化和数据区分能够使对数据总体的描述更清晰,同时给进一步的数据挖掘和分析提供方向。

频繁模式是在数据中频繁出现的模式,包括频繁项集、频繁子序列和频繁子结构。频繁项集出现在数据是集合形式的情况,频繁子序列出现在数据是序列形式的情况,而频繁子结构出现在数据是复杂结构形式的情况(例如图像、树状结构等)。频繁模式的挖掘可以帮助研究者发现有趣的相关性和关联规则,为实际应用提供参考和帮助。

聚类分析是根据数据的特征对数据进行聚集分类的过程。这里的"分类"与模式识别中的分类不同,所有数据的类标在聚类前都是未知的,聚类过程就是给所有数据添加类标的过程。由于不存在已知的类标,聚类的结果完全依赖于数据内部的相似性。聚类按照最大化类内相似性,最小化类间相似性的原则,将所有数据划分为设定的类数。聚类能够发现数据中的聚集特点,根据不同类别性质对数据分别进行处理。

离群点分析是指对与数据一般行为或模型不一致的点的分析。常用的离群点分析方法有基于概率分布的模型、基于距离或相似性的模型和基于密度的模型。这表示异常情况不仅是一种情况,而是可能出现分布的异常、距离的异常以及密度的异常等多种情况。大部分应用中离群点被找出后会被丢弃,然而另外一部分应用中离群点对应的异常情况更有价值。

上述数据的特征化和数据区分主要用到的技术是数据库技术和数据可视化技术,离群点分析主要用到多种统计方法和基于分类聚类的方法,所以下面的小节将简要介绍频繁模式挖掘中的关联规则(Apriori)算法、频繁模式关联分析(FP-Growth)算法以及聚类分析中的 K 均值聚类(K-means)算法。另外,对缺失数据的补充可以用到张量分解,在后文中将简要介绍张量的概念和性质。

二、频繁模式挖掘

频繁模式挖掘包括频繁项集、频繁子序列和频繁子结构的挖掘,其中频繁项集的挖掘是比较基础的部分。本部分将主要介绍频繁项集的挖掘。首先定义如下关联规则(Association Rule):

$$A \Rightarrow B [\text{ support} = x; \text{confidence} = y] \tag{2-75}$$

式中，A 和 B 是由一个或多个元素组成的集合，都是全集 W 的子集。

上述规则表示在所有数据中出现的集合中有 x 的比例同时以 A 和 B 为子集，而且在以 A 为子集的集合中有 y 的比例以 B 为子集，也可以看成如下概率表示：

$$P(AB) = x \tag{2-76}$$

$$P(B|A) = y \tag{2-77}$$

Support 称为规则的支持度，Confidence 称为规则的置信度。当一条规则的支持度和置信度都大于对应的阈值，这条规则才是有趣的。为了发现关联规则，频繁项集挖掘是其中的重要步骤，即发现规则中支持度高于阈值（Min_Sup）的集合。另外，置信度也可以通过支持度计算出来：

$$\text{confidence}(A \Rightarrow B) = \frac{\text{support}(A \cup B)}{\text{support}(A)} \tag{2-78}$$

计算支持度的过程看似不复杂，然而当全集 W 中的元素数量较大时，频繁项集的搜索复杂度增长得很快，需要根据频繁项集的特点设计高效的算法寻找频繁项集，避免无效的搜索。Apriori 和 FP-Growth 是两种经典的频繁项集挖掘算法，下面简要介绍它们的思路。

Apriori 算法得名于其利用了频繁项集的先验性质（Apriori Property），即"频繁项集的所有非空子集也是频繁项集"这一性质。同时，Apriori 算法是一种自下而上的算法，它从频繁项集中元素数量最少（包含一个元素的频繁项集）的那些开始搜索，逐层搜索迭代寻找元素数量更多的频繁项集。算法在每次迭代的过程中分为两步：连接步和剪枝步。连接步是利用 $k-1$ 长度的频繁项集生成长度为 k 的候选频繁项集，剪枝步是将候选频繁项集中不频繁的部分删除。其中剪枝步利用了上述先验性质，即可以将子集不是频繁项集的候选频繁项集删除。Apriori 算法具体的逻辑不再赘述，伪代码参见算法 2.1。

算法 2.1：Apriori 算法

//找出频繁 1 项集

  L1 = find_frequent_1-itemsets(D);

  For(k = 2; Lk − 1 ! = null; k + +){

//产生候选，并剪枝

    Ck = apriori_gen(Lk-1);

//扫描 D 进行候选计数

    For each subset in D{

      Ct = subset(Ck, t); // 得到 t 的子集

      For each 候选 c 属于 Ct

        c. count + +;

    }

//返回候选项集中不小于最小支持度的项集

    Lk = {c 属于 Ck | c. count > = min_sup}

  }

```
Return L = 所有的频繁集；
第一步：连接(join)
Procedureapriori_gen ( Lk – 1 ：frequent(k-1)-itemsets)
        For each 项集 l1 属于 Lk-1
            For each 项集 l2 属于 Lk-1
If((( l1[1] = l2[1])&&(l1[2] = l2[2])&&……&&(l1[k-2] = l2[k-2])&&(l1[k-1] < l2[k-1])))
    then{
                    c = l1 连接 l2      // 连接步：产生候选
                    //若 k-1 项集中已经存在子集 c 则进行剪枝
                    if has_infrequent_subset( c，Lk-1 ) then
                        delete c；//剪枝步：删除非频繁候选
                    else add c to Ck；
                 }
            Return Ck；
第二步：剪枝(prune)
Procedurehas_infrequent_sub (c：candidate k-itemset；Lk-1 ：frequent(k-1)-itemsets)
        For each (k-1)-subset s of c
            If s 不属于 Lk-1 then
                Return true；
        Return false；
```

由于 Apriori 算法在需要对数据库进行多次扫描，产生大量的候选频繁集，所以算法时间和空间复杂度较大。在此基础上提出的 FP-Growth 算法是 Apriori 算法的改进算法，通过构造一个树结构来压缩数据记录，使得挖掘频繁项集只需要扫描两次数据记录。该算法不需要生成候选集合，一般来说会比 Apriori 算法的效率高。FP-Growth 算法的本质是把信息存储在树结构中，通过对树的操作避免反复扫描原始数据。FP-Growth 算法构建树的具体过程在此省略。

Apriori 算法或者 FP-Growth 算法提供的只是高效寻找频繁项集的技术，在实际应用中研究者更需要设置合理的阈值和其他参数，得到显著并且有意义的结果。有时强规则不一定是有趣的，某些规则具有欺骗性。这是因为满足支持度和置信度的规则不代表两者具有正相关关系，有时反而是负相关的。所以在应用中需要进一步做相关性分析，避免做出错误的决策。

三、聚类分析

聚类分析是无监督学习的一种，因为它通过观察学习，而不是通过示例学习。在人类对自然的认识过程中，存在很多这种通过观察学习的现象。在面对未知的一些事物时，如果没有类似的经验，人类也能够通过聚类的方式对其进行分析。在大数据的聚类分析中，往往需要确定划分的准则。这是因为聚类分析与有监督分类不同,没有已知的类标意味着没有类似准确率这样明确的优化目标,而是需要根据实际问题的需要设定优化目标。如前文介绍,最大化类内相似性,最小化类间相似性是常用的准则,这个准则也需要根据具体的问题进行具体的设定。

最著名的聚类分析方法是 K 均值聚类(K-Means)算法,简称 K 均值法,它在每个类别中设置一个中心称为形心,在特征空间中一般在类内所有点的重心位置。K 均值的优化目标是最小化所有点到对应类形心的距离之和:

$$W = \min_{p} \sum_{i=1}^{k} \sum_{p \in C_i} \text{dist}(p, c_i) \tag{2-79}$$

式中,p 是所有点;k 是聚类的类别数量;当点 p 的类别为 C_i 时,$\text{dist}(p,c_i)$ 表示点 p 到其形心 c_i 的距离。

当所有点被设定类标时,目标函数值 W 会得到唯一的值。理论上枚举出所有的类标标记方式即可找出最小的目标函数值。但是当实际的数据点较大时,枚举是几乎不可能的,这时就需要某种优化方法求解这个优化问题。

K 均值法本质上是一种启发式优化算法,因此它得到的不是理论的最优解,而是近似最优解。具体地说,K 均值法是一种迭代的贪心算法,在迭代的每一步分为更新类标和更新形心两个步骤。更新类标的操作是当一些点与其他类形心的距离比所属类形心更近时,将其类标更新为距离最近的形心对应的类;更新形心的操作是更新类标后重新计算每个类别形心的位置,替代原有的形心。这里更新类标的过程是一个贪心的过程,更新类标的点到形心的距离会减小,其他点距离不变,所以必然能够减小目标函数值 W。更新形心的操作同样也是贪心的过程,因为到 n 个点距离最小的点是形心,所以目标函数值 W 在这个过程一定也是减小的。因此 K 均值法的每一步都使目标函数值 W 减小,整体是一个贪心算法。K 均值法的伪代码如算法 2.2 所示。

算法 2.2:K 均值法

随机创建 k 个点作为起始形心 c_i^0

将数据集中的每个数据点 p 分配到距离最近的形心,计算初始目标函数值 W_0。

    While 目标函数值 W 的变化值 $|W_t - W_{t-1}|$ 大于某阈值 ε

    更新类标:对每个数据点 p 计算与形心 c_i^t 之间的距离,然后将其分配到距离其最近的形心

    更新形心:对每个类别计算均值位置并将其更新为形心 c_i^{t+1}

    end

由于 K 均值法是启发式算法,初始值的选择对结果会产生很大影响。所以在算法的实际应用中,可以通过对数据的观察分析得到大致的初始形心位置,这样不仅能够得到更准确的结果,而且可以提高算法的效率。

值得一提的是,K 均值法可以看作一种最简单的最大期望算法(Expectation-Maximization Algrithm,EM 算法),后者常用于包含隐变量的参数估计等优化问题的求解上。EM 算法也是一种迭代的贪心算法,在迭代的每一步分为 E 步骤(Expectation Step)和 M 步骤(Maximization

Step)。在 E 步骤,算法固定需要估计的参数 θ,调整其他未知变量对似然函数进行最大化;在 M 步骤,算法使用调整后的似然函数对参数 θ 进行估计。算法的收敛性可以确保迭代至少逼近局部极大值,完成对复杂似然函数中参数的估计。

四、张量分析

张量(Tensor)是起源于力学的概念,可以看作向量和矩阵的高维推广。在同构的意义下,第 0 阶张量为标量,第 1 阶张量为向量,第 2 阶张量则成为矩阵。在大数据的应用中,张量的作用如同表格,可以看作一个装数据的容器。通常我们使用的表格能够存放矩阵数据,例如每行表示一条数据,每列表示一个字段。然而当我们需要第 3 个维度时,矩阵就无法满足需求了。这时就需要引入三维矩阵,即 3 阶张量。

张量不仅能满足数据存放的需求,由于它的一些数学性质,张量还能够帮助我们分析处理大数据。张量的一个重要性质是可以进行张量分解,可以利用这个性质进行张量补全。张量分解类似矩阵分解,能够把一个信息较复杂的张量分解为一些较简单的张量之积,从而提取出一个低秩(Rank)的结构。张量补全也是利用张量能够分解的性质,它的目标是用一个低秩的模型来恢复丢失的数据。对于大数据中的信息丢失,张量补全可以给出缺失部分的估计,起到填补缺失数据的作用。

五、数据挖掘各方法的应用范围及在交通领域的应用概况

在实际应用中,数据挖掘在很多领域发挥着重要作用。当人们面对新的系统或环境时,数据挖掘技术能够快速分析获取数据隐含的信息,有利于对数据的进一步深层次分析。在大数据涌现的交通领域,数据挖掘同样显示了其在数据"描述性"分析方面的巨大作用。

频繁模式挖掘主要应用于发现数据集合中的模式与关联性的场景。例如文献[9]中用频繁模式树对实时交通事故预测相关的因素进行筛选,再使用筛选出的因素结合 KNN 或贝叶斯网络对交通事故进行预测。在频繁模式挖掘之前,文章首先把一些连续值的因素(例如速度、流量)离散化,然后使用 FP-Growth 算法构建频繁模式树。为了从频繁模式树筛选因素,文章构造了基于频繁模式树的因子重要程度指标,通过对指标的计算和比较,选出所需的相关因素。

聚类分析主要应用于需要把无类标信息的整体划分为若干类别的问题,这些类别之间在某些性质方面有所不同,分别研究更有利于发现同质类别中的一些性质。例如文献[10]对不同质的拥堵路网进行动态聚类,聚类的依据是路网的实时交通状态。由于路网结构和拥堵机理的特殊性,文章中的聚类与常见的特征空间中的聚类有所不同,它需要同时考虑一个类别的同质性和连通性。文章采用了一种被称为"蛇算法"(Snake Algorithm)的方法进行聚类,得到如图 2-8 所示的 3 种结果。对城市拥堵路网中路段的聚类能够帮助管理者理解拥堵机理,进而实现更有效的交通管控。

张量分析主要应用于高维数据的表示,以及缺失数据的补全。文献[11]研究了基于张量表示的交通缺失数据补全问题,数据的张量表示如图 2-9 所示。数据的 4 个维度分别是路段、星期、天和小时,文章中的数据包含 4 个路段,每个星期 7d,每天 24h 和每个小时 12 个 5min 时间段。张量能够将这四维数据放在一个"超矩阵"中,并且对其中缺失的数据用张量分解的方法进行补全。

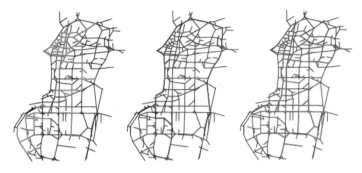

图 2-8　聚类分析在城市路网中的"蛇算法"

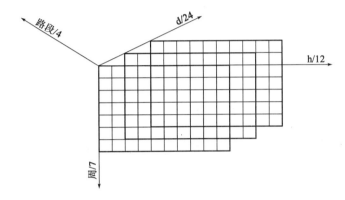

图 2-9　交通数据的张量表示

第四节　系统仿真

一、系统仿真概述

在复杂系统的研究中,很多时候无法在系统中进行实验。系统仿真可以模拟被研究的系统,提供了一种在虚拟环境中进行实验的途径。复杂系统的外部影响因素往往众多,内部因子之间关系繁复,不易用数学模型直接描述。对复杂系统的仿真不可能考虑所有外部因素,也不可能模拟所有的内部因子关系,所以仿真仅仅是现实系统的近似。系统仿真满足了对系统进行实验的需要,目的在于测试不同输入得到的输出,给出对现实系统的预测。

传统的系统仿真一般根据系统的部分因素和机理对系统进行模拟,能够比较真实地描述系统的运行、演变及其发展过程。在有大数据支撑的情况下,系统仿真可以进一步地用数据修正仿真中的参数,使其能够更加准确地模拟系统。具体地说,在传统的系统仿真基础上,可以对比仿真的结果与大数据给出的现实系统结果,通过调整仿真中的参数使两个结果之间的差别达到可以接受的范围。

常用的系统仿真方法有系统动力学(System Dynamics)、多智能体技术(Multi-Agent Technology)和元胞自动机(Cellular Automata)等。系统动力学研究的是系统的基本结构,通过对系统内部各个子系统之间关系的分析得到系统的运行规律。多智能体技术假设系统是由多个智能体组成,每个智能体能够独自做决策,智能体之间也可以进行交互,互相影响以及交换信息。元胞自动机把系统的时间、空间和状态划分为离散的网格,通过网格间的局部相互作用模拟复杂系统的时空演化。利用现代计算机的运算速度,这些方法能够将更多因素考虑进来,并且将系统状态更细地划分,从而更加准确地模拟真实系统。

二、系统动力学

系统动力学基于系统论,吸收了控制论、信息论的精髓,是一门综合自然科学和社会科学的横向学科。它产生于二战之后,主要为了解决工业和社会中出现的矛盾关系、动态影响和定性定量结合等问题,计算机技术的突破也为其提供了产生的必要条件。系统动力学的发展大致经历了4个阶段:以企业为研究对象的工业动力学,以社会科学中的系统为研究对象的一般系统理论,在实际系统中广泛应用和建立世界模型、国家模型等成熟的系统动力学模型。

系统动力学的核心是系统中各单元之间的影响关系,包括正向的影响和负向的影响。如图2-10[12]所示,图中影响关系为正向用箭头旁边的加号表示,负向的影响关系则用减号表示。这种用箭头和加减号表示的图称为因果关系图(Causal Relationship Diagram)或影响图(Influence Map),是常常用于系统动力学的图形表示法。

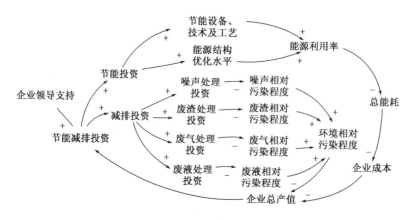

图2-10 系统动力学因果关系图示例

在多个单元之间若形成回路则会产生反馈回路,反馈回路包括正反馈回路和负反馈回路。正反馈回路是非稳定、自增强的系统,微小的偏离就可能获得很大增强,可能导致良性循环或者恶性循环。正反馈回路的例子有人口的增长回路、物价水平和工资水平的回路等。负反馈回路树稳定、自校正的系统,偏离会随着系统的演化越来越小而接近平衡状态。负反馈回路的例子有钟摆的运动回路、空调的温度调节回路等。

图形表示法能够清晰地表示各单元之间的正负影响,然而在具体的仿真中需要影响的具体程度。流图(Stock and Flow Diagram)能够定量地描述速率和状态的变化。图2-11是流图的一个例子,其中两个三角形组成的阀门表示变化率。借助这种模型,我们可以列出单元之间影响量的方程,通过对各个单元量的模拟实现对系统的量化描述。

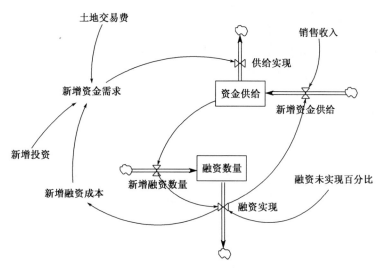

图 2-11　系统动力学流图示例

三、多智能体技术

多智能体技术与系统动力学在建立系统时的相似之处在于,它们都把系统分为独立的单元,并且单元之间存在交互。然而多智能体技术不是把每个概念作为一个单元,而是把系统中每个能够独立做决策的基本单位作为一个单元,这样的基本单位就称为智能体。这种思路类似对人类社会的模拟,每个基本单位类似于一个人,能够根据自身效用、外部环境和获得的信息独立地做出决策。形象地说,不同于如图 2-12 所示的单中心系统,多智能体系统不是由中心统一控制和交互各个单元,而是如图 2-13 中那样各个单元之间都有可能存在影响关系的系统。

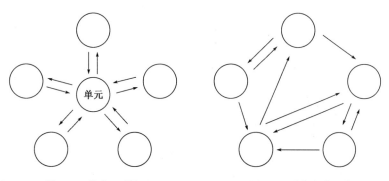

图 2-12　单中心系统　　　　图 2-13　多智能体系统

基于多智能体技术的仿真在精细程度上高于系统动力学,因此对计算能力有更高的要求。随着计算机的计算能力的飞速提高,多智能体仿真能够越来越精细地模拟系统各个基本单位的演化发展,从而得到更准确的模拟和预测结果。

基于多智能体技术的系统的特点是具有自主性、分布性、协调性,并具有自组织能力、学习能力和推理能力。多智能体系统是一种面向对象的系统,具有良好的模块性、易于扩展性和设计灵活简单的特点,易于建立复杂庞大的系统。多智能体系统中的各个智能体相互协调,能够解决大规模复杂问题,提高问题求解的效率。多智能体系统是分布的,处理可以是异步的,所以各个智能体可以在不同环境和进程下独立地运行。这些特点使得多智能体技术在很多方面有着广泛的应用。除了用于系统的仿真之外,它还被用于分布式计算、分布式优化、智能机器人、自适应控制等等领域。

四、元胞自动机

元胞自动机与多智能体系统也有一定的相似性,因为它也研究了系统中基本单位之间的影响。两者的不同在于,元胞自动机是一个时间、空间和状态都离散的系统,并且基本单位(称为元胞)之间的作用是在时间和空间上是局部的;多智能体系统则不需要时间、空间或状态是离散的,基本单位之间的作用可以是长期的、远距离的。元胞自动机中的基本单位之所以被称为元胞,也是因为其在时间、空间和状态上都是离散的,这在一定程度上简化了实际中的连续情形,便于在仿真中设定规则。元胞自动机的核心在于规则,即元胞在受到邻居(相邻或相近元胞)影响的情况下的状态转移的法则。

图 2-14 展示了二维元胞自动机的邻居分类,冯·诺依曼(Von Neumann)型的元胞自动机每个元胞只受到有共同边的 4 个邻居影响,而摩尔(Moore)型元胞自动机的元胞受到有共同点的 8 个邻居影响,在其基础上扩展的 Moore 型的邻居数量则为 24 个。由于邻居的数量有限,可以枚举出所有演化规则。

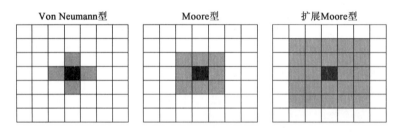

图 2-14 二维元胞自动机邻居类型

对于一维元胞自动机,我们可以在平面图上画出其演化的过程。如图 2-15 所示,每一行表示一个时间点上的状态。初始状态从一个点开始,这个元胞自动机根据某条规则演化为复杂的状态。这个演化过程也能够体现出元胞之间的作用在时间上是局部的。

图 2-15 一维元胞自动机时空图示例

以上介绍的都是初等的元胞自动机,这些简单的规则已经向人们展示出了复杂的、非周期的、混沌的、自组织的结果。在实际应用中,元胞自动机能够结合实际问题的特点设定规则,给很多领域提供了一个有效的研究工具。无论自然科学还是社会科学,只要系统中涉及基本单位的相互作用,都可以用元胞自动机模拟其演化的过程。例如元胞自动机被用于模拟微观粒子之间的作用、生态系统中个体的行为、社会学中人的行为等。

在交通领域的交通流模型中,元胞自动机中最常用的规则是:只要汽车的目标元胞是空的,汽车就可以行进,占据目标元胞;否则汽车将停留在原来的元胞。在对实际的模拟中,还需要添加一些额外的规则,例如某些交通规则、道路情况约束、人的因素带来的随机变化等。卡洛斯·达甘索(Carlos Daganzo)在此基础上开发了元胞传输模型(Cell Transmission Model,CTM),具体可以表示为:

$$n_i(t+1) = n_i(t) + f_i(t) - f_{i+1}(t) \tag{2-80}$$

$$f_i(t) = \min\left\{n_{i-1}(t), Q_i(t), \frac{W}{V[N_i(t) - n_i(t)]}\right\} \tag{2-81}$$

其中,$n_i(t)$是元胞i的车数;$f_i(t)$是流入元胞i的实际流量;$i-1$是元胞i的上游元胞;$N_i(t)$是元胞i的容量;$Q_i(t)$是元胞i的通行能力;W和V是流量-密度关系的参数。

式(2-80)表示元胞i的状态转移方程,而式(2-81)表示流量-密度关系,如图2-16所示。

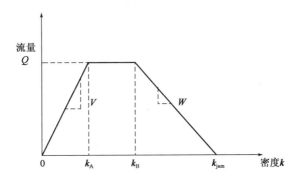

图2-16 元胞传输模型中的流量-密度关系

五、系统仿真各方法的应用范围及在交通领域的应用概况

在实际应用中,系统仿真同样可以发挥其能够描述复杂系统内部作用关系的特点,对真实系统给出较为准确的预测。在交通领域,系统仿真在近年来已经被尝试用于城市路网的交通状态预测,并发挥着越来越大的作用。

系统动力学多应用于描述系统的内部结构,一般来说系统中的单元数量不能太多。文献[13]中将中观的交通网络建模为系统动力学模型,每个十字交叉路口如图2-17所示。模型中的每个方向进出车流各形成一个单元,在不考虑车辆掉头的情况下,每个进入路口的车流单元对其他3个方向的流出车流单元有影响。这样得到的中观仿真模型单元数量有限,因此可以用系统动力学较好地描述。

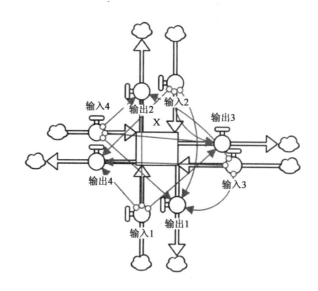

图 2-17 交叉路口的系统动力学模型设计

多智能体技术常用于大规模分布式系统中,能够将系统的建模和演化过程由整体的变成局部的,大大减少了整体的计算量。例如文献[14]将区域交通信号灯的优化问题建模为多智能体模型,其中对每个信号灯建模一个智能体。这样对区域信号灯的整体建模变为对每个智能体的建模,通过智能体之间的关联得到整体优化的结果。对于每个信号灯的优化,文章建立了数学规划模型,并采用动态规划方法求解。

元胞自动机在交通领域中的交通流建模方面有着大量的应用,通常应用于微观交通仿真。例如文献[15]结合元胞自动机和 BP 神经网络,研究了微观换道模型。文章用 BP 神经网络对换道决策模型进行建模,然后用得到的决策模型建立元胞自动机规则。

第五节 大规模优化

一、大规模优化概述

大规模优化的方法不仅仅用于优化问题,还广泛地用于参数估计、方程求解、数据压缩等方面。优化问题包含决策变量、可行域和目标函数三大要素,其中决策变量是可变变量,可行域是决策变量的取值范围,而目标函数是决策变量的函数,需要被最大化或最小化。根据目标函数和可行域的类型,优化问题主要可以分为线性规划(Linear Programming)、非线性规划(Non-Linear Programming)、整数规划(Integer Programming)和随机规划(Stochastic Programming)等种类。线性规划是目标函数是线性函数,而且可行域是由线性等式函数和线性不等式函数来确定的问题;非线性规划是目标函数或可行域约束中含有非线性函数的问题;整数规划是可行域由整数点构成的问题,常常出现在组合优化问题中;而随机规划是模型中某些参数是随机变量的问题,优化目标一般是随机变量函数的期望值。另外还有混合整数规划、多目标规划、多阶段规划等问题,这些问题的特点各不相同,需要用对应的求解方法进行处理。

求解优化问题主要需要考虑以下两方面因素:能否得到理论最优解和算法复杂度,而这两个因素一般来说是矛盾的。这是因为优化问题本质上是一个搜索问题,各种优化算法根据问题的特点能够帮助我们有效率地搜索可行域,对比目标函数值从而得到更优的解。所以为了得到理论最优解会增加算法的搜索时间,即增加了算法的复杂度。

线性规划问题是最简单的优化问题类型,常常采用单纯形法或内点法求解,求解效率较高。非线性规划问题分为无约束非线性规划和带约束非线性规划。最常见的无约束非线性规划包括曲线拟合和回归问题,两者都是参数估计问题,一般利用目标函数的导数信息(包括一阶导数和二阶导数)对其进行搜索改进。带约束非线性规划比无约束非线性规划更复杂,能够被有效求解的都是带线性约束的非线性规划。能够求解的问题有凸规划、二次规划和几何规划等,常用的求解方法包括拉格朗日乘子法和卡罗需-库恩-塔克(KKT)条件法。整数规划的求解思路与前两种规划的区别较大,这是其离散的可行域决定的。根据可行域约束和目标函数的特点,整数规划可以分为以下模型:背包问题、分配问题、路径问题、选址问题、调度问题等等。求解方法的思路也是在离散的可行域中进行高效的搜索,包括分支定界法、割平面法、隐枚举法以及针对某种模型设计的算法(如匈牙利法)等。对于随机规划,最简单的问题是报童模型,常用的求解方法是抽样平均近似(Sample Average Approximation)方法。

下面将有针对性地介绍适合大数据的优化方法,包括启发式算法(Heuristic Algorithm)、一些局部优化算法和随机规划的样本均值方法。另外,数据压缩也将作为一种优化问题在后面介绍。

二、启发式算法

优化算法的求解方法受可行域形式的影响很大,包括可行域是否是凸集、是否离散、是否可分等。一般来说,可行域是凸集时求解相对容易,这是因为凸的可行域不会产生局部极值点,可以用贪心算法在全局进行搜索。而对于存在局部极值点的可行域,贪心算法很容易陷入局部极值而停止。在这种情况下,需要设计跳出局部极值的机制、扩大搜索范围寻找新的可行解。然而,这个新的可行解也不能随机地设置,否则就达不到有效搜索的目的。为了尽量优化新的可行解,需要上述的跳出机制能够利用已有的信息寻找可行解。

启发式算法就是这样一类算法,它们在跳出机制的设计上利用了某些邻域性质。邻域性质是指一般的优化问题中目标函数都是连续性较好的函数,所以在可行域中相近的可行解很可能目标函数值接近。在某种意义下的邻域中进行搜索取优,启发式算法就能够找出新的可行解,它既能有较好的目标函数值,同时也可能跳出局部极值范围。

然而,这样的机制也会带来一个无法避免的问题:在全局最优解,算法仍会将其当作局部极值点而继续搜索,所以需要一个合适的收敛准则(例如迭代次数)。在此收敛准则下,算法很可能在没有找到最优解时已经收敛而停止搜索。因此启发式算法在有限时间内不能保证找到最优解,一定程度上限制了其应用范围。但是实际应用中需要精确的最优解的情况很少,往往只需要获得满意解。由于在复杂问题的求解上,启发式算法的效率比精确求解的算法高很多,所以启发式算法获得了广泛的应用。

启发式算法以仿自然体算法为主,主要包括模拟退火(Simulated Annealing)、遗传算法(Genetic Algorithm)、粒子群算法(Particle Swarm Optimization)等。这些算法虽然以仿自然体为名,但是它们的思路比较类似,区别主要在于邻域的设置和更新的条件。下面将介绍这几种主要算法的思路和流程。

模拟退火算法模拟了物理中固体物质的退火过程,在可行解空间中进行状态转移,即从一个可行解转移到另一个可行解。在降温的初始阶段进行状态转移的概率较高,随着时间的推移状态转移的概率逐渐降低,最后按照一定的收敛准则停止。这样就能够避免算法陷入局部极值,同时可以在有限的时间内停止。算法的具体操作步骤如算法2.3所示。

算法 2.3:模拟退火算法

Set T, x(0) //初始化温度和初始解
while(T > T_min) //收敛准则为温度降低到某个阈值时停止
{
  z(i+1) = N(x(i)); //在 x(i)邻域生成可行解 z(i+1)
  dE = f(z(i+1)) − f(x(i)); //计算温度差
  if (dE >=0) //表达移动后得到更优解,则总是接受状态转移
x(i+1) = z(i+1); //接受从 x(i)到 x(i+1)的状态转移
  else //移动后没有得到更优解,则一定概率接受状态转移
  {
    if (exp(dE/T) > random(0,1))
x(i+1) = z(i+1); //有一定概率接受从 x(i)到 x(i+1)的状态转移
  }
  T = r * T; //降温退火,0 < r < 1
  i++;
}
x_opt = min(x); //取出搜索过程中的最优解

算法中 T_min 和 r 都是需要设定的参数,x 是每一步的可行解,$f(\cdot)$ 是目标函数。T_min 是温度下限,它的大小决定了算法执行的步数,步数越多则更可能获得更好的解;r 是降温的速度,r 越大,降温越慢;r 越小,降温越快。

遗传算法模拟了达尔文进化论中种群优胜劣汰的自然法则,把可行解编码为包含多个基因的个体,目标函数定义为可行解个体的适应度。算法用"选择"算子从种群中选出适应度较高的个体,通过"交叉"和"变异"两种算子产生新的可行解。交叉算子使新生成可行解继承了原有解的优良基因,而变异算子使种群有机会产生新的基因,而终止条件是最优个体达到一定的适应度后群体停止演化。这两个算子能避免算法陷入局部极值,同时对优良基因的保留也提高了算法的效率。与模拟退火算法不同的是,遗传算法利用的是种群的进化,而不是个体的进化,它通过淘汰适应度低的解提升种群整体的适应度,最终得到适应度较高的个体。算法的具体操作步骤如算法2.4所示。

算法 2.4：遗传算法
```
initialize P(0);
t = 0;                  //t 是进化的代数
while t < T
    for i = 1 to M      //M 是初始种群的个体数
        Evaluate fitness of P(t);    //计算 P(t)中各个个体的适应度
    end
    for i = 1 to M
        Select operation to P(t);    //将选择算子作用于群体
    end
    for i = 1 to M/2
        Crossover operation to P(t); //将交叉算子作用于群体
    end
    for i = 1 to M
        Mutation operation to P(t);  //将变异算子作用于群体
    end
    for i = 1 to M
        P(t+1) = P(t);               //得到下一代群体 P(t+1)
    end
    t = t + 1;          //终止条件判断
end
```

算法中 $P(t)$ 是第 t 代种群；t 是进化的代数；M 是初始种群的个体数。选择算子可以采用轮盘赌的方式设定每次选择的个体，使概率大的个体被选中的概率高。交叉算子交换种群中的两组可行解的部分基因，可以采用单点交叉、多点交叉、均匀交叉等方式产生新的个体。变异算子类似于找邻域中的其他可行解，以较小概率用邻域中的可行解替代原有解，可以采用单点变异或多点变异。

粒子群算法模拟了鸟群中的鸟觅食的场景，是通过群体中个体之间的协作和信息共享来寻找最优解。粒子有位置和速度两个参数，位置代表可行解，速度代表其变化量。每个阶段的位置是由上个阶段的位置与上个阶段的速度决定的，即对每个粒子有：

$$x_i = x_{i-1} + v_{i-1} \tag{2-82}$$

式中：x_i——该粒子在第 i 个阶段的位置；
v_{i-1}——该粒子在第 $i-1$ 个阶段的速度。

另外个体和群体在搜索过程中都会记录目标函数值最优的位置，称为个体经验 pbest 和群体经验 gbest。个体的速度由自身和群体的经验结合决定，即对每个粒子有

$$v_i = c_0 v_{i-1} + c_1 r_1 (\text{pbest} - x_{i-1}) + c_2 r_2 (\text{gbest} - x_{i-1}) \tag{2-83}$$

其中，c_0、c_1、c_2 是需要设定的参数；r_1、r_2 是 (0,1) 之间的随机数。

算法 2.5：粒子群算法

Set K particles //粒子初始化：随机设置 K 个粒子
while i < max_iteration
    for k = 1 to K
        Renewpbest //对每个粒子更新个体最优 pbest
    end
    Renewgbest //对群体更新群体最优 gbest
    for k = 1 to K
        Calculate v_i by equation (2.5.2) //计算速度
        Update x_i by equation (2.5.1) //更新位置
    end
end

参数决定了粒子惯性、个体经验和群体经验的影响权重，随机数增加了算法的随机性。

粒子群算法中除了 c_0、c_1、c_2 和 r_1、r_2，还有一个参数是最大迭代次数（在算法 2.5 中写作 max_iteration），用来控制算法的精确程度与运行时间之间的平衡。当粒子远离个体最优或群体最优时，式(2-83)中的速度值较大，能够扩大搜索范围；当粒子距离个体最优或群体最优较近时速度值减小，可以精细搜索局部极值。因此粒子群算法也是一种高效而跳出局部极值的算法，在优化问题中有广泛的应用。

算法的具体操作步骤如算法 2.5 所示。

粒子群算法在思路上与遗传算法有类似之处，它们都通过群体的智慧解决单一问题，通过提高群体的适应度得到最高适应度的个体，但是两者在原理、操作和应用方面都有一些区别。在原理上，遗传算法把好的可行解的一些性质保存在基因中，种群不记录历史最优；粒子群算法记录个体和群体的最优经验，但是不保存好的可行解的性质。在操作方面，遗传算法需要编码，并且需要交叉和变异操作；粒子群算法不需编码、没有复杂操作，计算相对简单，但是公式只能在连续的可行域上计算。应用方面的区别来源于操作方面的区别，因为粒子群算法不能在离散的可行域上计算，它的应用范围限制于连续问题；遗传算法可以应用于离散问题和连续问题，但是由于其编码机制，它在离散问题上应用得较多。

通过上述对粒子群算法和遗传算法的比较，可以看出不同的算法适用于不同类型的问题。所以在面对具体的优化问题时，需要根据问题的特点采用合适的启发式算法。另外，基于这些启发式算法可以建立超启发式算法(Hyper Heuristic Algorithm)，它相当于启发式算法的集成。由于我们事先不知道哪种启发式算法最适合求解问题，可以利用超启发式算法的反馈机制高效地求解。一般的超启发式算法开始对各种启发式算法设置相同的优先级，在迭代中给求解结果好的那些算法设置更高的优先级（即更大的被使用的概率）。通过这样的正反馈，最终会留下那些求解结果好的算法。

三、局部优化

如果优化问题是连续问题,并且目标函数在局部是凸函数,我们可以用局部优化(Local Optimization)的方法快速地找到局部极值。局部优化常常用于大型线性方程组的求解和大型非线性优化中,常见的场景就是机器学习的参数估计。局部优化一般是利用梯度的信息达到快速迭代求解的目的,包括梯度下降法(Gradient Descent)、牛顿法(Newton's Method)和共轭梯度法(Conjugate Gradient)。梯度下降法仅利用一阶导数信息,计算相对简单,但是收敛速度慢;牛顿法同时利用一阶导数和海森(Hessian)矩阵的信息,收敛速度快,但是 Hessian 矩阵的存储和求逆计算比较复杂;共轭梯度法介于前两者之间,收敛速度较快且计算相对简单。下面将分别介绍这几种方法的原理和操作过程。

梯度下降法可以应用于在可行域局部为凸函数的处处可导的目标函数,之后的叙述以最小化为例。由于在可行域任意一点,梯度方向是目标函数变化最快的方向,所以梯度下降法沿着负梯度方向搜索,其又称为最速下降法。算法的具体操作如算法 2.6 所示。

算法 2.6:梯度下降法
Set x_0 //设置初始可行解
while $\|\nabla f(x_i)\| > \varepsilon$ //梯度的模小于一个小量时停止
  $x_{i+1} = x_i - \alpha \nabla f(x_i)$ //沿着负梯度方向前进
end

算法中 $f(x_i)$ 是目标函数在 x_i 的值,学习率 α 和最小梯度 ε 是可调参数。学习率 α 较大时容易越过最优解,较小时收敛太慢,所以需要取一个合适的学习率的值。最小梯度 ε 也是用来控制算法的精确程度与运行时间之间平衡的参数,所以梯度下降法得到的也不是精确最优解,而是与精确解非常接近的可行解。

在参数估计的应用中,数据量较大时梯度的计算量大,会明显地降低算法的效率。随机梯度下降(Stochastic Gradient Descent)是为了解决这一问题提出的,它在每次迭代中只使用一个样本来计算梯度,大幅度提高了梯度的计算速度。然而由于每次只使用一个样本噪声较大,会导致结果准确率下降,即收敛到的可行解距离最优解较远。小批量梯度下降(Mini-Batch Gradient Descent)对梯度下降法和随机梯度下降进行了折中,它在每次迭代中使用一小部分样本计算梯度,既不会有很大的梯度计算量,也不会损失很多准确度。

牛顿法是指利用泰勒展开求解方程或优化问题的方法,这里主要介绍其在局部凸函数的优化问题上的应用。若目标函数为 $f(x)$,其中 x 表示需要估计的参数,那么 $f(x)$ 是一个多元函数。$f(x)$ 的二阶泰勒展开为:

$$f(x+\delta x) = f(x) + \nabla f(x)\delta x + \frac{1}{2}(\delta x)^T H f(x)\delta x + o^n \tag{2-84}$$

式中:$\nabla f(x)$——$f(x)$ 的梯度;
　　　$Hf(x)$——$f(x)$ 的 Hessian 矩阵。

对 $f(x+\delta x)$ 求极值,忽略高阶余项,令 $\dfrac{\mathrm{d}f(x+\delta x)}{\mathrm{d}\delta x} = 0$ 得:

$$\delta x = -[Hf(x)]^{-1}\nabla f(x) \tag{2-85}$$

所以 x_i 的更新公式为:

$$x_{i+1} = x_i - [Hf(x_i)]^{-1}\nabla f(x_i) \tag{2-86}$$

将算法 2.6 中的更新公式替换为式(2-9)即为牛顿法的伪代码。

牛顿法相较于梯度下降法的优势在于它用曲面而不是平面来近似目标函数,近似的结果更精确,因此能够找到更好的下降方向,避免梯度下降法中出现"锯齿形"的下降线路。然而,Hessian 矩阵的求逆运算量较大,需要采用合适的矩阵计算方法。拟牛顿法(Quasi-Newton Methods)用一个近似矩阵对替代 Hessian 矩阵的逆矩阵,这个矩阵需要满足两个条件:拟牛顿条件和对称性。拟牛顿条件是已知梯度信息时,Hessian 矩阵的逆矩阵需要满足的条件。假设两点 x_i 和 x_{i+1} 比较接近,Hessian 矩阵的差别很小,两点的梯度差为:

$$\nabla f(x_{i+1}) - \nabla f(x_i) = Hf(x_{i+1}) \cdot (x_{i+1} - x_i) \tag{2-87}$$

那么 Hessian 矩阵的逆矩阵满足如下拟牛顿条件:

$$x_{i+1} - x_i = [Hf(x_{i+1})]^{-1} \cdot [\nabla f(x_{i+1}) - \nabla f(x_i)] \tag{2-88}$$

拟牛顿法具体可以分为戴维登-弗莱彻-鲍威尔(Davidon-Fletcher-Powell,DFP)法、布罗登-弗莱彻-戈德法布-香诺(Broyden-Fletcher-Goldfarb-Shanno,BFGS)法、有限记忆布罗登-弗莱彻-戈德法布-香诺(Limited-Memory BFGS,L-BFGS)法和布罗登(Broyden)族等。下面简要介绍一下 DFP 法,其他方法的思路与 DFP 法接近。

首先把拟牛顿条件(2-88)简写为:

$$\delta x_i = D_{i+1} \cdot \delta f_i \tag{2-89}$$

其中,D_{i+1} 表示 DFP 法中 Hessian 矩阵的逆矩阵。

下面用迭代的方法求 D_{i+1}。假设 D_i 已知,设 $D_{i+1} = D_i + \delta D_i$。代入式(2-89)得:

$$\delta D_i \cdot \delta f_i = \delta x_i - D_i \cdot \delta f_i \tag{2-90}$$

其中,δD_i 未知。

假设 δD_i 满足如下形式:

$$\delta D_i = \delta x_i \cdot p_i^T - D_i \cdot \delta f_i \cdot q_i^T \tag{2-91}$$

其中,p_i 和 q_i 是待定向量。

对比两式有:

$$p_i^T \cdot \delta f_i = q_i^T \cdot \delta f_i = I_n \tag{2-92}$$

另外,由于 D_i 和 D_{i+1} 都是对称的,δD_i 也应是对称矩阵,可以取 $p_i = \alpha_i \delta x_i$,$q_i = \beta_i D_i \cdot \delta f_i$,其中,$\alpha_i$ 和 β_i 是待定系数。代入式(2-92)得

$$\alpha_i = \frac{1}{\delta f_i^T \cdot \delta x_i} \tag{2-93}$$

$$\beta_i = \frac{1}{\delta f_i^T \cdot D_i \cdot \delta f_i} \tag{2-94}$$

代入式(2-91)得

$$\delta D_i = \frac{\delta x_i \cdot xf_i^T}{\delta f_i^T \cdot \delta x_i} - \frac{D_i \cdot \delta f \cdot \delta f_i^T \cdot D_i^T}{\delta f_i^T \cdot D_i \cdot \delta f_i} \tag{2-95}$$

式(2-95)即为 Hessian 矩阵逆矩阵的迭代公式,此矩阵满足上述的两个条件。式中等号

右边第一项向量乘法的复杂度为 $O(n)$，第二项矩阵乘法的复杂度为 $O(n^2)$，所以总复杂度为 $O(n^2)$，远小于矩阵求逆的复杂度。拟牛顿法得到的矩阵不是精确的 Hessian 逆矩阵，而是满足拟牛顿条件和对称性的矩阵。因此拟牛顿法牺牲了一部分逆矩阵的精确度，避免了矩阵求逆运算，是平衡两者的一种算法。

共轭梯度法使用了共轭方向的概念，避免了在同一个共轭方向上多次搜索的情况。向量的共轭（Conjugate）是向量正交概念的推广，它的定义是：设 Q 为 $\mathbb{R}^{n \times n}$ 中的正定矩阵，若 $\mathbb{R}^n$ 中的向量组 $d_0, d_1, \cdots, d_{n-1}$ 满足

$$d_i^T Q d_j = 0, \forall i, j \in \{0, 1, \cdots, n-1\}, i \neq j \tag{2-96}$$

那么 $d_0, d_1, \cdots, d_{n-1}$ 是 Q 共轭的。特别地，当 $Q = I$ 时，$d_0, d_1, \cdots, d_{n-1}$ 是正交的。

共轭梯度法在已知梯度的点构造一组共轭向量，在迭代的每一步沿着不同的共轭方向前进。在确定搜索方向后，共轭梯度法沿着该方向进行一维搜索，确定最优的前进步长。共轭方向的构造有 3 种形式：FR 公式、DM 公式和 PRP 公式。算法 2.7 展示了以 FR 公式为例的共轭梯度法。FR 公式是寻找下一个共轭向量的公式，如下所示：

$$d_{i+1} = -\nabla f(x_{i+1}) + \frac{\|\nabla f(x_{i+1})\|^2}{\|\nabla f(x_i)\|^2} d_i \tag{2-97}$$

算法 2.7：共轭梯度法

Set x_0 //设置初始可行解
Set $d_0 = -\nabla f(x_0)$ //计算初始梯度方向
Set $i = 0$
while $\|\nabla f(x_i)\| > \varepsilon$ //梯度的模小于一个小量时停止
  Calculate $\lambda_i = \underset{\lambda \geq 0}{\mathrm{argmin}} f(x_i + \lambda d_i), x_{i+1} = x_i + \lambda_i d_i$ //沿着负梯度方向前进
  if $i < n-1$
    $d_{i+1} = -\nabla f(x_{i+1}) + \dfrac{\|\nabla f(x_{i+1})\|^2}{\|\nabla f(x_i)\|^2} d_i$
    $i = i + 1$
  else
    $i = 0$
    $d_0 = -\nabla f(x_0)$
  end
end

算法循环中分为两种情况：当 d_0 处的共轭方向没有搜索完时，用当前方向 d_i 计算下一个搜索方向 d_{i+1}；当 d_0 处的共轭方向已经搜索完时，用当前点的梯度构造一组新的共轭方向继续搜索。直到当梯度的模小于 ε，停止搜索。

四、随机规划

随机规划是目标函数或约束中含有不确定参数的规划问题，这些参数的分布是已知的。

这里用报童问题作为随机规划的代表进行具体解释。报童问题可以看成供应链中的问题,对于只售卖一种报纸的报童,他每天早晨从报社购进一批报纸,晚上将没有卖完的报纸退回报社。假设报纸每份售价为 a,购进价为 b,退回价为 c,应该有 $a>b>c$。所以如果报童购进太多卖不完会多赔钱,购进太少不够卖会少挣钱。然而市场对报纸的需求是一个随机变量,报童只能优化他的期望利润。假设每天的需求为 r 的概率为 $f(d|\theta)$,其中不确定的参数为 θ。每天购进 x 份报纸,那么期望利润为:

$$R(x|\theta) = \sum_{r=0}^{x}[(a-b)r-(b-c)(x-r)]f(r|\theta) + \sum_{r=x+1}^{+\infty}(a-b)xf(r|\theta) \quad (2\text{-}98)$$

这是一个含参的无约束优化,等号右边第一项是需求小于或等于购进量时的总利润,第二项是需求大于购进量时的总利润。为了求解方便,可以将 r 和 x 看作连续变量,此问题变换为如下连续问题:

$$R(x|\theta) = \int_{0}^{x}[(a-b)r-(b-c)(x-r)]f(r|\theta)dr + \int_{x+1}^{+\infty}(a-b)xf(r|\theta)dr$$

$$(2\text{-}99)$$

令 $\dfrac{dR}{dx}=0$ 得:

$$\frac{\int_{0}^{x}f(r|\theta)dr}{\int_{x+1}^{+\infty}f(r|\theta)dr} = \frac{a-b}{b-c} \quad (2\text{-}100)$$

在 f 的形式确定后,求解上式即得每天购进报纸份数 x。

对于更复杂的随机规划问题,可能无法用类似方法求解。常用的方法是抽样平均近似法,它通过对不确定参数的抽样,将随机规划问题转化为确定性的规划问题。具体地,以如下随机规划为例:

$$\min_{x} f(x|\theta) \quad (2\text{-}101)$$

其中,θ 为可变参数;x 为决策变量。

对 θ 进行抽样,假设 n 个样本为 $\theta_1,\theta_2,\cdots,\theta_n$,那么抽样平均近似将上述问题转化为

$$\min_{x} \frac{1}{n}\sum_{k=1}^{n}f(x|\theta_k) \quad (2\text{-}102)$$

在样本数量足够的情况下,问题(2-102)能够有效地代替问题(2-101)。

抽样平均近似本质上是一种蒙特卡罗方法(Monte Carlo method),即统计模拟方法。蒙特卡罗方法是一种基于概率统计的数值计算方法,用类似实验的手段解决问题中的不确定性部分。最早出现的蒙特卡罗方法是蒲丰投针实验,实验中法国数学家蒲丰用把针随机地扔在平行线之间,通过统计与平行线相交的针数比例可以间接计算出圆周率。在这个实验中,每一次投针都能够给出圆周率的估计值。当投针的次数增加时,对圆周率的估计值将更加准确。一般的蒙特卡罗方法在思路上与蒲丰投针实验类似,它随机地设置问题中不确定的部分,把原问题转化为更加易于求解和计算的问题。因此,当一些含有不确定性的问题难以做定量分析,得不到解析结果或者解析方法的计算量太大时,可以考虑采用蒙特卡罗方法。

五、数据压缩

在需要存储和传输的数据呈爆炸式增长的背景下,数据压缩技术不可或缺。在大数据的存储和处理中,数据压缩也可以看作一种优化问题。数据压缩的目标是在信息尽量不丢失的约束下,尽可能地减少表示数据的数码量。数据压缩技术包括两个部分:压缩过程和重构过程。压缩过程是由原始数据生成数码量较少的数据的过程,生成的数据称为压缩数据;而重构过程是由数码量较少的数据恢复原始数据的过程,恢复的数据称为重构数据。若要求重构数据必须与原始数据完全相同(例如文本压缩),则称为无损压缩;若不需要完全相同(例如大部分声音、图片和视频的压缩),则称为有损压缩[16]。

数据压缩一般的思路是利用数据中的某些结构剔除冗余信息,例如统计结构、声音、图像和视频中的特征结构等。莫尔斯电码(Morse Code)就是利用文本中字母出现的频率这一统计结构进行压缩,频率较大的字母用较短的序列表示,而频率较小的字母的序列较长。后文中介绍的霍夫曼编码(Huffman Coding)也是利用这一点。

数据压缩的数学基础建立在概率论之上,由香农(Claude Elwood Shannon)将其发展为信息论。首先定义自信息(Self-Information)表示单一事件发生时包含的信息量,如果事件A发生的概率为$P(A)$,那么其自信息为:

$$i(A) = -\log_b P(A) \tag{2-103}$$

其中,底数b不影响函数的单调性等性质,可以设置为2、10或自然对数等。当底数为2时,自信息的单位就是熟悉的比特(Byte)。这个公式表示当事件A的发生概率低时发生了,则包含了较多信息,反之信息较少。特别的,当事件A发生概率为1时发生,则信息量为0。另外,发生两个独立事件的信息量等于两个事件信息量之和:

$$i(AB) = -\log_b P(AB) = -\log_b P(A)P(B) \tag{2-104}$$
$$= -\log_b P(A) - \log_b P(B) = i(A) + i(B)$$

为了计算无损压缩的极限压缩率,信息论中定义了平均自信息的概念。如果有一组独立事件$\{A_i\}$是某个随机实验S的输出结果集,而且有$\cup A_i = S$,那么这个随机实验的平均自信息为:

$$H = \sum P(A_i) i(A_i) = -\sum P(A_i) \log_b P(A_i) \tag{2-105}$$

这个量也称为该随机实验的信息熵(Information Entropy)。香农第一定理说明,编码的长度的最小值就是信息熵,所以无损压缩的压缩率存在理论下限。

霍夫曼编码是利用统计信息进行无损压缩的代表,它使用自底向上的方法构建二叉树。例如对于一张图片,该编码首先扫描每个像素,统计每种情况(8位系统三原色有256^3种情况)出现的频率,然后按频率的大小指定不同长度的唯一码字,得到该图片的霍夫曼码表。图片根据码表进行编码,得到小于原图片总数码量的结果。

霍夫曼编码生成码表的具体步骤是这样的:假设统计的频率结果为$A = \{(a_i, p_i) | i = 1, 2, \cdots, n\}$,其中$a_i$表示一种符号,$p_i$表示对应的频率,$n$为总符号数。每次循环把$A$中频率最小的两种符号作为二叉树的子节点合并生成新的父节点,并替代原有的两个节点,新的节点的频率为原有两节点频率之和。例如(a_j, p_j)和(a_k, p_k)是频率最小的两种符号,那么新的节点为$(a_j \cup a_k, p_j + p_k)$,是$(a_j, p_j)$和$(a_k, p_k)$的父节点。在$A$中用$(a_j \cup a_k, p_j + p_k)$替代$(a_j, p_j)$和

(a_k,p_k)得到新的 A,循环 $n-1$ 次即可自底向上得到二叉树。得到二叉树后,再自顶向下编码。对于每一个符号,从树的顶端向下检索到这个符号的步数即为符号编码的长度,每一步如果向左检索则赋值为 0,向右则赋值为 1,这样就得到了符号的二进制编码。

从上述编码过程来看,霍夫曼编码保证了频率高的符号或符号集合能够得到较短长度的编码,并且能根据编码表从编码快速得到原符号,实现高效的无损压缩。

六、大规模优化各方法的应用范围及在交通领域的应用概况

大规模优化在很多拥有大量数据的领域显示了不可替代的作用,例如实际应用中很多优化问题,包括模式识别和数据挖掘中的参数估计,都结合了启发式算法和局部优化方法。交通领域同样存在很多需要优化的问题,大数据的到来会使大规模优化方法得到越来越多的应用。

启发式算法常用于非线性优化问题或者组合优化问题,能够快速地找出整体的一个满意解。例如文献[17]中用遗传算法求解基于用户均衡的区域信号灯优化问题。该优化问题同时优化总旅行时间和单位距离的旅行时间的方差。文章对区域内的 10 个路口同时优化,采用遗传算法求得问题的满意解,得到的结果在各个优化目标方面均有提升。

局部优化多用于局部问题的优化上,由于局部问题往往有凸的可行域,所以局部优化可以找到问题的局部最优解。文献[18]中用多智能体的架构处理基于汽车—基础设施(V2I)数据的区域信号灯协调控制优化问题,这时的局部问题就是对每个信号灯的优化。文章采用快速梯度下降的方法处理这个局部问题,能够有效地求解整体的优化问题。

随机优化常常应用于含有随机性较强变量的系统中,优化的是目标函数的期望,即平均意义下取最优。文献[19]为过饱和路口的信号灯优化建立了随机优化模型。文章以期望总延误作为优化目标,进出流量为随机变量,建立了两阶段的随机优化模型。这里随机变量的概率分布是由历史大量数据统计得到。

数据压缩在数据量较大的场景中均有应用,不同场景对压缩率和速度等方面都有不同需求。文献[20]中采用了 4 种数据压缩方法在标准测试集进行对比,这 4 种方法分别是主成分分析、鲁棒主成分分析、克罗内克积和张量分解。测试的结果显示,每种方法各有优点和特性,适用于不同情况。

本章参考文献

[1] 陆化普, 孙智源, 屈闻聪. 大数据及其在城市智能交通系统中的应用综述[J]. 交通运输系统工程与信息, 2015, 15(5): 45-52.

[2] Bishop C M. Pattern recognition and machine learning[M]. New York: Springer, 2006.

[3] Wang S, Huang W, Lo H K. Traffic parameters estimation for signalized intersections based on combined shockwave analysis and Bayesian Network[J]. Transportation Research Part C: Emerging Technologies, 2019, 104: 22-37.

[4] Cai P, Wang Y, Lu G. Tunable and Transferable RBF Model for Short-Term Traffic Forecasting[J]. IEEE Transactions on Intelligent Transportation Systems, 2018.

[5] Ding L, Yu F, Peng S, et al. A Classification Algorithm for Network Traffic based on Improved Support Vector Machine[J]. JCP, 2013, 8(4): 1090-1096.

[6] Ma X, Dai Z, He Z, et al. Learning traffic as images: a deep convolutional neural network for large-scale transportation network speed prediction[J]. Sensors, 2017, 17(4): 818.

[7] Clark S. Traffic prediction using multivariate nonparametric regression[J]. Journal of transportation engineering, 2003, 129(2): 161-168.

[8] 韩家炜, 坎伯. 数据挖掘: 概念与技术[M]. 机械工业出版社, 2012.

[9] Lin L, Wang Q, Sadek A W. A novel variable selection method based on frequent pattern tree for real-time traffic accident risk prediction[J]. Transportation Research Part C: Emerging Technologies, 2015, 55: 444-459.

[10] Saeedmanesh M, Geroliminis N. Dynamic clustering and propagation of congestion in heterogeneously congested urban traffic networks[J]. Transportation research procedia, 2017, 23: 962-979.

[11] Tan H, Wu Y, Shen B, et al. Short-term traffic prediction based on dynamic tensor completion[J]. IEEE Transactions on Intelligent Transportation Systems, 2016, 17(8): 2123-2133.

[12] 钱威, 钟毓宁. 基于系统动力学的某汽配企业节能减排投资研究[J]. 价值工程, 2018, 37(10): 45-48.

[13] Cao J, Menendez M. System dynamics of urban traffic based on its parking-related-states[J]. Transportation Research Part B: Methodological, 2015, 81: 718-736.

[14] Xu M, An K, Vu L H, et al. Optimizing multi-agent based urban traffic signal control system[J]. Journal of Intelligent Transportation Systems, 2019, 23(4): 357-369.

[15] Liu M, Shi J. A cellular automata traffic flow model combined with a BP neural network based microscopic lane changing decision model[J]. Journal of Intelligent Transportation Systems, 2019, 23(4): 309-318.

[16] Sayood K. 数据压缩导论[J]. 人民邮电出版社, 2014.

[17] Guo J, Kong Y, Li Z, et al. A model and genetic algorithm for area-wideintersection signal optimization under user equilibrium traffic[J]. Mathematics and Computers in Simulation, 2019, 155: 92-104.

[18] Liu W, Liu J, Peng J, et al. Cooperative multi-agent traffic signal control system using fast gradient-descent function approximation for V2I networks[C]//2014 IEEE International Conference on Communications (ICC). IEEE, 2014: 2562-2567.

[19] Tong Y, Zhao L, Li L, et al. Stochastic programming model for oversaturated intersection signal timing[J]. Transportation Research Part C: Emerging Technologies, 2015, 58: 474-486.

[20] Feng S, Zhang Y, Li L. A comparison study for traffic flow data compression[C]//2016 12th World Congress on Intelligent Control and Automation (WCICA). IEEE, 2016: 977-982.

第三章

云计算技术及其应用

第一节 概 述

传统的信息技术，即 Information Technology，简称 IT 技术，是一项基于计算机和互联网用来提升人们信息传播能力的技术。IT 技术的发明和发展，大幅度延伸了我们的触觉、视觉、听觉所能够触及的距离及广度，并且具有即时性。IT 技术是人类信息传播方式的革命，提升了我们的沟通效率和沟通能力。借助 IT 技术，可以大幅度提升我们感知世界的能力，扩大我们的感知圈。

而随着互联网的飞速发展，尤其是移动互联网、云计算、物联网技术的快速发展，以及智能终端的普及，人类比以往历史上任何时期都更容易生产数据。据统计，截至 2000 年，人类已经存储的数据总量是 12EB（注：1EB = 1024PB），然而仅 2011 年 1 年生产的数据就达到了 1.82ZB，据一些研究者预测，到 2025 年，全球数据量将达到 163ZB（注：1ZB = 1024EB）。而第五代移动通信技术（5G），更是一场颠覆时代的科技革命，理论上其速度是目前第四代移动通信技术（4G）的 100 倍，设计容量更是目前 4G 的 1000 倍，而传输成本却只有现在的千分之一。随着 5G 技术的成熟和正式投入商用，人类将会正式迈入万物互联的时代，生产的数据量更会达到人们难以想象的地步。同时，人类能够采集、记录的信息也越来越丰富，不仅仅有文本、数字等形式的记录，还有声音、图片、视频、增强现实（AR）/虚拟现实（VR）等形式的记录，而数据结构也不再是原始的结构化的数据，非结构化的数据越来越多。随着智能硬件的普及，我们记录的数据越来越多样，数据量越来越大，也越来越即时。

我们称这些数据为"大数据"，因为这些数据在量级、结构化水平、多样性和即时性上都超过了我们原有的数学、统计学、传统数据分析方法所能够处理的能力。"大"是相对于我们的处理和分析加工能力而言。如何在如此海量、分散、数据价值需要深度分析挖掘的数据中，获取对人们有价值的信息，传统的 IT 技术已经无能为力，由此发展出了大数据相关的技术，我们称之为大数据技术，即 Data Technology，简称 DT 技术。大数据技术本质上是"加工"数据的技术，即对数据进行存储、清洗、加工、分析、挖掘，从数据中发现事物的发展规律，借助计算机的计算能力对事物进行"认知""分析"和"决策"。

大数据存储和大数据分布式计算技术发展的同时，也带动了数据分析、机器学习技术的蓬勃发展，促使了云计算等新兴产业的不断涌现。

第二节 云 计 算

一、起源

1961 年，计算机科学家约翰·麦卡锡（John McCarthy）发表公开演说："如果计算机在未来流行开来，那么未来计算机也可以像电话一样成为公用设施……计算机应用也将成为一种全新的、重要的产业基石。"1984 年，太阳微系统公司（Sun Microsystems）的联合创始人约翰·盖奇(John Gage)提出"网络就是计算机"的猜想,用于描述未来的分布式计算技术,而今天云计算的发展也印证了这一猜想,并逐步地变成现实。1998年,威睿公司(VMware)成立并首次引入X86的虚拟化技术。2006年,亚马逊(Amazon)推出弹性计算云(EC2)服务。2008年,谷歌(Google)与国际商业机器公司(IBM)联合推出"云计算"概念,这一术语正式出现在商业领域,并迅速成为互联网技术(IT)领域核心热点、重点投资目标之一。

二、发展历程

云计算自诞生以来,就与政府和企业IT建设紧密相关、相辅相成,经过4个发展阶段,已经日臻成熟和完善(图3-1)。

图3-1 云计算发展阶段

1. 集群化阶段

政府和企业对分散的硬件资源进行物理集中,构成规模化的数据中心,从而统一提供集中的基础设施服务。在此基础上,政府和企业不断地整合业务与数据,以增强业务的灵活性、可扩展性。而进行了物理集中和逻辑集中后,也相应造成了风险的集中,飓风、地震、火灾、停电等事件会严重影响IT系统的运行,需要应用同城、异地灾难备份技术来降低或消除业务中断、数据丢失的风险。2007年,我国发布了《信息系统灾难恢复规范》(GB/T 20988—2007)[1]来指导和推动灾难备份系统建设,金融行业也发布了行业内的灾难恢复政策、标准与建设时间表。

2. 网格计算阶段

网格计算通过中间件进行分配和协调,将异构、异地分散的IT资源组织成一个或多个逻辑池,并统一协调为一个高性能分布式系统,所以也被称为超级虚拟计算机。网格计算中的可恢复性、可扩展性、网络接入和资源池等属性是云计算的发展雏形。

3. 传统虚拟化阶段

随着第二代互联网(Web2.0)技术日益普及、数据应用激增、IT系统设备大量增加,凸显传统IT系统建设模式成本高、开发建设周期时期长、资源利用率低、浪费严重等问题,严重拖慢了IT发展速度。以威睿(VMware)的vSphere、思杰(Ctrix)的Xen为代表的虚拟化技术,通过对硬件资源进行"切片"来创建IT资源的虚拟实例,屏蔽底层硬件设备的差异,共享底层的处理能力,从而极大地增加了IT资源的灵活性、提高了资源利用率、缓解了数据中心日益紧张的局面。这些虚拟化技术虽然应用效果良好,但还不具备云计算的完整特征。

4. 云计算阶段

IT软硬件的老化陈旧、更新换代始终是政府和企业IT建设面临的问题;业务的灵活性、自主性、安全性是政府和企业IT建设的终极追求;外部竞争压力、组织架构变化、成本降低是政府和企业的驱动力。当前,政府和企业可以自己构建云计算架构,也可以灵活采用第三方云设施来满足各种各样的IT需求。云计算如同水力、电力一样,用户无须知道云平台建设的细节,就可以方便使用。

三、定义

2009年,美国国家技术与标准局(NIST)信息技术实验室发布了被业界广泛接受的云计算定义:云计算是基于网络的、可配置的共享资源计算池,包括网络、服务器、存储、应用和服务,并且这些资源池能以最省力或无人干预的方式,或者通过与服务器提供商的交互快速地获取和释放。

云计算必须具备 5 个基本特征:以网络为中心、以云服务为提供方式、资源的池化与透明化、弹性伸缩、按需供给。其中,提供方式、按需供给是云计算的商业特征;以网络为中心、资源池化与透明化、弹性伸缩是云计算的技术特征。五项特征缺一不可。

根据国际标准化组织 ISO/IEC 的描述,在云计算环境中,用户可以通过客户端(例如自服务界面)申请、购买和取消所需的处理器、内存、硬盘、数据库、中间件、软件开发环境、应用软件、信息安全等资源。云平台对这些资源进行组织、分配和调度,向用户输出服务。

四、底层技术分类

1. 虚拟化技术"大分小"

通过虚拟化技术[2],可以将实际硬件资源、操作系统逻辑抽象化,并将抽象化的资源构成一个或多个可统一调度的资源池,再由云平台服务商根据用户需求来构成计算实例(例如 Amazon EC2),出租给用户使用。

服务器虚拟化典型代表有 VMware vSphere、Ctirx Xen、基于内核的虚拟机(KVM)等;存储虚拟化典型代表有 IBM 频谱存储(Spectrum Storage)、飞康 NSS、华为 FusionStorage 等;容器虚拟化典型代表有 Solaris Container、Dock 等;网络虚拟化典型代表有 Open vSwitch 等。服务器虚拟化与容器虚拟化的对比如图 3-2 所示。

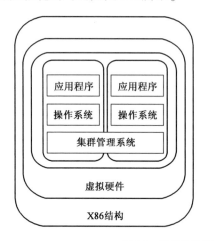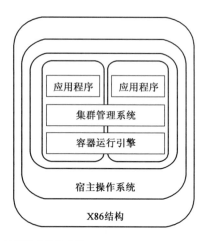

图 3-2　服务器虚拟化与容器虚拟化对比

2. 分布式计算"小聚大"

云计算还有一个重要的特点就是分布式计算。为了高效利用资源,云计算将一个个复杂的计算任务分解到多个计算节点,以便并行执行计算任务。

分布式计算概念 MapReduce(映射归约)由 Google 最早提出,开源哈杜普(Hadoop)框架、火花(Spark)框架是当前典型应用。此外,分布式架构思想也被梅索斯(Mesos)、祖克坡(Zookeeper)、HBase 等其他开源框架、分布式数据库等广泛应用,集成在当前的云平台中。

五、按用户部署模式分类

按用户部署模式分类,云可分为公有云、私有云和混合云 3 类。公有云、私有云与混合云逻辑示意如图 3-3 所示。

图 3-3　公有云、私有云与混合云逻辑示意

1. 私有云

私有云是用户供内部(如同一公司的不同部门)使用、独立构建和运维的专有、专用云平台。私有云可部署在政府和企业数据中心的防火墙内,也可以将它们部署在一个安全的主机托管场所。私有云的核心属性是专有资源。

私有云又可分为内部私有云和外部私有云。内部私有云也被称为内部云,由组织完全在自己的数据中心内构建,有利于标准化云服务管理流程和安全性,组织依然要为物理资源承担资金成本和维护成本。外部私有云部署在组织外部,由第三方机构负责管理,为该组织提供专用的云环境,并保证隐私和机密性。该方案相对内部私有云成本更低,也更便于扩展业务规模。

私有云优点:对数据、安全性和服务质量的有效控制。政府和企业拥有基础设施,并可以控制在此之上的应用系统部署。私有云服务稳定、管理方便、更容易根据企业的个性化需求定制资源。

私有云缺点:自建成本较高、共享性低,对于办公地点分散的大型组织来说,需要重点解决分散的私有云数据中心进行远程访问时的复杂度、安全性、链路成本等问题。

2. 公有云

由第三方云服务商提供云服务,用户通过互联网使用,核心属性是用户共享资源。代表服务商有 Amazon、微软蔚蓝(Microsoft Azure)、阿里云、腾讯云、金山云、华为云等。

公有云优点:资源丰富、扩展性能力强、最重要的是这些云服务商能够赋予用户上下游的生态、价值链,而用户可以最快速地获取物联网、大数据、人工智能、移动应用的能力。

公有云缺点:数据安全、云服务质量虽然由云服务商保证,但用户的管控力度不如私有云。

3. 混合云

混合云融合了公有云和私有云各自的优势,是近年来云计算的主要模式和发展方向。出于信息安全、法律法规、控制力等因素考虑,用户更愿意将数据存放在私有云中,但是同时又希望获得公有云的运算能力和资源,在这种情况下,可将公有云和私有云进行混合搭配,达到既降低成本,又保证信息安全,还符合法律法规要求的目的。此外,由于混合云是不同的云平台、数据和应用程序的组合,因此混合云整合进一步提高云计算的技术复杂度,容易产生新的兼容性问题。

六、云平台的使用者与商业模式

1. 运维者

基础设施即服务(IaaS)是由云平台的运维者将硬件设备等基础资源封装、分配、调度,对最终用户提供计算、存储、内容分发网络(CDN)、备份和恢复、平台托管、云安全等基础资源。核心目的是提高基础设施灵活性、降低使用成本。运维者通过使用时长、资源用量等计费方式来向用户收取费用。

2. 软件开发者

软件平台即服务(PaaS)面向应用开发者,降低了底层软硬件设施的复杂性,把端到端的软件开发、测试、部署、运行环境以及复杂的应用程序托管当作服务,把数据库、中间件、可重用代码库、商业智能当作服务,从而简化应用程序开发过程、提高软件开发效率。软件开发者按照使用的数据库、数据量、开发量等付费使用。

3. 最终用户

应用软件即服务(SaaS)终端用户仅需要选择供应商,租赁应用服务,无须购买软硬件产品,即可直接使用该应用软件的云服务。典型应用如电子邮箱、在线视频会议、Office365、客户关系管理(CRM)、销售工具、企业资源计划(ERP)等。Salesforce、Workday等是典型云服务厂商。终端用户按用户数、使用时长等方式付费使用。

不同云服务消费者的需求如图3-4所示。

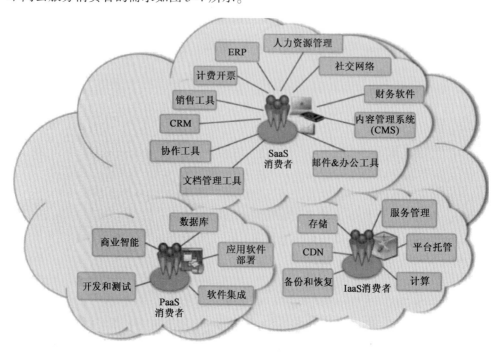

图3-4 云服务消费者的需求

七、云平台典型体系架构

下面给出了 NIST 提出的云计算参考架构的总体视图,包括参与者、角色以及管理和提供云服务必需的一些内容,比如服务部署、服务编排、云服务部署、安全保障和隐私保护,如图 3-5 所示。

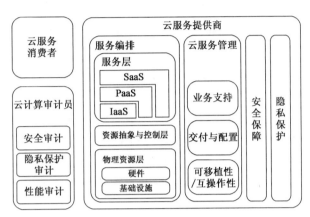

图 3-5　NIST 云计算参考模型

NIST 的云计算参考架构定义了云计算中的主要参与者:云消费者、云提供商、云审计者。每个参与者(个人或组织)都是参与云计算中的事务或流程以及执行任务的一个实体。

1. 云消费者

云消费者是与云提供商保持业务联系、使用云提供商所提供服务的个人或组织。对于 SaaS 模式,消费者通过网络使用服务商提供的使用应用程序;对于 PaaS 模式,消费者使用服务或平台开发、测试、部署和管理托管在云平台上的应用程序;对于 IaaS 模式,消费者可以访问虚拟机、网络存储、网络基础设施组件以及其他的基础计算资源,可以部署和运行任何软件。

2. 云提供商

云提供商是负责向云消费者提供可用服务的个人、组织或实体。对于 SaaS 模式,云提供商负责安装、管理、维护云基础设施中的软件应用程序;对于 PaaS 模式,云提供商为平台的消费者配置和管理云基础设施和中间件,向其提供开发、部署和管理工具;对于 IaaS 模式,云提供商向云消费者提供服务器、网络和存储等基础设施服务。

3. 云审计(监管)者

云审计者是指能够对云服务、信息系统操作、云计算实现的性能和安全水平开展独立评估的机构。

八、行业应用

1. 政务云

云计算在我国已广泛应用于各级党委、政府[3]。

北京市电子政务云于 2011 年启动顶层设计和配套标准规范,2012 年上线,为各市级委办局提供 IaaS、PaaS、SaaS 层服务,至今已使用 3500 多台虚拟服务器、2.5PB 存储、支撑 500 多个应用系统与大数据平台。北京市政务云采用"1 + N + 16"的总体布局,即 1 个市级云、N 个重点行业云(如公安、交通等)和 16 个区县云。北京市电子政务云经过五期扩容,整体运行安全、稳定、可靠,发挥了云计算资源集约化、技术标准化、管理自动化、管控集中化等优势,在信息化投资和建设运营模式等方面取得创新成果,实现了集约、高效、绿色节能低耗运行,提升了全市电子政务应用水平。

广州政务云被誉为"全国最大的政务云"。2010 年,"智慧广州"被提出和深化,2012 年开始顶层设计,2013 年启动建设,2014 年以"统采分签"为原则,为全市各委办局提供计算、存储、网络、安全、基础软件等 9 大类支撑服务。目前,广州市政府云平台完成了对超过 3800 多台虚拟服务器、850 多台物理服务器、4.5PB 存储容量的部署,支撑了全市 240 多家单位的 900 多个业务系统运行。云平台由最初主要提供 IaaS 服务,逐渐扩展到 PaaS 层、SaaS 层和 DaaS 层服务的全面发展的阶段。依托开放可信、统一管理的政务云平台,广州市政府及相关机构采购服务器等硬件设备的总量比以往下降了 3/4,项目建设部署周期平均缩短 70% 以上,运行多年以来无重大事故。采用专用大数据平台、DevOps 敏捷开发平台、微服务等新型架构后,政府、企业应用软件开发效率提高了 1 倍以上。

2. 交通云

江苏省交通控股信息中心统一建设了"协同指挥调度云平台"。平台对内承担着协同指挥调度、监控管理、信息共享、统计分析等多重职能,对外则是向公众发布实时交通信息的窗口。"协同指挥调度云平台"承载了四大系统:事件处置系统、智能侦测系统、协同联动系统和统计分析系统。平台还具备视频监控、情报板、语音、里程桩、综合路况、气象、单兵、视频对讲八大功能模块。

选择云服务后,可以把业务资源、精力专注于上层应用开发,不再自建机房、堆叠硬件,总体 IT 基础设施建设运维费用下降了 70%。

九、云计算发展趋势

云计算从一开始的"要不要用",发展到"什么时候用",再到"必须要用",目前已逐步成为政府和企业 IT 建设的核心,云计算时代已经到来。云计算未来发展趋势如下。

1. 原生的云(Cloud Native)

云计算 IaaS 层技术已日趋成熟,软件定义网络 SDN、软件定义存储 SDS、软件定义数据中心 SDDC、软件定义广域网 SD-WAN、RDMA 技术、NVMe 技术已成为云平台的"标配";在 PaaS 层,以容器、Mesos、DevOps、微服务、Serverless、开源大数据框架为代表的云原生体系也得到了广泛应用,应用软件开发效率大为提高,政府和企业可将更多精力专注于业务应用、数据应用、智能应用、指挥决策应用中。

2. 自主可控的云

目前,我国在信息技术领域仍然存在核心技术受制于人的巨大隐患。国家高度重视核心技术自主可控,在国产核心芯片上已有龙芯、申威、鲲鹏、飞腾;在国产操作系统上已有麒麟、鸿蒙等,数据库、国产办公软件业已有多个国产厂商,总体技术水平正在从"可用、不好用"向"可用、好用"快速转变。目前已有政务云平台安装部署国产芯片,基于北斗芯片的智慧城市应用逐渐普及。未来,云计算必将成为我国在自主可控领域实现突破的引擎。

3. 生态的云

以大数据、人工智能、物联网、移动应用、信息安全、5G等为代表的新型技术,已经高度集成到云计算平台中来,使得云平台逐渐转变为一个核心中枢与生态中心。用户可以根据场景任意选择多种多样的云服务,包括大数据、信息安全、软件开发等服务,用户可根据自身的行业特点,定制云计算架构,逐渐迭代完善自身的数据架构、核心算法,形成自己的核心竞争力。

4. 协同的云

随着物联网(IoT)技术的普及,包括工业控制器、传感器等在内的越来越多设备接入云端,传统的以云为中心的模式将不足以对海量的设备数据进行实时处理。例如在工业现场等要求时延1~5ms的场景中,以及在无网状态下,云边(边缘计算)协同将更好地满足政府和企业的实际需求。

第三节 边缘计算

一、定义

边缘计算(Edge Computing)[4]是在网络边缘结点来处理、分析数据,而不是在中央服务器里整理后实施处理。边缘节点主要包括通信基站、服务器、网关设备以及终端设备。与云计算相比,边缘计算在网络拓扑中的位置更低,即更加靠近"用户"——数据产生的地方。作为对云计算方式的补充,边缘计算弥补了云计算的诸多缺陷。图3-6为边缘计算的示意图。

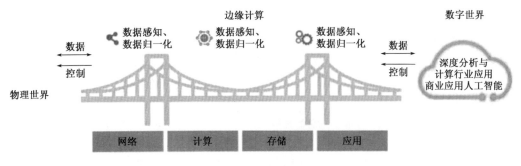

图3-6 边缘计算示意

二、与云计算的区别联系

边缘计算可以理解为利用靠近数据源的边缘地带来完成的运算程序。边缘计算和云计算实际上都可用于处理大数据。但在边缘计算场景中,数据不用再传到遥远的云端,在边缘侧就能解决,更适合实时的数据分析和智能化处理,也更加高效、安全,如图3-7所示。由于边缘计算指的是接近于事物、数据和行动源头处的计算,所以也可以把这种类型的数据处理使用更通用的术语来表示：邻近计算或者接近计算(Proximity Computing)。

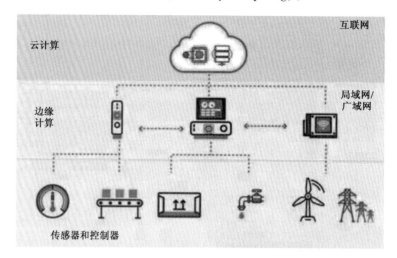

图 3-7　云计算与边缘计算关系示意

三、与云计算相比的优势

表 3-1 对比了云计算和边缘计算的性能。

云计算和边缘计算性能对比　　　　　　　　　　　　　　　　　表 3-1

性　　能	传统云计算	边缘计算/雾计算
时延	高	低
延迟抖动	高	低
移动性支持	不支持	支持
实时交互	支持(慢)	支持(快)
地理信息感知	不可感知	可感知
安全性	数据路由被攻击可能性高	数据路由被攻击可能性低
可扩展性	依赖较远的服务器，可扩展性不高	无可扩展性问题

1. 分布式和低延时

边缘计算天然具备分布式特征，支持分布式计算与存储、实现分布式资源的动态调度与统一管理，支持分布式智能，具备分布式安全管理等能力。

由于数据是在边缘结点进行分析处理，降低了延迟，提升应用的响应速度。如在接入点[5]完成处理和转发，时延可控制在 1ms 之内。

2. 成本低

对终端设备的数据进行筛选，不必每条原始数据都传送到云端，充分利用设备的空闲资源，在边缘节点处过滤和分析，节能省时。

3. 缓解管道压力

边缘计算能够减缓数据的增长速度，降低网络流量的压力。在进行云端传输时，通过边缘节点进行一部分简单数据处理,从而缩短响应时间,减少从设备到云端的数据流量。

4. 智能化

未来物联网、AR/VR 场景、大数据、人工智能,都有着极强的对近场计算的需求,边缘计算能够保障大量的计算在离终端很近的区域完成,完成苛刻的低延时服务响应。

5. 可用性高

边缘计算分担了中心服务器的计算任务,并且降低了出现单点故障的可能。此外智能终端设备在非工作状态下处于闲置状态,边缘计算可以充分地对其加以利用,提高了资源的利用率。

6. 安全性高

敏感的数据直接在边缘进行分析处理,不用全部上传至云计算平台,能够尽可能地避免数据泄露。

7. 实时性高

边缘计算是物理世界与数字世界之间的桥梁,是数据的第一入口。边缘计算可对智能手机、摄像头等终端设备产生的海量"小数据"、本地数据进行实时处理,对数据的确定性、完整性、准确性、多样性也提出新的挑战。

四、典型体系架构

从边缘计算联盟(ECC)提出的模型架构(图 3-8)来看,边缘计算主要由基础计算能力与相应的数据通信单元两大部分所构成。

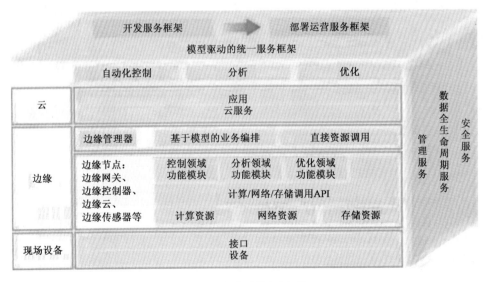

图 3-8 边缘计算参考架构

五、应用场景

目前,智能制造、智慧城市、直播游戏和车联网 4 个领域对边缘计算的需求最明确(图 3-9)。

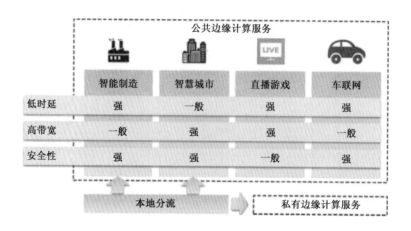

图 3-9　边缘计算应用场景

1. 智能制造

在智能制造[6]领域,工厂利用边缘计算智能网关进行本地数据采集,并进行数据过滤、清洗等实时处理。同时边缘计算还可以提供跨层协议转换的能力,实现碎片化工业网络的统一接入。一些工厂还在尝试利用虚拟化技术软件制作工业控制器,对生产线机械臂进行集中协同控制,这是一种类似于通信领域软件定义网络中实现转控分离的机制,通过软件定义机械的方式实现了机控分离。

2. 智慧城市

智慧城市,主要包括智慧楼宇、物流和视频监控等多个方面。边缘计算可以实现对城市中运行参数的采集分析。例如,在城市路面检测中,在道路两侧路灯上安装传感器收集城市路面信息,监测空气质量、光照强度、噪声水平等环境数据,当路灯发生故障时能够及时反馈至维修人员。边缘计算还可以利用本地部署的图形处理器(GPU)服务器,实现毫秒级的人脸识别、物体识别等智能图像分析。

虽然当前城市中部署了大量的 IP 摄像头,但是大部分摄像头都不具备前置计算功能,而需要将数据传输至数据中心进行处理,或者需要用人工的方式来进行数据筛选。然而,安珀警报助手(Amber Alert Assistant)可以自动化地在边缘设备上部署视频分析程序,并与附近的边缘设备协同,实时地对视频进行处理,同时和周边摄像头进行联动,以完成对犯罪车辆的实时追踪。

3. 直播游戏

在直播游戏领域,边缘计算可以为内容分发网络(CDN)提供丰富的存储资源,并在更加靠近用户的位置提供音视频的渲染能力,让云桌面、云游戏等新型业务模式成为可能。特别是在(AR/VR)场景中,边缘计算的引入可以大幅降低 AR/VR 终端设备的复杂度,从而降低成本,促进整体产业的高速发展。

4. 智能交通与车联网

随着深度学习和传感器等技术的发展,汽车不断智能化,不再仅仅是传统的出行和运输工具。智能网联技术的出现催生出了一系列新的应用场景,例如自动驾驶、车联网以及智能交通。以自动驾驶为例,自动驾驶汽车往往配备了非常多的传感器,可以随时随地感知周围的环境,并源源不断地产生数据。所以,自动驾驶汽车就如同一个"移动的数据中心"。

六、当前技术难点

1. 编程可行性

在云平台上进行软件开发和编译都很便捷,但在边缘计算层,就会面临平台异构的问题,例如在 IOS 系统、安卓系统或 Linux 系统中编程要求是不同的。

2. 命名

命名方案对于编程、寻址、事物识别和数据通信非常重要,但是在边缘计算中还没有行之有效的数据处理方式。边缘计算中事物的通信方式是多样的,可以依靠无线网(Wi-Fi)、蓝牙、窄带物联网(NB-IOT)等通信技术,仅依靠网络通信协议(TCP/IP 协议)栈尚不能满足这些异构的事物之间的通信需求。边缘计算的命名方案需要处理事物的移动性、动态的网络拓扑结构、隐私和安全保护等问题。传统的命名机制如域名解析服务(DNS)、统一资源标识符(URI)都不能很好地解决动态的边缘网络的命名问题。近期提出的命名分发网络(NDN)在解决此类问题时也有一定的局限性。

3. 数据抽象

在物联网环境中会有大量的数据生成,并且由于物联网网络的异构环境,生成的数据格式是多种多样的,把各种各样的数据格式化对边缘计算来说是一个挑战。同时,网络边缘的大部分事物只是周期性地收集数据,定期把收集到的数据发送给网关,而网关中的存储容量是有限的,只能存储最新的数据。

如果筛掉过多的原始数据,将导致边缘结点数据报告的不可靠,如果保留大量的原始数据,那么边缘结点的数据存储又将是新的问题;同时这些数据应该是可以被应用程序读写和操作的,由于物联网中事物数据的异构性,数据库的读写和操作会存在一定的问题。

七、行业应用

1. 交通视频分析处理

目前摄像头的使用非常广泛,在停车场、交通要道、住宅小区等地点的公共场所中基本都能实现无死角监控。随着部署的摄像头数目的增加以及摄像头所拍摄的视频质量的增加,监控视频的数据量也在逐渐增加。如果把庞大的视频数据都经核心网络传输至云计算平台进行视频分析和处理,将导致往返时延高、链路成本高、实时性差。而如果在摄像机内部实现智能分析,会受到摄像头自身尺寸、成本等的限制。因此,当前较好的解决方案是在本地运营商多接入边缘计算(MEC)平台部署视频分析应用,指定区域内的摄像头将其录制的监控视频上传至 MEC 平台,经过视频分析处理后,可以随时调取分析结果并回传至云平台。MEC 部署示意图如图 3-10 所示。

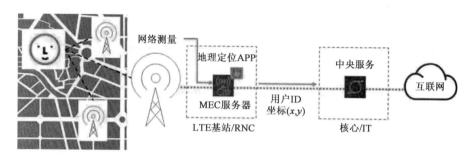

图 3-10　MEC 部署

2. 互联网网站内容优化与缓存

互联网内容优化指的是根据电信运营商网络提供的信息,比如小区 ID、小区负载、链路质量、数据吞吐率等,对内容进行动态的优化,以提升体验质量(QoE)和网络效率(图 3-11)。在视频方面,当终端请求视频播放时,可将该资源存于本地 MEC 平台,这样再播放时就是从本地下载视频资源,节省了带宽和经过核心网处理的时间。这种视频缓存功能对于那些热播电视剧、电影以及综艺节目的传输,有很大的帮助。同时,该模型也比较适用于大学城、居民区或者热点商圈这些人流密集、视频播放请求量比较大的地区。

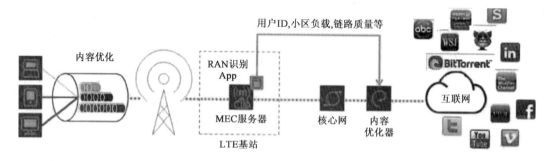

图 3-11　互联网内容优化与缓存

3. 智能交通

在交通领域,海量的数据主要包括 4 种类型的数据:传感器数据(位置、温度、压力、图像、速度、RFID 等信息);系统数据[日志、设备记录、管理信息数据库(MIBs)等];服务数据(收费信息、上网服务及其他信息);应用数据(生产厂家、能源、交通、性能、兼容性等信息)。交通数据的类型繁多,而且容量巨大,这使得对交通数据的分析挖掘与传统方式显著不同。

大量的物联网设备和传感器将被用于智能交通和交通管理系统,它们能收集大量的数据,但只有部分数据与交通管理紧密相关,是有用的数据。边缘计算节点可以消除冗余数据,从而有助于降低操作和存储成本。

分布式边缘计算允许无人驾驶车辆在网络边缘节点运行人工智能(AI)应用程序,以确保生成的数据与随后用于运行车辆的数据之间的最低延迟水平。自动驾驶车辆是迄今为止最复杂、最前沿的边缘计算技术部署之一。自动驾驶车辆要稳定地运行,就必须要在本地对产生的大量数据进行实时处理和共享。

八、发展趋势

1. 服务器升级

核心业务在实时性、稳定性、管理便利性等方面都对服务器提出了更高的要求,传统的标准服务器在通信的核心业务应用场景还将会面临标准化、环境适应性、易维护性等巨大挑战。

2. 移动边缘计算融合

5G 低时延、高可靠性的通信要求,使得边缘计算成为必然选择。根据国际电信联盟(ITU)的愿景,5G 的应用场景应划分为增强型移动宽带(eMBB)、大连接物联网(mMTC)和低时延高可靠通信(uRLLC)三类。其中,低时延高可靠通信(uRLLC)聚焦于对时延极其敏感的业务,例如自动驾驶、工业控制、远程医疗(例如手术)以及云游戏(例如 VR/AR 等形式的有实时对战要求的游戏)等。在 5G 移动领域,移动边缘计算是 ICT 融合的大势所趋,是 5G 网络重构的重要一环。

3. 光传输网络升级

边缘节点产生的数据需要高速、高带宽、低时延传输管道。传统的三层网络架构需要升级,新型的叶脊网络结构使得网络规模变大、网络扁平化、光纤覆盖率提升,也使得网络需要更多的交换机。

第四节 大数据处理

"大数据"[7]是继云计算、物联网之后 IT 产业又一次颠覆性的技术变革,对国家治理模式,对企业的决策、组织和业务流程,对个人生活方式都将产生巨大的影响。在信息技术中,大数据是数据集的集合,这个集合是如此大而复杂,以至于人们很难通过现有数据库管理工具来对其进行处理。从各种各样类型的数据中快速获得有价值的信息,就是大数据技术的作用。

一、数据的定义

数据是指需要用高效率和创新性的信息技术加以处理,以提高洞察力、决策力和优化流程的信息资产。信息资产是有财务价值的知识资产,用的人越多,资产增值越多。

二、大数据的特点

1. 数据体量大

从 TB 级别跃升到 PB 级别,非结构化数据占比超过 80%,且年增量超过 60%。

2. 数据类型繁多

结构化数据存储在关系型数据库中,非结构化数据包括图片、音频、视频等,存储在非结构化、非关系型数据库中。

3. 价值密度低,应用价值高

大数据需要全样本,数据之间彼此相关性不高,需要大量分析处理才能取得有价值的结果。以视频为例,在数小时连续不间断监控过程中,有用的数据时长可能仅有 1~2s。

4. 处理速度快

数据量急速增长,要求具备秒级处理速度。

三、大数据计算框架概述

大数据计算[8]从数据处理方式上可以分为批处理和流处理。批处理系统按数据块来处理数据,每一个任务接收一定大小的数据块,比如映射归约(MapReduce),映射(Map)任务在处理完一个完整的数据块后,将中间数据发送给归约(Reduce)任务。流处理系统的上游算子处理完一条数据后,会立即发送给下游算子,所以一条数据从进入流式系统到输出结果的时间间隔较短。从数据处理延迟的角度看,也有人将批处理系统称为离线计算,而将流处理系统称为在线计算或实时计算。大数据计算框架如图 3-12 所示。

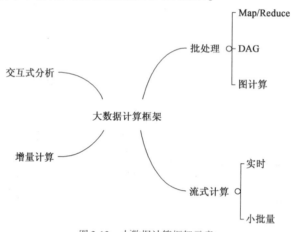

图 3-12 大数据计算框架示意

在目前主流的大数据处理框架中,Apache Hadoop 属于批处理框架,Apache Storm、Apache Samza 属于流处理框架,而 Apache Spark、Apache Flink 则属于混合框架(同时支持批处理和流处理),以下分别进行详细介绍。

四、处理框架

批处理在大数据处理中有着悠久的历史。批处理主要操作大容量静态数据集,并在计算过程完成后返回结果。

批处理模式中使用的数据集通常符合下列特征。

有界:批处理数据集代表数据的有限集合。

持久:数据通常始终存储在某种类型的持久存储位置。

大量:批处理操作通常是处理极为海量数据集的唯一方法。

批处理非常适合需要访问全套记录才能完成的计算工作。例如在计算总数和平均数时,必须将数据集作为一个整体加以处理,而不能将其视作多条记录的集合。这些操作要求在计算进行过程中数据维持自己的状态。

需要处理大量数据的任务通常最适合用批处理操作进行处理。无论直接从持久存储设备处理数据集,还是首先将数据集载入内存,批处理系统在设计过程中就充分考虑了数据的量,可提供充足的处理资源。由于批处理在应对大量持久数据方面的表现极为出色,因此经常被用于对历史数据进行分析。大量数据的处理需要花费大量时间,因此批处理不适合对处理时间要求较高的场合。

1. Hadoop

Hadoop 最初主要包含分布式文件系统 HDFS 和计算框架 MapReduce 两部分,是从 Nutch 中独立出来的项目。在 2.0 版本中,又把资源管理和任务调度功能从 MapReduce 中剥离形成 YARN,使其他框架也可以像 MapReduce 那样运行在 Hadoop 之上。与之前的分布式计算框架相比,Hadoop 隐藏了很多烦琐的细节,如容错、负载均衡等,更便于使用。

Hadoop 也具有很强的横向扩展能力,可以很容易地把新计算机接入到集群中参与计算。在开源社区的支持下,Hadoop 不断发展完善,并集成了众多优秀的产品,如非关系数据库 HBase、数据仓库 Hive、数据处理工具 Sqoop、机器学习算法库 Mahout、一致性服务软件 ZooKeeper、管理工具 Ambari 等,形成了相对完整的生态圈和分布式计算事实上的标准(图 3-13)。

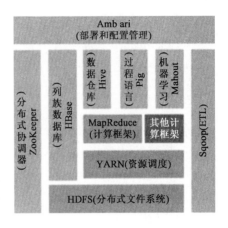

图 3-13　Hadoop 生态圈

2. MapReduce

MapReduce 是 Hadoop 的原生批处理引擎。MapReduce 编程模型源于函数式编程中的 Map 和 Reduce 术语。在函数式编程中,Map 过程会有两个输入,一个是一个函数,另一个是一个值序列。接下来,这个函数会作用于这个值序列。而 Reduce 过程则用一定的约束将这些结果组合起来。MapReduce 把一堆杂乱的数据按照某种特征归并起来,然后处理并得到最后的结果。基本处理过程如图 3-14 所示。

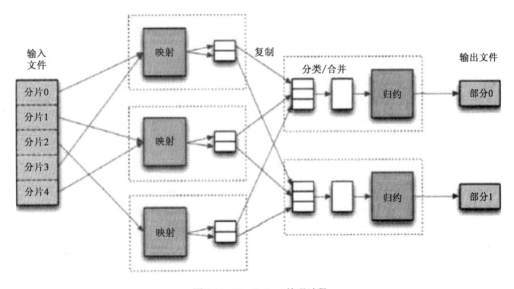

图 3-14　MapReduce 处理过程

MapReduce 的数据处理过程如下。

(1)把输入文件按照一定的标准分片,每个分片对应一个 Map 任务。一般情况下,MapReduce 和 HDFS 运行在同一组计算机上,也就是说,每台计算机同时承担存储和计算任务,因此分片通常不涉及计算机之间的数据复制。

(2)按照一定的规则把分片中的内容解析成键值对。通常选择一种预定义的规则即可。

(3)执行 Map 任务,处理每个键值对,输出 0 个或多个键值对。

(4)MapReduce 获取应用程序定义的分组方式,并按分组对 Map 任务输出的键值对排序。默认每个键名一组。

(5)待所有节点都执行完上述步骤后,MapReduce 启动 Reduce 任务。每个分组对应一个 Reduce 任务。

(6)执行 Reduce 任务的进程通过网络获取指定组的所有键值对。

(7)把键名相同的值合并为列表。

(8)执行 Reduce 任务,处理每个键对应的列表,输出结果。

应用程序主要负责设计 Map 和 Reduce 任务,其他工作均由框架负责。在定义 Map 任务输出数据的方式时,键的选择至关重要,除了影响结果的正确性外,也决定数据如何分组、排序、传输,以及执行 Reduce 任务的计算机如何分工。

3. 有向无环图模型

通过多个 MapReduce 的组合,可以处理复杂的计算问题。但组合过程需要人工设计,每个阶段都需要所有的计算机同步,影响了执行效率。为克服上述问题,业界提出了有向无环图(DAG)计算模型,其核心思想是把任务在内部分解为若干存在先后顺序的子任务,由此可更灵活地表达各种复杂的依赖关系。Microsoft Dryad、Google FlumeJava、Apache Tez 是较早出现的 DAG 模型。Dryad 定义了串接、全连接、融合等若干简单的 DAG 模型,通过组合这些简单结构来描述复杂的任务,FlumeJava、Tez 则通过组合若干 MapReduce 形成 DAG 任务。MapReduce 与 Tez 执行复杂任务时的对比情况如图 3-15 所示。

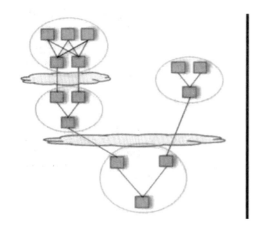 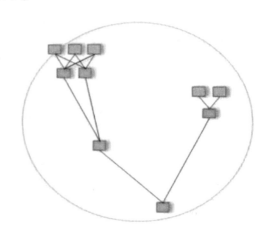

图 3-15　MapReduce(左)与 Tez(右)执行复杂任务时的对比

4. HDFS

HDFS 是一种分布式文件系统层,可对集群节点间的存储和复制进行协调。HDFS 确保了无法避免的节点故障发生后数据依然可用,可将其用作数据来源,用于存储中间态的处理结果,并可存储计算的最终结果。

5. YARN

YARN 是 Yet Another Resource Negotiator(另一个资源管理器)的缩写,可充当 Hadoop 堆栈的集群协调组件。该组件负责协调并管理底层资源和调度作业的运行。通过充当集群资源的接口,YARN 使得用户能在 Hadoop 集群中使用以往的迭代方式以外的更多类型工作负载。

6. Spark

Spark 是 Apache 顶级的开源项目,是一个快速、通用的大规模数据处理引擎,和 Hadoop 的 MapReduce 计算框架类似。但是相对于 MapReduce,Spark 凭借其可伸缩、基于内存计算等特点,以及可以直接读写 Hadoop 上任何格式数据的优势,进行批处理时更加高效,并有更低的延迟。Spark 是基于内存计算的大数据并行计算框架,提高了在大数据环境下数据处理的实时性,同时保证了高容错性和高可伸缩性,允许用户将 Spark 部署在大量廉价硬件之上,形成集群。

MapReduce 使用磁盘存储中间结果,严重影响了系统的性能,这个问题在机器学习等需要迭代计算的场合更为明显。Spark 对早期的 DAG 模型做了改进,提出了基于内存的分布式存储抽象模型:可恢复分布式数据集(Resilient Distributed Datasets,RDD)。进而把中间数据有选择地加载并驻留到内存中,减少磁盘输入/输出(I/O)开销。与 Hadoop 相比,Spark 基于内存的运算要快 100 倍以上,基于磁盘的运算也要快 10 倍以上。

五、流处理框架

1. 概述

在大数据时代,数据通常都是持续不断动态产生的。在很多场合,数据需要在非常短的时间内得到处理,并且还要解决容错、拥塞控制等问题,避免数据遗漏或重复计算。流计算框架则是针对这一类问题的解决方案。流计算框架一般采用 DAG(有向无环图)模型。DAG 模型的原理示意如图 3-16 所示。

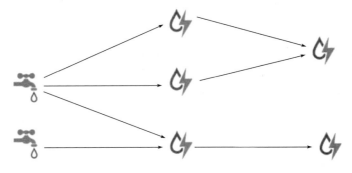

图 3-16　DAG 模型的原理示意

图 3-16 中的节点分为两类：左侧是数据的输入节点，负责与外界交互而向系统提供数据；中间和右侧是数据的计算节点，负责完成某种处理功能，如过滤、累加、合并等。从外部系统不断传入的实时数据则流经这些节点，把它们串接起来。如果把数据流比作水的话，输入节点像水龙头，源源不断地出水，计算节点则相当于水管的转接口。

为提高并发性，每一个计算节点对应的数据处理功能被分配到多个任务（相同或不同计算机上的线程）。在设计 DAG 时，需要考虑如何把待处理的数据分发到下游计算节点对应的各个任务，这在实时计算中称为分组（Grouping）。最简单的方案是为每个任务复制一份，更多的是每个任务处理数据的不同部分。应优先考虑随机分组，以便达到负载均衡的效果。不过在执行累加、数据关联等操作时，需要保证同一属性的数据被固定分发到对应的任务，这时应采用定向分组。在某些情况下，还需要自定义分组方案。流计算的分组方式如图 3-17 所示。

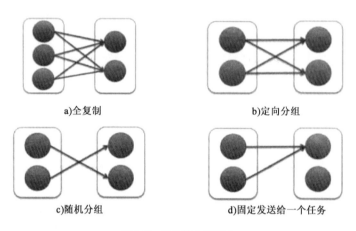

图 3-17 流计算分组方式

2. Storm

Storm 具有简单的编程模型，且支持 Java、Ruby、Python 等多种开发语言。Storm 也具有良好的性能，在多节点集群上每秒可以处理上百万条消息，并且容错性较好。下面介绍 Storm 确保消息可靠性的思路。

在 DAG 模型中，确保消息可靠性的难点在于，原始数据被当前的计算节点成功处理后，还不能被丢弃，因为它生成的数据仍然可能在后续的计算节点上处理失败，需要由该消息重新生成。而如果要对消息在各个计算节点的处理情况都做跟踪记录的话，则会消耗大量资源。

Storm 的解决思路是，为每条消息分派一个 ID 作为唯一性标识，并在消息中包含原始输入消息的 ID。同时用一个响应中心（Acker）维护每条原始输入消息的状态，状态的初值为该原始输入消息的 ID。每个计算节点成功执行后，则把输入和输出消息的 ID 进行异或，再异或对应的原始输入消息的状态。由于每条消息在生成和处理时分别被异或一次，则成功执行后所有消息均被异或两次，对应的原始输入消息的状态为 0。因此当状态为 0 后可安全清除原始输入消息的内容，而如果超过指定时间间隔后状态仍不为 0，则认为处理该消息的某个环节出了问题，需要重新执行。前述过程如图 3-18 所示。

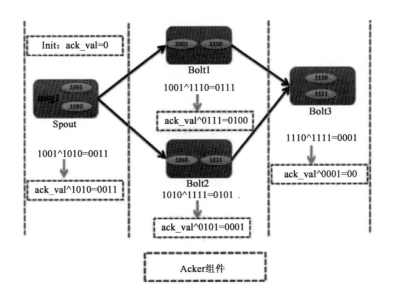

图 3-18　Storm 保证消息可靠性的过程

Storm 还实现了更高层次的抽象框架 Trident。Trident 以微批处理的方式处理数据流，比如每次处理 100 条记录。Trident 提供了过滤、分组、连接、窗口操作、聚合、状态管理等功能，支持跨批次进行聚合处理，并对执行过程进行优化，包括多个操作的合并、数据传输前的本地聚合等。以微批处理方式处理数据流的框架还有 Spark Streaming。实时处理与微批处理过程的比较如图 3-19 所示。

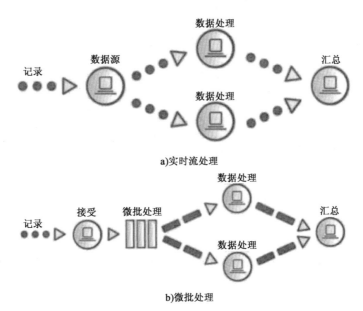

图 3-19　实时处理与微批处理过程比较

Storm、Trident 与另外几种流计算框架的对比见表 3-2。

5 种计算框架对比　　　　　　　　　　　表 3-2

项目	Storm	Trident	Spark Streaming	Samza	Flink
模型	实时流	微批处理	微批处理	实时流	实时流
API	组合式	组合式	声明式	组合式	声明式
可靠性保证	至少一次	正好一次	正好一次	至少一次	正好一次
容错方式	记录确认	记录确认	记录更新	日志	检查点
状态管理	无	有	有	有	有
延迟	很低	中	中	低	低
吞吐量	低	中	高	高	高
成熟度	高	高	高	中	低

六、交互式分析框架

1. 概述

交互式分析技术发展迅速，目前这一领域知名的平台包括 Google 开发的 Dremel 和 PowerDrill、脸谱网（Facebook）开发的 Presto、Hadoop 服务商 Cloudera 和 HortonWorks 分别开发的 Impala 和 Stinger，以及 Apache 项目的 Hive、Drill、Tajo、Kylin、MRQL 等。

一些批处理和流计算平台如 Spark 和 Flink 也分别内置了交互式分析框架。由于结构化查询语言（SQL）已被业界广泛接受，目前的交互式分析框架都支持用类似 SQL 的语言进行查询。早期的交互式分析平台建立在 Hadoop 的基础上，被称作 SQL-on-Hadoop。后来的分析平台改用 Spark、Storm 等引擎，不过 SQL-on-Hadoop 的名称还是沿用了下来。SQL-on-Hadoop 也指为分布式数据存储提供的 SQL 查询功能。

2. Hive

Apache Hive 是最早出现的架构在 Hadoop 基础之上的大规模数据仓库，由 Facebook 设计并开源。Hive 的基本思想是，通过定义模式信息，把 HDFS 中的文件组织成类似传统数据库的存储系统。Hive 保持着 Hadoop 所提供的可扩展性和灵活性。Hive 支持人们熟悉的关系数据库概念，比如表、列和分区，也在一定程度上为非结构化数据提供 SQL 支持。它支持所有主要的原语类型（如整数、浮点数、字符串等）和复杂类型（如字典、列表、结构等）。它还支持使用类似 SQL 的声明性语言 Hive Query Language（HiveQL）表达的查询，任何熟悉 SQL 的人都很容易理解。HiveQL 被编译为 MapReduce 过程执行，其中，用 MapReduce 实现"JOIN"和"GROUP BY"的过程如图 3-20 所示。

Hive 与传统关系数据库对比见表 3-3。

Hive 与传统关系数据库对比　　　　　　　表 3-3

项　目	Hive	关系数据库
事务	不支持	支持
随机插入数据	不支持	支持
执行延迟	高	低

续上表

项目	Hive	关系数据库
执行	MapReduce	数据库引擎
横向扩展	支持上百个节点	很少超过20个节点
数据规模	大	小
硬件要求	普通机器	高端专用机器
字节成本	低	高

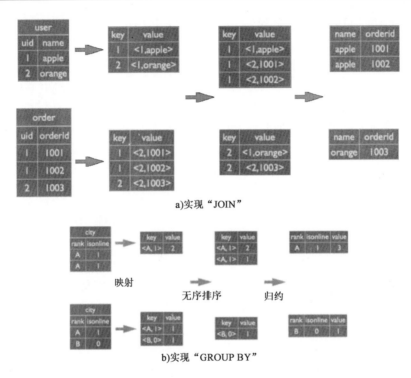

图3-20 MapReduce 实现"JOIN"和"GROUP BY"的过程

由于 Hive 是建立在 MapReduce 的基础上的,其主要缺点是性能受到限制。很多交互式分析平台对 Hive 进行改进和扩展,包括 Stinger、Presto、Kylin 等。其中,Kylin 是中国团队提交到 Apache 上的项目,其与众不同之处是具备多维分析(OLAP)能力。Kylin 对多维分析可能用到的度量进行预计算,供查询时直接访问,因此具备快速查询和高并发能力。

3. SQL 引擎 Calcite

对于交互式分析,SQL 查询引擎的优劣对性能的影响举足轻重。Spark 开发了自己的查询引擎 Catalyst,而包括 Hive、Drill、Kylin、Flink 在内的很多交互式分析平台及数据仓库使用 Calcite(原名 Optiq)作为 SQL 引擎。Calcite 是一个 Apache 孵化的项目,其创建者于莲·海迪 (Julian Hyde)曾是 Oracle 数据库 SQL 引擎的主要开发者。Calcite 具有下列几个技术特点:

(1)支持标准 SQL 语言;

(2)支持 OLAP;

(3)支持对流数据的查询；

(4)独立于编程语言和数据源，可以支持不同的前端和后端；

(5)支持关系代数、可定制的逻辑规划规则和基于成本模型优化的查询引擎；

(6)支持物化视图(Materialized View)的管理。

由于分布式场景远比传统的数据存储环境更复杂，Calcite 和 Catalyst 都还处于向 Oracle、MySQL 等经典关系数据库引擎学习的阶段，还需要进一步的性能优化。

七、其他框架

除了以上介绍的常用框架外，还有一些目前还不太热门但具有重要潜力的框架类型。图计算是 DAG 之外的一种迭代式计算模型，它以图论为基础，对现实世界建模和计算，擅长表达数据之间的关联性，适用于网页排名(Pagerank)计算、社交网络分析、推荐系统及机器学习。这一类框架有 Google Pregel、Apache Giraph、Apache Hama、PowerGraph，其中 PowerGraph 是这一领域目前最杰出的代表。很多图数据库也内置图计算框架。

另一类是增量计算框架，探讨如何只对部分新增数据进行计算来极大提升计算效率，可应用到数据增加或周期性更新的场合。这一类框架包括 Google Percolator、Microsoft Kineograph、阿里 Galaxy 等。此外，还有像 Apache Ignite、Apache Geode(GemFire 的开源版本)这样的高性能事务处理框架。

八、大数据与机器学习

1. 概述

大数据计算的核心是挖掘数据的价值，而机器学习是挖掘数据价值的核心技术。机器学习的任务，就是要在基于大数据计算的基础上，发掘其中蕴含的有用信息。处理的数据越多，机器学习就越能体现出优势，以前很多用机器学习解决不了或处理不好的问题，通过提供大数据得到很好解决。机器学习的理论在 1950 年就已经提出，但是因为数据的存储机制落后、算法结合度低下以及人们对数据处理速度的低下，导致一直不能让技术落地，而在分布式存储、分布式计算技术高度成熟以及 GPU 广泛应用的今天，机器学习技术也得到了快速的发展。

从广义上来说，机器学习[9]是一种能够赋予机器学习的能力，以此让它完成直接编程无法完成的功能的方法。但从实践的意义上来说，机器学习是一种利用数据训练模型，然后使用模型进行预测的方法。首先，我们需要在计算机中存储历史数据。接着，我们将这些数据通过机器学习算法进行处理，这个过程在机器学习中叫作"训练"，处理的结果可以被我们用来对新的数据进行预测，这个结果一般称之为"模型"。对新数据的预测过程在机器学习中叫作"预测"。"训练"与"预测"是机器学习的两个过程，"模型"则是中间输出结果，"训练"产生"模型"，"模型"指导"预测"。与传统的为解决特定任务而强行编码的软件程序不同，机器学习用大量的数据来"训练"，从数据中学习如何"预测"。

2. 机器学习的算法和学习方式

机器学习的算法很多，很多算法是同一类算法，而有些算法又是从其他算法中延伸出来的。根据数据类型的不同，对一个问题的建模有不同的方式。在机器学习领域，人们首先会考虑算法的学习方式。将算法按照学习方式分类是一个不错的想法,这样可以让人们在建模和选择算法的时候,考虑根据输入数据来选择最合适的算法,从而获得最好的结果。

在机器学习领域,有几种主要的学习方式:监督学习、无监督学习、半监督学习和强化学习。

在政府和企业数据应用的场景下,最常用的是监督式学习和非监督式学习的模型。在图像识别等领域,由于存在大量的非标识数据和少量的可标识数据,最常用半监督式学习。而强化学习更多地应用在机器人控制及其他需要进行系统控制的领域。

1)监督式学习

在监督式学习方式下,输入数据被称为"训练数据",每组训练数据有一个明确的标识或结果,如防垃圾邮件系统中的"垃圾邮件"和"非垃圾邮件",对手写数字识别中的"1""2""3""4"等。在建立预测模型的时候,监督式学习建立一个学习过程,将预测结果与"训练数据"的实际结果进行比较,不断地调整预测模型,直到模型的预测结果达到一个预期的准确率。监督式学习的常见应用场景包括分类问题和回归问题。常见监督式学习算法有决策树学习(ID3、C4.5等)、朴素贝叶斯分类、最小二乘回归、逻辑回归(Logistic Regression)、支持向量机、集成方法以及反向传播神经网络(Back Propagation Neural Network)等。

2)非监督式学习

在非监督式学习中,数据并不被特别标识,建立学习模型是为了推断出数据的一些内在结构。非监督学习的常见应用场景包括关联规则的学习以及聚类等。常见非监督学习算法包括奇异值分解、主成分分析、独立成分分析、Apriori算法以及K-Means算法等。

3)半监督式学习

在此学习方式下,输入数据部分被标识,部分没有被标识,这种学习模型可以用来进行预测,但是模型首先需要学习数据的内在结构以便合理地组织数据来进行预测。半监督式学习的应用场景包括分类和回归,半监督学习的算法包括一些对常用监督式学习算法的延伸,这些算法首先试图对未标识数据进行建模,在此基础上再对标识的数据进行预测,如图论推理算法(Graph Inference)或者拉普拉斯支持向量机(Laplacian SVM)等。

4)强化学习

在这种学习模式下,输入数据作为对模型的反馈,不像监督模型那样,输入数据仅仅是作为一个检查模型对错的方式,在强化学习下,输入数据直接反馈到模型,模型必须对此立刻作出调整。强化学习的常见应用场景包括动态系统以及机器人控制等。强化学习的常见算法包括Q-Learning以及时间差学习(Temporal Difference Learning)。

九、深度学习

深度学习算法是对人工神经网络的发展。在计算能力变得日益廉价的今天,深度学习试图建立比过去大得多也复杂得多的神经网络。很多深度学习的算法是半监督式学习算法,用来处理存在少量未标识数据的大数据集。常见的深度学习算法包括:受限波尔兹曼机(Restricted Boltzmann Machine,RBN)、深度置信网络(Deep Belief Networks,DBN)、卷积网络(Convolutional Network)、堆栈式自动编码器(Stacked Auto-Encoders)等。

深度学习是人工神经网络研究的一个重要突破。由于其卓越的性能表现与良好的识别效果,目前被广泛用于人工智能领域,涉及工业、医疗、教育、治安、交通等多个行业。无人驾驶汽车、阿尔法围棋(AlphaGo)、人脸识别、视频结构化、视图大数据等诸多应用中都有深度学习的身影。

具体来说,深度学习含多个隐层感知器,它是机器学习的一种结构框架。通过组合底层特征形成更加抽象的高层表示,以此进行分析与类别,深度学习能更好地发现数据特性与内在关联。本质上,深度学习模拟了人脑神经元在识别物体时从抽象到具体的一系列过程。正是由于对此过程的完美模拟,深度学习才能够表现出惊人的性能。

图3-21展现了具体识别时深度学习从抽象到具体的流程图,它是从图像的像素开始,经过抽象学习得到边缘与纹理信息,再得到局部区域统计信息,最后得出每种图像的具体区别信息,这与人脑描述事物的构建步骤是一致的。从图3-21可以看出,不同于传统的通过完整模型描述目标的方式,该方法先基于点、线、边缘、面等抽象特征进行信息提取,进而实现对不同形态下的图像属性的描述,这样即使原有的特征模型转变了角度、被遮挡一部分,系统都能够准确识别出来,因此我们可以将其用在视频目标检测与识别中。

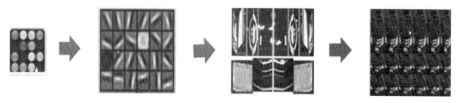

图3-21 车辆识别时深度学习从抽象到具体的流程

在未采用深度学习的系统中,目标检测大都是采用基于运动检测和背景建模的方式。这种方法在强光、阴影、车辆被遮挡等条件下,会造成目标成像失真、相互粘连,往往会引起检测失败,这必将对后续关键目标分类、行为判断等造成不利影响,进而造成系统误报率较高。

图3-22是利用运动检测和背景建模方法得到的视频运动物体,第一行红框标记的是运动物体,第二行白色部分标记的是运动物体的像素值。从中可以看出背景建模的方法容易受到风吹、高光等因素的影响,检测出很多错误的部分。

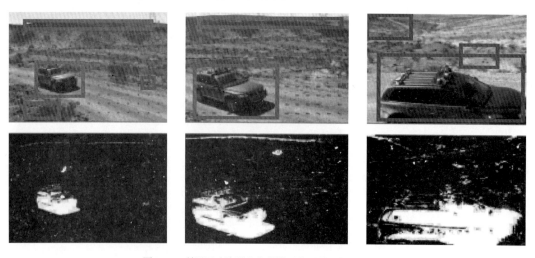

图3-22 利用运动检测和背景模型实现的目标检测方法

采用深度学习后,可以直接进行端到端的检测。由于深度学习算法能够充分地学习与表征物体特性,所以几乎不存在误检,得到的检测框更加准确、紧凑,也不需要背景构建,这对于后续的目标分类、目标跟踪与事件分析有积极的意义。图 3-23 显示的是基于深度学习的视频目标检测,从中可以看出它优良的检测与辨识能力。

图 3-23　基于深度学习的目标检测方法

十、机器学习平台

1. TensorFlow

TensorFlow 由 Google 在 2015 年 11 月份发布并开源,是目前广泛使用的数值计算的开源软件库之一。可被用于包括语音识别、图像识别、自然语言处理等多项机器学习和深度学习领域。

TensorFlow 采用数据流图(Data Flow Graphs),数据流图用"结点"(Nodes)和"线"(Edges)构成的有向图来描述数学计算。"节点"一般用来表示施加的数学操作,但也可以表示数据输入(Feed In)的起点/输出(Push Out)的终点,或者是读取/写入持久变量(Persistent Variable)的终点。"线"表示"节点"之间的输入/输出关系。这些数据"线"可以传输可动态调整大小的多维数据数组,即"张量"(Tensor)。张量从图中流过的直观图像是这个工具取名为"TensorFlow"的原因。一旦输入端的所有张量准备好,节点将被分配到各种计算设备完成异步并行的运算。TensorFlow 灵活的架构让用户可以在多种平台上展开计算,例如台式计算机中的一个或多个 CPU(或 GPU)、服务器、移动设备等。

2. Spark MLlib

在大数据上进行机器学习,需要处理全量数据并进行大量的迭代计算,这要求机器学习平台具备强大的处理能力。Spark 立足于内存计算,天然地适用于迭代式计算。即便如此,对于普通开发者来说,实现一个分布式机器学习算法仍然是一件极具挑战的事情。幸运的是,Spark 提供了一个基于海量数据的机器学习库,它提供了常用机器学习算法的分布式实现工具,开发者只需要有 Spark 基础并且了解机器学习算法的原理以及方法相关参数的含义,就可以轻松地通过调用相应的 API 来实现基于海量数据的机器学习过程。其次,Spark-Shell 的即席查询功能也是一个关键。算法工程师可以边写代码边运行,边看结果。Spark 提供的各种高效的工具使得机器学习过程更加直观便捷。比如通过"sample"抽样函数,可以非常方便地进行抽样。当然,Spark 发展到现在,拥有了实时批计算、批处理、算法库、SQL、流计算等模块等,基本可以看作是全平台的系统。把机器学习作为一个模块加入 Spark 中,也是大势所趋。

MLlib(Machine Learnig lib)是 Spark 的机器学习库,封装了常用的机器学习算法,旨在简化机器学习的工程实践工作,并方便扩展到更大规模。MLlib 同时包括相关的测试和数据生成器。Spark 的设计初衷就是为了支持一些迭代的任务,这正好符合很多机器学习算法的特点。

Spark 在机器学习方面的发展非常快,目前已经支持了主流的统计和机器学习算法。纵观所有基于分布式架构的开源机器学习库,MLlib 可以算是计算效率最高的。MLlib 目前支持 4 种常见的机器学习问题:分类、回归、聚类和协同过滤。

十一、行业应用

1. 大数据应用于政府行政审批

江苏省运用大数据精准分析和评估审批服务办件情况,有针对性地改进办理流程。通过构建统一的数据共享交换平台,打破信息孤岛,打通数据查询互认通道,加快向各级政务服务机构开放端口、权限和共享数据,推进跨部门、跨地区、跨层级平台互通、身份互信、证照互用、数据共享、业务协同。应用大数据、云计算、人工智能等信息技术开展智能审批,实现即报即批、即批即得,逐步实现人工服务向"机器"服务转变,为申报人提供全天候审批服务。

2. 大数据应用于智能交通

交通大数据具有多源异构、时空跨度大、动态多变、异质性、高度随机性、局部性和生命周期较短等特征,如何有效地采集和利用交通大数据,满足高时效性的交通组织控制、交通信息服务、交通状况预警、交通行政监管、交通执法管理、交通企业经营管理、交通市民服务等应用需求,是城市交通和智慧城市面临的机遇和挑战。构建交通大数据平台是深化大数据应用、不断探索应用人工智能技术、不断提高交通智能化水平的前提条件。

十二、发展趋势

1. 数据分析处理

在数据分析处理方面,行业中呈现出从传统统计分析向预测分析转变、从单领域分析向跨领域转变、从被动分析向主动分析转变、从非实时向实时分析转变、从结构化数据向多元化数据转变的趋势。并且用户对统一的数据处理平台诉求强烈,对数据平台的运算能力、核心算法及数据全面性提出了更高的要求。

2. 数据标准化

数据标准化方面的发展趋势是:用大数据技术,对海量数据进行统一采集、计算、存储,并使用统一的数据规范进行管理,将政府和企业内部所有数据统一处理形成标准化数据,挖掘出对企业最有价值的数据,构建企业数据资产库,提供一致的、高可用的大数据服务。

3. 数据加工

未来交通大数据应用,最重要的发展方向是数据"加工能力"的提高,未来必然要形成规范的数据结构和实时的数据处理机制,在大数据的采集、传输、处理和应用中,通过系统地使用非传统工具对大量的结构化、半结构化和非结构化数据进行处理,从而获得能够支撑规律发现、机理分析和对策方案自动生成的数据条件。由于数据处理受到高成本、高时效性等一系列条件限制,未来基于云计算技术的数据分析平台以及能够实现分布式计算的技术 Hadoop、Spark 平台将发挥越来越重要的作用。

4. 性能优化

从 Hadoop 横空出世到现在 10 余年的时间中,大数据分布式计算技术得到了迅猛发展。不过由于历史尚短,这方面的技术远未成熟,各种框架都还在不断改进。其中,性能优化是大数据计算框架改进的重点方向之一。而性能的提高很大程度上取决于对内存的有效利用。前面提到的内存计算技术,现已在各种类型的框架中被广泛采用。目前在内存优化方面最优秀的框架是 Flink,在任务的执行方面实现了多阶段并行执行和增量迭代。

5. 多框架融合

Spark 和 Flink 分别推出各自的机器学习库。更多的平台在第三方大数据计算框架上提供机器学习工具,如 Mahout、Oryx、SystemML、HiveMall、PredictionIO、SAMOA、MADLib。这些机器学习平台一般都同时支持多个计算框架,如 Mahout 同时以 Spark、Flink、H2O 为引擎,SAMOA 则使用 S4、Storm、Samza。在深度学习领域,有社区探索把深度学习框架与现有分布式计算框架结合起来,这样的项目有 SparkNet、Caffe on Spark、TensorFrames 等。

在同一平台上支持多种框架也是发展趋势之一,Spark 以批处理模型为核心,实现了交互式分析框架 Spark SQL、流计算框架 Spark Streaming(及正在研发的 Structured Streaming)、图计算框架 GraphX、机器学习库 Spark ML。而 Flink 在提供低延迟的流计算框架的同时,也包含了批处理、关系计算、图计算、机器学习等框架。

第五节 分布式存储

一、概述

分布式存储系统[10]是一种计算机网络,该网络中的信息分散存储在多个服务器节点上,各个节点通过网络相连,并对这些节点的资源进行统一管理。它通常被专门用来指用户在多个节点上存储信息的分布式数据库,或者指用户在多个对等网络节点上存储信息的计算机网络。

分布式存储系统具备如下几个特性。

1. 大容量

系统的节点可采用通用的 X86 架构存储服务器作为构建单元,可根据用户需要横向无限扩展存储节点,并且形成一个统一的共享存储池。

2. 高性能

相比传统存储而言,系统提供高出数倍的聚合 IOPS(每秒读写次数)和吞吐量,另外可以随着存储节点的扩容而线性地增长,专用的元数据模块可以提供非常快速、精准的数据检索和定位,满足快速响应前端业务的需求。

3. 高可靠

整个系统无任何的单点故障,数据安全和业务连续性得到保障。每个节点可看成是一块硬盘,节点设备之间有专门的数据保护策略,可实现系统的设备级冗余,并且可在线更换损坏的硬盘或者节点设备。

4. 易扩展

系统可以支持在线无缝动态横向扩展,在采用冗余策略的情况下,任何一个存储节点的上线和下线对前端的业务没有任何的影响,并且系统在扩充新的存储节点后可以选择自动均衡负载,所有数据的压力均匀分配在各存储节点上。

5. 易整合

系统兼容任何品牌的 X86 架构通用存储服务器,在标准的 IP/IB 网络环境下即可轻松地实施,无须改变原有网络架构。

6. 易管理

通过一个简单的网页(Web)界面就可以对整个系统进行配置管理,运维简便,管理成本低,一个管理员就可以轻松管理 PB 级别的存储系统。

二、Hadoop 分布式文件系统

Hadoop 分布式文件系统(简称 HDFS)作为一个分布式文件系统,通过网络服务将众多的 X86 服务器组合成一个集群。每个服务器使用自身的廉价硬盘构成巨大的存储池,每一个文件按照设定的块大小分割成若干个块,然后按照每个块保存多份副本的方式分散到不同的节点上,在这样的设计中,它支持的文件数据量的大小,不再受到单个机器磁盘容量的限制,而是可以随着集群规模的扩展变得很大。由于没有采用专用的硬件存储设备,因此整体成本要低很多,而且多副本的存在也保证了数据不会因为个别设备的故障而无法访问。因此,基于 HDFS 就可以利用有限的资金来构建 PB 级的存储池,而其中所保存的文件则可以通过网络服务供集群中的所有节点访问。Hadoop 还提供了 Flume 和 Sqoop 工具,分别实现将实时日志和关系型数据的数据自动化导入 HDFS 中的操作,使得 HDFS 与业务系统能够更好地衔接起来。

HDFS 采用主/从设备(Master/Slave)架构(图 3-24)。一个 HDFS 集群是由一个管理者(NameNode)和一定数目的工作者(DataNode)组成。NameNode 是一个中心服务器,负责管理文件系统的名字空间(NameSpace)以及客户端对文件的访问。集群中的 DataNode 一般是一个节点一个,负责管理它所在节点上的存储。HDFS 暴露了文件系统的名字空间,用户能够以文件的形式在上面存储数据。从内部看,一个文件其实被分成一个或多个数据块,这些块存储在一组 DataNode 上。NameNode 执行文件系统的名字空间操作,比如打开、关闭、重命名文件或目录,它也负责确定数据块到具体 DataNode 节点的映射。DataNode 负责处理文件系统客户端的读写请求。系统在 NameNode 的统一调度下进行数据块的创建、删除和复制。

NameNode 和 DataNode 被设计成可以在通用服务器上运行。这些服务器运行着 GNU/Linux 操作系统(OS)。HDFS 采用 Java 语言开发,因此任何支持 Java 的机器都可以部署

NameNode 或 DataNode。由于采用了可移植性极强的 Java 语言，使得 HDFS 可以部署到多种类型的机器上。一个典型的部署场景是：一台机器上只运行一个 NameNode 实例，而集群中的其他机器分别运行一个 DataNode 实例。这种架构并不排斥在一台机器上运行多个 DataNode，只不过这样的情况比较少见。

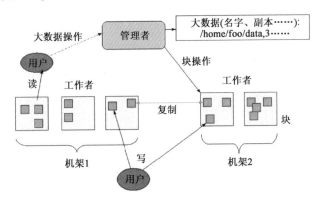

图 3-24　HDFS 架构图

集群中单一 NameNode 的结构大大简化了系统的架构。NameNode 是所有 HDFS 元数据的仲裁者和管理者。

三、Kafka

Apache Kafka 是一种分布式的、基于发布/订阅的开源消息系统，由 Scala 写成，是由 Apache 软件基金会维护的一个开源消息系统项目。它最初是由 LinkedIn 开发，并于 2011 年初开源。Kafka 可以处理大量的数据，并使用户能够将消息从一个端点传递到另一个端点，适合离线和在线消息消费。Kafka 消息保留在磁盘上，并通过 ZooKeeper 同步服务，在群集内复制以防止数据丢失。

Kafka 专为分布式高吞吐量系统而设计。与其他消息传递系统相比，Kafka 具有更高的吞吐量，具备内置分区、复制和固有的容错能力，这使得它非常适合大规模消息处理应用程序。

在流计算中，Kafka 一般用来缓存数据，Apache Storm 或 Spark 通过消费 Kafka 的数据进行计算。其中原始输入数据从 Kafka 主题中消费，然后被聚合、加工处理或以其他方式转换为新主题，以供进一步消费或后续处理。

下面介绍 Kafka 的几个核心概念。

1. 主题(Topic)

Topic 是发布记录的类别或订阅源的名称。Kafka 的主题总是多用户，也就是说，1 个主题可以有 0 个、1 个或多个消费者订阅写入它的数据。对于每个主题，Kafka 群集都维护 1 个分区，每个分区都是 1 个有序的、不可变的记录序列。分区中的每条记录都被分配 1 个顺序 ID 号，它唯一地标识分区中的每条记录。

Kafka 集群通过配置记录保留期，持久地保留已发布的记录。例如，如果保留策略设置为两天，则在发布记录产生后的两天内，它可供使用，之后将被丢弃以释放空间。Kafka 的性能稳定，长时间存储数据不是问题。

2. 生产者(Producer)

Producer是数据的发布者,可以选择将数据发布到一个或多个主题。生产者还可以选择将数据发送到主题的某一个具体的分区。

3. 消费者(Consumer)

Consumer使用消费者组(Consumer Group)来标记自己,发布到主题的每条记录将被传递到每个消费者组中的一个消费者实例。这是Kafka用来实现一个Topic消息的广播(发给所有的Consumer)和单播(发给任意一个Consumer)的手段。Kafka架构如图3-25所示。

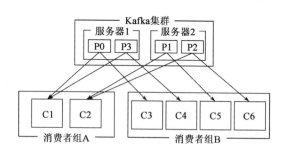

图 3-25 Kafka 体系架构

四、其他分布式存储技术

除了HDFS和Kafka,在大数据生态体系中还有很多其他的分布式存储技术。

1. 远程字典服务(Redis)

Redis是一个开源(BSD许可)的、内存中的数据结构存储系统,它可以用作数据库、缓存和消息中间件。它支持多种类型的数据结构,如字符串(Strings)、散列(Hashes)、列表(Lists)、集合(Sets)、有序集合(Sorted Sets)。

Redis最适合所有数据在内存中(In-Momory)的场景,虽然Redis也提供持久化功能,但实际更多的是提供一个磁盘备份的功能,跟传统意义上的持久化有比较大的差别。所以在大数据计算领域,在对数据实时性呈现要求比较高的场景下,非常适合使用Redis存储计算结果数据。

2. 弹性搜索(Elasticsearch)

Elasticsearch是一个基于Apache Lucene的开源的、高度可扩展的全文搜索和分析引擎。它能够快速、近实时地存储、搜索和分析大量数据。它通常被用作底层技术引擎,为具有复杂搜索功能和要求的应用程序提供支持。

Elasticsearch可以扩展到上百台服务器,处理PB级结构化或非结构化数据。Elasticsearch非常容易上手,它提供了许多合理的缺省值,并且提供易于使用的API接口。

3. 大规模并行处理(MPP)数据库

MPP(Massively Parallel Processing)是一种通过分片将数据和处理任务分散到若干节点的数据库技术。同时由于采用无共享(Share Nothing,即:主机、操作系统、内存、存储都是自我控制的,不存在共享)模式,各个节点只处理本地的数据,从而极大地降低了对集中存储的需求,在保证性能的同时,也使得系统具有极强的可扩展性。MPP的著名平台包括Greenplum、Vertica等,Hadoop社区推出的HBase也是一个典型的MPP数据库。

第六节 5G 技 术

一、概述

5G[11]是第一个应用驱动的通信技术,基于应用驱动的导向,才有了国际标准化组织第三代合作伙伴计划(3GPP)定义的三大类应用场景(图3-26),使5G具备超高速、超大连接、超低时延的关键能力。

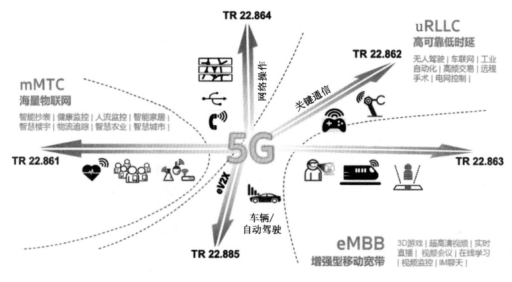

图 3-26 5G 技术应用场景

二、技术场景

增强型移动宽带(eMBB):5G 增强型移动宽带体现为超高的数据传输速率、广覆盖下的移动性保障等。未来几年,用户数据流量将持续呈现爆发式增长,且重点为以视频为主的业务形态。借助 5G 网络,在线 2K/4K 视频的实时传送以及相关的各类视频应用将得到飞速发展,终端速率可达到 1Gbps。

高可靠低时延(uRLLC):5G 高可靠低时延连接体现为移动连接时延达到 1ms 级别,而且支持高速移动情况下的高可靠性(99.999%)连接。应用场景将更多地面向远程控制、智慧交通、车联网等特殊应用。

海量物联网(mMTC):5G 海量物联网体现为每平方公里的移动设备连接数可以达到 100 万个,5G 强大的连接能力促进各垂直行业(智慧城市、智慧交通、智能家居)的深度融合。在万物互联时代,人们生活方式也将发生颠覆性的变化,连接将覆盖生产生活的方方面面,终端成本将更低。

三、行业应用

除了以上技术特性之外,5G 还是一个面向行业的通用技术。

1. 边缘计算

边缘计算能力是在靠近物或数据源头的一侧,采用集网络、计算、存储、应用核心于为一体的开放平台技术,其应用程序在边缘侧发起,产生更快的网络服务响应。移动边缘计算(MEC)是移动通信网络中边缘计算技术,将云计算和云存储等拉近到移动网络边缘后,实现计算及存储资源的弹性利用,可以创造出一个具备高性能、低延迟与高带宽特性的电信级服务环境。5G 网络架构将各类应用部署在 5G 网络边缘,可以充分发挥边缘计算的能力。

2. 网络切片技术

网络切片技术是把电信运营商的物理网络切分成多个虚拟网络,并区分不同的时延、带宽、安全性、可靠性等能力。5G 通过划分不同的网络,以适应不同业务场景差异化的网络需求。5G 网络切片具备了"端到端网络保障、业务隔离、网络功能按需定制、自动化"的典型特征,它能使运营商动态分配网络资源,提供网络即服务(NaaS)服务。智慧交通应用存在多种物联网连接场景,既有高带宽需求的高清视频播放、实时交通控制和自动驾驶场景,也有连接交通监控和传感设备的海量联网需求的场景,可以借助 5G 网络切片技术来提供差异化的解决方案。

3. 网络功能虚拟化

网络功能虚拟化(NFV)[12]指利用虚拟化技术,将网络节点阶层的功能分割成几个功能区块,分别以软件方式实现,不再局限于硬件架构。5G 将基于 NFV 技术,将通信网络实体的软硬件进行分离,所有网络功能成为可以运转在通用虚拟化平台上的应用,实现网络硬件资源的共享,从而促进网络功能的快速部署及业务容量的按需灵活分配。5G 智慧交通的边缘计算节点和网络切片将采用网络虚拟化架构,以满足多种场景中对资源的多样化诉求。

4. 交通行业应用

在促进交通管理向信息化和智能化方向发展过程中,5G 通信技术可应用到现代化交通管理中的交通控制、道路监控、电子警察和交通收费等多个领域中,以便提升人们的出行效率、交通管理效率、交通安全监管效率等。

(1)交通控制系统:利用 5G 通信技术提高信息收集和设备控制效率、扩大覆盖范围,实现智能化、移动式交通信号调节、交通指令,以提高城市交通出行效率。

(2)电子警察系统:利用移动无线网络技术实现无线化的电子警察检测、记录、识别、传输和管理违法交通规则的信息管理,进一步提升电子警察的效率。

(3)城市道路监控系统:利用传感网络、光纤、RFID、Wi-Fi、5G 移动网络等多种通信技术提升城市道路交通监控能力、范围、效率等,做到对城市道路系统的全方位和全天候监控。

(4)高速公路监控系统:利用光纤、Wi-Fi、5G 等通信技术实现高速公路的全程交通信息采集、分析、监控以及异常情况及时定位和快速处理。

第七节 可视化技术

一、虚拟现实技术

虚拟现实[13]技术广义上包括虚拟现实(VR)、增强现实(AR)等。

VR 是 Virtual Reality 的缩写,意为虚拟现实。VR 利用电脑模拟产生一个三维的虚拟世界,提供关于视觉等感官的模拟,让使用者仿佛身临其境,可以及时、没有限制地观察三维空间内的事物。因为呈现内容全部是虚拟的,所以 VR 设备也往往为全封闭的形式。

AR 是 Augmented Reality 的缩写,意为增强现实。AR 利用电脑技术在现实世界上叠加新的虚拟内容,并允许使用者与虚拟内容进行互动,相当于是现实世界的增强版。因此,AR 设备常常保持透明和半透明状态,保证体验人员能够看到现实场景,利用集成影像投射原件,丰富现实场景。

在交通领域,虚拟现实技术可应用于测试交通方案、交通安全宣传教育、轨道交通仿真、驾驶培训、道路桥梁建设等诸多领域。

虚拟现实技术需要非常高的网络速度以达到实时的效果,多数采用"云+端"的模式。随着 5G 时代的到来,更高的网络传输速度以及"移动边缘云计算"能力,将会推动虚拟现实技术的发展,让虚拟现实技术更多地应用于交通领域。

二、城市空间三维可视化

城市空间三维可视化[14]是指通过研究三维地形、地物的构成,建立分析应用模型,运用计算机图形学和图像处理技术,将城市实体以三维图形的方式在屏幕上显示出来。三维可视化以直观、逼真的方式表达地理要素,实现空间数据可视化。三维可视化的实现是建立在三维空间数据基础之上的。

Web 图形库(WebGL)是一种三维绘图标准,通过结合 JavaScript 和 OpenGL ES2.0 来提供一种类似于 OpenGL 的 API,并在 Web 端提供三维加速渲染功能,这样 Web 开发人员就可以借助系统显卡在浏览器里更流畅地展示三维场景和模型。WebGL 完美地解决了现有的 Web 交互式三维动画的两个问题:第一,它通过 HTML 脚本本身实现 Web 交互式三维动画的制作,无须任何浏览器插件支持;第二,它利用底层的图形硬件加速功能进行的图形渲染,是通过统一的、标准的、跨平台的 OpenGL 接口实现的。

JavaScript 编写的 WebGL 第三方库 three.js,提供了非常多的三维显示功能。它是一款运行在浏览器中的三维引擎,可以用于创建各种三维场景,包括摄影机、光影、渲染器、材质等各种对象,从而很轻松地创建三维动态画面。

三、行业应用

交通领域的可视化[15]包括地理空间信息可视化和交通专题信息可视化两部分。在可视化内容方面,交通可视化从最基础的交通网络可视化逐渐发展到交通流参数、交通轨迹、公共交通客流量、交通事件等交通领域各方面的可视化,从道路交通拓展到与交通相关的其他社会领域;在表达手段方面,交通可视化从地图、统计图表等相对传统的可视化方式发展到流向图、马赛克图、热力图、密度图、轨迹墙、动画地图、时空立方体、主题河流图等新型表现形式;在空间维数方面,交通可视化在处理二维数据、三维数据、时间数列数据、多维数据的同时,形成了直观可视化、聚集分析、特征可视化3种可视化方法。

本章参考文献

[1] 国家质量监督检验检疫总局.信息系统灾难恢复规范:G/BT 20988—2007[S].北京:国家质量监督检验检疫总局,2007:9-12.

[2] Thomas ERL, Zaigham Mahmood, Ricardo Puttini. Cloud Computing:Concepts, Technology & Architecture[M]. Upper Saddle River :Prentice Hall,2013:51-184.

[3] 王良明.云计算通俗讲义(第3版)[M].北京:电子工业出版社,2019:7-142.

[4] 张骏.边缘计算方法与工程实践[M].北京:电子工业出版社,2019:1-218.

[5] 拉库马·布亚,萨蒂什·纳拉亚那·斯里拉马.雾计算与边缘计算:原理及范式[M].彭木根,孙耀华,译.北京:机械工业出版社,2019:39-220.

[6] 张建敏,杨峰义,武洲云,张郑锟,王煜炜.多接入边缘计算(MEC)及关键技术[M].北京:人民邮电出版社,2019:35-99.

[7] 维克托·迈尔-舍恩伯格,肯尼思·库克耶.大数据时代(生活工作与思维的大变革)[M].周涛,等,译.杭州:浙江人民出版社,2013:1-59.

[8] 林子雨.大数据技术原理与应用(第2版)[M].北京:人民邮电出版社,2017:2-38.

[9] 周志华.机器学习[M].北京:清华大学出版社,2016:35-247.

[10] 林子雨.大数据技术原理与应用(第2版)[M].北京:人民邮电出版社,2017,42-61.

[11] 张传福,赵立英,张宇.5G移动通信系统及关键技术[M].北京:电子工业出版社,2018:2-40.

[12] 杨峰义,张建敏,王海宁.5G网络架构[M].北京:电子工业出版社,2017:23-78.

[13] 何志红,孙会龙.虚拟现实技术概论[M].北京:机械工业出版社,2019:1-9.

[14] 李成名,王继周,马照亭.数字城市三维地理空间框架原理与方法[M].北京:科学出版社,2020:1-88.

[15] 左小清.道路交通网络 三维GIS数据 组织与可视化[M].北京:测绘出版社,2011:3-29.

第四章

交通大数据分析处理方法

第一节　移动定位数据

随着移动通信技术的快速发展以及移动互联网技术的不断进步,基于手机等移动端所能够采集的数据也日渐丰富,同时,这些数据也从某些方面反映了居民出行的某些特性,因此,近年来开始有研究者利用手机定位数据等进行交通大数据方面的研究及应用工作。

一、手机信令数据

1. 手机信令数据采集原理

手机信令数据定位是基于移动通信基站小区的模糊定位技术[1]。为了以最合理的经济投入满足手机信号全面覆盖区域的需求,各个基站信号覆盖区域呈六边形,从而使所有的基站信号覆盖区域能够相互无缝邻接,实现服务区域的信号完整覆盖。手机用户保持与其中一个基站的联系状态,在其不断移动的过程中,所联系的基站也不断切换。移动通信网络可以主动或被动地以固定或非固定的频率回传手机用户所联系的基站编号及其时间戳。因此,形成的手机信令数据具有可持续的、以基站信号覆盖范围为单位的时空特性。

相对于其他精准的定位技术(例如:GPS和雷达定位),这种在交通领域初步应用的广域动态探测技术虽然采集精度不高(仅能确定以基站覆盖范围为单位的时空信息),但是具有样本规模庞大、覆盖范围广泛、实施成本低廉、观测周期长远等优势。手机信令数据的定位精度与基站小区覆盖范围有关。一般而言,城市的基站覆盖半径为100~500m,郊区的基站则为400~1000m。基站的覆盖范围一般小于交通规划、需求预测时所划分的交通小区规模,因此,手机信令数据可以为交通规划、需求认知提供较为可靠的数据支撑。

2. 手机信令的数据特征

当前,手机数据可以划分两类:手机话单定位数据和手机信令定位数据。手机话单定位数据是手机用户通话、收发信息事件触发的时空信息记录;手机信令数据则是由通话、收发信息、启动或关闭手机、基站切换、位置更新等事件触发的时空信息记录。相对而言,手机信令定位数据比手机话单定位数据的信息更为广泛和丰富。

手机信令定位数据的主要内容包括[2]:

(1)脱敏的用户编号,即经过信息加密的手机用户唯一标识符。

(2)时间戳,即触发时空信息记录的事件发生的时间,通常以距离"1970-01-01 08:00:00"的秒数记录。

(3)基站编号,即触发事件时用户所在的基站小区编号。

(4)事件类型,即主叫、被叫、发短信、收短信、开机、关机、基站切换、位置更新、周期更新等。

3. 手机信令数据的应用

手机信令数据的应用目前主要面向宏观的交通分析,例如:城市人口迁移分析、城市居民聚集集团识别、职住区域特征识别、通勤交通分析、交通 OD(起讫点)需求分析、人群时空聚集程度监测、出行距离与时间估计、道路交通状态估计等。

二、移动设备 GPS 数据

1. 移动设备 GPS 数据采集原理

近年来,随着智能手机的普及和定位技术的提升,移动设备 GPS 数据的精度日益提升,为精细化的交通分析提供了有力支撑。移动设备 GPS 定位数据的采集依赖于全球卫星定位系统和蜂窝基站信息。全球卫星定位系统的卫星位置已知,因此,利用 4 颗卫星信息,便可以定位用户设备的位置。其中,3 颗卫星用来定位,第 4 颗卫星用来进行矫正。在测量卫星与用户设备之间的距离时,由于信号传播距离过长,尽管信号以光速传播,依然会产生时间偏差,导致测得的距离不是真实的距离,而是"伪距"。因此,为了在确定用户设备三维位置的同时,排除信号传输时间偏差带来的影响,需要采用至少 4 颗卫星计算卫星与用户设备之间的距离。通过测量得到的 4 个伪距以及 4 颗卫星的准确位置,求得真实准确的用户设备位置信息。现有的技术一般能达到 3~20m 的测量误差范围[3]。

2. 移动设备 GPS 数据特征

移动设备 GPS 数据一般以固定或非固定的频率回传用户时空信息,具体包括以下字段:经度、纬度、时间戳、速度、其他信息。移动设备 GPS 数据具有较多优势:

(1)时间精度高,可以按照秒级甚至毫秒级频率连续回传数据。

(2)空间精度高,空间精度可以维持在 3~20m,而且随着技术发展甚至可以实现厘米级别的精度。

(3)连续性强,移动设备 GPS 数据可以提供同一观测个体的连续观测结果,对描述个体运动有较高的还原度。

然而,此类数据也存在一定的局限性:

(1)一般需要被调查对象配备专门设备开展调查,导致获得的样本覆盖率一般偏低。

(2)室内位置信息采集误差极大,适用场景受限。

(3)无法获得具体的移动信息与活动信息,即无法知道被调查对象的出行方式、出行目的等。

(4)数据冗余大,往往会在一个地点周边回传多个 GPS 点,需要进一步处理得到精确位置信息。

3. 移动设备 GPS 数据应用

移动设备 GPS 数据由于时空精度高、连续性强、适用范围较广,在交通宏观、中观分析层面都能发挥重要作用。例如,宏观层面可以用于城市人口迁移情况分析、聚集集团识别、交通状态估计、交通需求分析、职住分布模式识别等;中观层面可以用于个体出行习惯识别、路段旅行时间预测、车队调度优化等。部分 GPS 移动设备与交通方式有直接的联系,例如车载导航、单车 GPS 服务等;但是大部分的 GPS 移动设备与交通出行方式没有直接联系,例如手机地图服务。因此,在交通分析中使用移动设备 GPS 数据时,往往需要对数据进行进一步处理,才能得到具体的出行方式信息。

三、Wi-Fi 定位数据

1. Wi-Fi 定位数据采集原理

由于室内 GPS 等定位技术无法准确识别个体单元的位置信息,因此,Wi-Fi 定位技术得到进一步开发和使用,以满足室内定位的需求。Wi-Fi 定位系统主要由 Wi-Fi 定位卡、无线局域网接入点(Access Point,Wi-Fi 路由器)、Wi-Fi 标记(锚点)和后端监控管理中心(定位服务器)4 部分组成[4]。

Wi-Fi 定位卡是无线数据信息的采集单元,设备可以是手机、平板计算机、笔记本式计算机及其他支持 Wi-Fi 技术的可穿戴设备,Wi-Fi 定位系统通过定位卡跟踪被检测单元。无线局域网接入点用于动态、实时地接收 Wi-Fi 定位卡上传的 Wi-Fi 标记锚点信息,同时上传到远程后端监控管理中心,一般可由无线路由器或者含有 Wi-Fi 信号发射功能的设备承担接入点角色。Wi-Fi 标记锚点就是普通的接入点模块,用于组成网络、发射 Wi-Fi 信号。后端监控管理中心是可视化的软件平台,通过 Wi-Fi 定位卡上传的 Wi-Fi 标记锚点信息和信号强度,基于定位算法确定被观测单元的位置信息,同时在可视化的地图中动态显示其位置。目前,定位算法主要基于三角定位算法、指纹定位算法以及最大似然估算法展开。表 4-1 展示了信号强度与实际距离的对照关系。

信号强度与距离的关系对照表   表 4-1

序号	信号强度(dBm)	换算距离(m)	序号	信号强度(dBm)	换算距离(m)
1	5	0.15	12	60	6.6
2	10	0.35	13	65	7.8
3	15	0.6	14	70	9
4	20	1	15	75	11
5	25	1.4	16	80	14
6	30	1.9	17	85	20
7	35	2.4	18	90	30
8	40	3	19	95	50
9	45	3.8	20	100	100
10	50	4.5	21	101	200
11	55	5.5			

2. Wi-Fi 定位数据特征

Wi-Fi 定位数据有效地填补了室内定位系统的空缺,为一体化的导航服务提供了基础。Wi-Fi 定位数据具有较高的精度,通常精确到 3~5m 的范围,最高达到 1.5m,延迟在 3s 之内。然而,由于 Wi-Fi 网络难以大规模构建,因此 Wi-Fi 定位技术基本上仅能够应用在建筑物范围内。

3. Wi-Fi 定位数据应用

Wi-Fi 定位数据主要用于建筑物内部导航、停车场导航、兴趣点识别、人群统计、矢量地图构建、消费者行为分析等方面,为相关用户提供更贴心、更精准的服务,为建筑物安全疏散管理提供基础。

四、基于 GPS 数据的交通出行分析案例

1. 案例一:基于手机信令数据认知路网使用模式[5]

来自麻省理工学院和加州伯克利大学的学者们,采用大规模手机用户的信令数据,探究波士顿以及旧金山湾区的交通网络使用模式,进而为精准化的交通管理和控制策略提供有力支撑。此案例基于手机 GPS 数据认知交通本质,从而发挥数据价值,经济而高效地开展交通改善工作。

随着全球机动化、城市化的发展,人们对交通出行的需求日益膨胀。交通拥堵问题日益严重,成为各个领域学者们探究的重点、城市规划与建设关注的热点以及社会与经济发展进程中不可避免的焦点。关于拥堵治理,学者们与工程师们开展了大量的研究与工程实践,寻求缓解和治理拥堵的突破口。然而,由于一直以来缺少对交通网络使用模式的深层次认知与理论探索,各种拥堵治理策略没有充分发挥应有的作用。因此,对路网使用模式的讨论具有极为重要的理论指导意义,能够为交通规划、城市规划的实施提供建设性的依据。另一方面,由于传统的出行起讫点调查成本高、时效慢,往往无法实现高效、精准的交通需求认知与交通规划;近年来,随着智能手机的普及使用,手机信令数据为交通起讫点调查提供了新的途径,覆盖范围广、采集频率高、样本精度准等优势为交通需求分析提供了前所未有的数据支撑。

本案例研究人员基于旧金山湾区 36 万个手机用户和波士顿 68 万个手机用户 3 个星期的信令数据,重构用户的出行起讫点信息。若在 1h 范围内,某个用户的手机信令出现在两个不同的区域(该研究根据手机信号塔服务范围,将旧金山湾区和波士顿分别划分为 892 个和 750 个区域),则被认为该用户完成了一次出行。同时,手机信令数据能估计各个用户的居住区域,进而根据式(4-1)推算瞬时 OD 矩阵:

$$OD_{ij} = \frac{F_{ij}^{\text{Vehicle}}}{\sum\limits_{ij}^{A} \sum\limits_{k}^{N} F_{ij,k}^{\text{all}}} \times W \tag{4-1}$$

式中:OD_{ij}——某小时从小区 i 出发到小区 j 的机动车出行量;
W——该城市在该小时的总出行需求(包含各类交通方式的出行总量,研究人员认为该值为容易获取的既有值);

$F_{ij,k}^{\text{all}}$——基于手机信令数据扩样得到全体居民出行量，具体指居住在 k 小区的居民在 3 个星期内从 i 小区到 j 小区的出行总量，其中各个居住小区 k 采用不同的调整系数将手机用户出行量映射到总体居民出行量；

F_{ij}^{Vehicle}——i 小区和 j 小区之间 3 个星期的机动车出行总量，是基于 $\sum_{k}^{N}F_{ij,k}^{\text{all}}$ 及小汽车出行比例计算而来的。

由此，基于手机信令数据得到了各个小时机动车出行的瞬时 OD 矩阵。与一般的 OD 矩阵相比，此瞬时 OD 矩阵能够提供手机用户的居住地点信息，各个手机用户的机动车出行也就从而有了"源头小区"，为进一步分析路网使用模式提供了基础。

借鉴复杂网络理论方法，该研究以交叉口为网络节点，以路段为网络的边，将城市道路网络抽象为拓扑关系。运用随机增量分配法，将瞬时 OD 分配到交通网络中。针对流量大于 0 的路段，统计通过该路段的所有手机用户的源头小区，并将此视为该路段的源头小区。依据该路段各个源头小区通过该路段的手机用户数量，对源头小区进行重要度排序。为该路段贡献前80%交通量的小区，定义为该路段的"主要车辆源小区"。进而，该研究构建一个二分网络，在各个路段及其主要车辆源小区之间建立连接，形成道路使用模式网络。那么，该网络中，一类节点的度 K_{source} 代表各个主要车辆源小区所连接的路段数量；另一类节点的度 K_{road} 代表各个路段所连接的主要车辆源小区的数量。图 4-1 展示了两种度分布的情况。不难发现，主要车辆源小区的度分布峰值出现在 1000 左右，而路段的度分布峰值出现在 20 左右。这体现了一种路网使用模式：一个路段主要为少数的几个车辆源头进行服务；大部分路段仅为少数的车辆源头小区服务。此外，经过验证，路段的度与路段的交通量之间并无直接联系。网络中交通量相同的两个路段可能具有相对悬殊的度指标，说明路段的度与其在网络拓扑中的地位有很大关系。

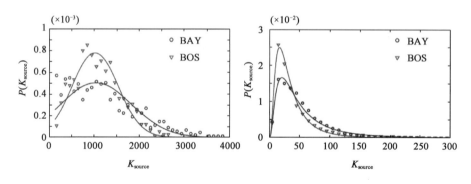

图 4-1　二分网络节点的度分布

以上结论有较为广泛的应用场景。例如，在交通需求管理方面，依据该研究的结论，可以实施一种选择性的需求管理措施。具体而言，计算各个路段的自由流旅行时间与早高峰旅行时间；在各个路段的主要车辆源小区中，计算早高峰该小区所有车辆经过该路段延误总和；对该路网中所有小区依据早高峰小区总延误进行排序，取前 1.5%~2%（湾区取 1.5% 即 12 个小区，波士顿取 2% 即 15 个小区）作为交通需求管理针对的小区；对这些小区的交通出行需求进行限行管理，在这些小区限制网络总交通需求的 1%，湾区路网的整体旅行时间将减少14%（波士顿减少18%）。倘若不区分小区特征，对整个网络随机限制 1% 的交通需求,旅行时间缩减率不再显著(湾区不足 5%,波士顿不足 3%)。这一结果证明,选择性地开展需求管理的效果要远远优于一般的交通需求管理措施。因为选择性的交通需求管理,不仅仅关注了拥堵路段,更关注了拥堵路段的主要车辆源小区,因而需求管理更具针对性。

在实际工程管理中,也可以采用选择性的策略,对拥堵路段的主要车辆源小区进行路径诱导,以改善现有交通环境。

2. 案例二:基于手机 GPS 数据的路段旅行时间可靠性预测[6]

近年来,随着数据科学的发展、算法能力的提升,越来越多的研究关注旅行时间及其可靠性的预测。可靠的旅行时间预测能够促进路径规划的有效开展,为交通管理与控制提供更多决策资料。美国康奈尔大学和微软的学者共同提出一种基于手机用户 GPS 数据进行旅行时间及其可靠性的预测方法,对城市交通网络整体进行建模,模型结果为地图及导航服务提供了重要依据。

如今,各大地图服务商均能为各类出行提供旅行时间预测值,并提供给用户一条或数条推荐路线,极大地方便了用户出行,提升了用户对出行的规划能力。然而,大部分现有的旅行时间预测方法仅仅考虑交通流量对旅行时间的影响;对于随机事件的干扰,例如交通信号控制、交通事故、道路状况、驾驶人随机行为等,则少有研究探讨。该研究则提出用所有历史出行数据训练模型,学习各个路段的特征、时间特征、道路类别、限速等。该研究定义路段为不可再用交叉口进行分割的道路部分,并认为一个路段的属性(例如车道数量、限速、道路类型等)是不变的常量。模型也刻画了一周旅行时间周变化规律、旅行时间右偏分布、相邻路段旅行时间概率关系等数据特征。

该研究采用的数据是 2014 年西雅图都市圈匿名处理的手机 GPS 数据,并提取了 145657 条出行数据(平均旅行时间为 791s,平均出行距离为 11.4km),将其中 3/4 作为训练集,另外 1/4 作为测试集,进行模型构建。每条 GPS 记录包含标准的 GPS 信息:位置、速度、方向、时间戳。该研究也为 GPS 提取出行数据设置了 3 条规则:①起始速度和终止速度设置为至少 3m/s;②过程速度不低于 5m/s,过程最大速度不低于 9m/s;③覆盖至少 1km 的距离。这样筛选出的出行数据基本上排除了自行车、步行等出行的数据,从而专注于对机动车出行数据的探讨。然而,这一办法无法提取出使用公共交通工具出行的用户数据,这也是用手机 GPS 数据分析此类问题的劣势。

在车辆出行的 GPS 数据基础之上,该研究开展确定性的地图匹配。具体而言,将一次出行的路径 GPS 点定位在地图的路段上,根据两个 GPS 点之间的距离和路段端点(交叉口)距离进行线性插值,得到该次出行在各个路段的旅行时间。

进一步对路段旅行时间建模,具体见式(4-2):

$$T_{i,k} = \frac{d_{i,k}}{E_i V_{i,k}} \tag{4-2}$$

式中:$T_{i,k}$——第 i 个出行车辆在第 k 个路段上的旅行时间;

$d_{i,k}$——该路段的长度;

$V_{i,k}$——不考虑该次出行特征情况下的路段速度,该指标受到交通流状况、路段建设等影响；

E_i——该次出行的独有特征，例如驾驶人驾驶习惯、车辆状况等。

这一模型将路段旅行时间分解为路段特征和出行特征共同影响的指标。此外，$V_{i,k}$ 被假设为服从条件对数正态分布，即在具体的交通拥堵情况、路段特征、特定时间下，该路段速度服从对数正态分布；E_i 也被假设为服从对数正态分布。交通拥堵情况则采用马尔科夫模型进行刻画。至此，可以得到路段旅行时间与在某交通拥堵情况下的对数混合分布情况。进一步地，本研究设置一个与路段类别、限速有关的参数集，应对通过率过低的路段旅行时间估计。本研究采用后验概率最大化估计模型对所提出的模型进行训练，进而将训练得到的模型投入测试和预测。此外，也在研究中讨论同一出行内包含的路段之间的旅行时间相关性、同一时段不同出行所经过路段旅行时间的相关性，并将他们引入模型作为影响变量。

图 4-2 展示了两个时段(晚高峰、夜晚)两种拥堵情况(拥堵与非拥堵)下模型所需各类参数的估计结果。根据 $V_{i,k}$ 的对数正态均值分布情况可以看到，非拥堵情况下该指标有两个较为显著的峰值，这两个峰值与城市内的"公路"和"非公路"速度特征有关；而拥堵状态下，该均值指标则相对较小，且变化较为显著，这说明西雅图各个路段的拥堵程度变化是显著的。至于 $V_{i,k}$ 的对数正态方差分布情况，拥挤状态下其波动情况较非拥堵状态更为显著，再次揭示了西雅图路段拥挤程度的多样性。路段拥堵状态的初始分布同样波动显著，但其初始值普遍低于 0.5；另外，晚高峰的拥挤状态初始值也理应高于夜间的初始值。路段拥堵状态转移概率在拥堵状态下普遍较低，这说明拥堵事件的影响范围普遍较广；另外，从拥堵变为不拥堵的概率要高于其逆向变化的概率，这也和大部分路段处于非拥堵状态的实际情况相符合。E_i 的对数正态分布基本上关于原点(刻度 0)对称，在 $-0.2 \sim +0.2$ 之间波动，例如，某次出行的 E_i 取值为 0.2，则表明该次出行的旅行速度是期望旅行时间的 $\exp(0.2) = 1.22$ 倍。

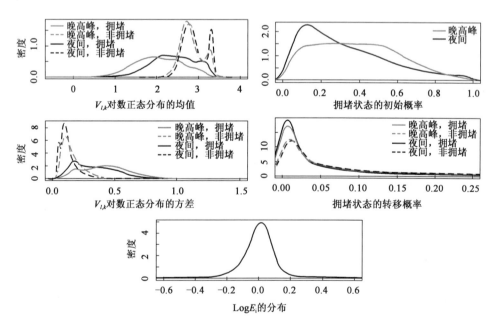

图 4-2　参数分布估计结果示意图

该研究以微软地图服务常用的路段旅行时间预测模型 ClearFlow[7]以及一般的线性回归模型为基准,对比显示本研究所提出模型的优势。表 4-2 展示了各个模型预测误差的对比结果。不难发现,本文提出的模型和 ClearFlow 模型的表现优越,均优于一般的线性回归模型;另一方面,由于 ClearFlow 模型本身需要处理大量的影响因素,因此,该研究提出的模型效能相对更强。

模型结果对比表　　　　　　　　　　　　　　　　表 4-2

模型预测误差评价指标	完整模型	不考虑出行特征	不考虑拥堵状态转移	不考虑路段相关性	ClearFlow 模型	线性回归模型
误差的几何平均数(%)	10.10	9.60	10.00	9.80	10.40	12.80
平均绝对误差 MAE	121.90	119.70	121.30	120.60	124.50	145.60
对数刻度偏差	0.030	0.014	0.028	0.024	0.033	-0.005

第二节　公交出行数据

近些年来,公共交通机构越来越多地使用智能卡自动售检票系统,虽然其主要目的是收费及盈利,但也产生了大量非常详细的交易数据。无论是从交通系统的日常运营还是整个网络的战略性长期规划来看,这些数据对交通规划者都非常重要。本节介绍了公共交通领域中智能卡数据的几个方面。首先,本节内容介绍了智能卡大数据的获取途径、数据特性、示例结构。然后,描述了公交智能卡数据在两个方面的应用,即客流状态估计问题及运营组织优化问题。最后,介绍了该领域其他的一些智能卡数据研究成果,例如利用智能卡数据进行短时客流量预测。

目前众多的公共交通机构越来越多地使用智能卡,但这并不是一项新兴的技术。早在 1968 年,两位德国发明家 Dethloff(德特洛夫)和 Grotrupp(格洛特普)首次发表了此类专利,并提出了内含微芯片的塑料卡的概念[8]。1970 年,日本跟随德国的步伐,也为自己的智能卡申请了专利[9]。到 1970 年底,摩托罗拉开发出第一个安全的单芯片微控制器,它被应用到法国银行系统中,以提高交易的安全性。自 1990 年以来,随着互联网的迅猛发展和移动通信技术的日益成熟,智能卡的应用变得越来越重要[10]。

Attoh-Okine(阿托-奥金)[9]指出,在 1982 年,法国采用了智能卡提供邮政、电话和电报服务,而德国自 1992 年以来一直在使用智能卡进行医疗。目前,智能卡在许多领域都有应用,如医疗、银行、政府、人力资源以及交通等。智能卡可用于存储身份识别、生物鉴定、照片、指纹、医疗数据以及脱氧核糖核酸(DNA)信息、宗教信仰、银行业务数据、交通费用和其他个人数据等。

交通部门也将智能卡作为一种可行的支付选项来取代传统的磁卡或车票[10]。智能卡被认为是一种用户验证和票价支付的安全方法[11]。应用智能卡也使公共交通乘务员的工作更轻松,因为他们不再需要人工售检票。此外,智能卡也提高了数据的质量,使得交通管理更具现代化水平,并为售检票工作提供了新颖和灵活的办法[12]。

本节内容主要关注智能卡数据在交通领域的应用。目前来看,智能卡数据可以用在交通规划、预测等诸多方面,而不仅局限于实现系统设计的最初目的——收费管理。

一、IC 卡特性

公交智能卡是专门用来存储数据的设备,且在大多数情况下也可处理数据。它们非常便携(信用卡大小)与耐用[13],这使得其适用于许多涉及身份识别、授权和支付的应用。自 20 世纪 70 年代被发明以来,该技术不断发展,并且在最初概念中添加了许多特性[8]。

(1)此卡只能配备内存(一个存储卡)或者配备内存和一个微处理器来执行预先编程的任务。

(2)接触卡(通常是存储卡)与读卡器直接接触,而非接触式卡通过类似于无线电频率识别(RFID)的高频波被读卡器读取,其所需的能量由读卡器产生的电磁场提供。

(3)卡上的数据可以加密,也可以不加密。若加密数据,则通常采用三重数据加密标准(3DES)。

(4)卡上的内存量因应用而异。Blythe(布莱斯)[10]建议用 2~4 kb 存储财务数据、个人数据和交易历史。如今,卡上的内存量最高可达 64 kb。由于大多数信息并不存储在卡本身,故公共交通应用通常需要更少的内存。

对于接触式智能卡,芯片嵌入塑料薄片中,但芯片的表面不能被覆盖,因为它必须能够与读卡器接触以进行数据识别。对于非接触式智能卡,芯片可以完全嵌入塑料薄片中,但通常芯片也是可见的。同时,非接触式卡还安装了一个小型天线,这使得智能卡技术类似于无线电频率识别(RFID)技术。

二、IC 卡标准

与许多电信技术一样,智能卡硬件必须与国际标准相兼容。接触式智能卡通常采用 ISO/IEC 7816 标准,该标准中定义了接触板的布局和使用(ISO 7816 的第 1 部分和第 2 部分)、电气接口(第 3 部分)和应用程序的选择(第 4 部分)[14]。对于非接触式卡,有些标准指定了卡和终端之间较低级别的接口,这些定义了信号频率和数据传输速度,而激活距离受这些参数和使用的读卡器技术的限制。在交通应用中,由于用户乘车时通常将卡与读卡器轻触,故 10cm 的激活距离就足够了。在公共交通运输中,各个系统通常是封闭的,这意味着各个运营商发放的卡只能在自己的系统中应用。而开放的系统允许智能卡用于其他用途,如零售交易和停车费缴纳。

三、IC 卡典型数据格式及内容

各个城市公交 IC 卡数据格式不尽相同,以深圳市"深圳通"公交 IC 卡为例加以说明。

深圳市"深圳通"公交 IC 卡中的老人卡不产生交易记录;普通卡、学生卡及优惠卡都有交易记录。每条记录包括 5 个基本字段:卡号、交易类型、日期时间、交易金额和终端代号(表 4-3)。

"深圳通"公交 IC 卡原始数据示例　　　　　　　　　　表 4-3

卡　号	交易类型	日　期　时　间	交易金额(元)	终 端 代 号
880008084	21	2012-03-05 09：……	0	260012111
320840396	21	2012-03-05 11：……	0	268036118
326416714	11	2012-03-05 09：……	100	260035501
325398523	21	2012-03-05 11：……	0	268016164
030078948	22	2012-03-05 09：……	4.75	260024101
280462514	22	2012-03-05 09：……	4.75	260034106
290725881	22	2012-03-05 09：……	3.8	260034101
291401323	22	2012-03-05 09：……	2.85	260034122
325216369	22	2012-03-05 09：……	2.85	260034109
328346041	22	2012-03-05 09：……	1.9	260034107

(1)卡号："深圳通"IC 卡卡号为 9 位数,每张卡分别对应一个卡号。卡号的前两位数字可以代表其卡种,见表 4-4。

"深圳通"卡类型　　　　　　　　　　表 4-4

卡号的前两位数字	卡　类　型	卡号的前两位数字	卡　类　型
02	普通储值卡	32	普通储值卡
03	普通储值卡	33	普通储值卡
05	普通学生卡	34	普通储值卡
08	普通储值卡	35	普通储值卡
15	普通学生卡	36	普通储值卡
18	普通储值卡	44	普通储值卡
20	老人卡	49	企业应用卡
21	优惠卡	66	纪念储值卡
22	优惠卡	68	普通储值卡
25	普通学生卡	69	普通储值卡
28	手机深圳通	70	普通储值卡
29	纪念储值卡	88	地铁员工卡
30	纪念储值卡		

(2)交易类型:共有 36 种交易类型,见表 4-5。

"深圳通"交易类型   表 4-5

交易类型	交易类型名称	交易类型	交易类型名称
1	售卡	73	退卡(坏卡)
2	售卡(后台)	74	挂失
3	发售出站票	75	退余额
11	充值(现金)	76	异常卡回收
12	充值(转账)	77	锁卡
14	充值(押金转入)	78	卡锁定解除
16	预充值	79	卡提现
21	地铁消费起始	83	滞留超时处理
22	地铁消费(结算)	84	清交易起始标志
31	公交车消费	87	客户个人信息更改
35	出租车消费	88	退余额下载
37	购物消费	89	地铁无人站处理
39	手机支付	90	有效期更改
47	通勤车	91	行政罚款
68	坏卡换卡取消	92	行政支付
69	坏卡换卡	95	发卡
71	退卡(限额内)	96	卡片核销
72	退卡(限额外)	97	密钥解锁及卡类型更改

(3)日期时间:日期时间字段表示的是持卡人在闸机处刷卡时的日期时间。格式为"yyyy-mm-dd hh:mm:ss"。

(4)交易金额:补贴后的实际消费金额。

(5)终端代号:又称"终端编号",是刷卡闸机或车辆终端的编号。

利用终端代号对应解释信息,在乘坐公交车情况下,通过终端设备编号可以得到其所属企业、线路和车牌的相关信息(表 4-6);在乘坐轨道交通情况下,可以得到轨道线路、使用站点和车牌的相关信息(表 4-7)。

深圳市公交车终端设备编码所对应的相关信息示例   表 4-6

终端代号	所属公交集团	线路	车牌
220000001	东部公共交通	926	B3473
220000003	东部公共交通	923	D1110
220000004	东部公共交通	928	B2546
220000005	东部公共交通	B666	D1336
220000006	东部公共交通	926	B3501
220000008	东部公共交通	M306	B3679
220000009	东部公共交通	926	B3681
220000010	东部公共交通	E7	C8575 临时

深圳市轨道终端设备所对应的相关信息示例　　　　　表 4-7

终 端 代 号	线 路 名	站 点 名	车　　牌
268000501	地铁一号线	罗湖站	YZCZPBOM-501
268001091	地铁一号线	罗湖站	TSM-091
268001101	地铁一号线	罗湖站	OGT-101
268001102	地铁一号线	罗湖站	OGT-102
268001103	地铁一号线	罗湖站	OGT-103
268001104	地铁一号线	罗湖站	OGT-104
268001105	地铁一号线	罗湖站	AGT-105
268001106	地铁一号线	罗湖站	AGT-106

四、IC 卡数据在交通研究中的应用

IC 卡数据在交通领域的应用较多，涉及公交客流需求估计、网络客流状态预测、运营组织优化、运营策略评估等多个方面，在此主要简单介绍 IC 卡数据在网络客流状态估计与预测以及城市轨道交通自动售检票系统（AFC）数据驱动的运营组织优化两个方面的应用。

1. 网络客流状态估计与预测

随着先进的通信技术及数据采集技术的发展，数据驱动的估计和预测方法得到了飞速发展并应用于城市轨道交通系统，例如预测乘客出行模式、识别网络拥堵瓶颈等[15]。轨道交通乘客的 OD 数据对于系统规划与设计人员是非常重要的基础数据，可以通过 AFC 刷卡数据获取[16,17]。许多学者利用数据驱动的方法挖掘 AFC 刷卡数据并对乘客每日的出行模式进行了研究[18-20]，交通规划部门可以根据乘客的出行模式预测出行者对出行方式、出行终点、出发时刻的选择。在城市轨道交通系统实际运营过程中，地铁运营公司尤其关注车站的拥挤程度以及乘客的留乘情况，并制定相应的实时或短期运营组织优化策略以提高系统的运营效率。例如，有研究者[21,22]提出了基于概率的数据驱动模型，模型考虑了列车能力约束、基于 AFC 系统获取的乘客交易记录数据以及列车自动定位（Automatic Vehicle Location，AVL）数据，估计城市轨道交通列车的拥挤度、站台上乘客留乘的概率、车站的时变拥挤状态等。

2. AFC 数据驱动的运营组织方案优化

随着 AFC 系统的广泛应用，地铁运营公司可以获取动态客流需求信息，包括乘客出行的起点、终点、出发时间、到达时间等。因此，基于动态客流的城市轨道交通线路时刻表优化问题受到国内外研究者的极大关注[15,23,24]。通过地铁 AFC 刷卡数据，地铁公司可以对客流的 OD 分布、到达率分布等规律进行深入挖掘和分析，并基于客流规律制定运营组织优化方案。例如，Barrena（巴雷纳）等人[25]考虑了动态客流需求，提出一个非线性规划模型，目标是最小化乘客的平均等待时间，并设计了大范围邻域搜索算法，对提出的模型进行求解。也有研究者[26]考虑了城市轨道交通线路上的过饱和客流需求，提出了一个非线性规划模型，目标是最小化乘客的平均等待时间和等待的乘客数量，并提出遗传算法求解模型的近似最优解。

五、案例分析

由于城市轨道交通系统中的乘客具有较强的自主性和随机性，客流成为影响城市轨道交通运营的重要因素。随着城市轨道交通线网规模的不断扩大以及客流需求的激增，在网络化运营条件下，微小的客流波动也可能对运营状态产生巨大的影响。因此，对城市轨道交通客流进行准确预测，是运营者掌握路网运营状态以及确定合理的运输组织方案的前提。

目前短时交通预测方法主要有基于统计模型和基于计算智能模型两类。基于统计模型的预测方法主要有历史平均模型、时间序列模型、非参数回归模型等；而基于计算智能模型的方法又包括神经网络、支持向量机等。随着观测粒度的不断缩小，短时交通流表现出高度的复杂性和不确定性，在这种情况下，一般的基于统计的方法由于不具有自适应和自学习的能力，已经难以满足越来越高的精度要求。而基于计算智能的模型具有效率高、使用机器代替人工来探究数据内部机理的优势。但是，简单的计算智能模型在数据特征的提取上还存在一定缺陷，容易产生过拟合的现象。随着云计算、大数据时代的到来，计算能力将大幅提高，这可以缓解训练低效的问题，训练数据量的大幅增加则可降低过拟合风险。因此，以深度学习为代表的复杂模型受到了广泛关注。长短程记忆神经网络（Long Short-Term Memory，LSTM）作为深度学习的一种，在处理时序问题时具有独有的优势，目前已经在视频分析、语音识别、股票预测等方面得到了广泛应用。

同时，已有的基于计算智能的预测方法通常仅使用要预测的目标车站或线路的相关数据作为训练数据。然而，随着网络化运营模式的不断加深，车站之间客流的关联性不断加强，车站客流的一些微小变化在短时内就可以影响其他关联车站。因此，在短时客流预测中需要从全局角度出发，综合考虑目标车站及其相关车站的相互作用。

基于此，本部分所述案例结合城市轨道交通客流特征，使用无监督学习的方式对车站之间的客流相关性进行探究。使用目标车站和相关车站的数据作为训练样本，提出了一种基于LSTM的短时客流预测方法。

1. 问题分析

1）城市轨道交通客流特性分析

城市轨道交通长期客流（一般为大于1d的粒度）一般受网络结构、用地性质、节假日等因素的影响，例如多条线路的换乘站客流往往较大。而除上述因素外，短时内（一般为小于15min的粒度）客流还会受到运营状态、天气、是否出行高峰期等因素的影响。随着预测粒度的缩小，乘客选择的不确定性和随机因素对客流波动的影响更大。

城市轨道交通乘客在出行起终点和路径的选择上具有较强的自主性和随机性，随着线网规模的不断扩大和网络化运营模式的深入，这种自主性和随机性也会随之增强。在短时内，乘客会根据自己掌握的运营状态等信息进行动态决策，例如改变起终点、使用其他交通方式等。乘客在出行前和出行过程中都可能根据路网的运营状态对OD或者路径进行调整。在这种情况下，路网上任何一个车站客流发生变化都可能影响其他车站的客流，车站与车站之间的客流存在着一定的关联。

由于乘客个体出行的自主性和随机性，从整体上看城市轨道交通客流呈现出一种"团块化"的特征。若干个车站组成"车站团"，发生（或吸引）客流。"车站团"的客流发生（或吸引）

总量由所在地理位置、周边人口等要素决定,而由于乘客对出行起终点和出行时间的选择决定了每个车站每个时段被分配的客流,因此,在对城市轨道交通车站进行短时客流预测时,需要考虑车站客流之间的相关性,从点到区域对客流进行把握。

2) LSTM 神经网络

LSTM 是循环神经网络(Recurrent Neural Network,RNN)的一种,其每层之间的节点是相互连接的,即当前的输出与前面的输出也有关,因此其在处理时序问题上有着明显优势。LSTM 是对传统循环神经网络的改进,它用记忆单元替换了传统递归神经网络的隐函数,这样的改进使 LSTM 可以记忆比传统循环神经网络更长时间段的信息内容。而客流预测问题是一个典型的时序问题,城市轨道交通客流在时间上存在着一定规律,利用 LSTM 神经网络恰好能对不同时间跨度上的客流规律特征进行学习,从而对客流进行准确预测。

LSTM 的内部结构相比于循环神经网络更复杂,每个记忆单元包含一个或多个自相关的记忆信元和 3 个增殖单元:输入门、输出门和遗忘门(Forget Gates),它们分别对应着客流数据序列的写入、读取和先前状态的重置操作。图 4-3 是一个包含单个信元的 LSTM 记忆模块。3 个门是非线性汇总单元,它们汇集模块内部及外部所有激励,并且通过增殖节点控制信元的激励。遗忘门的激励函数通常是对数逻辑曲线,因此门激励在 0(门关闭)和 1(门开启)之间取值。输入、输出门的激励函数通常是双曲正切和逻辑函数。

如前文所述,城市轨道交通客流有着"团块化"的特征,车站与车站之间存在着关联性。通常使用与预测车站相关的数据进行预测,首先尝试将预测车站及其周边若干车站相关数据输入 LSTM 神经网络进行预测,探究其预测效果,预测结果如图 4-4 所示。使用平均相对误差和均方误差作为评价指标对预测效果进行评价,计算公式为:

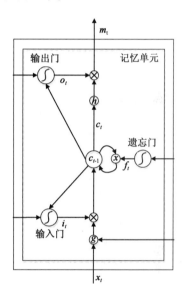

图 4-3 LSTM 记忆模块结构

$$R_{\mathrm{me}} = \frac{1}{T}\sum_{t=1}^{T}\frac{|y(t)-y'(t)|}{y(t)} \times 100\% \qquad (4\text{-}3)$$

$$R_{\mathrm{mse}} = \frac{1}{T}\sum_{t=1}^{T}[y(t)-y'(t)]^{2} \qquad (4\text{-}4)$$

式中:$y(t)$——第 t 个时段的真实进站量;

$y'(t)$——第 t 个时段的预测进站量;

T——总时段数。

使用两种数据训练的 LSTM 神经网络预测结果如图 4-4 所示,预测误差见表 4-8。从误差上看,考虑其他车站客流的 LTSM 神经网络的预测效果要比不考虑其他车站客流的好。而如何找到与预测车站相关的车站又是一个值得研究的问题,为了找到与预测车站相关的车站,利用无监督学习的方式,使用各个车站的客流、位置等信息对相关车站进行聚类。

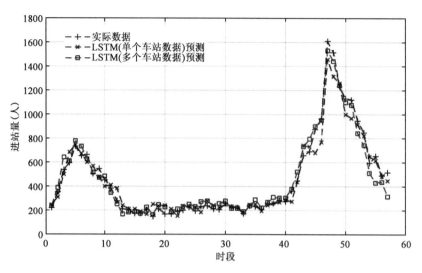

图 4-4 单个车站与多个车站预测结果

单个车站与多个车站预测误差对比   表 4-8

训练数据	单个车站	多个车站
平均相对误差(%)	12.3	11.4
均方误差($\times 10^3$)	4.88	3.6

3）基于无监督学习相关车站聚类

如前文所述，城市轨道交通车站客流之间存在一定的相关性，这种相关性由车站位置、车站周边用地属性等多种因素共同决定，这些因素与相关性之间的关系难以用准确的关系式表达出来，因此采用无监督学习的方式，将车站的位置信息和客流分时数据等信息作为输入，使用自组织竞争神经网络对车站进行聚类，对车站之间的关联关系进行探究。聚类过程如下。

Step 1：构建训练数据集 $X = \{X_i | i = 1, 2, \cdots, n\}$，$X_i = [y(t_1), y(t_2), \cdots, y(t_T), L_i, U_i]^T$，其中 n 为车站数目，$y(t_j)$ 为 t_j 时段车站 i 进站客流量，T 为时段数目，L_i 为车站 i 的位置信息，U_i 为车站 i 的周边用地属性。

Step 2：确定聚类数目 k，构建相应的自组织竞争神经网络。

Step 3：将训练数据输入网络进行训练，得到聚类结果。

在进行聚类的过程中，如果聚类数目过少，部分特征将会被淹没，而如果聚类数目过多，将会增加计算量，降低模型效率，因此聚类数目的确定是一个重要的问题。在此使用在聚类中较为常用的指标戴维森堡丁指数（Davies-Bouldin Index，DBI）来对聚类的效果进行评价。计算公式为：

$$DBI_k = \frac{1}{k}\sum_{i=1}^{k}\max_{j\neq i}\left[\frac{\mathrm{avg}(C_i) + \mathrm{avg}(C_j)}{d_{\mathrm{cen}}(\mu_i, \mu_j)}\right] \tag{4-5}$$

式中： k——聚类数目；

 $\mathrm{avg}(C_i)$——类别 C_i 内样本间的平均距离；

  μ_i——类别 C_i 的中心点；

$d_{\text{cen}}(\mu_i, \mu_j)$——类别 C_i 与类别 C_j 的中心点之间的距离。

显然，DBI 的值越小说明聚类效果越好。通过大量实验发现，随着聚类数目的增加，DBI 的值先不断下降然后收敛于一个稳定值。当聚类数目超过一个值时，聚类效果的提升已经不是很显著，聚类数目过多已意义不大。聚类数目 k 的确定流程如下：

Step 1：使用各车站的客流数据和位置信息构建训练数据集。

Step 2：确定聚类数目范围 $[n, m]$，分别构建具有 i 个（$i \in [n, m]$）神经元节点的自组织竞争神经网络并使用训练数据进行训练。

Step 3：分别计算不同聚类数目下，DBI_k 的值。

Step 4：若满足条件，则输出 i 作为较为合适的聚类数目。

以北京市城市轨道交通实际数据为例，对聚类数目的确定进行分析，计算结果如图 4-5 所示。从图中可以看出，随着聚类数目的增加，DBI 的值首先不断下降然后趋于稳定。以 10 为一个间隔，指定常数 $\varepsilon = 0.0005$。当聚类数目为 20 时，$\sum_{i=20}^{30}(DBI_i - \sum_{i=20}^{30} DBI_i/10)/10 = 0.000373 < 0.0005$，所以可以认为 20 是一个比较合适的聚类数目。每种类别中的车站数目及车站分布情况如图 4-6、图 4-7 所示。

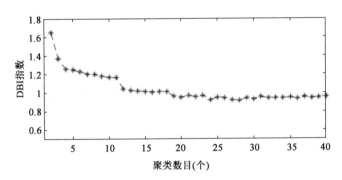

图 4-5　DBI 与聚类数目关系

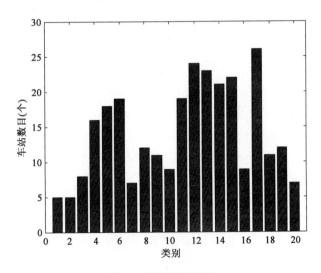

图 4-6　各类别车站数目

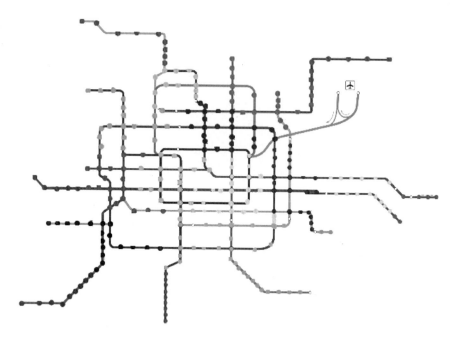

图4-7 各类别车站空间分布情况

2. 基于LSTM的车站客流预测模型

1)模式框架构建

模型整体框架由聚类、分类、预测三部分构成。首先使用上文中提到的聚类方法对网络中所有的车站进行聚类,然后判断预测车站所属类别,最后使用预测车站与所属类别的其他车站的客流数据对LSTM模型进行训练,得到相应车站的预测模型。

由于城市轨道交通客流在时间上呈现出一定的不均衡性,例如在工作日客流会呈现出明显的早晚高峰特征,而在非工作日则没有这样明显的特征。在不同阶段,车站之间的客流相关性也可能不同。因此,需要对不同时段的客流数据进行聚类分析,选取相应时段的预测车站所属类别,使用该类别中的车站客流数据组成不同的训练数据来对模型进行训练。模型构建流程如下:

Step1:确定预测时段特征信息。

Step2:利用轨道网络中所有车站相应时段客流数据和位置信息进行聚类。

Step3:判断预测车站所属类别,使用该类别车站客流数据构建训练数据和测试数据。

Step4:构建长短程记忆神经网络,并使用训练数据进行训练。

Step5:使用测试数据进行预测,对模型的预测精度进行检验。

2)LSTM神经网络构建

使用预测车站及其相关车站的客流数据来对预测车站进站量进行预测,故需要建立一个多输入单输出模型,如式(4-6)所示:

$$y(t) = f[y(t-1),\cdots,y(t-k),u_i(t-1),\cdots,u_i(t-n_i),\cdots] \qquad (4-6)$$

式中:$y(t)$——预测车站y第t个时间段的进站量;

$u_i(t)$——相关车站u_i第t个时间段的进站量。

通过上文所述的聚类和分类的过程,确定预测车站所属类别,划分训练数据和测试数据后构建相应的长短程记忆神经网络。

整个 LSTM 的网络结构如图 4-8 所示,其中 S_t 为记忆模块的组合。

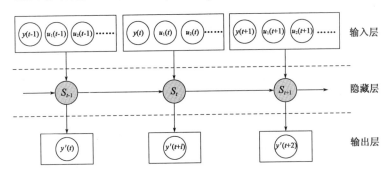

图 4-8　长短程记忆网络结构

3. 实例分析

1) 实验数据与评判标准

本案例采用 2016 年 3—5 月内工作日北京市城市轨道交通路网(不含机场线)各站的实际进站数据进行案例分析。选取望京站作为预测车站,首先使用不同特征时段内的分时客流数据进行聚类和分类,判断目标预测车站所属类别,使用预测车站所属类别的所有车站客流数据共同组成训练数据,对 LSTM 网络模型进行训练。随机选取预测车站的一个工作日的数据作为测试数据(测试数据不参与训练),用经过训练的 LSTM 网络模型对进站量进行预测。

采用平均相对误差和均方误差作为预测结果的评价指标,对支持向量机(Support Vector Machine,SVM)、埃尔曼(Elman)神经网络和本案例的预测方法得到的预测结果进行比较。

2) 实验数据与评判标准

使用上文中提到的聚类方法,分别使用早高峰、平峰和晚高峰 3 个时段的客流数据以及各车站的位置信息输入自组织竞争神经网络对车站进行聚类,得到聚类结果。使用望京站的早高峰、平峰和晚高峰 3 个时段的客流数据以及车站的位置信息计算与各类别的聚类中心的距离,选择距离最小的类别作为望京站的所属类别。各时段望京站所属类别包含车站见表 4-9。

各时段预测车站所属类别　　　　　　　　　　表 4-9

时　段	车　站　集　合
早高峰	阜通、望京西、来广营、望京南、东湖渠、光熙门、和平西桥、大屯路东、和平里北街、太阳宫、亮马桥、惠新西街北口、安定门、将台、国展、惠新西街南口
平峰	阜通、来广营、望京西、望京南、东湖渠、芍药居、太阳宫、大屯路东、惠新西街南口、和平西桥、光熙门
晚高峰	阜通、望京西、来广营、望京南、东湖渠、芍药居、太阳宫、惠新西街北口、大屯路东、和平西桥、光熙门、柳芳

3) 预测结果分析与对比

使用 Elman 神经网络、支持向量机(SVM)与基于 LSTM 的模型进行对比,使用相同的数据进行训练。模型预测结果如图 4-9 所示,计算各种方法预测结果的平均相对误差,对预测精度进行对比分析,结果见表 4-10。

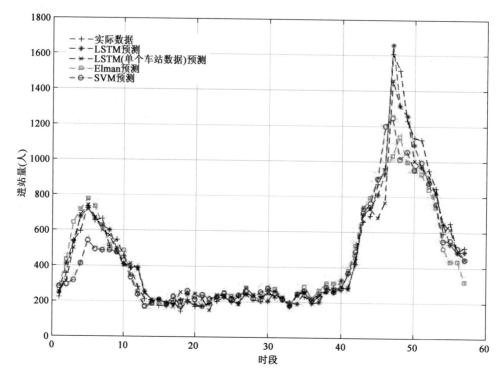

图 4-9　各预测模型结果对比

各预测模型误差对比　　　　　　　　　　　　　　　　表 4-10

预测方法	LSTM	LSTM（单个车站数据）	Elman 神经网络	支持向量机（SVM）
平均相对误差(%)	10.1	12.2	13.1	13.5
均方误差($\times 10^3$)	2.98	4.89	14.32	13.57

从结果可以看出，基于 LSTM 的模型的预测结果比 Elman 神经网络和支持向量机的精度都要高。同样使用 LSTM，使用预测车站和相关车站数据训练的模型要比仅用预测车站数据训练的模型的预测效果更好。

第三节　固定检测器数据

半个多世纪以来，固定型检测器都是交通控制、交通管理等工作的重要数据来源和支撑。随着技术的发展，近年来固定型检测器的技术手段也在不断发展，检测数据也在不断丰富。

一、检测器类型

1. 基本功能分类

检测器按照功能可分为如下 3 类：存在型、脉冲型、系统检测器。一个安装在道路上的检测器可能具有多种功能。检测器相对于交叉口停车线的位置往往意味着检测器的不同功能：

存在型检测器非常接近交叉口停车线的位置,脉冲型检测器一般位于停车线上游位置,系统检测器一般位于道路中段或者交叉口出口道处。

存在型检测是指当一个道路使用者位于检测区域内(无论是停止还是通行)时即会被检测到。存在型检测器在红灯期间提醒信号机有排队的车辆,在绿灯期间为行驶中的车辆请求附加的绿灯时间(单位绿灯延长时间)。可以对大多数存在型检测器进行调整,以忽略已经存在于检测区域内一段时间的道路使用者,而继续检测新进入检测区域的道路使用者。

脉冲型检测器可为驶向交叉口的车辆提供延长绿灯时间的指示。脉冲型检测器通常设置在进口道上来降低驾驶人在"进退两难区"(Dilemma Zone)内遇到黄灯的风险。在红灯期间,对每辆车的脉冲型检测能够逐步调整信号机内的"最小绿灯时间"的设置,从而确保为逐渐增长的排队提供足够的绿灯服务时间。脉冲型检测器往往用于通过型检测,通过型检测是指当车辆或行人通过检测器区域时能够被检测到,而如果一辆车或者行人停在检测区域内,则通过型检测器不会输出有车辆或行人在检测区域内的结果。

系统检测器主要采集各类交通数据,包括速度、流量、占有率、排队长度等,用于进行配时方案的选择、实时的自适应控制和配时方案的更新。

有些检测器只能检测静态的"存在"或动态的"通过"中的一种;有些则既能检测静态的"存在",又能检测动态的"通过",称为复合型检测器。

2. 检测原理分类

任何一个感应或自适应信号控制系统自动调节配时方案的能力,都取决于其使用的检测器所能够检测到的交通流参数的精度及频率,一般而言,可以将交通信号控制中使用的检测器分为如下3类:

(1)路面嵌入型:感应线圈检测器、磁力检测器、地磁检测器等。

(2)非路面嵌入型:微波雷达检测器、红外线检测器(主动型、被动型)、超声波检测器、声学检测器、视频检测器等。

(3)特殊类型:公交车辆检测器、自动车辆识别、超重、环境、行人、强制优先需求检测器等。

在实际应用中,检测器的类型选择是影响信号控制系统的关键因素,各类不同的检测器由于其工作原理等方面的不同,各有自己的优缺点及适用范围,在实际城市交通信号控制系统中必须根据检测目的、检测数据类型等要求来选择安装恰当的检测器。检测器类型、安装位置及信号控制机设置等方面的科学组合能够提高信号控制交叉口运行的效率和安全水平。

在进行交通流检测器选择时主要考虑的影响因素有以下几个方面:

(1)检测器所能提供的数据类型;

(2)数据的准确度(要考虑自身及环境和交通状况的影响等);

(3)安装和校准的难易性;

(4)费用;

(5)其他考虑因素(永久性安装或临时性安装、具体的交通应用、电源性质、数据的通信和存储等)。

表4-11比较了几种典型的交通检测器的优缺点。

各种检测器优缺点比较　　　　　　　　　　　　　　　表 4-11

检测器类型		优　点	缺　点
感应线圈检测器		(1)成熟、易于理解的技术； (2)灵活多变的设计，可满足多种实施情形的需求； (3)广泛的实践基础； (4)提供基本的交通参数(流量、占有率、速度、存在、车头时距等)； (5)不受恶劣天气影响； (6)采用高频励磁的型号可以提供车辆分类数据； (7)与其他一些检测器相比，计数精度较高； (8)获取准确的占有率检测信息	(1)安装时需要切割路面； (2)安装和维修需要关闭车道，对交通流造成干扰； (3)安装在路面质量不好的道路上时容易损坏； (4)路面翻修和道路设施维修时可能需要重装检测器； (5)检测特定区域的交通流状况时往往需要多个检测器； (6)安装不当将降低道路的使用寿命； (7)对路面车辆压力和温度敏感； (8)需要定期维护； (9)当需要检测多种车辆类型时检测精度可能降低
磁力检测器 (双轴磁通门磁力计)		(1)对路面车辆压力的敏感度低于感应线圈检测器； (2)不受恶劣天气影响(如雨、雪、雾)； (3)某些型号可通过无线通信传输数据	(1)安装需要切割路面； (2)不恰当的安装将降低路面寿命； (3)安装和维护需要关闭车道； (4)对检测区域较小的型号来讲，检测多个车道需要多个检测器
地磁检测器		(1)某些型号不需要刨开路面即可安装于路面下(需要钻孔)； (2)安装及翻修时封闭车道时间短； (3)无须刨开路面，中断交通只需 20min 左右； (4)挖埋管线距离短(仅数据接收主机到信号机，地磁和中继设备采用无线传输)； (5)2 个检测器可提供流量、占有率、速度、车头时距及存在时间、车种等； (6)可用于感应线圈检测器不适用的地方(如桥面等地方)； (7)适用于恶劣环境，不受气候环境、日间、夜晚及路面差的影响； (8)对路面车辆压力的敏感度低于感应线圈检测器	(1)会受地磁电池使用寿命的影响； (2)道路宽度较窄时容易受相邻车道大车及紧密车间距影响； (3)可能需要埋设杆件
红外线检测器	主动型 (激光雷达)	(1)主动型红外线检测器发射多光束的红外线，保证对车辆位置、速度及车辆类型的准确测量； (2)可实现多车道检测	(1)当雾天能见度低于 6m 或强降雪天气时检测性能下降； (2)安装、维护及定期清洗需要关闭车道
	被动型	多检测区域的被动型红外线传感器可测量车速	(1)在大雨、大雪或浓雾天气下被动型红外线检测器的灵敏度会下降； (2)一些型号不适用于存在型检测

续上表

检测器类型	优 点	缺 点
微波雷达检测器	(1)在用于交通管理的较短的波长范围内,对恶劣天气不敏感; (2)可实现对速度的直接测量、可实现多车道测量; (3)调频等幅波雷达可用做存在型检测器	(1)天线的波束宽度和发射的波形必须适应具体应用的要求; (2)多普勒微波雷达不能测量静止车辆; (3)较大的钢桥可能会对一些型号产生影响
超声波检测器	(1)可实现多车道检测; (2)易于安装; (3)可实现超高车辆检测	(1)温度变化、强烈的气流紊乱等环境因素都会影响传感器检测性能; (2)当高速公路上车辆以中等车速或高速行驶时,检测器采用大的脉冲重复周期会影响占有率的检测
声学检测器	(1)被动式检测器; (2)对降雨天气不敏感; (3)一些型号可实现多车道测量	(1)较低的温度可能会影响检测的准确度; (2)某些型号不适用于检测"走走停停"的慢速移动的车辆; (3)高噪声环境背景情况下会出现检测问题
视频检测器	(1)多检测区域,可检测多条车道; (2)易于增加和改变检测区域; (3)可获得大量数据; (4)当多个摄像机连接到一个视频处理单元时,可提供更广范围的检测; (5)数据直观; (6)当需要检测多个检测区域或特殊类型的数据时,视频检测会有较高的性价比	(1)如果安装在车道上方,则安装、维护及定期清洗时都需要关闭车道; (2)恶劣的天气(如雾、雨、雪),阴影,车辆投射到相邻车道的阴影,交通阻塞,光照水平的变化,车辆与道路的对比,摄像机上的水迹、盐渍、冰霜和蜘蛛网等都可能影响检测器性能; (3)为取得车辆存在和速度检测的最佳效果,(在路边安装摄像机的前提下)须将摄像机安装到15~21m的高度; (4)某些型号对因大风引起的摄像机的振动比较敏感
广域雷达	(1)大区域检测,横向覆盖8车道,纵向可达200m,可同时跟踪128个目标; (2)可获得丰富的数据; (3)适应全天候情况; (4)安装灵活,调试简单	(1)目前尚在快速发展中; (2)成本较高

3. 交通流检测器的性能

交通流检测器可以直接检测到的交通参数一般包括:车辆计数(车流量)、车速、车辆存在、占有率和车辆分类等。需要注意的是,即使是同一检测原理的检测器,由于其具体采用技术的差异,也会有不同的检测数据类型,表4-12是一个各类检测器所能检测的数据类型的参考表。

各类检测器能够检测的数据类型　　　　　　　　表 4-12

检测器类型	流量	车速	车辆分类	占有率	车辆存在	多车道多检测区域数据	通信带宽	购买成本[a]
检测器感应线圈	√	√[b]	√[c]	√	√	×	低→中	低[i]
磁力检测器	√	√[b]	×	√	√	×	低	中[i]
地磁检测器	√	√[b]	×	√	√[d]	×	低	低→中[i]
被动式红外线检测器	√	√[f]	×	√	√	×	低→中	低→中
主动式红外线检测器	√	√[f]	×	√	√	×	低→中	中→高
微波雷达检测器	√	√	√[e]	√[e]	√[e]	√[e]	中	低→中
超声波检测器	√	×	×	√	√	×	低	低→中
声学检测器	√	√	×	√	√	√[g]	低→中	中
视频检测器	√	√	√	√	√	√	低→高[h]	中→高
广域雷达	√	√	√	√	√	√	低→中	中→高

注:a 需要考虑安装及维修成本。
　　b 可由相距一定距离的两个线圈的检测值计算,也可以由一个线圈的检测值估计(根据有效检测区域长度和车辆长度估计)。
　　c 使用专用的电子元件,内含可对车辆进行分类的嵌入式固件。
　　d 使用特定的传感器布局和信号处理软件。
　　e 具有发射适当波形及恰当信号处理功能的微波雷达传感器。
　　f 在多检测区域内,被动或主动式红外传感器。
　　g 使用恰当波束形成和信号处理功能的模块。
　　h 取决于向控制中心传输的是高带宽原始数据、低带宽处理后数据还是视频图像。
　　i 包括地下传感器和本地检测器或无线接收器。无线接收器可以接收多传感器和多车道数据。

二、基于深度学习的城市道路旅行时间预测

1. 深度学习在交通预测中的应用综述

近年来,随着人工智能领域的快速发展,深度学习逐渐出现在人们的视线之中。深度学习是机器学习算法的一个分支,它通过使用多个神经网络层对数据进行一系列的非线性变换(高层抽象、特征提取等)来学习高维函数,非常适合非线性函数的建模。目前,各种深度学习架构应运而生,在图像识别、计算机视觉和自然语言处理等方面取得了重大进展。深度学习的架构可看作一张图,图中的节点代表单元,从起点到终点单元之间通过连接互相传递信息。每一对连接上都有对应的权重,它决定着连接和信号的相对强度或加权,而每一个单元内部运用一个激活函数(比如阶梯函数、符号函数、线性函数、对数 S 形函数或双曲正切函数等)对接收到的信息进行加权求和。

深度学习神经网络与传统人工神经网络之间有一些相似之处,比如它们均有输入层、隐藏层和输出层,且只有相邻的层之间有连接,同一层以及跨层之间无连接。两者的不同点在于,传统神经网络一般只有 2~3 层,可调参数和计算单元较少,对复杂函数的学习和预测能力有限;深度学习的层数较多,可达 5~10 层甚至更多,而且有更先进的算法,比较接近人类的大脑结构,学习能力很强。

传统的人工神经网络有很多局限性，最为显著的一点是在训练集和测试集样本中存在的独立性假设。在传统人工神经网络实现过程中，每个样本（数据点）被处理后，网络的整个状态出现丢失现象。如果样本之间是相互独立的，那么预测结果是可靠的；但是，如果数据点之间在时间或者空间上有相关关系，那么预测结果就变得不那么可靠了。而深度学习神经网络对于时间序列有强大的学习能力，能够处理时间上或者空间上相关的数据结构[27]。

深度学习神经网络这种结构为复杂的函数学习和计算提供了可能，也为城市道路交通流预测提供了新的方向和思路。深度学习的常用算法包括栈式自编码器、受限玻尔兹曼机、深度信念网络、卷积神经网络和循环神经网络等。近年来，各类深度学习的方法在交通流预测中获得广泛的应用和较大的发展。

Zhang(张)等[28]针对高速公路旅行时间预测提出了一种栈式自编码器模型，首先通过高速公路收费站获取每小时的平均旅行时间，然后用历史旅行时间数据以无监督式学习的方式训练栈式自编码器模型、以梯度下降法调整和优化预测层的参数，最后用过去3h的旅行时间预测未来1h的平均旅行时间。研究表明，采用栈式自编码器模型的预测结果较好，其MSE指标为13.6%，优于BP神经网络模型。Lv(吕)等也用栈式自编码器提出了一种交通流量预测模型，考虑交通流的时间和空间相关性，采用贪婪分层无监督式学习算法从下到上预先训练网络，然后选择BP算法从上到下优化模型中的参数，最后用PeMS上的数据对模型进行了测试和分析。结果表明，与BP神经网络、随机行走预测方法、支持向量机和径向基神经网络相比，栈式自编码器模型具有更优的预测性能。Duan(段)等[29]针对破损数据的恢复提出了一种去噪栈式自编码器模型，考虑交通流数据的时间和空间特性（区分工作日和非工作日，考虑交通流上、下游关系），研究了该模型的18种实现方式，并与历史平均模型、时间序列ARIMA模型以及BP神经网络模型进行了对比，最后分析了深度学习网络在数据恢复方面存在较大优势的原因。Siripanpornchana(锡里潘波加纳)等[30]基于深度信念网络提出了一种崭新的旅行时间预测模型，采用PeMS上的数据首先以无监督式学习的方式用堆叠的受限玻尔兹曼机学习交通流数据中的一般特征，然后以有监督式学习的方式用多层感知机回归预测旅行时间。研究结果显示，提出的深度信念网络模型具有优越的预测性能，对于步长为15min、30min、45min以及60min的旅行时间预测均具有良好的预测效果。Wang(王)等[31]基于卷积神经网络提出了一种误差反馈型的交通流速度预测模型，把相邻路段的交通流时空的速度整合为输入矩阵以考虑相邻路段的隐含关系进而提高预测精度，引入独立的误差反馈神经元来考虑突发交通事件如早高峰、交通事故等的影响，最后用北京市的出租车速度数据进行了测试和分析，验证了模型的强大预测能力并提供了交通拥堵来源的识别方法。Duan(段)等[32]针对旅行时间预测提出了一种LSTM模型，使用英国高速公路的66个路段的旅行时间数据对模型进行了训练，然后对这66个路段的旅行时间进行了单步以及多步预测，验证了模型优越的预测性能，其平均相对误差的中位数是7.0%，取得了良好的预测效果。Ma(马)等[33]提出LSTM神经网络对城市快速路交通流速度进行建模，用微波检测数据进行了训练和测试，最后把LSTM神经网络模型与3个代表性的循环神经网络（Elman神经网络、时间延迟神经网络和NARX神经网络）、支持向量回归、时间序列ARIMA方法、卡尔曼滤波方法进行了对比和分析，证明了LSTM在交通速度预测算法的准确性和稳定性方面有优越之处。

本部分探讨了深度学习神经网络结构，在引入深度学习的同时，介绍目前主流的长短期记忆神经网络(LSTM)算法,最后把它应用在实际的旅行时间预测中。

2. 基于 LSTM 神经网络的旅行时间预测

1) LSTM 模型

(1) LSTM 的概念。

长短期记忆神经网络,又称 LSTM(Long Short-Term Memory)神经网络。它是一种特殊的循环神经网络,拥有学习长期依赖信息的能力。LSTM 能够记住相当长时间的信息,在多种多样的工作中表现良好,得到了广泛的应用。

所有的循环神经网络中都有重复模块组成的链式结构,如图 4-10 所示,LSTM 也不例外。但是,LSTM 的神经网络却与 RNN 有着显著的区别,主要区别有两点:①在交通流预测领域,传统的循环神经网络对于有较长时滞的时间序列无能为力,会出现长时间依赖的问题;②传统的循环神经网络依靠预先定义的滞后步长来学习时间序列数据的特征,而无法自动寻找最优的时间窗长度。

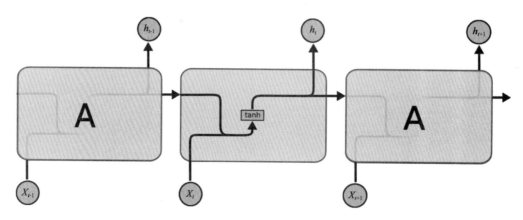

图 4-10　简单的 RNN 链式结构

LSTM 的神经网络模块有 4 层,用一种特殊的方式进行信息的交互,如图 4-11 所示。LSTM 的功能符号如图 4-12 所示,其中方框代表神经网络层,圆圈表示逐点操作(诸如向量相加或者相乘之类),单个箭头表示从一个输出节点到下一个输入节点的向量传递,合并的箭头表示向量的连接、信息的串联,分叉的箭头表示内容和信息被复制和传递到不同的位置。

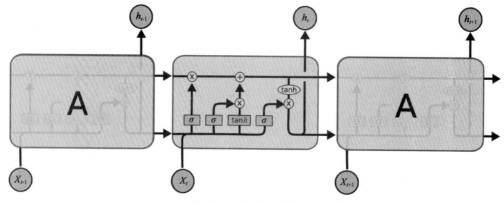

图 4-11　LSTM 的链式结构

a)神经网络层　　b)逐点操作　　c)向量传递　　d)箭头合并　　e)箭头分叉

图4-12　LSTM 中的功能符号

LSTM 的核心在于神经网络单元状态,从图 4-11 中取出一个 LSTM 单元,如图 4-13 所示。那么,通过图 4-13 顶部的黑色水平向量就代表着单元状态的更新。LSTM 运行时,神经网络单元的状态传递就像在传送带上一样,通过整个链式结构向后面传递,沿着箭头方向流动。

在图 4-11 中可以看出,LSTM 有一种被称为"门限"的结构,如图 4-14 所示。这种"门限"结构是被精心设计的,对信息具有选择性通过的能力,包含一个 Sigmoid 神经网络层和点乘运算。在图 4-14 中,Sigmoid 层的输出在 0~1 之间,代表有多少信息被选择通过,其中 0 表示不允许任何信息通过,1 表示允许所有的信息通过。

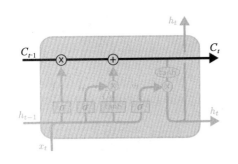

图4-13　LSTM 信息运行方向

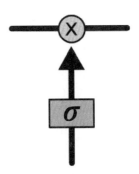

图4-14　LSTM 中的门限结构

(2)LSTM 的执行。

LSTM 的执行可以分为 4 步,即选择性遗忘信息、选择性储存信息、更新单元状态和决定 LSTM 的输出。

第 1 步,选择性遗忘信息,即决定从神经网络单元状态中遗忘哪些信息,通过一个叫作"遗忘门"的 Sigmoid 层来实现,如图 4-15 所示。当神经网络单元状态为 C_{t-1} 时,"遗忘门"会读取前一个输出 h_{t-1} 和新的输入 x_t,输出一个 0~1 之间的数字,计算公式见式(4-7)。其中,0 表示完全舍弃信息,1 表示完全保留信息。

$$f_t = \sigma\{W_f \cdot [h_{t-1}, x_t] + b_f\} \quad (4-7)$$

在旅行时间预测中,x_t 代表当前的旅行时间数据,x_{t-1} 代表前一时刻的旅行时间数据,h_{t-1} 代表前一个 LSTM 单元的训练或预测输出,单元状态 C_{t-1} 代表前一个 LSTM 单元的"记忆"。

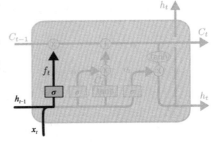

图4-15　LSTM 选择性储存信息

第 2 步,选择性储存信息,决定在神经网络单元中储存哪些新的信息,如图 4-16 所示。首先,一个被称为"输入门"的 Sigmoid 层决定更新哪些值;接着,一个 tanh 层会创建一个可添加的候选值向量状态 $\tilde{C}_t$,计算公式见式(4-8)、式(4-9)。

$$i_t = \sigma\{W_i \cdot [h_{t-1}, x_t] + b_i\} \tag{4-8}$$

$$\tilde{C}_t = \sigma\{W_C \cdot [h_{t-1}, x_t] + b_C\} \tag{4-9}$$

第3步，LSTM 更新单元状态，从旧的单元状态 C_{t-1} 变成新的单元状态 C_t，如图 4-17 所示。计算公式见式(4-10)，其中 $f_t \cdot C_{t-1}$ 表示储存旧单元状态的哪些信息，$i_t \cdot \tilde{C}_t$ 表示新的候选值。

$$C_t = f_t \cdot C_{t-1} + i_t \cdot \tilde{C}_t \tag{4-10}$$

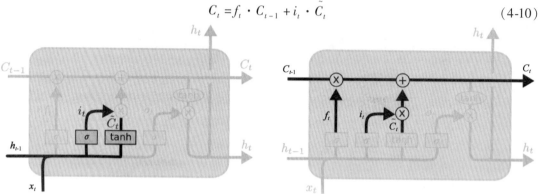

图 4-16　LSTM 创建新状态　　　　　图 4-17　LSTM 更新单元状态

第4步，决定 LSTM 的输出，如图 4-18 所示。首先运行 Sigmoid 层，它决定输出哪些单元状态；然后，用 Sigmoid 门限的输出乘以单元状态的 tanh 值(将输出值归一化)，得到 LSTM 的预测值 h_t，计算公式见式(4-11)、式(4-12)。

$$o_t = \sigma\{W_0 \cdot [h_{t-1}, x_t] + b_0\} \tag{4-11}$$

$$h_t = o_t \cdot \tanh(C_t) \tag{4-12}$$

(3) LSTM 的变体。

前面介绍的是一个标准的 LSTM 架构，但研究中也出现了一些 LSTM 的变体，适用于不同的研究任务和实际工作。下面介绍 3 种比较流行的 LSTM 变体，即门限式 LSTM、组队遗忘式 LSTM 和门限重复单元(GRU)式 LSTM。

门限式 LSTM 模型，作为 LSTM 的一种变体，最初是由 Gers(格尔思)和 Schmidhuber(施密杜伯)提出来的。这种门限式 LSTM 模型与标准 LSTM 模型的不同点在于，它增加了一个称作观察口的连接。这种变体的特点在于使用门限网络层考虑单元的状态，如图 4-19 所示。此时，模型的计算公式见式(4-13)~式(4-15)。

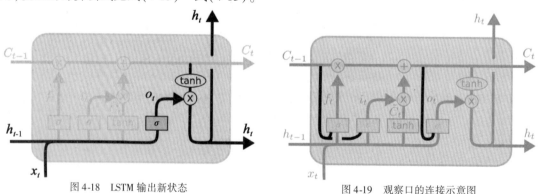

图 4-18　LSTM 输出新状态　　　　　图 4-19　观察口的连接示意图

$$f_t = \sigma\{W_f \cdot [C_{t-1}, h_{t-1}, x_t] + b_f\} \tag{4-13}$$

$$i_t = \sigma\{W_i \cdot [C_{t-1}, h_{t-1}, x_t] + b_i\} \tag{4-14}$$

$$o_t = \sigma\{W_0 \cdot [C_{t-1}, h_{t-1}, x_t] + b_0\} \tag{4-15}$$

组队遗忘式 LSTM,顾名思义,就是添加了组队遗忘操作的 LSTM 模型。与标准的 LSTM 模型相比,组队遗忘式 LSTM 模型在决定储存哪些信息和遗忘哪些信息时,不像标准的 LSTM 模型那样分别做决定,而是同时决定储存哪些信息和遗忘哪些信息。这意味着,只有在组队遗忘的位置输入数据时才会选择遗忘,也只有在遗忘旧的信息时才能输入新信息,如图 4-20 所示。组队遗忘式 LSTM 的计算公式见式(4-16)。

$$C_t = f_t \cdot C_{t-1} + (1 - f_t) \cdot \tilde{C}_t \tag{4-16}$$

另一种 LSTM 变体称为门限重复单元(the Gated Recurrent Unit,GRU)式 LSTM,又称 GRU 式 LSTM 模型。它由 Kyunghyun Cho(赵京贤)等人提出,对遗忘门限和输入门限做了改进,设计了一个特殊的门限——"更新式门限",如图 4-21 所示。GRU 式 LSTM 不仅结合了隐藏状态和单元状态,而且比标准的 LSTM 模型简单明了,得到了广泛的好评,其计算公式见式(4-17)~式(4-20)。

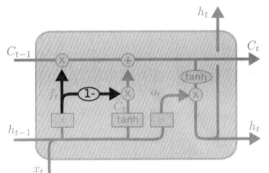

图 4-20 组队遗忘示意图

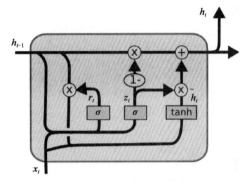

图 4-21 GRU 式 LSTM 模型

$$z_t = \sigma\{W_f \cdot [h_{t-1}, x_t]\} \tag{4-17}$$

$$r_t = \sigma\{W_r \cdot [h_{t-1}, x_t]\} \tag{4-18}$$

$$\tilde{h}_t = \tanh\{W_z \cdot [r_t \cdot h_{t-1}, x_t]\} \tag{4-19}$$

$$h_t = (1 - z_t) \cdot h_{t-1} + z_t \cdot \tilde{h}_t \tag{4-20}$$

2)旅行时间预测

(1)数据来源。

本部分数据来自青岛市的检测数据,即目标路段为福州路南向北,以及与研究路段相邻的上、下游路段即香港路—闽江路的上游路段东海路—香港路以及下游路段闽江路—江西路。

通过视频车辆检测器的检测信息,可以获得 2015 年 10 月 26 日至 11 月 23 日东海路—香港路、香港路—闽江路和闽江路—江西路的旅行时间数据。选择 2015 年 10 月 26 日至 11 月 22 日(共 4 周)的旅行时间数据建立历史数据库,作为模型的训练集;选择 11 月 23 日的旅行时间数据作为模型的测试集,用于检验模型的有效性和实用性。

(2)模型说明。

为了测试 LSTM 在旅行时间预测领域的效果,本章构建了 4 种长短期记忆神经网络模型:

①时间窗型 LSTM1；②时间步长型 LSTM2；③批次记忆型 LSTM3；④空间 LSTM。

时间窗型（Using the Window Method）LSTM1，指的是利用一个时间窗口长度的过去值来预测下一个时间步长的系统值。在时间窗型 LSTM1 中，窗口的长度是可以调整的参数，即可以决定利用多少个历史值来预测未来值。举例来说，如果用当前时刻的系统值 x_t 和过去值 x_{t-1} 以及 x_{t-2} 来预测 $t+1$ 时刻的系统值 x_{t+1}，那么这个时间窗口的长度 look_back 就等于 3。

时间步长型（With Time Steps）LSTM2，与时间窗型 LSTM1 比较相似，但两者之间仍有一些细微的差别。时间窗型 LSTM 的输入是独立的特征，而时间步长型 LSTM 则是每一次把时间窗口长度的旅行时间数据看作一个整体进行输入，因此它的输入长度为 1。

批次记忆型（Memory with Batches）LSTM3，指的是 LSTM 训练时批次之间存在记忆。一般来说，LSTM 模型在拟合的过程中，神经网络中的单元状态在每个批次训练后会被重置。因此，在神经网络的训练和拟合过程中，可以通过对神经网络状态显式重置达到对 LSTM 进行更好控制的目的。LSTM3 与 LSTM1 的输入相同，只不过 LSTM 在每一个批次得到训练后使用 model.reset_states() 命令重置单元的状态。

空间 LSTM，指的是在 LSTM 训练和预测时考虑研究路段上游和下游路段的旅行时间序列数据，即考虑目标路段的旅行时间预测空间相关性，把 3 条路段的旅行时间数据作为模型的输入。它的输入形式与 LSTM1 类似，只不过模型输入的长度有所增加，即目标路段上下游路段的旅行时间数据。

（3）效果评价。

为了对比 4 种 LSTM 模型在城市道路旅行时间预测中的性能，首先需要确定最佳的旅行时间序列输入长度。在图 4-22 中，取 LSTM1 中隐藏层的节点数为 6，用 look_back 代表旅行时间输入长度即输入层的节点数。经过测试，在 look_back 从 3 增大到 20 的过程中可以看出，MAPE（平均绝对百分误差）先减小再增大，呈现"中间小两头大"的特点，据此可以确定最优的输入长度 look_back 为 12。

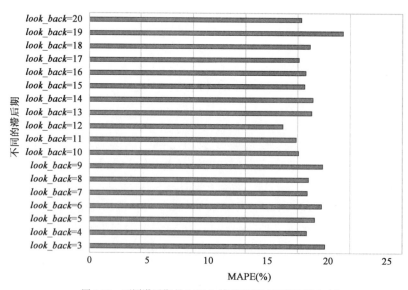

图 4-22　不同滞后期的 LSTM1 模型旅行时间预测精度对比

不考虑空间相关性的 3 种 LSTM 模型(LSTM1、LSTM2、LSTM3)以及考虑空间相关性的空间 LSTM 模型的预测精度对比结果见表 4-13 和图 4-23。在图 4-23 中，N 代表 LSTM 中隐藏层的节点数，可以看出未考虑空间相关性时旅行时间预测精度较低，MAPE 普遍在 20% 以上，旅行时间预测效果不佳。另一方面，对比前 3 种 LSTM 模型可以发现，随着 LSTM 中隐藏层节点数的增加，预测精度指标 MAPE 波动不大，说明未考虑空间相关性时，LSTM 中隐藏层的节点数对旅行时间预测精度影响不大，旅行时间预测效果有待改善。

不同节点数条件下 4 种 LSTM 模型预测精度对比　　　　表 4-13

节点数(个)	LSTM1(%)	LSTM2(%)	LSTM3(%)	空间 LSTM(%)
50	19.50	19.08	20.02	12.44
100	19.90	19.55	20.21	12.09
150	20.31	19.22	21.47	13.03
200	21.13	19.15	20.71	11.46
250	19.74	18.70	25.54	13.98
300	20.18	19.95	25.36	10.86
350	20.61	22.48	20.79	10.17
400	21.30	19.94	24.14	11.58
450	22.19	19.06	32.12	11.07
500	19.68	18.83	22.47	10.45
550	20.05	19.75	22.13	11.86
600	21.27	18.96	34.11	12.30

与此同时，从图 4-23 可以看出，考虑空间相关性的空间 LSTM 模型的旅行时间预测精度有了很大提高，MAPE 普遍在 15% 以下，预测效果较好。在 LSTM 中隐藏层的节点数从 50 个增加到 600 个的过程中，MAPE 呈现先减小后增大的趋势。当 LSTM 中隐藏层的节点数等于 350 时，旅行时间预测精度最高，MAPE 为 10.45%，小于传统 BP 神经网络的预测精度 13.84%，预测效果得到改善和提升，证明了空间 LSTM 模型在旅行时间预测方面的优良性能和实用价值。

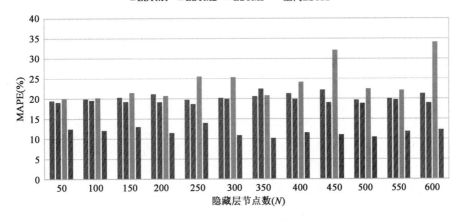

图 4-23　4 种 LSTM 模型预测精度对比

第四节　浮动车系统数据特点及应用

一、浮动车数据采集原理

浮动车数据是将 GPS 设备安装于车辆内部,实时而动态地采集并记录特定交通工具的时空信息,通过无线通信技术回传至控制中心、相关管理部门、服务单位的数据集。浮动车的选择没有种类限制,可以是出租车、公交车、货车、共享汽车、私家车等。

目前,我国普遍以出租车作为浮动车,获取大范围交通状态信息,动态分析交通网络运营效率,为不断改善优化网络管理决策提供依据。同时,各大出行服务公司、地图导航公司也储备了大量的用户车辆时空数据,为出行服务水平提升、用户体验改善、增值服务开发等提供了坚实的基础。

二、浮动车数据特征

浮动车数据一般包括如下字段:车辆编号、时间戳、位置经度、位置纬度、速度、航向、车辆运营状态、设备工作状态等。此类数据以秒级频率回传,数据回传时间间隔一般为 3~60s。浮动车数据的优势在于时空精确度高、实时动态性好、连续性好。但是,由于 GPS 检测存在空间尺度误差,需要进一步处理才能保证浮动车数据的有效性。

三、浮动车数据处理与应用

浮动车数据往往需要进行预处理才能在交通数据分析与挖掘中发挥作用。轨迹数据预处理的主要步骤包括:离群点剔除、轨迹停留点识别、轨迹压缩、轨迹分段、轨迹地图匹配[34]。

离群点主要指空间位置偏离,因此各种滤波去噪算法成为浮动车数据除偏的主要方法。一般地,对于采集频率较高的空间数据,可以采用均值滤波的方法进行去噪除偏。采用滑动时间窗的方式,凡是落在时间窗点位均值阈值范围外的坐标,即被认为是离群点并且被排除。为了提升离群点剔除的鲁棒性,也可以采取中位数滤波算法,达到预期的除偏效果。在数据采集频率不高、数据分布相对稀疏的情况下,可以采用卡尔曼滤波的方式进行除偏。除了滤波的方法,也可以基于启发式算法进行离群点剔除,例如基于速度异常值剔除空间离群点。

轨迹停留点识别也是浮动车数据预处理过程需要考虑的问题。可以根据研究需要,采用适当的办法识别停留点并且进行提取或者剔除处理。例如,通过识别出租车的停留点来优化其轨迹,从而提升出租车运营效率。

轨迹压缩与轨迹分段取决于浮动车数据的采集密度以及采集周期长度。如果初始数据检测密度过高,则需要一定的轨迹压缩处理,将冗余的数据点进行移除,保留浮动车轨迹主要特征,为车辆轨迹数据"瘦身",例如基于垂直欧氏距离对轨迹特征贡献较低的数据点进行移除的轨迹压缩方法。如果初始数据检测周期过长,而研究分析的粒度相对较小,则需要用轨迹分段的方法对数据进行处理。轨迹分段的依据可以是空间距离、时间范围以及语义特征。例如,为了提高游客轨迹数据的使用效率,利用基于兴趣点的语义特征进行轨迹分段。

轨迹地图匹配则将轨迹数据的空间信息与路网地理信息相结合,将轨迹映射到电子地图上,进而能够开展轨迹空间分析。通常,浮动车数据轨迹地图匹配关注点到点、点到线、线到线的映射关系。近年来,轨迹的路网匹配已经成为学者们广泛关注的问题,成为轨迹重构、可视化、空间分析等的重要环节。

浮动车数据在科学研究以及工程管理方面均有广泛应用,在交通需求分析、交通规划建设、交通运营调度、路径规划诱导、交通行为识别、旅行时间预测、路网状态估计等方面发挥重要作用。

此外,浮动车数据与定点检测器数据相互补充、相互配合,共同构成交通状态监测的基础环境[35]。浮动车数据与定点检测器数据可以相互校准,动静结合,在交通状态估计、交通数据分析过程中发挥更多潜在效用。

第五节 道路交通事故数据

道路交通事故是广受关注的社会问题之一。据世界卫生组织的数据,道路交通事故是造成全球所有年龄段人类死亡排名第 8 位的因素,是造成儿童和青年死亡排名第 1 位的因素。我国的交通安全态势也不容乐观,据中国国家统计局和国际交通安全数据分析小组(International Traffic Safety Data and Analysis Group, IRTAD)国际数据库的数据,2016 年我国每年道路交通事故造成的死亡人数达到 6 万人,是美国的 1.8 倍,而万车死亡率则达到 2.25,是英国的 4.7 倍,是日本的 4.3 倍。形势的严峻性也在国家立法的层面有所反映。因此,如何提升道路交通管理水平、减少道路死亡人数,是政府交通管理部门面临的重要课题。

道路交通事故数据是进行道路交通事故研究的重要基础。近年来随着信息系统的不断完善,人们能够获得的道路交通事故数据也不断丰富。目前,在道路交通事故研究中,主要应用的数据是各个国家和城市的道路交通管理部门所采集和保存的道路交通事故数据记录,而近年来移动互联网的发展则为道路交通事故数据的采集提供了另外的渠道。

一、道路交通事故数据

1. 道路交通事故记录数据

世界上众多国家都有自己国内使用的道路交通事故记录系统及相应的格式要求,我国也有相应的事故记录系统及事故现场数据调查要求,每条事故记录包含数十个属性字段,内容翔实。在此将其整理为 5 个类别,即事故基本信息、事故后果信息、事故原因信息、空间环境信息和其他相关信息。每个类别所包含的部分字段见表 4-14。

事故记录数据类型与字段　　　　表 4-14

字段类别	字段名
事故基本信息	事故编号、行政区划、星期、事故发生时间、事故地点等
事故后果信息	死亡人数、抢救死亡人数、失踪人数、重伤人数、轻伤人数等
事故原因信息	事故类型、事故初查原因、事故认定原因等
空间环境信息	天气、地形、路侧防护设施类型、道路物理隔离、路面状况等
其他相关信息	公安部事故编号、道路安全属性、道路安全督办等级等

其中,空间环境信息内容较多,其相关属性字段的取值见表4-15。

环境信息相关属性字段取值　　　　　　　表 4-15

特　征	取　值
地形	平原、丘陵、山区
路侧防护设施类型	防护墩(柱)、行道树、混凝土护栏、金属护栏、绿化带、无防护
道路物理隔离	机非隔离、中心隔离、机非隔离加中心隔离、无隔离
路面状况	路面完好、凹凸、施工、其他
路表情况	潮湿、干燥、积水、泥泞、其他
路面结构	沥青、砂石、混凝土、土路、其他
路口路段类型	普通路段、三枝分叉口、四枝分叉口、多枝分叉口、隧道、匝道口、窄路、高架路段、路侧险要路段、路段进出处、其他特殊路段
道路线型	平直、一般坡、一般弯、一般弯陡坡、一般弯坡
道路类型	高速、一级、二级、三级、四级、等外、城市快速路、一般城市道路、单位小区自建路、公共停车场、公共广场、其他路
照明条件	白天、夜间有路灯照明、夜间无路灯照明、黎明、黄昏
公路行政等级	国道、省道、县道、乡道、其他
长下坡路段	是、否
交通标志标线完善	是、否
其他交通安全设施不全	是、否
中央隔离设施	隔离墩(柱)、混凝土护栏、波形护栏、活动护栏、金属护栏、柔性护栏、绿化带

2. 移动互联网交通事故相关数据

1) 交通类相关应用软件数据

随着网络平台以及智能移动设备的飞速发展,与交通出行相关的应用软件层出不穷,而其中所包含的信息量也是极为巨大的。国外较为普及的应用软件包括 Waze、Schmap、Glympse、Esri 等,国内则是百度地图、高德地图等,这些应用软件的功能涵盖了交通导航、地点定位、事件更新等与出行相关的方方面面。这些应用软件又被称为众包地图,旨在通过社区使用者上传和分享信息来提供一个完整实时的交通地图。使用者可以上报拥堵、交通事件等信息,甚至可以提供测速监控等信息、分享自己所在位置等,其他使用者可以看到这些信息并且在规划路径时会将其考虑进去,综合分析后选择是否进行规避。

国内常用的导航应用软件如百度地图、高德地图等,目前也已经形成了一定的交通事件上报体系。以百度地图为例,事故上报中可以通过 GPS 定位确定地点,通过选择车道、事件详情或者自定义添加描述和照片来描绘一个交通事故。上报后的信息就会以图标的形式出现在地图上,其他使用者可以点击图标查看详细信息。百度地图交通事件上报界面如图 4-24 所示。

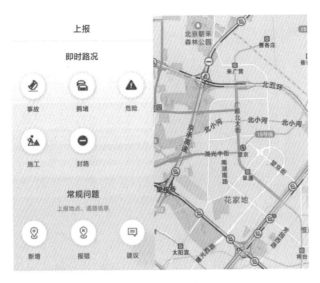

图 4-24　百度地图交通事件上报界面

  这类应用软件一般基于某一通用地图,利用原有的代码和算法进行二次开发,包括移动设备客户端以及 Web 端口,目前移动设备客户端的功能较完善。截取用户上报的信息,可以获得包括时间、地点在内的交通事件的基本情况。在这个过程中,开发者人为地进行了预置分类和选项设置,操作简便、效率较高。但这同样会造成事故特征在上报过程中的极大损失,同时,个体的差异可能会导致信息上报者和获取者对于事故性质产生误判。

  以高德地图为例,为获取事故相关信息以及事故发生后交通态势数据,可以选择地理/逆地理编码、行政区域查询、天气查询、交通态势等服务获得所需数据。结合北京交通广播平台对于事故信息的具体描绘,可以得到较完整的事故记录,抓取事故记录示例见表 4-16。

抓取事故记录示例　　　　　　　　　　　　　　表 4-16

信息内容	类型	日期	时间	坐标	天气	温度(℃)	风级
北六环,外环 K167+900,东沙河桥	货车追尾	2018-1-5	13:34:17	116.256403,40.172787	晴	2	8
北五环,功德寺桥到上地出口,西向东	两起事故	2018-1-5	7:53:55	116.255500,40.002909	晴	-11	4
东三环,光华路出口,北向南	两车剐蹭	2018-1-5	11:13:25	116.461559,39.916058	晴	-2	5
东三环,国贸桥,南向北	—	2018-1-5	10:49:41	116.461681,39.908482	晴	-2	5

2) 社交网络平台数据

  社交媒体越来越多地成为民众分享生活、表达感情的渠道,其同时携带的拍照、定位功能也使得发布的每条信息形式更加多元,内容更加丰富。国外的社交媒体,包括 Twitter(推特)、Facebook(脸谱网)、Instagram(照片墙)等,吸引了越来越多的人加入其中,调查显示,在这些社交媒体上发布的信息中包含着许多有效的交通相关信息,例如一条表达对于恶劣天气、路况不满的推文可以提取出某地在某种天气条件下的实时交通流状态,一条描述日常出行习惯及感受的推文可以提取出道路交通流的规律性。国内的社交媒体包括微信朋友圈、微博等,以微博为例,发布的内容形式包括了视频、照片、文本等。在对微博上的公开信息进行检索的时候,可以发现其中包含了一些交通事件以及交通流状态的信息,但是考虑到用户隐私以及社会习惯差异,有效信息并不多,且发布的信息多以交通行业相关机构账号为主,"众包"概念体现得并不如国外明显。

通过社交媒体发布的数据与应用软件数据存在明显的互补,在经历了用户自然语言的描述后,能较好地还原出事故的特征。但是在数据处理过程中就需要对文本进行大量的训练和分析,从众多冗杂的文字中寻找出有效并且有共性的描述特征。同时,由于缺乏专业的引导指示,这种来源的数据可靠性较低,需要进行更多的准确性判别,处理过程会更为复杂,且需要的基础数据量极大。基于目前国内社交媒体的使用情况,暂时无法直接进行应用。未来可以考虑有方向性地进行诱导,或依据所需数据进行虚拟环境下的二次开发,更好地形成用户之间的信息共享与互动。

3) 政府部门公开数据

相比于发布信息的私人个体,政府相关部门或者相关领域的专家具有一定的权威性,并且发布的信息更加真实可靠,有规律可循。以北京市为例,北京交通广播集合北京市交通委、北京市交管局、路况信息中心、首发集团、出租车调度站等单位形成路况直播平台,以文字形式播报目前路网交通流状态,其中极为重要的部分即为交通事故及其造成的交通拥堵信息。该类型数据与传统获取事故的方式有较大的交集,在传统方式的基础上增强了及时性,信息来源包括相关单位实时监控获得的信息、通过报警系统上报的情况,也涵盖了定点探测员、流动探测车提供的内容。路况直播平台界面如图4-25所示。

图4-25 路况直播平台界面

这部分数据主要依赖于有关部门的交流互通以及对于平台的维护工作,数据格式介于前两者之间,有一定的固定规律但不乏灵活性。而明显的缺陷即在于无法提供精确的地点和时间信息,覆盖的范围有限,且有记录的多为对路网正常运转可能造成较大影响的事故。

不同来源数据的特征对比见表4-17。

不同来源数据的特征对比　　　　　　　　　　　　　表 4-17

数据来源	平台关注度	操作体验	覆盖范围	事故描述	数据精度	处理难度
应用软件	较高	便捷	极广	一般	高	一般
社交平台	高	一般	不确定	清楚	一般	难
政府部门	一般	一般	多为主干道	清楚	较高	较难

从百度公司直接获取的数据较好地弥补了网络抓取数据的不可回溯以及无量化数据等缺陷,但是也存在一些局限和不足。由于上报信息的格式化,其包含的信息量略显单薄,部分可能的重要影响因素未被考虑,应当考虑通过其他来源的数据补充信息。

二、道路交通事故空间分布特征研究

道路系统的空间属性是影响道路交通事故的重要因素之一。在城市范围内不同的区域、路段上,道路交通事故的频度、严重程度等特征常常表现出不同的特点。研究交通事故的空间分布特征,结合道路交通事故发生的频度和严重程度,探究不同城市区域对道路交通事故的影响特性,有助于交通管理部门对辖区内的交通安全状况有一个更为形象直观的认识和理解,并可以有针对性地采取措施进行改善。

目前来看,研究道路交通事故的空间分布特征主要有两种途径:一是可以根据所采集的事故信息中的事故发生地点字段,通过统计分析的方法,确定交通事故的多发区域[36-39];二是通过地理信息系统(Geographic Information System,GIS)技术将交通事故情况在地图上可视化地展现出来,然后利用空间分析的方法分析其空间分布特征。相比于第一种方法,利用 GIS 进行分析的优点在于:①GIS 的可视化特征可以对交通事故的分布情况有一个更为形象直观的认识,从而快速把握区域内的总体交通安全状况;②目前 GIS 技术体系已经发展了多种空间分析工具,可以从多角度挖掘交通事故的空间分布特性以及不同交通事故之间的空间关系,这是单纯的统计分析很难做到的。

例如,Erdogan(埃尔多安)等[40]利用重复性分析和密度分析方法,确定了土耳其阿菲永卡拉希萨尔市公路的事故多发点,并分析了事故多发点的地理特征;Long(龙)等[41]基于行人机动车碰撞数据,利用空间自相关分析方法,确定了行人机动车事故的多发点,并对城市公交车站的交通安全性进行了评价;王海[42]利用 GIS 系统的缓冲区分析、叠置分析和核密度聚类 3 种方法,对道路交通事故多发点进行了鉴别,进而分析了导致交通事故多发的主要成因;翟庆亮等[43]利用车载 GPS 获取事故点坐标信息,分别采用层次聚类法和划分聚类法研究了事故点空间定位位置与空间分布特征;Anderson(安德森)[44]和蒋宏[45]分别利用集计的 K 均值聚类和空间自相关聚类模型进行了事故多发点鉴别的研究。

以上基于 GIS 空间分析的事故研究,尽管在事故数据的分析思路和方法上进行了有益的探索,但是仍存在着一些不足。首先,由于事故记录通常没有精确的经纬度坐标,无法在 GIS 系统中定位,因此目前的基于交管部门事故数据的研究,主要集中在对事故特征与其影响因素的计量关系的研究上,无法提供关于事故分布的直观空间信息。其次,衡量交通安全水平的最直观方法是交通事故发生频度,现有文献也大多基于这一思路,关注事故多发点的鉴别。但在实际的交通管理中,造成严重人员伤亡的事故是交管部门重点关注的对象,因此研究事故严重程度较高区域的空间分布特征,同样具有重要意义。最后,尽管密度分析和聚类分析在交通事故空间分析中都已经得到实践,但在方法上还存在一些局限,如在密度分析中,并未考虑路网密度对事故密度的影响;在聚类分析中,缺少非集计事故点聚类模式的分析。另外,对两种方法适用性的比较,现有文献也少有涉及。

鉴于以往研究的不足,下面首先通过地理编码方法对原始事故记录进行了空间定位,从而可以利用GIS软件进行空间分布特征的研究。再分别在考虑和不考虑路网密度的情况下,对道路交通事故多发区域和严重程度较高区域进行了鉴别,比较了两种情况下区域分布的差异,并分析了造成这种差异的可能原因。最后利用非集计的异常点分析和热点分析两种空间聚类模型,对事故严重程度较高的区域进行了进一步鉴别,并对密度分析和聚类分析两种方法得到的结果进行了比较,分析了不同场景下两种方法的适用性。

1. 研究方法

1)密度分析

这里使用了点密度和线密度分析来分别计算交通事故点的密度与路网密度。点密度分析的原理是计算单位面积范围内数据点的数量,线密度分析的原理则是计算单位面积范围内线段的长度[39]。GIS软件通常采用的密度计算方法是邻域法。以计算事故点密度为例,其计算原理是,将城市划分为若干个小边长为l的正方形元胞(对应于最终GIS地图上的像素单元),元胞i所代表的区域的事故密度为D_i^{accident},路网密度为D_i^{road},设定邻域半径为ρ,$N_i(\rho)$为以元胞i的中心为圆点,ρ为半径的邻域范围中的事故数,$L_i(\rho)$为相同邻域范围内的道路长度,则有式(4-21)和式(4-22):

$$D_i^{\text{accident}} = \frac{N_i(\rho)}{\pi\rho^2} \tag{4-21}$$

$$D_i^{\text{road}} = \frac{L_i(\rho)}{\pi\rho^2} \tag{4-22}$$

对每一个元胞都计算密度,最终得到事故密度的分布图。路网密度的计算只需要将研究对象由事故点替换为路段即可。

以往的交通事故研究大多关注事故点的频度,而实际上通过对不同事故点赋予不同的权重,可以研究更丰富的密度信息。下面,将事故的严重程度作为每个事故点的权重,再进行密度分析,可以得到交通事故严重程度的密度分布情况。设元胞i的邻域范围内每起事故的严重程度(严重程度的详细定义将会在"3. 事故空间分析"中叙述)为x_j,$j=1,2,\ldots,N_i(\rho)$,则元胞i的事故严重程度密度值D_i^{severity}见式(4-23):

$$D_i^{\text{severity}} = \frac{\sum_{j=1}^{N_i(\rho)} x_j}{\pi\rho^2} \tag{4-23}$$

2)聚类分析

聚类分析是指通过一定的规则,将物理或者抽象的对象集合分成由相似对象组成的不同类别的分析过程。空间聚类分析则是将分类规则建立在一定的空间关系上,从而得出相关对象的空间分布特征[46]。

这里应用了非集计的异常值分析和热点分析两种聚类方法来研究事故严重程度的空间分

布情况。此处非集计的意思是,所有的计算都是基于单个事故样本点的属性,而不是经过空间聚合后的整体属性[47]。相比于集计方法,非集计方法能够最大化地保留原始数据属性,有利于对事故数据的深入研究,但同时也需要消耗更多的计算资源。另外,传统的基于层次或划分聚类的方法只能判断样本属于某一类别,与之不同的是,异常值分析和热点分析方法能够甄别出不属于任何聚类的样本或者给出样本属于某一类别的置信度,从而更为全面地描述事故点的空间分布特征[48,49]。

异常值分析通过计算数据点的 Local Moran's I(局部莫兰指数)统计量来判断该点与空间相邻点的相关性[11]。其计算公式为式(4-24):

$$I_i = \frac{x_i - \overline{X}}{S_i^2} \sum_{j=1, j \neq i}^{n} w_{i,j}(x_j - \overline{X}) \tag{4-24}$$

式中:I_i——数据点 i 的 Local Moran's I 统计量;

n——数据点的总数;

x_j——数据点的属性(这里为事故严重程度);

$\overline{X}$——属性的全局平均值;

$w_{i,j}$——数据点 i 与其他数据点 j 之间的空间权重,通常取为两点之间距离的倒数;

S_i^2——除数据点之外的所有数据点属性的二阶样本矩。

S_i^2 计算公式为式(4-25):

$$S_i^2 = \frac{\sum_{j=1, j \neq i}^{n}(x_j - \overline{X})^2}{n-1} \tag{4-25}$$

则数据点 i 的 z 得分可由式(4-26)计算得到:

$$z_{I_i} = \frac{I_i - E[I_i]}{\sqrt{V[I_i]}} \tag{4-26}$$

其中:

$$E[I_i] = -\frac{\sum_{j=1, j \neq i}^{n} w_{i,j}}{n-1} \tag{4-27}$$

$$V[I_i] = E[I_i^2] - E[I_i]^2 \tag{4-28}$$

一般采用的统计显著性置信度为95%,即 p 值小于0.05时可认为是统计显著的,根据正态分布,相应的 z 得分阈值为±1.96。在统计显著的条件下,若 I_i 值为正,表示数据点与临近点有同样高或同样低的属性值,该点为高-高值聚类或低-低值聚类的一部分。是属于高-高值聚类还是低-低值聚类,取决于该点属性值与全部数据点的属性平均值的大小关系;若 I_i 值为负,表示数据点与临近点的属性值有较大差异,该点是异常值。

热点分析则是通过计算每一个数据点的 Getis-Ord G∗(高/低聚类)统计量来判断该点是否与相邻点属于同一个类别[44]。Getis-Ord G∗统计量可由式(4-29)计算:

$$G_i^* = \frac{\sum_{j=1}^{n} w_{i,j} x_j - \overline{X} \sum_{j=1}^{n} w_{i,j}}{S \sqrt{\frac{n \sum_{j=1}^{n} w_{i,j}^2 - (\sum_{j=1}^{n} w_{i,j})^2}{n-1}}} \tag{4-29}$$

式(4-29)中，G_i^* 表示数据点 i 的 Getis-Ord G^* 统计量，其余各参数除 S 外，含义均与式(4-24)类似。S 可由式(4-30)计算：

$$S = \sqrt{\frac{\sum_{j=1}^{n} x_j^2}{n} - \overline{X}^2} \tag{4-30}$$

通过式(4-30)计算出的 G_i^* 直接就是 z 得分，因此无须做进一步的计算。在统计显著的条件下(即 z 得分大于 1.96 或小于 -1.96)，z 得分越高，高值(热点)的聚类就越紧密；z 得分越低，低值(冷点)的聚类就越紧密。

2. 数据处理

这里采用的是深圳市 2014—2016 年相应的道路交通事故数据，考虑到事故影响的大小和事故的严重程度，选取了 3702 条非简易程序的事故记录来进行分析。

利用 GIS 技术进行事故分析的基础工作即是事故点的定位。因为 GIS 技术一般通过经纬度坐标来确定事故发生点的位置，而在事故原始数据中，目前只有事故发生点的地址描述，没有经纬度数据，因此需要根据地址在 GIS 图层上进行事故定位。这里根据事故记录中的地址描述确定其经纬度坐标，该过程被称为地理编码(Geocoding)。田沁等[50]比较了百度、高德、搜狗和腾讯 4 家地图厂商的地理编码 API 的服务品质，认为腾讯的地理编码 API 的整体服务品质较好，具有较高的数据质量和较完备的地址数据。因此，这里采用了腾讯的地理编码 API 进行事故发生地址到经纬度坐标的转换。腾讯 API 在返回编码结果时，也会同时返回结果的可靠度。可靠度以 1~10 为打分范围，7 分及以上的结果可以认为较为精确[50]，因此保留了可靠度为 7 分以上的记录。经过处理，最终选定了 3660 起事故作为进一步的研究对象。图 4-26 是经过定位后的事故分布图，其中圆点代表的是事故点，灰色线条代表的是路网。

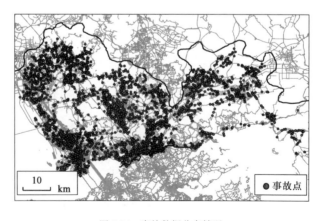

图 4-26 事故数据分布情况

3. 事故空间分析

1) 基于密度分析的事故空间分布特征

衡量城市区域道路交通安全水平的一个指标是单位面积内发生的交通事故的数量。根据式(4-21)、式(4-22)的计算方法,在实际计算中需要确定参数元胞长度 l 和邻域半径 ρ。综合考虑计算的精度和效率,GIS 软件建议的元胞长度和邻域半径分别为输出图像范围高度和宽度较小值的 1/30 和 1/250,本研究中事故地点的分布经纬度范围在东经 113.77°~114.51°、北纬 22.46°~22.83°之间,将经纬度换算为实际距离后可得元胞长度和邻域半径分别为 150m 和 1200m。为便于比较,采用最大值归一化方法对所得密度值进行了归一化处理。密度计算结果如图 4-27 所示。其中图 4-27a)、b)分别是不考虑路网密度和考虑路网密度时的事故密度分布图,颜色越深的区域代表事故密度越大。另外,在密度分布图的基础上选取密度为 0.5~0.8 和 0.8~1 的两个区间,分别作为事故中高密度区域和高密度区域,如图 4-27c)、d)所示。

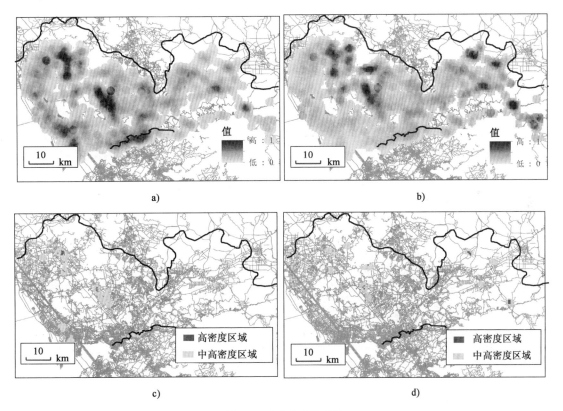

图 4-27 事故密度分布图

与实际行政区划对比可知,中高事故密度区域主要集中在深圳南山区、罗湖区、福田区、宝安区、龙华新区、光明新区、坪山新区和大鹏新区的城市中心地带。高密度事故区域则主要位于龙华新区和光明新区城市中心地带。

一定时间内单位面积内的事故点密度并不能完全反映单位道路长度内事故发生的频率,因此,为排除路网密度这一影响因素,计算了事故点密度与路网密度的比值(即 $D_i^{accident}$ 与 D_i^{road}

的比值),图 4-27b)显示了比值的分布情况(可以理解为单位长度上的交通事故数)。从图 4-27b)中可以看出,排除路网密度的影响后的事故频度分布和原始事故频度分布有一定的区别。例如,在图 4-27a)中,南山区、罗湖区和福田区中心区域的事故发生密度较高。而在图 4-27b)中,这些区域的颜色相对较浅,说明这些区域单位道路长度上的事故发生率并不高,其事故点密度之所以较高是因为道路网比较密集。而龙华新区和大鹏新区中心区域在图 4-27b)中颜色仍然很深,说明无论是考虑单位面积上的事故数还是单位道路长度的事故数,该区域都是事故高密度区。仍然选取密度在 0.5 ~ 0.8 和 0.8 ~ 1 的两个区间,分别作为事故中高密度区域和高密度区域,如图 4-27d)所示。通过与实际路网的对比,可以确定图中比值较高的区域包括:龙华新区大浪街道区域、龙岗区坪地街道区域、大鹏新区葵涌街道区域。

上面的分析主要是进行了事故发生频度的比较。而事故频度只是衡量交通事故严重性的一个指标,另一个指标是事故本身的严重程度。一个偶尔发生特别严重交通事故的区域往往比一个常常发生轻微交通事故的区域更值得重视。根据现有文献的分类原则[51,52],结合实际数据的情况,本研究将事故严重程度分为 4 级,每一级的含义见表 4-18。

表 4-18 事故严重程度分级及标准

等级	标准	等级	标准
1	其他所有事故	3	事故中没有人死亡,有人重伤
2	事故中没有人死亡或重伤,有人轻伤	4	事故中有人死亡

将事故严重程度作为权重,计算所有事故点的加权密度,然后再除以事故频度的密度,即可得到单位面积上的平均事故严重程度分布。按照该方法绘图,结果如图 4-28 所示。图 4-28a)是事故严重程度密度分布图,选取图 4-28a)中的高密度区域,得到图 4-28b)。

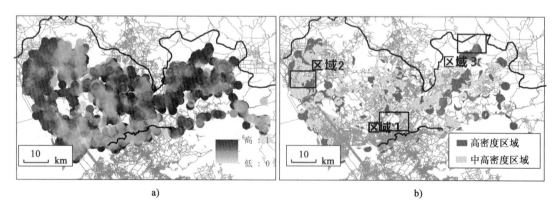

图 4-28 事故严重程度密度分布图

图 4-28b)与图 4-27b)比较,可以发现两幅图的密度分布中心有较大差异。在图 4-27b)中,如前文所述,中高事故密度区域主要集中在深圳南山区、罗湖区、福田区、宝安区、龙华新区、光明新区、坪山新区和大鹏新区的城市中心地带。高密度事故区域则主要位于龙华新区和光明新区城市中心地带。而图 4-28b)中的中高密度区域则主要集中在深圳市西北与东北部区域。从行政区划上来看,主要是集中在宝安区和龙岗区等地区,而福田区、罗湖区等地区,事

故严重程度较低。福田、罗湖等地区经济较为发达,是深圳市的中心区域,而宝安、龙岗等地区则经济发展相对落后,属于市郊区域。选取低密度、中高密度和高密度的三块面积相似的区域,分别记为区域1、区域2和区域3[图4-28b)],再选取数据完整度较高的若干客观环境因素进行统计分析,得到结果见表4-19。

不同严重程度区域事故特征比较　　　　　　　　　　　　　　表4-19

事故特征	区域1	区域2	区域3
所选范围内的事故数(起)	79	56	38
死亡事故的比例(%)	18	60	67
发生于高等级公路的比例(%)	14	10	24
有机非隔离设施的比例(%)	47	16	24
发生于弯、坡道的比例(%)	5	4	30
路面完好的比例(%)	96	94	97
发生于夜间无路灯情况下的比例(%)	1	4	13

从表4-19中可以看到,区域3的死亡事故比例在三者中最高,区域2次之,区域3最低。对于"发生于高等级公路""发生于弯、坡道"和"发生于夜间无灯光情况下"3个条件,区域3满足上述条件的事故比例要明显高于区域1和区域2,说明造成区域3(市郊区域)严重程度较高的原因可能与市郊区域道路等级高限速高、弯坡道较多和夜间灯光条件不佳有关。区域2和区域3"具有机非隔离设施"的事故比例明显低于区域1,说明交通安全防护措施不完善可能是造成区域2和区域3严重程度较高的因素之一。3个区域的事故中,发生于"路面完好"的条件下的事故比例相差不大,据此估计在深圳市范围内,路面条件对事故严重程度没有显著的影响。

2)基于聚类分析的事故空间分布特征

图4-29展示的是通过异常值分析方法得到的交通事故分布的聚类结果,选择的特征字段是事故严重程度。

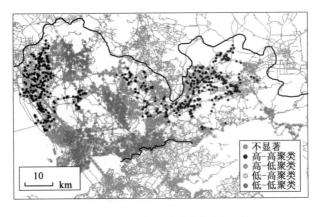

图4-29　事故严重程度异常值分析结果

其中,"高-高聚类"点代表高严重程度事故类(High-High Cluster),"低-低聚类"点代表低严重程度事故类(Low-Low Cluster),"高-低聚类"点代表高-低值类(High-Low Outlier),即在众多低严重程度事故点所占据的空间范围中包含的少数高严重程度事故类,"低-高聚类"点代表低-高值类(Low-High Outlier)在众多高严重程度事故所占据的空间范围中包含的少数低严重程度事故,"不显著"点则代表没有明显聚类特征的点。从图4-29中可以看出,在龙岗区和宝安区部分区域,交通事故点在事故严重程度这一特性上呈现出了聚类分布的趋势,这些区域大多集中在市郊区域。相比之下,发生在中心区域里的交通事故虽然也可能会造成人员的伤亡,但相对来说分布较分散,因此呈现出了高-低值的特征。从前面的分析中可知,这种差异很可能与市中心区域比市郊区域道路限速更低、交通安全防护措施更为完善有关。

图4-30展示的是利用热点分析得到的交通事故的聚类分布结果。图中的"热点"(Hot Spot)代表高严重程度事故;"冷点"(Cold Spot)代表低严重程度事故;"不显著点"是特征不显著的点。对于"热点"和"冷点",颜色的深浅代表了不同的置信水平,颜色越深代表该点属于相应类别的置信水平越高。热点分析只关注样本根据目标特征的值高低形成的聚合形态,而不检测异常值,因此热点分析的结果会体现出更多的区域分布特征。比较图4-29与图4-30可知,异常值分析和热点分析关于高严重程度事故与低严重程度事故区域的聚类结果相近。区别在于,异常值分析方法对于不符合聚类特征的值所采取的办法是判定为不显著或异常值,而热点分析方法则是将不完全符合聚类特征的值判定为不显著,或以一定的置信水平来表达其不确定性。

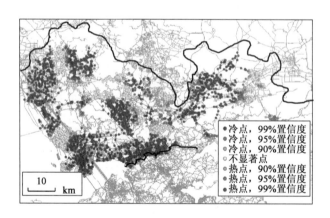

图4-30 事故严重程度分布热点分析结果

3) 方法对比分析

分别从两个角度对密度分析和聚类分析两种方法进行比较:一是两种方法所得结果的一致性;二是两种方法的计算效率。一致性方面,设密度分析所得到的严重程度中高密度以上区域为D,原始事故点集为S_0。S_0中被D覆盖的事故点占事故总数的比例P_0为:

$$P_0 = \frac{|S_0 \cap D|}{|S_0|} \tag{4-31}$$

式中:$|S_0|$——集合S_0中元素的个数,其余同理。

设异常值分析和热点分析所得高严重程度事故聚类的事故点集分别为 S_1 和 S_2,则 S_1 和 S_2 中被 D 覆盖的事故点占各自事故总数的比例 P_1 和 P_2 分别为:

$$P_i = \frac{|S_i \cap D|}{|S_i|} \quad (i = 1, 2) \quad (4-32)$$

如果两种方法的结果具有较好的一致性,那么聚类分析所得的高严重程度事故聚类点集中的事故点应该尽可能地被 D 覆盖,因此 P_1、P_2 应该大于 P_0。利用 GIS 系统中的相交工具,计算得到上述 3 个比例见表 4-20。

严重程度中高以上密度区域所覆盖的事故点的比例　　　　表 4-20

项目	P_0	P_1	P_2
覆盖比例(%)	28	72	59

可以看到,P_1 和 P_2 均明显大于 P_0,说明聚类分析方法的结果能够较好地与密度分析的结构相吻合。P_2 小于 P_1 的主要原因是热点分析无法区分异常点值,因此,一些非严重事故也可能会计入严重事故类,造成 $|S_2|$ 增大,P_2 随之减小。

计算效率方面,分别记录 3 种方法所需的计算时间[即从图 4-26 分别得到图 4-28a)、图 4-29 和图 4-30 所需的时间]。对每种方法分别进行了 100 次重复计算,得到每种方法的单次计算时间变化及平均计算时间如图 4-31 和表 4-21 所示。可以看到,热点分析方法所需时间与密度分析相当,而异常值分析所需的时间不仅多于密度分析方法,也明显多于同属聚类算法的热点分析方法,这可能与异常值分析相较于热点分析多了一步计算 z 得分的步骤有关。

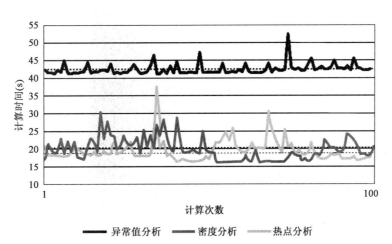

图 4-31　三种方法的单次计算时间(图中虚线为各自的平均计算时间)

3 种方法的平均计算时间　　　　表 4-21

分析方法	密度分析	异常值分析	热点分析
平均计算时间(s)	20	43	19

总的来说,密度分析简单易理解,不需要复杂的算法即可获得关于事故空间分布的大致信息,可帮助交管部门对城市交通事故分布的空间特征形成直观快速的认识。其不足之处是,分析结果只能反映事故严重程度分布的粗略情况。而聚类分析的结果精确到事故点,可以识别严重程度中的异常值点或者给出事故点聚类结果的可信度,如异常值分析结果中所识别出的诸多高-低值点,是细致到道路或街区的差异比较信息,可为精细化的交通安全管理工作提供支撑,但缺点是算法较难理解,实际计算效率也相对较低。

第六节 环境及气象数据

道路交通系统的正常运行与环境、气象等有密切关系,为良好分析道路交通系统的运行特性等,需要在研究工作中整合环境及气象数据。

一、数据类型

环境及气象相关的数据,主要有空气质量相关数据、污染物浓度相关数据、气象相关数据(温度、湿度、风级、风向等)等多种类型。

1. 空气质量相关数据

空气质量相关数据主要是指一些衡量空气整体质量的数据,目前国内主要有两种指标:空气污染指数(Air Pollution Index,API)和空气质量指数(Air Quality Index,AQI)。这两种指标都结合主要污染物浓度等相关实际数据,通过一定的计算方法,将整体空气质量划分为不同的层级,从而以表征整体空气污染程度。这类数据是一种整体性的数据,用单一的概念性数值来简单直观地衡量城市空气污染情况。在过去,对空气质量的评价和预测都是使用 API 作为主要指标,API 主要分为 6 个等级,API 越大、等级越高,也代表空气污染越严重,一般而言,分级标准见表 4-22[53]。在 2012 年后,我国开始采用 AQI 作为空气质量评价指标,AQI 相比于 API 所采用的标准更为严格,包含的污染物也更加全面,可以更客观地表征空气质量的真实情况,目前也是在各类研究中更常用的一种指数。AQI 也主要分为 6 个等级,见表 4-23[54],AQI 越高,代表空气污染也越严重。

API 与空气质量级别对应关系　　　　　　　　表 4-22

API	级别	空气质量	表征
0～50	Ⅰ级	优	无空气污染问题,对公众健康无危害
51～100	Ⅱ级	良	对极少数特别敏感人群有影响,对公众健康无危害
101～150	Ⅲ(1)级	轻微污染	对于对污染物比较敏感的人群有影响,对健康人群基本没有影响
151～200	Ⅲ(2)级	轻度污染	几乎每个人的健康都会受到影响
201～300	Ⅳ级	中度重污染	每个人的健康会受到比较严重的影响
300 以上	Ⅴ级	重度污染	所有人的健康都会受到严重影响

AQI 与空气质量级别对应关系 表 4-23

AQI	级别	空气质量	表　征
0~50	Ⅰ级	优	空气质量令人满意,基本无空气污染
51~100	Ⅱ级	良	空气质量可接受,但可能对极少数异常敏感人群有影响
101~150	Ⅲ级	轻度污染	易感人群症状有轻度加剧,健康人群出现症状
151~200	Ⅳ级	中度污染	加剧易感人群症状,对健康人群心脏、呼吸系统有一定影响
201~300	Ⅴ级	重度污染	心脏病和肺病患者症状加剧,健康人群普遍出现症状
300 以上	Ⅵ级	严重污染	健康人群有明显症状,提前出现某些疾病

2. 污染物浓度相关数据

空气中污染物浓度高低决定了空气质量的水平。污染物浓度主要分为年平均浓度、季平均浓度、月平均浓度、日平均浓度、小时平均浓度等。一般而言,空气中主要污染物包含烟尘、总悬浮颗粒物、可吸入颗粒物(PM10)、细颗粒物(PM2.5)、二氧化氮(NO_2)、二氧化硫(SO_2)、一氧化氮(NO)、一氧化碳(CO)、臭氧(O_3)、挥发性有机化合物(VOC)等。一些基本污染物浓度的限制见表 4-24,其中一级浓度限值适用于一类区(自然保护区、风景名胜区和其他需要特殊保护的区域),二级浓度限值适用于二类区(居住区、商业交通居民混合区、文化区、工业区和农村地区)[55]。

环境空气污染物基本项目浓度限值 表 4-24

污染物	浓度种类	浓度限值		单　位
		一级	二级	
SO_2	年平均	20	60	$\mu g/m^3$
	日平均	50	150	
	小时平均	150	500	
NO_2	年平均	40	40	
	日平均	80	80	
	小时平均	200	200	
CO	日平均	4	4	mg/m^3
	小时平均	10	10	
O_3	最大 8h 平均	100	160	
	小时平均	160	200	
PM10	年平均	40	70	$\mu g/m^3$
	日平均	50	150	
PM2.5	年平均	15	35	
	日平均	35	75	

3. 气象相关数据

由于气象条件对空气质量有较大的影响,因此在研究空气质量问题时,气象相关数据往往是重要组成部分之一。当城市大气污染源的排放在一段时间内相对稳定时,其污染物浓度时空分布在一定程度上取决于大气扩散条件[56]。气象条件对污染物的稀释和积累有一定的作用,在污染源一定的条件下,污染物浓度大小取决于气象条件。一般而言,在研究空气质量问题时,会将温度、相对湿度、风级风向等纳入考虑。

温度通常作用于污染物浓度的扩散,较高的温度可以促进大气边界层(Planetary Boundary Layer,PBL)的上升,从而促进污染物的扩散,稀释污染物浓度,反之,温度较低时大气边界层一直处于较低的高度,污染物在垂直方向上难以扩散,容易积累,污染物浓度较高[57]。因此,诸如PM10、PM2.5、NO_2、SO_2、CO等污染物一般都呈现出冬季浓度较高、春秋季浓度次之、夏季浓度最低的规律[57,58]。而O_3浓度的变化规律则与其他主要污染物浓度变化相反,主要是因为O_3的形成与光化学反应有关,温度是光化学反应的重要影响因子[59]。在冬季,太阳辐射强度相对较低,光化学反应较弱,使得大气氧化性较差,污染物通过二次转化的去除速率降低;而在夏季,温度较高,大气光化学反应加剧,有利于大气中O_3的产生[59]。

相对湿度对空气质量的影响较为复杂,在不同的地区、不同条件下,相对湿度对不同污染物浓度及空气质量的影响并非单一的线性关系。相对湿度增加时,空气中水蒸气含量增大,使得空气中的水蒸气易与各类污染物凝结成核,当这种聚集使得污染物质量加重、重力增大时,会发生一定程度的湿沉降,有利于大气污染物的去除,降低污染物浓度,从而提升空气质量[60];然而,有时这种聚集也可能会使污染物吸附在大气中的雾滴上,但未加速污染物的沉降,从而使各类污染物更长时间地悬浮在空中,导致空气污染情况更严重。综上,相对湿度在不同的情况下对不同污染物浓度的影响可能会不同[61]。

风的作用主要是对大气污染物进行平流输送,因此风向和风级对污染物浓度与空气质量有一定的影响。一般而言,风向与研究地区的地形地势共同作用于污染物的扩散或集聚。当风向是相对于研究区域向外扩散形成通风通道时,则有利于污染物的扩散及空气质量的提升;而当风向相对于研究区域形成对冲聚集时,则可能使污染物难以扩散,从而使污染物集聚,浓度维持在较高水平。此外,风向还会与研究地区周边地区的用地性质共同作用于研究区域的空气质量水平。例如,若研究区域周边存在重工业区域,那么,如果风向是从上游重工业区域吹向下游研究区域时,上游污染物排放量较大地区发生污染输送,可能导致下游研究区域的污染物浓度和空气质量受到影响。风级对于污染物浓度的作用则相对较为简单,风级越高,风速越大,则对污染物浓度的冲淡和稀释作用也越强。例如有研究表明[62],在珠江三角洲区域,当平均风速大于2.6m/s时,不会出现区域性空气污染,且区域平均风速大于3.2m/s时,空气非常清洁;当区域平均风速小于1.8m/s时,则会出现较严重区域性空气污染;风速介于1.8~2.6m/s之间时,有可能出现污染,也有可能不出现污染,空气质量变化情况比较复杂。在表述风力大小时,通常会使用风级来表征,表4-25展示了风级与风速的关系,并说明在不同风力下,地面物体的一般性表征。

风级与风速的对应关系　　　　　　　　　　　表4-25

风级	名称	风速(m/s)	地面物体表征
0	无风	0~0.2	烟直上,风向标静止
1	软风	0.3~1.5	烟能表示方向,但风向标不动
2	轻风	1.6~3.3	人面感觉有风,风向标转动

续上表

风级	名称	风速（m/s）	地面物体表征
3	微风	3.4～5.4	树叶及微枝摇动不息，旌旗展开
4	和风	5.5～7.9	能吹起地面纸张与灰尘
5	清风	8.0～10.7	有叶的小树摇摆
6	强风	10.8～13.8	小树枝摇动，电线呼呼响
7	疾风	13.9～17.1	全树摇动，迎风步行不便
8	大风	17.2～20.7	微枝折毁，人向前行阻力甚大
9	烈风	20.8～24.4	建筑物有小损
10	狂风	24.5～28.4	可拔起树，损坏建筑物
11	暴风	28.5～32.6	陆上少见，有则必有广泛破坏
12	飓风	>32.6	陆上极少见，摧毁力极大

二、数据获取方式

一般而言，可通过监测站获取空气质量相关数据、污染物浓度数据、气象数据，此外，还可通过手工检测等方式获取空气质量与污染物浓度相关数据。

1. 监测站数据

随着空气质量在我国成为备受关注的一个重要问题，空气质量的监测技术也在逐步发展，为相关研究提供了部分数据基础。在我国，为了确定全国和城市区域环境空气质量变化趋势、反映城市区域环境空气质量总体水平、确定全国环境空气质量背景水平以及区域空气质量状况、判定全国及各地区的环境空气质量是否满足环境空气质量标准的要求，相关机构和主管部门设置了国家环境空气质量监测网，监测站点个数设置标准与建成区城市人口数量及建成区面积大小有关，具体标准见表4-26[63]。

国家环境空气质量评价点设置数量要求　　　表4-26

建成区城市人口（万人）	建成区面积（km²）	监测点数（个）
<10	<20	1
10～50	20～50	2
51～100	51～100	4
101～200	101～150	6
201～300	151～200	8
>300	>200	每25～30km²建成区面积设1个监测点，并且不少于8个点

基于我国的空气质量监测网络，可实时获取各个监测点所监测的数据。数据较为全面的平台有中国空气质量在线监测分析平台（https://www.aqistudy.cn），该平台有全国各地AQI、$PM2.5$、$PM10$、CO、NO_2、O_3、SO_2小时浓度等相关实时与历史数据，同时也有部分城市小时温度、湿度、风级等气象相关的实时与历史数据，并且还提供城市空气质量对比等相关分析。此

外,在一些主要城市,还有其地区环保局开发的空气质量监测平台,如北京空气质量平台(zx.bjmemc.com.cn)等,一般这种针对某个城市的空气质量监测平台的链接可在其环保生态局官网上获取。

除此之外,还有一些专门提供温度、湿度、气压、降水量、风级等相关气象数据的平台,如WeatherUnderground(地下气象)网站(https://www.wunderground.com)。

2. 人工测量数据

对于一些针对小范围的研究,其空气质量与污染物浓度相关数据还可通过空气质量监测器进行人工定点检测。在进行人工测量时,需要避免车辆尾气或其他污染源直接对检测结果产生干扰,因此,检测仪器采样口与道路的最小间隔应按照表4-27[63]中的标准设定。

点式仪器采样口与交通道路之间最小间隔距离　　　　表4-27

道路日均机动车流量(辆)	采样口与交通道路边缘间最小距离(m)	
	PM10	SO_2、NO_2、CO 和 O_3
≤3000	25	10
3001~6000	30	20
6001~15000	45	30
15001~40000	80	60
>40000	150	100

三、数据处理方法

当研究者获取了全面详尽的空气质量数据、主要污染物浓度数据、气象数据时,可结合交通流数据探究交通与空气质量的关系。

在一些重大活动中,为了缓解交通拥堵和改善空气质量,相关部门往往会采取限行等一系列措施。例如,2008年北京奥运会期间,北京实施了单双号限行,很多学者就结合空气质量数据与交通流相关数据,探究了单双号限行对空气质量的影响。Wang(王)等人[64]就利用 OSPM(Open Street Pollution Model)分析对比了北京12条典型道路在奥运会之前和奥运会期间几种主要污染物浓度与交通流量情况。结果显示,相对于奥运会之前,在实施单双号限行的奥运会期间,所研究的典型道路上,随着交通流量降低了32.3%,PM10、CO、NO_2 的浓度分别减少了28%、19.3%和12.3%。Zhou(周)等人[65]利用一个标定后的仿真平台对比分析了北京奥运会之前和期间 VOC、CO、NO_x 和 PM10 的排放量,同时,他们也通过路侧监测器获取了对应时期的 CO 和 NO_x 的排放量。通过两种方式(仿真和实际监测)分析对比的结果都表明,在奥运会期间,所研究的污染物排放量均有一定程度的降低。

除了在重大活动中的临时限行措施,在一些城市中也长期实施着交通限行政策,许多研究者也结合这种背景探究了交通限行对空气质量的影响。Davis(戴维斯)[66]提出了一个将气候因素纳入考虑的经验模型,探究了墨西哥城五日制限行对空气质量的影响。然而,Davis 在研究中并没有找到五日制限行能够为空气质量带来改善的证据,相反,五日制限行还促使了机动车数量的增加以及高排放车辆占比的增加。在 2008 年 7 月,墨西哥城将五日制限行推广到周六也限行,然而,周六的限行也并没有实现15%以上的排放量减少以及空气质量提升的预期。Ma(马)等人则通过北京市2006—2010年空气质量数据和气象数据等,探究了交通限行对空气质量的长期和短期影响。结果表明,虽然交通限行在短期内能够为空气质量带来一定程度的改善,但就长期而言,这种改善的效果是逐渐降低的[67]。

除了以上结合交通流相关数据与空气质量数据探究交通限行对空气质量影响的研究外,我们还可通过类似的思路研究其他交通相关政策对城市空气质量的影响,从而评估交通政策的效果。另外,在发生一些交通事件(如公交公司员工罢工、交通事故等)时,也可结合各类数据,探究交通事件之前与事件中空气质量或污染物浓度的变化情况。

第七节 交通卡口数据

一、卡口数据基本介绍

卡口系统,采用光电技术、图像处理、模式识别等技术方法,对通过检测区域的车辆进行图像采集,同时自动识别出车辆号牌信息,将采集到的车辆信息、时间、地点等数据保存于服务器数据库[68]。卡口系统通常在路面埋设线圈,探测车辆通过情况;如果线圈检测到车辆通过,则向卡口系统主控部分发出信号,执行图像抓拍等操作。卡口系统通常设置于城市或公路的重点交叉口、重点路段,用于对违章车辆、肇事车辆、"黑名单"车辆的捕捉,对城市道路和各级公路的交通成分、交通流量、违法行为等进行全天候实时记录,为交通规划设计、交通管理控制、交通行为分析、交通数据挖掘提供重要资料。

卡口数据,是卡口系统采集、识别、处理后存储于服务器数据库的数据。卡口数据通常包括以下字段:车辆牌照号码、车辆通过时间戳、检测器编号、检测位置、行驶方向、车道编号、车辆行驶速度、采集图像存储路径。部分卡口系统还会提供车辆颜色、号牌颜色、车身长度、车辆类别、车辆品牌等字段。卡口数据通常包含的字段介绍和样例参见表4-28。

卡口数据常用字段介绍及样例　　　　　　　表4-28

字　段	介　绍	样　例
车辆牌照号码	检测识别得到的车辆牌照号码	"京AB1234"
车辆通过时间戳	车辆通过检测器的实际时间,按"日期时间"格式或"时间戳"格式记录	"2019-09-15 21:44:21-(日期时间格式)-5(时间戳格式)"
检测器编号	某地区检测器的唯一标识编码	"1310000001"
检测位置	检测区域的具体位置	"解放路与光明路交叉口南进口道"
行驶方向	车辆的行驶方向	通常以"东""西""南""北"表示东、西、南、北4个方向,以"东南""东北""西北""西南"表示东南、东北、西北、西南4个方向
车道编号	以中央分隔带为基准,按照车道距离中央分隔带的远近依次为车道编号	"1"表示距离中央分隔带最近的车道,"2"表示距表示中央分隔带向右侧的第二条车道,以此类推

各个城市每天可能采集上千万条甚至上亿条卡口记录,为交通数据挖掘提供了极为丰富的资料。但是,实际情况(如供电条件、气象条件等)产生的干扰与图像识别造成的误差,会导致车辆牌照无法识别或识别错误的情况,使得卡口数据时常伴有一定的检测失误。一般情况下,卡口数据的准确率为75%~90%。

二、卡口数据研究综述

卡口数据,是一种路侧定点检测数据,可以提供大规模、连续、客观的车辆通过信息。通过合理地将卡口设备连成线路、构成网络,可以从卡口数据中提取更为丰富的信息,用于获取交通管理信息,分析出行特征,处理特定事件,预测交通指标,评价方案措施等。

卡口数据通常被用来识别、描述、预测交通流状态及交通行为特征。卡口数据研究在交通流速度方面的探索最为广泛:有学者[69]基于卡口估计路网平均速度,并对高速公路网络的交通状态进行评价;还有学者在估计了交通流速度后,进一步运用计量经济学方法和大数据分析方法对交通流速度进行短时预测[70-73];姜桂艳[74]等学者设计了基于卡口数据的单个车辆出行速度估计方法,并以此为依据,探究交通拥堵状态及拥堵类型。也有研究者关注间接描述出行速度的指标——旅行时间,即出行距离与出行速度的比值,例如:柴华骏[75]等学者基于北京市交叉口卡口数据,探究旅行时间及其在不同道路交通状态下的分布规律,以准确描述不同交通状态下的旅行时间可靠性;相似地,胡旭峰[76,77]在其研究中,充分利用卡口数据,设计必要方法对缺失数据进行修补,进而估计旅行时间及其可靠性,结果显示城市道路旅行时间符合对数正态分布;高林[78]等学者基于卡口数据估计路段旅行时间,并对交通流状态进行判断。此外,利用卡口数据也可以开展关于交通流量、密度、排队长度等方面的研究,例如:有研究利用深度学习(长短期记忆网络)的方法对交通流量进行分析和预测[79];也有研究基于路段上下游卡口检测器的检测数据,探究路段的交通流密度指标,并且与点速度对比,说明基于卡口数据得到的密度指标在描述交通流状态方面的可行性与有效性[80];Zhan(詹)等学者[81]运用高斯过程应对卡口数据可能的缺失问题,重构了车辆累积到达曲线,从而估计了车辆排队长度。卡口数据另一个应用广泛的研究方向为挖掘交通流及出行者特征,例如:郭昕[82]等学者以上海市卡口数据为基础,运用聚类分析方法,探究交通出行在时间维度、空间维度、车辆特征维度、出行特征维度方面的特征,为交通管理提供理论依据;鞠鹏[83]等学者基于卡口数据深入分析了交通流量时空特征,运用相似系数、傅氏变换、混沌理论说明交通流时间维度的相似性、周期性、混沌性,运用相关性分析说明交通流空间维度的相互作用性与滞后性;龙小强等学者[84]利用广州市卡口数据,分析个体出行信息,估计职住信息,分析集计OD特征;还有学者[85]探究车辆超车行为特征,分析两个卡口所确定的一条路段上的超车行为信息,进而分析路网中超车行为数量、路段长度、出租车比例等因素的相关关系,揭示超车行为的特征。

卡口数据也可以在实际交通管理控制工作中发挥重要作用,例如:有研究者开发卡口数据并行检测算法,提升套牌车辆检测的精准性[86];Chen(陈)等学者[87]运用一种生物学统计方法——"捕获-再捕获"识别卡口数据集包含的城市常用车辆,为交通管理提供依据;Liu(刘)等学者[88]基于不同小汽车限行政策下的卡口数据,探究了政策的效果、公众的反馈;还有研究者基于特殊交通事件下的卡口数据,说明交通流状态对于排放的影响;也有研究者[89]基于卡口数据,进行小汽车合乘算法设计,展望新型交通出行模式的实施前景。

三、卡口数据应用案例

1. 案例一:基于卡口数据的小汽车共享出行研究[89]

随着城镇化、机动化程度的不断加深,城市交通拥堵、空气污染等问题日益显现,严重制约了城市健康高效的发展。近年来,互联网技术、云计算蓬勃发展,共享经济模式逐渐被公众接受,为缓解交通问题带来了新的途径——小汽车共享合乘出行。小汽车共享合乘,是利用高效的匹配算法,对具有相似出行需求的小汽车出行者进行匹配,进而将两次独立出行组合为一次合乘出行,从而降低小汽车出行需求的总量,改善城市交通状况及空气质量。

本案例基于卡口数据探究小汽车共享合乘出行模式给城市交通系统带来的影响。本案例基于河北省廊坊市主城区卡口数据,设计车辆轨迹重构算法、车辆轨迹匹配算法、合乘匹配优化算法,进而分析小汽车共享合乘出行带来的交通量缩减情况、路网速度提升情况。

1) 数据介绍

本案例采用的卡口数据来源于河北省廊坊市,空间上覆盖主城区 67 个交叉口,时间上覆盖 2013 年 11 月 11—17 日,采集约 1070 万条记录,包含 5 个字段(脱敏车辆 ID、交叉口 ID、进口道 ID、车道 ID、时间戳)。具体的空间范围及卡口布置情况如图 4-32 所示。

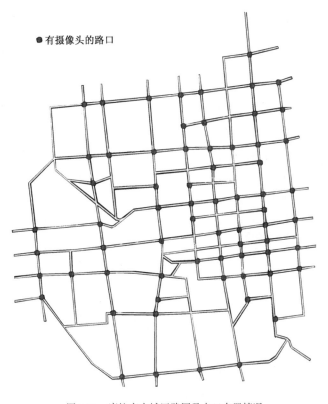

图 4-32 廊坊市主城区路网及卡口布置情况

2）方法介绍

车辆轨迹重构。本算法目标是基于卡口数据还原车辆出行轨迹,将卡口数据里离散的时空点串联起来,形成连续的车辆轨迹数据,即车辆单次出行所经过的交叉口序列及通过各个交叉口的时间序列。以 TRA 表示车辆轨迹,则可定义车辆轨迹为如下时空点序列：$TRA = [(s_1, t_1), (s_2, t_2), (s_3, t_3), \ldots, (s_N, t_N)]$。其中 s_i 表示车辆被检测到的交叉口空间点位,t_i 表示相应的时间点。基于卡口数据的轨迹重构算法主要包括两个环节：出行提取,将单个车辆单次出行的卡口记录进行分割。具体而言,将单个车辆被卡口检测到的信息按照时间排序,两条记录之间的时间间隔小于 20min 则认为两条记录隶属于同一次出行,否则两条记录将被划分到两次出行中。通过此方法,得到每个车辆每次出行的时空点序列。以"20min"作为分割出行数据的判断准则,主要考虑廊坊城市空间尺度相对较小,同一次出行中两个时间相邻的卡口记录不太可能超过 20min。第二个环节为轨迹补全,由于卡口系统无法覆盖城市所有交叉口,而且可能存在检测失误的情况,所以出行提取环节得到的时空序列点可能存在缺失,因而需要对其进行补全,形成完整的车辆轨迹。车辆轨迹空间信息补全,根据轨迹缺失段缺失空间点的数量,采用不同的方法进行空间点位补全。若轨迹缺失段缺失空间点小于或等于 2 个,可以通过端点的进口道、车道方向信息,对缺失空间点进行补全（图4-33）。若轨迹缺失段缺失空间点大于或等于 3 个,则基于最短路算法,对缺失空间点进行补全。时间点补全,是基于轨迹缺失段两端已知的车辆通过时间,以路段实际长度为权重进行插值,补全缺失点的时间信息,具体计算参考图 4-34 及式(4-33)。对本数据集进行重构,得到 218 万条车辆出行轨迹。

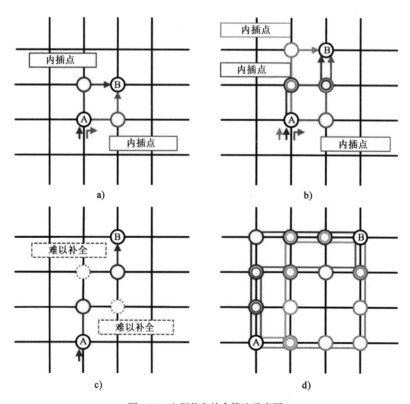

图 4-33 空间信息补全算法示意图

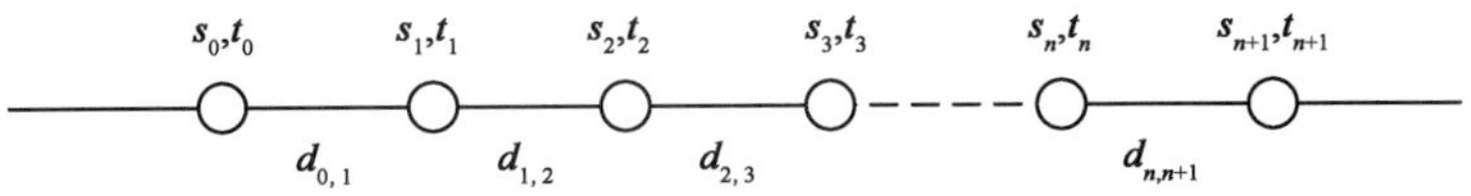

s_0,t_0
s_1,t_1
s_2,t_2
s_3,t_3
s_n,t_n
s_{n+1},t_{n+1}
$d_{0,1}$
$d_{1,2}$
$d_{2,3}$
$d_{n,n+1}$

图 4-34　时间信息补全算法示意图

$$t_q = t_0 + \frac{(t_{n+1} - t_0)\sum_{p=0}^{q-1} d_{p,p+1}}{\sum_{p=0}^{n} d_{p,p+1}} \qquad (q = 1,2,3,\cdots,n) \tag{4-33}$$

潜在合乘对匹配。这里仅讨论"长轨迹完全覆盖短轨迹""短轨迹起讫点落在长轨迹上"两种情况。图 4-35 展示了 5 条案例车辆空间轨迹，TRA_1 空间轨迹完全覆盖 TRA_2，则本研究认为 TRA_1 可以与 TRA_2 合乘；TRA_3 的起讫点落在 TRA_1 上，则本研究认为 TRA_1 可以与 TRA_3 合乘；尽管 TRA_1 可以通过改变空间轨迹来搭载 TRA_4、TRA_5，但这里不讨论此类情况，以保证原有出行者的路径偏好。时间规则上，长轨迹经过短轨迹起讫点的时间与短轨迹的出发时刻、到达时刻相应的差值需要满足阈值要求。在这样的时空匹配原则下，基于改进的"最大公共子序列"算法，在轨迹集里寻找所有潜在合乘对。最大公共子序列算法，通常是在两个序列中寻找最长公共子序列，且子序列不要求连续。而在本研究中，为了满足空间匹配的原则，短序列的端点需要包含在两个序列的最大公共子序列之中；为了满足时间匹配的原则，最大公共子序列端点在原有两条轨迹上对应位置的时间差需要满足阈值要求。假设有轨迹 $TRA_i = (s_1^i s_2^i s_3^i \cdots s_{N_i}^i, t_1^i t_2^i t_3^i \cdots t_{N_i}^i)$ 和轨迹 $TRA_j = (s_1^j s_2^j s_3^j \cdots s_{N_j}^j, t_1^j t_2^j t_3^j \cdots t_{N_j}^j)$，且 $N_i \leqslant N_j$，则空间和时间匹配原则对应的公式见式(4-34)和式(4-35)。$LCS(TRA_i, TRA_j)$ 代表两条轨迹的最大公共子序列，δ 和 γ 是时间阈值，t_A^i、t_A^j、t_B^i、t_B^j 是最大公共子序列端点在 TRA_i 和 TRA_j 对应位置上车辆通过的时间。$Sim_S(TRA_i, TRA_j)$ 等于 1 代表两条轨迹满足空间匹配原则；$Sim_T(TRA_i, TRA_j)$ 等于 1 代表两条轨迹符合时间匹配原则。只有在二者均等于 1 的情况下，才可以判定两条轨迹属于潜在合乘对。

O_3
O_4
TRA_1
O_2
O_1
O_5
A
B
C
D
D_5
TRA_5
TRA_4
E
F
G
D_3
H
D_4
I
TRA_3
J
K
D_2
L
M
D_1
TRA_2

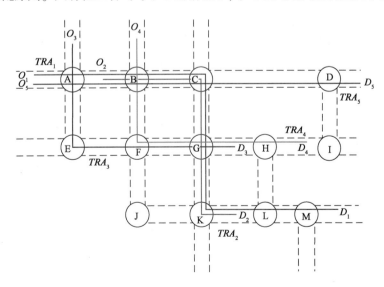

图 4-35　轨迹案例说明

$$Sim_S(TRA_i, TRA_j) = \begin{cases} 1, \text{如果 } s_1^i \in LCS(TRA_i, TRA_j) \text{ 且 } s_{N_i}^i \in LCS(TRA_i, TRA_j) \\ 0, \text{在其他情况下} \end{cases} \quad (4-34)$$

$$Sim_T(TRA_i, TRA_j) = \begin{cases} 1, \text{如果 } |t_A^i - t_A^j| < \delta, \text{ 且 } |t_B^i - t_B^j| < \gamma \\ 0, \text{在其他情况下} \end{cases} \quad (4-35)$$

最优合乘模式。一条轨迹可能与多条轨迹构成潜在合乘对,因而需要在所有潜在合乘对里选择最优的组合,最终形成"两两匹配"的结果,同时使得路网合乘效益最大化。图4-36展示了潜在合乘匹配对构成的网络案例,图中各个点代表轨迹,点与点之间的边代表两条轨迹可以合乘,每条边都有一个权重用于表示本次合乘能够缩减的车辆行驶里程,那么最优合乘模式就是在该网络中寻找"两两匹配"的权重最大化覆盖。这一问题可以通过整数规划进行建模,而求解则需要借助图形优化算法(改进的带花树算法等)。至此,可以得到路网中车辆的最优合乘匹配结果。

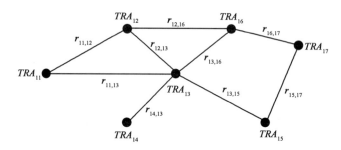

图4-36 潜在合乘对网络示意图

3)共享合乘效益评价

表4-29展示了不同上客时间阈值下的最优合乘匹配结果(下客阈值统一设置为300s)。不难发现,工作日合乘比例高于非工作日,说明规律的出行模式能够带来相对更大的合乘匹配量。此外,不论工作日、非工作日,随着上客时间阈值的放松,合乘比例从32%提升到49%,但是上客时间阈值放松的边际效益呈现递减趋势。这表明,不宜为了提高合乘匹配率而过度增加上客时间阈值,上客时间阈值取60s即可取得较好的效果。图4-37和图4-38分别展示了合乘数量与合乘率在不同时间的分布情况。工作日高峰期合乘对数量较多,非工作日该趋势则不显著。

不同上客时间阈值下的合乘匹配结果 表4-29

日期	$\delta=10s$		$\delta=30s$		$\delta=60s$		$\delta=120s$		$\delta=300s$	
	匹配量(人)	匹配率(%)	匹配量(人)	匹配率(%)	匹配量(人)	匹配率(%)	匹配量(人)	匹配率(%)	匹配量(人)	匹配率(%)
周一	106522	33.05	133288	41.36	145814	45.25	154373	47.90	158305	49.12
周二	102006	32.71	128017	41.05	140344	45.00	148985	47.77	153067	49.08
周三	101539	32.91	126662	41.05	138809	44.99	147333	47.75	151391	49.07
周四	101212	32.69	126971	41.01	139172	44.95	147796	47.74	151897	49.06
周五	109549	33.32	136380	41.48	148848	45.27	157615	47.94	161631	49.16
周六	98321	32.34	123835	40.73	136077	44.76	145003	47.69	149092	49.04
周日	95224	32.11	120201	40.53	132449	44.66	141135	47.59	145360	49.01

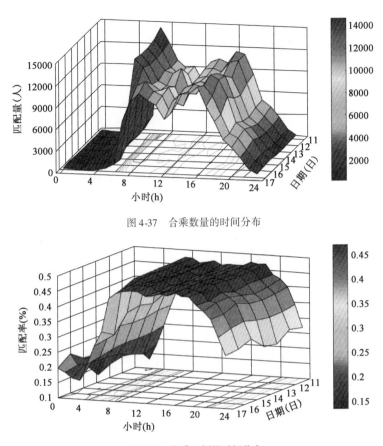

图 4-37　合乘数量的时间分布

图 4-38　合乘比例的时间分布

小汽车合乘也带来了路网流量缩减与速度提升。图 4-39a)与 b)展示了早高峰期间实施合乘(上客时间阈值 60s 情况下)前后路网流量的对比情况。可以看出,小汽车合乘后,拥堵路段(平均车道流量大于 400pcu/h)的数量大幅度缩减。图 4-40a)与 b)展示了早高峰期间实施合乘后路网速度提升的绝对值与相对值。可以看到,大部分路段的速度都可以提高 10%甚至更多。

2. 案例二:基于卡口数据的小汽车限行政策评价[90]

1)背景及数据

小汽车限行政策是一种执行成本相对较低、直接交通效益相对较高的交通需求管理方法。为了控制交通需求,改善交通系统运营状况,小汽车限行政策已在全球多个城市实施,例如:墨西哥城、波哥大、圣地亚哥、德里等。近年来,我国大中型城市也不断尝试小汽车限行政策,北京、石家庄、郑州、西安、廊坊、开封等地均已开展小汽车尾号限行政策。基于车辆牌照尾号的限行政策主要分为两大类:"五日制限行"和"单双号限行"。五日制限行政策在每个工作日限制两个车辆尾号使用路网,即每辆车每周有一个工作日不允许上路行驶;单双号政策规定单数尾号车辆仅可以在单数日期行驶,双数尾号仅可以在双数日期行驶,即每辆车隔天就限行一次。然而,在小汽车限行政策之下,人们可能会采取一些负面行为,例如:不顾限行政策而违法上路行驶,将出行需求转移至非限行日,使用闲置车辆完成出行等。在这些负面行为的影响下,限行政策是否还能带来预期的需求减少与交通效益,是政策制定者和交通管理者关注的问题。

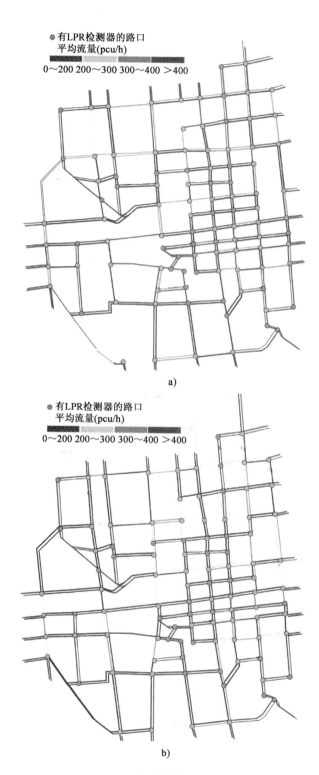

图4-39 合乘前后路网流量情况对比

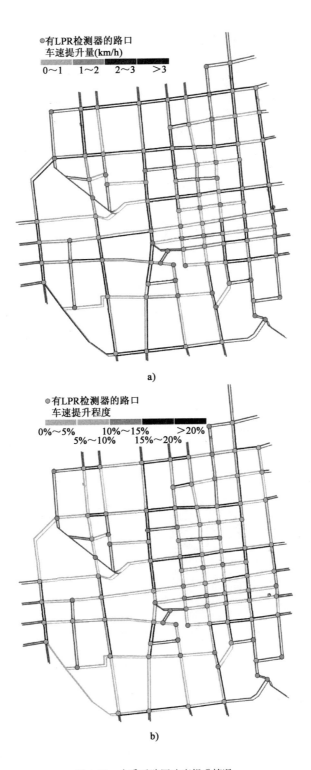

图4-40 合乘后路网速度提升情况

本研究案例来源于河北省廊坊市。为了控制交通拥堵,廊坊市于 2015 年 8 月开始实施五日制限行政策,对工作日的车辆出行进行限制,非工作日则不限制;为了应对冬季空气污染问题,廊坊市决定在 2016 年 12 月整月将原有限行政策升级为单双号限行政策,且政策的执行不再区分工作日与非工作日。两种政策下的限行区域、惩罚机制等保持一致,且两种政策均针对社会车辆执行,出租车、公交车、医护警卫车辆等不受政策限制。本案例分析了 2016 年 11 月、12 月廊坊市主城区交通卡口数据,数据时间跨度覆盖廊坊市五日制、单双号限行政策执行期各 1 个月,为探究政策转换带来的交通效益、出行者反馈提供了充分的数据基础。本卡口数据集覆盖廊坊市主城区 47 个交叉口,经过数据清洗、不受限制车辆数据剔除后,共包含 4700 万条卡口记录。每条卡口数据记录包含 5 个字段:脱敏车辆 ID、车辆通过时间戳、交叉口 ID、进口道 ID、车道 ID。

2)政策效果评价

由五日制限行政策转换为单双号限行政策后,路网流量预期会得到较为显著的缩减。做一个简单的估计,五日制限行政策每个工作日限制 20% 的车辆,单双号限行政策每个工作日限制 50% 的车辆,那么单双号限行政策取代五日制限行政策后,流量预期会缩减 37.5%。图 4-41 展示了政策转换前后各天的路网流量对比情况。政策转换后,流量确实有所下降,图 4-42 也通过断点回归进一步证实了流量缩减是政策转换的结果,而非其他因素(例如气候因素等)导致。然而,流量的缩减并没有达到预期的水平。政策转换后,工作日路网流量平均仅缩减了 8.74%,远不及 37.5% 这一预期值。这说明有其他因素制约了政策的实施效果,本研究认为这些因素主要包括:违法行为存在、出行强度提升以及备用车辆使用。

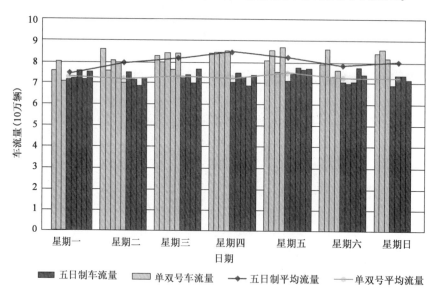

图 4-41 政策转换前后的路网流量对比

车辆不顾限行政策而违法上路行驶的行为会制约政策的实施效果。图 4-43a)和 b)对比了两种政策下被限制车辆的违法比例在各个小时的分布情况,不难发现,单双号政策下,被限制车辆的违法比例有所下降。这可能是由于单双号限行政策更为严格,起到了一定的威慑作用。然而,单双号限行政策下的被限制车辆数目远高于五日制限行政策情况,因此,单双号限行政策下路网中实际的违法车辆比例相对更高。图4-44展示了路网中车辆违法比例对比情况。不难发现,单双号限行政策下路网中违法车辆比例要高于五日制限行政策下的情况,该比例从8.12%上升到17.90%。图4-45进一步展示了路网中车辆违法比例的断点分析结果,证明了路网中车辆违法比例上升确实是政策转换带来的结果,而非其他因素导致。这说明,更严格的限行政策会刺激更高比例的车辆违法上路,导致政策的效果下降。

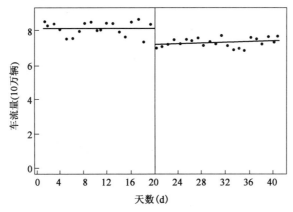

图4-42 断点回归证明流量缩减情况

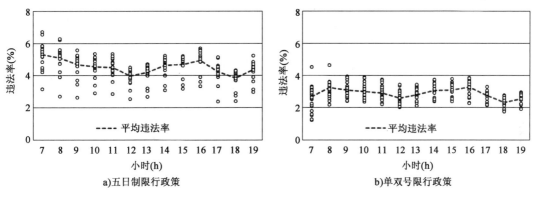

图4-43 两种政策下被限制车辆的违法比例

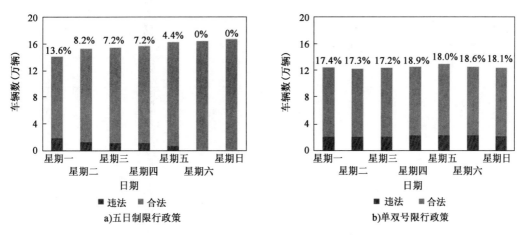

图4-44 两种政策下路网中车辆违法比例

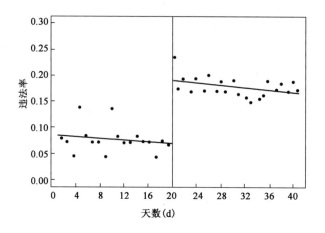

图 4-45　断点回归证明路网中车辆违法比例的上升

面对限行政策，很多车辆可以重新规划出行，将"购物""游玩"等自由出行需求从限行日调整到非限行日，因而，导致出行强度提升，影响限行政策实施效果。本研究以各个车辆单日被卡口系统检测到的次数衡量小汽车出行强度。图 4-46 用箱线图对比了政策转换前后违法与合法车辆的出行强度。不难发现，单双号限行政策实施后，合法车辆的出行强度略有提升，本研究进一步开展 t 检验证实了合法车辆出行强度提升的显著性，出行强度平均提升 12%。违法车辆的出行强度略有下降，然而 t 检验的结果尚未说明此下降的显著性。图 4-47 进一步展示了合法车辆出行强度的断点回归结果，证实了出行强度的提升是由政策转换导致的。这说明，更严格的限行政策会导致人们的出行强度提升，以满足被限制时段的出行需求。

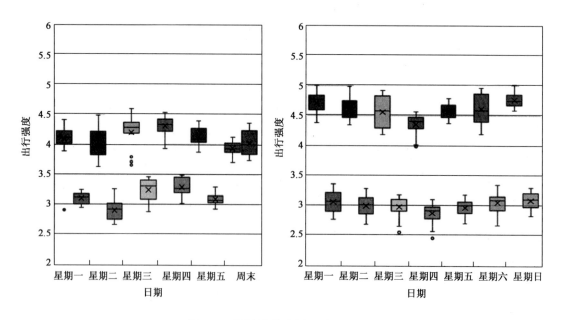

图 4-46　政策转换前后出行强度对比情况

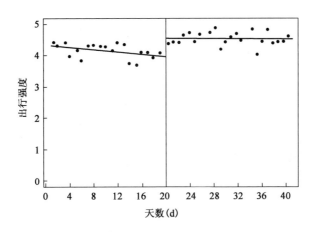

图 4-47　断点回归证明合法车辆出行强度的上升

本研究也进一步证实,单双号限行政策取代五日制限行政策后,该区域日常巡游的本地车辆数目上升了 11.4%,外地车辆数目上升了 5.8%。一个月之内日常巡游车辆数目大幅度增长,高于当月的新车购买率,说明人们启用了备用车辆。然而,备用车辆的使用会对限行政策造成严重的影响。

尽管多种因素制约着限行政策的效果,导致其流量缩减程度未达预期,政策转换依然带来客观的路网速度效益。图 4-48 展示了政策转换后各个时段的路网速度变化情况。更严厉的限行政策实施后,路网早高峰、平峰、晚高峰的速度分别提高了 23.30%、8.21% 和 12.85%。高峰期速度提升效果比非高峰期显著,说明在饱和交通流状态下,只需要少量的交通流量缩减就能够带来可观的路网速度提升。因此,在拥堵的城市,尽管限行政策的效果可能受到限制,但是依然可以取得较好的交通效益。

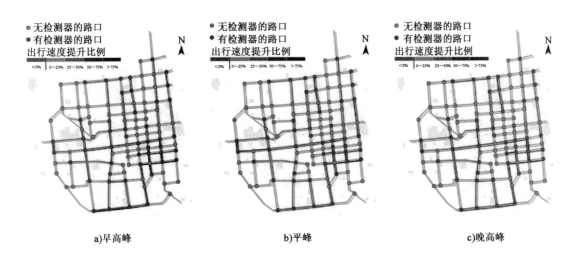

a) 早高峰　　　　　　　　b) 平峰　　　　　　　　c) 晚高峰

图 4-48　政策转换后各时段路网速度变化情况

第八节 社交媒体数据在交通领域的应用

一、社交媒体数据介绍

随着通信技术的发展和互联网移动终端的普及，人们的互联网活动越来越频繁。截至2019年，中国智能手机的普及率达到68%，而在部分发达国家已经超过了80%。社交媒体也开始以多种形式广泛地进入人们的生活中。社交媒体的定义十分宽泛，一般来说，能够在互联网上建立用户关系，并以此为基础进行用户交互和信息传播的平台都属于社交媒体平台。除新闻媒体外，现阶段的社交网站和聊天软件，如国内的微博、论坛、微信，国外的Facebook（脸谱网）、Twitter（推特）、LinkedIn（领英），包括近年来兴起的短视频平台，如快手、Instagram（照片墙）、YouTube（油管）等，这些基于互联网用户的社交媒体如今已占据了绝大部分的互联网用户流量，成为生活中信息发布和获取的主要渠道。人们通过社交媒体表达情绪和思想，共享日常活动信息，评论新闻事件和政府活动，企业、政府和社会组织也在社交媒体上发布广告和重要信息。

社交媒体数据也开始逐渐在交通领域得到应用。一方面，社交媒体的实时性和城市交通状况的实时性是相通的，通过社交媒体收集数据可以为交通管理者提供几乎实时的反馈信息，管理部门也可以利用社交媒体向交通参与者发布实时服务；另一方面，由于社交活动和交通活动的巨大相关性，基于用户和基于地理位置的信息有可能作为传统检测器数据源的替代品，为交通控制、交通管理和交通规划提供重要的交通活动信息。随着数据挖掘和数据处理技术的发展，社交媒体数据在未来可能为交通领域带来革命性的变革。

研究人员也在不断发掘社交媒体数据在交通领域不同方向的应用。一项研究[91]指出了社交媒体在公共交通运营方面的5种主要用途：

(1) 实时运行时刻表更新；
(2) 向用户发布服务信息（如票价、线路信息等）；
(3) 收集用户反馈意见；
(4) 发布员工招募信息；
(5) 用于公共交通工具中的娱乐媒体（如地铁电视、广播、广告等）。

与此同时，利用社交媒体数据面临的问题主要有：

(1) 缺乏社会数据的分析经验；
(2) 网络安全问题；
(3) 用户隐私问题；
(4) 如何选择合适的在线合作协议。

二、社交媒体的数据特征

1. 社交媒体数据与传统源数据的异同

社交媒体数据与传统检测器数据的不同：由物理空间采集的传感器数据在数据特征上具

有量化、精确、客观的特点;蕴含交通信息的社交媒体数据虽然在文本描述上具有主观性和模糊性,但信息内容包含了人们的认知、分析和判断。基于物理空间的传统检测器数据和基于社会空间的社交媒体数据在交通分析、预测及其应用中具有各自的优势[92]。

社交媒体数据具有非结构化的特点,同时包含大量的多余信息[93]。有效的文本挖掘方法是从社交平台提取重要信息所必需的。

2. 社交媒体数据在"大数据"层面的特征

社交媒体"大数据"的特征包括体量、速度、准确性、异构性和价值等几个方面。

体量和速度体现在:①社交媒体的用户规模大;②多为短消息,但数量巨大,发送频率高,时间分布;③传播速度非常快,且形式多样(包括文本、图片、多媒体以及其他导向链接)。

准确性的主要影响因素是文本信息的不准确性。

异构性指社交媒体平台的数据结构复杂。

3. 社交媒体数据的价值

社交媒体数据的价值体现在两个方面:一方面,公共管理部门或其他组织可以通过社交平台向其管辖范围发布诸如交通管制、交通事故的实时播报,以及交通拥堵的预警信息等。另一方面在于其能够提供近乎实时的数据,以协助交通事件的检测和交通运营管理。

虽然社交平台能够提供丰富的信息,但只有特定用途的社交平台数据能够应用于交通领域。如 LinkedIn 为用户提供了很成功的职场人脉网络,但很难将这一平台的数据应用于交通领域;而 Twitter 和 Facebook 等支持用户自主发布内容的社区平台则可能提供可靠的交通信息。

三、社交媒体数据分析

1. 社交媒体数据的分析工具

如今主流的社交媒体平台一般都开放 API 接口,向研究者提供必要但有限的信息以便于数据挖掘。针对社交平台的异构数据特性,人们开发出了不同种类的分析工具,如群体检测工具、群体行为分析工具、影响传播识别工具等。社交媒体数据具有不同的格式,如文本、图像和视频等,其中文本是最常见的数据类型。因此,文本挖掘算法的开发是利用社交媒体数据的过程中至关重要的部分。

2. 社交媒体数据的分析方法

社交媒体数据中蕴含的丰富的交通状态信息,可以作为传统交通信息采集手段的有力补充。常用的从社交媒体数据中提取交通信息的算法有关键词搜索、分类和聚类算法。从社交平台采集包含交通信息的原始数据(通常是文本数据)后,一般按下面的方法进行处理和分析。

首先,运行爬虫进行关键词搜索,并根据消息来源进行筛选。例如,如果需要获取即时事件的交通信息,便从原始信息中筛选原创消息,将转载的消息予以删除。然后,根据原始数据的数据结构进行一定的预处理,删除多余的结构化信息,如微博数据中包含的表情符号、超链接、转义字符以及多余的空格等。接着,采用文本分类算法对经过预处理的有效信息进行分类,并识别出有效消息和无效消息。常用的文本分类算法主要有基于朴素贝叶斯、k-近邻、支持向量机、决策树的算法。最后,使用语义识别算法提取出有效消息中的具体信息,如事件发生的时间、地点,事件的类别等。

基于模式识别和机器学习的算法使得从庞大的社交媒体数据中获取重要交通信息成为可能。然而,由于社交网络的复杂性,同时受到算法效率和计算资源的限制,虽然这些算法已经被引入到社交媒体数据中,并且在不同的领域得到应用,但这些技术目前大多并不能很好地应用到大规模的社交数据中。此外,这些算法多用于静态历史数据的挖掘分析,对于动态和异构数据集的分析效果也不太好。

3. 利用社交媒体数据进行异构数据分析

采用传感器数据结合社交媒体数据进行交叉验证。首先,利用传感器信息有效地保护了用户隐私;其次,虽然传感器数据和社交媒体数据本质上都是动态的,但传感器数据的获取速度要远大于从社交媒体信息中挖掘数据的速度。这些新的分析平台为公共管理部门提供了有价值的信息,可以帮助管理者合理分配资源,并为市民提供更好的服务。

四、社交媒体数据在交通领域的应用

近年来的许多研究成果表明,社交媒体数据已经能够应用于重大事件识别、交通事故报告、交通流预测、路径选择和出行方式信息的采集等方面[93]。

1. 交通规划

公众参与是交通规划制定中的重要过程,而社交媒体为公众参与政府工作提供了平台。除了传统的公共调查方法(如在网络或新闻媒体上发布公开的调查)外,借助数据挖掘技术可以从用户发布的动态消息中提取公众对政府活动的态度,从而为交通规划提供参考。

除了帮助政府部门从社交平台上收集必要的反馈信息外,社交媒体还可以改善从有关部门向公众发布的信息流。在社交平台上发布相关的计划等信息,将更容易引起公众和媒体的关注。因此,有关部门和机构在制定交通规划的过程中,有必要同时制定一些社交媒体方面的政策,鼓励公众参与。

2. 交通预测

社交媒体既可以用于对交通的长期预测,也能够应用于对交通流短期变化的预测中。对社交媒体数据的一种应用需要收集社交平台数据中包含的位置信息,基于不同区域内社交活动的强度判断交通活动的强度。相关研究表明[94],如果将社交媒体数据和传感器数据相结合,交通预测的准确性将会提高。

另一种应用社交媒体进行短期交通流预测的手段是基于语义信息预测大型活动的交通流变化情况。Zhang(张)等人[94]通过推特标签检索收集棒球比赛数据,并进行了纽约地铁流量的变化预测,该研究基于推特数据得到的交通流预测结果达到了98.3%的预测准确度。

3. 特殊事件交通管理

交通管理中的一项很重要的措施是对特殊突发事件的响应和紧急处理。这些突发事件(如交通事故、火灾等)具有不可预测性,而一旦发生将对交通环境产生巨大冲击,影响交通网络的正常运行。社交媒体信息的实时性可以帮助交通管理者更加及时地获取警报消息,从而增加对突发事件的响应速度。这一功能的实现离不开语义识别技术。一般首先采用特征提取

的方法,对从社交平台推送的消息进行分类,进一步确定事件包含的具体内容。一些研究者[94]编制了重要交通状况关键词的词典,这些关键词将更有效地应用于从社交媒体数据中提取反映特殊事件的关键信息等工作中。

本章参考文献

[1] 张威. GSM 网络优化:原理与工程[M]. 北京:人民邮电出版社,2003.
[2] 冉斌. 手机数据在交通调查和交通规划中的应用[J]. 城市交通,2013,11(01):72-81+32.
[3] 李俊. GSM 系统中的移动定位技术研究[D]. 长沙:国防科学技术大学,2002.
[4] 彭军民. 基于 WiFi 终端的室内定位系统及其应用[J]. 通信电源技术,2018,35(09):141-145.
[5] WANG P,HUNTER T,BAYEN A,et al. Understanding Road Usage Patterns in Urban Areas[M]. 2012.
[6] WOODARD D, NOGIN G, KOCH P, et al. Predicting travel time reliability using mobile phone GPS data [M]. 2017.
[7] RESEARCH M. Predictive Analytics for Traffic:Machine Learning and Intelligence for Sensing,Inferring, and Forecasting Traffic Flows [EB/OL]. (2012-05-17) [2020-02-11] http://research.microsoft.com/en-us/projects/clearflow.
[8] SHELFER K M,PROCACCINO J D. Smart card evolution[J]. Communications of the ACM,2002,45(7):83-8.
[9] ATTOH-OKINE N, SHEN L D. Security issues of emerging smart cards fare collection application in mass transit; proceedings of the Pacific Rim TransTech Conference 1995 Vehicle Navigation and Information Systems Conference Proceedings 6th International VNIS A Ride into the Future, [C]. IEEE,1995.
[10] BLYTHE P T. Improving public transport ticketing through smart cards;proceedings of the Proceedings of the Institution of Civil Engineers-Municipal Engineer,[C]. Citeseer,2004.
[11] TR PANIER M,BARJ S,DUFOUR C,et al. Examen des potentialités d'analyse des données d'un système de paiement par carte à puce en transport urbain[J]. Congrès de l'Association des transports du Canada,2004,
[12] DEMPSEY D,STEPHEN P. Privacy issues with the use of smart cards[J]. Tcrp Legal Research Digest,2008.
[13] LU H K. Network smart card review and analysis[J]. Computer Networks,2007,51(9):2234-48.
[14] HENDRY M. Multi-application smart cards:technology and applications[M]. London:Cambridge university press,2007.
[15] LU K,HAN B,ZHOU X. Smart urban transit systems:from integrated framework to interdisciplinary perspective[J]. Urban Rail Transit,2018(4):49-67.
[16] MA X-L,WANG Y-H,CHEN F,et al. Transit smart card data mining for passenger origin information extraction [J]. Journal of Zhejiang University Science C,2012,13(10):750-60.
[17] 胡映月. 基于智能卡数据的城市轨道交通网络特性研究[D]. 北京:北京交通大学,2018.
[18] MA X,WU Y-J,WANG Y,et al. Mining smart card data for transit riders' travel patterns[J]. Transportation Research Part C:Emerging Technologies,2013(36):1-12.
[19] ZHONG C,MANLEY E,ARISONA S M,et al. Measuring variability of mobility patterns from multiday smart-card data[J]. Journal of Computational Science,2015(9):125-130.
[20] ZHOU J,SIPE N,MA Z,et al. Monitoring transit-served areas with smartcard data:A Brisbane case study[J]. Journal of Transport Geography,2017.
[21] ZHU Y,KOUTSOPOULOS H N,WILSON N H. Inferring left behind passengers in congested metro systems from automated data[J]. Transportation research procedia,2017(23):362-379.

[22] ZHU Y,KOUTSOPOULOS H N,WILSON N H. A probabilistic Passenger-to-Train Assignment Model based on automated data[J]. Transportation Research Part B：Methodological,2017(104)：522-542.

[23] PELLETIER M-P,TR PANIER M,MORENCY C. Smart card data use in public transit：A literature review [J]. Transportation Research Part C：Emerging Technologies,2011,19(4)：557-568.

[24] 黄航飞. 城市轨道交通列车运行图优化模型与算法研究[D]. 北京：北京交通大学,2018.

[25] BARRENA E,CANCA D,COELHO L C,et al. Single-line rail rapid transit timetabling under dynamic passenger demand[J]. Transportation Research Part B：Methodological,2014,70：134-150.

[26] NIU H,ZHOU X. Optimizing urban rail timetable under time-dependent demand and oversaturated conditions [J]. Transportation Research Part C：Emerging Technologies,2013(36)：212-230.

[27] LIPTON Z C B J,ELKAN C. A Critical Review of Recurrent Neural Networks for Sequence Learning[J]. Computer Science,2015.

[28] JUNFENG ZHANG H C,HONG ZHOU,ZHIHAI WU. Junfeng Zhang,Hongxi Chen,Hong Zhou,Zhihai Wu; proceedings of the 2016 4th International Conference on Advanced Materials and Information Technology Processing,F[C]. 2016.

[29] DUAN Y L,YISHENG；LIU,YU-LIANG；WANG,FEI-YUE An efficient realization of deep learning for traffic data imputation[J]. Transportation Research Part C：Emerging Technologies,2016(72)：168-181.

[30] SIRIPANPORNCHANA C P S,CHAOVALIT P. Travel-time prediction with deep learning[M]. 2016 IEEE Region 10 Conference (TENCON). 2016.

[31] WANG J G Q,WU J. Traffic Speed Prediction and Congestion Source Exploration：A Deep Learining Method [M]. 2016 IEEE 16th International Conference on Data Mining (ICDM),Barcelona,. Spain. 2016.

[32] DUAN Y L Y,WANG F. Travel time prediction with LSTM neural network[M]. 2016 IEEE 19th International Conference on Intelligent Transportation Systems (ITSC). Rio de Janeiro,Brazil. 2016.

[33] MA X T Z,WANG Y ,2015,. Long short-term memory neural network for traffic speed prediction using remote microwave sensor data[J]. Transportation Research Part C：Emerging Technologies,2015(54)：187-197.

[34] ZHENG Y. Trajectory Data Mining：An Overview[M]. 2015.

[35] 杨东援,段征宇. 大数据环境下城市交通分析技术[M]. 上海：同济大学出版社有限公司,2015.

[36] 阎莹,刘浩学,游小青,等. 道路交通事故多发位置鉴别新方法的探讨[J]. 交通运输系统工程与信息,2005,5(3)：82-86.

[37] WEN C. Experimental evaluation of hotspot identification methods[J]. Accident；analysis and prevention,2005,5(37).

[38] 裴玉龙. 道路交通事故多发点质量控制鉴别法的改进[J]. 哈尔滨工业大学学报,2006,38(1)：97-100.

[39] HEILAI HUANG H C C,MD. MAZHARUL HAQUE. Empirical Evaluation of Alternative Approaches in Identifying Crash Hot Spots：Naive Ranking,Empirical Bayes,and Full Bayes Methods[J]. Empirical Evaluation of Alternative Approaches in Identifying Crash Hot Spots：Naive Ranking,Empirical Bayes,and Full Bayes Methods,2009(2103)：32-341.

[40] SAFFET E. Geographical information systems aided traffic accident analysis system case study：city of Afyonkarahisar[J]. Accident；analysis and prevention,2008,1(40).

[41] SOMENAHALLI L T T S V C. Using GIS to Identify Pedestrian-Vehicle Crash Hot Spots and Unsafe Bus Stops [J]. Journal of Public Transportation,2011,14(1)：135-139.

[42] 王海. 基于空间分析技术的交通事故多发点鉴别及成因分析[D]. 北京：清华大学,2014.

[43] 瞿庆亮,曲国庆,徐工. 车载GPS在公路交通事故多发路段判别中的应用[J]. 公路,2016(07)：36-39.

[44] TK A. Kernel Density Estimation and K-means Clustering to Profile Road Accident Hotspots[J]. Accident

Analysis & Prevention,2009,41(3):359-364.

[45] 蒋宏,方守恩,陈雨人,等.基于空间自相关的城市道路事故多发点鉴别[J].同济大学学报(自然科学版),2013,41(5):664-669.

[46] G J. Spatial Cluster Analysis The Handbook Of Geographic[M].2008.

[47] ROBERT B N. A spatially disaggregate analysis of road casualties in England[J]. Accident; analysis and prevention,2004,6(36):245-252.

[48] S S P Z X. Getis-Ord Spatial Statistics to Identify Hot Spots by Using Incident Management Data[J]. Journal of the Transportation Research Board,2010.

[49] K S C A-A M C. Macroscopic Spatial Analysis of Pedestrian and Bicycle Crashes[J]. Accident Analysis & Prevention,2012(45):382-391.

[50] 田沁,巩玥,亢孟军.国内主流在线地理编码服务质量评价[J].武汉大学学报(信息科学版),2016,41(10):1351-1358.

[51] MUSSONE L B M,MASCI P. Analysis of Factors Affecting the Severity of Crashes in Urban Road Intersections [J]. Accident Analysis & Prevention,2017(103):112-122.

[52] DABBOUR E E S,HAIDER M. Using Fixed-Parameter and Random-Parameter Ordered Regression Models to Identify Significant Factors that Affect the Severity of Drivers' Injuries in Vehicle-Train Collisions[J]. Accident Analysis & Prevention,2017(107):20-30.

[53] 陈玄.空气污染指数在环境监测中的应用进展[J].资源节约与环保,2019,(03):38.

[54] 中国环境监测总站,中国环境科学研究院,大连市环境监测中心,等.环境空气质量指数(AQI)技术规定(试行)[M].行业标准-环保.2012.

[55] 中国环境科学研究院,中国环境监测总站.环境空气质量标准[M].中华人民共和国国家标准.2012.

[56] 朱琳,刘健,张晔萍,等.FY-3A/MERSI 数据在中国北方干旱监测中的应用[J].遥感学报,2010,14(05):1004-1016.

[57] 王庆华,谢晓华,徐艳萍,等.临沂市 2014—2015 年影响空气质量的气象因素分析.第 35 届中国气象学会年会[C].合肥,2018.

[58] 陈月霞,曹琳,杨淑萍.气温对大气主要污染物的影响[J].现代农业科技,2011(10):277-278.

[59] 郭蒙蒙,姜楠,王申博,等.郑州市 2014—2017 年大气污染特征及气象条件影响分析[J].环境科学,2019(09):1-17.

[60] 徐杰,匡汉祎,王国强,等.PM2.5 与空气相对湿度间关系浅析[J].农业与技术,2017,37(09):148-149+57.

[61] 王景云,张红日,赵相伟,等.2012—2015 年北京市空气质量指数变化及其与气象要素的关系[J].气象与环境科学,2017,40(04):35-41.

[62] 张人文,范绍佳.珠江三角洲风场对空气质量的影响[J].中山大学学报(自然科学版),2011,50(06):130-134.

[63] 环境空气质量监测规范(试行)[M].国家环境保护总局.国家环境保护总局公告 2007 年第 4 号.2007.

[64] WANG T,XIE S. Assessment of traffic-related air pollution in the urban streets before and during the 2008 Beijing Olympic Games traffic control period[J]. Atmospheric Environment,2009,43(35):5682-5690.

[65] YU Z,YE W,LIU Y,et al. The impact of transportation control measures on emission reductions during the 2008 Olympic Games in Beijing,China[J]. Atmospheric Environment,2010,44(3):285-293.

[66] DAVIS L W. The Effect of Driving Restrictions on Air Quality in Mexico City[J]. Journal of Political Economy,2008,116(1):38-81.

[67] DAVIS L W. Saturday Driving Restrictions Fail to Improve Air Quality in Mexico City[J]. Sci Rep,2017,7

(41652).

[68] 杨丽琴.高速公路车道高清卡口系统实施方案[J].中国交通信息化,2015(6):107-108.

[69] 余丰茹,单飞,张晓楠,等.基于全车牌识别数据的高速公路交通拥挤识别[J].公路与汽运,2014,(03):56-58.

[70] 窦志伟.基于车牌识别数据的交通流参数短时预测[D].成都:西南交通大学,2016.

[71] 李瑞敏,张威威,刘志勇,等.组合短路段的长路段旅行时间短时预测[J].公路工程,2018,43(03):1-5.

[72] 张威威,李瑞敏,谢中教.基于PCA-GBDT的城市道路旅行时间预测方法[J].公路工程,2017,42(06):6-11.

[73] 张威威,李瑞敏,谢中教.基于深度学习的城市道路旅行时间预测[J].系统仿真学报,2017,29(10):2309-2315+22.

[74] 姜桂艳,常安德,牛世峰.基于车牌识别数据的交通拥堵识别方法[J].哈尔滨工业大学学报,2011,43(04):131-135.

[75] 柴华骏,李瑞敏,郭敏.基于车牌识别数据的城市道路旅行时间分布规律及估计方法研究[J].交通运输系统工程与信息,2012,12(6):41-74.

[76] 胡旭峰.基于车牌识别数据的城市道路交通状态判别及旅行时间可靠性的研究[D].青岛:青岛科技大学,2017.

[77] 胡旭峰.基于车牌识别数据的旅行时间可靠性研究[J].青岛科技大学学报(自然科学版),2017,38(S1):184-188.

[78] 高林,刘新,尹纪军,等.基于车牌识别数据的交通状态判别方法研究[C].中国智能交通年会.2013.

[79] RUI F,ZUO Z,LI L. Using LSTM and GRU neural network methods for traffic flow prediction;proceedings of the Youth Academic Conference of Chinese Association of Automation,F[C].2016.

[80] 赵方.基于车牌识别数据的车流密度计算方法研究[J].交通与运输(学术版),2015(02):19-21.

[81] ZHAN X,LI R,UKKUSURI S V. Lane-based real-time queue length estimation using license plate recognition data[J]. Transportation Research Part C,2015,57(08):85-102.

[82] 郭昕,陈川.基于车牌识别数据的车辆使用特征研究:以上海市快速路非沪车牌识别数据为例[J].综合运输,2016(1):77-84.

[83] 鞠鹏,周晶,张俊婷,等.基于车牌识别数据的城市交通流时空特性分析[J].统计与信息论坛,2014,29(10):66-72.

[84] 龙小强,苏跃江,余畅,等.基于卡口车牌识别数据的车辆出行分析[J].交通运输系统工程与信息,2019,19(02):66-72.

[85] 李剑仕.基于车牌识别数据的城市道路超车特性分析[D].昆明:昆明理工大学,2013.

[86] 李悦,刘晨.基于历史车牌识别数据的套牌车并行检测方法[J].计算机应用,2016,36(3):864-870.

[87] CHEN X,YANG X,SHI Q. Estimation of Vehicle Usage Rate Based on Capture-Recapture Model with License Plate Recognition Data;proceedings of the International IEEE Conference on Intelligent Transportation Systems,F[C].2008.

[88] LI R,YANG F,LIU Z,et al. Effect of taxis on emissions and fuel consumption in a city based on license plate recognition data:A case study in Nanning,China[J]. Journal of Cleaner Production,2019(215):913-925.

[89] LI R,LIU Z,ZHANG R. Studying the benefits of carpooling in an urban area using automatic vehicle identification data[J]. Transportation Research Part C:Emerging Technologies,2018(93):367-380.

[90] LIU Z,LI R,WANG X,et al. Effects of vehicle restriction policies:Analysis using license plate recognition data in Langfang,China[J]. Transportation Research Part A:Policy and Practice,2018,(118):89-103.

[91] Sakib,M.,Linh,B. N.,Eric,A. M.,etc. Data Analytics for Intelligent Transportation Systems[M].

Washington:Elsevier,2017.

[92] TRB. Uses of Social Media in Public Transportation:A Synthesis of Transit Practice[C]. Washington, D. C..2012.

[93] 郑治豪,吴文兵,陈鑫,等.基于社交媒体大数据的交通感知分析系统[J].自动化学报,2018,44(04):656-666.

[94] Zhang Zhang, Tieniu Tan, Kaiqi Huang. An Extended Grammar System for Learning and Recognizing Complex Visual Events[M]. IEEE Computer Society, 2011.

第五章

交通大数据应用领域

第一节　交通大数据应用概述

交通大数据涵盖交通基础设施状态、交通环境与气象、交通能耗排放、交通流运行状态等各个领域,分为交通静态数据和交通动态数据两部分。交通静态数据包括基础 GIS 数据、特大城市路网数据、兴趣点数据、交通系统基础信息、用地数据、人口构成与分布、出行规模、生活设施、医疗机构等各类信息;交通动态数据包括实时接入的不利天气环境数据、公交 GPS 数据、公交 IC 卡数据、公交油耗与排放监测数据、交通系统能耗数据、出租车 GPS 数据、出租车油耗与排放数据、轨道交通 AFC 刷卡数据、高速公路收费数据、交通检测器数据、手机移动终端数据、交通视频数据等各类数据。这些数据对于了解城市交通系统状态、理解城市交通运行机理、预测城市交通状态变化、评估城市交通系统性能、提供城市交通服务奠定了良好的数据基础,在现有计算技术条件下已经得到了不同层次的应用,一些典型案例如下[1-4]。

1. 基于大数据的交通信息服务

以 GPS 数据和 IC 卡刷卡数据为代表的公共交通多源数据为公交优化调度、公交运行监测、公交出行特征提取和公交服务水平评价提供了非常重要的基础数据。日本东京都交通局开发的城市公共交通综合运输控制系统(CTCS)在运营中的公共汽车和控制室之间进行信息交换,并利用诱导和双向通信的方法,将服务信息提供给公共汽车运营人员和驾驶员,同时这些信息也通过进站汽车指示系统和公交与铁路接驳信息系统提供给乘客。微软亚洲研究院分别面向最快驾车路线、出租车和乘客的最优匹配、最佳拼车方案等需求设计开发出 T-Drive、T-Finder 和 T-Share 系统。其中,T-Drive 系统利用出租车装备的 GPS 传感器获取交通流量,并为用户设计出最快驾车线路;T-Finder 则面向驾驶员和乘客提供双向推荐服务,一方面向出租车驾驶员建议有较多乘车需求的地点,另一方面向乘客推荐寻找到空车的概率更高的周边路段,同时 T-Finder 还可以预测周边的一些出租车停靠站在未来半小时内将驶入的空车数目;T-Share 面向高峰时段打车难问题提供出租车实时动态拼车方案,根据用户提交的打车请求(上下车地点、乘客人数和期望到达目的地的时间)搜索后台系统实时维护的所有出租车状态,提供满足新用户条件和车上已有乘客条件的最优的出租车。仿真结果显示,T-Share 系统可以为北京市节约大量燃油,并减排一定量 CO_2,乘客更容易呼叫到出租车,同时可使费用降低、出租车驾驶员的收入增加。利用乘客在地铁系统中的刷卡数据可以估计单个地铁站点内的拥挤程度和不同站点间的通行时间,从而优化人们的出行线路、时间和购票方式的选择。

2. 大数据在交通规划中的应用

交通拥堵在一定程度上反映了现有综合交通网的设计已经不能满足不断发展的城市交通流需求的问题。可以利用高速和环路等主干道将城市分割成区域,然后分析大规模车流轨迹数据在不同区域之间行驶的一些特征,找到连通性较差的区域对,从而发掘现有城市交通网的不足之处。还有人通过分析出租车的轨迹数据来建议开通公交线路。如果有大量的人乘坐出租车从一个地点到另一个地点,则说明这两个地点需要公交线路来连通。城市的不断发展催生了不同的功能区域,如文教、商业和住宅区等。准确掌握这些区域的分布对制定合理的城市规划有着极其重要的意义。但是一个区域的功能并不是单一的,需要由功能的分布来表达(如70%的功能为商业,20%的功能为住宅,剩余的为教育),结合兴趣点数据和人们的移动模式可以分析城市中不同的功能区域。人的移动性数据是从出租车的轨迹数据中提取出来的,该轨迹数据包含乘客上车和下车地点的信息,可以很好地区分相同类别兴趣点的热度,也可以揭示一个区域的功能。例如有一个区域,大部分居民都是早上8点左右离开,晚上7点左右返回,则这个区域很可能是住宅区。但是,一个区域的主要功能是文教,并不代表该区域的任何一个地点都服务于文教。

3. 大数据在交通—环境生态中的应用

"哥本哈根车轮"项目在自行车车轮里安装一些传感器,通过用户手机将收集的数据发送至后台服务器,从而获取整个城市不同角落的温度、湿度和CO_2浓度。受传感器大小和感知时间的限制,这种方式只适用于部分气体,如CO和CO_2。由于传感器体积较大,不便于携带,对于细颗粒物(PM2.5)这样的悬浮物则需要2~4h的测量时间才能产生较为精确的数据。U-Air利用地面监测站有限的空气质量数据,结合交通流、道路结构、兴趣点分布、气象条件和人们流动规律等大数据,基于机器学习算法建立数据和空气质量的映射关系,从而推断出整个城市细粒度的空气质量。利用装有GPS的出租车在加油站的等待时间来估计加油站的排队长度,估算出此时加油站内的车辆数目及加油量。通过将全城的加油站数据汇总,便可计算出任意时刻消耗掉(加入汽车油箱里)的燃油数。这些数据能实现三方面的应用:第一,给需要加油的用户提供推荐信息,寻找排队时间最短的加油站;第二,可让加油站运营商知道各个地区的加油需求,从而考虑增加新的站点或动态调整某些加油站的工作时间;第三,政府可以实时掌握整个城市的油耗,制定更为合理的能源战略。根据人口数据、车辆的轨迹数据、各地区能源消耗情况和兴趣点的分布,可以分析未来新能源汽车的充电站建在何处最优。也有不少研究通过分析汽车内部的传感器数据(如踩加速踏板、制动的时间和次数等)来提出更经济的驾驶方式。eCoMove项目提出V2I(汽车-基础设施)和V2V(汽车-汽车)协议用于车辆建议及车辆和交通控制系统间交换路线选择、驾驶行为、管理控制信息,实现了燃油消耗和CO_2排放下降20%的效果。

4. 大数据在城市安全(应急响应)中的应用

城市中总是会有一些突发事件,如自然灾害(地震和洪水等)、大型赛事、商业促销、交通事故、临时管制、群体性事件等。如果能及时感知甚至预警这些事情,将能极大地改善城市管理,提高政府对突发事件的应对能力,保障城市安全,减少损失和悲剧的发生。当异常事件发生时,附近的交通流将出现一定程度的紊乱。发现紊乱后,用具体的交通线路来进一步解释异常出现的原因。需要注意的是,连通的两个区域的路段出现了交通流异常,但问题本身可能并不在这两个区域,需要根据驾驶人选择路线的改变来捕捉交通异常,并进一步从相关的微博中提取关键词来解释异常的原因,如交通管制、道路坍塌等。安全机动化(SafeMobility)项目通过建立车辆与交通设施之间的通信,实现不可见情况下的交通安全信息预先发布,通过分析个体的交通行为提出创新的安全保障原则。

综上所述,交通大数据的研究在区域客流预测、城市交通-城市规划的互动影响、城市交通能源等方面都取得了一定的成果,但这些应用大多基于较少种类的大数据,而更多类型数据的交叉计算和验证有助于提高计算精度。此外,先进的大数据处理技术和交通流理论、高性能微观交通仿真技术的结合为面向多层次、不同决策需求、多用户类型的交通大数据创新应用体系的构建奠定了坚实基础。

第二节　交通大数据平台：北京市交通运行检测调度中心案例解析

一、概述

北京市交通运行检测调度中心(TOCC)是北京市综合交通运输协调体系的重要组成部分,旨在促进北京交通发展模式"从各行业独立运行向综合协调"转变,实现全市综合交通运输的统筹、协调和联动。2010 年底,TOCC 监测大厅建成。2011 年 5 月,北京市编办正式批复设立北京市交通运行监测调度中心,直属北京市交通委员会管理。

TOCC 总体定位包括以下方面。

(1)打造四个中心。权威全面实时的交通数据中心、综合交通运行的监测预警中心、多种交通方式的运行协调中心、综合交通统一的信息发布中心。

(2)做好四项支撑服务。政府决策、行业监管、企业运营、百姓出行。

(3)实现五大功能。全面监测、协调联动、应急调度、运行分析、综合服务。

(4)发展目标。精准监测、主动服务、打造国际一流的交通运行协调指挥中心。

二、建设情况

TOCC 已整合接入行业内外 34 个应用系统、6000 多项静动态数据、6 万多路视频。依托 TOCC 二期工程,建成了全国首个集综合交通动态运行监测分析、视频资源管理应用、公众信息统一发布于一体的省级综合交通运行监测业务平台。构建了涵盖路网运行、公共交通、城际客运、交通枢纽、慢行交通、静态交通的综合交通运行监测框架体系,如图 5-1 所示。实现了综合交通运行监测体制和机制的重大突破,创新了运行管理模式[5]。

形成了如下所述的交通运行监测架构:

(1)政府监管分中心:路网管理、运输监管、公交安保、城六区交通运行监测分中心。

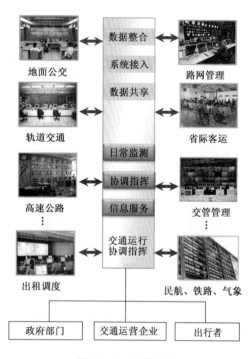

图 5-1　TOCC 建设情况

(2)行业企业监控调度中心:地面公交、轨道交通、出租汽车、高速公路、交通枢纽等。

(3)TOCC 与上述分中心共同构成全市综合交通运行监测协调体系。

TOCC 包括 4 个功能区:指挥大厅(图 5-2)、决策会商室(图 5-3)、媒体报道间(图 5-4)、高速公路呼叫中心(图 5-5)。

图 5-2　指挥大厅

图 5-3　决策会商室

图 5-4　媒体报道间

图 5-5　高速公路呼叫中心

运行监测体系(图 5-6):涵盖三大路网、四大市内交通方式、三大城际交通方式,以及交通枢纽、静态交通等共计 19 个监测领域。

协调调度体系如图 5-7 所示。

信息服务体系(图 5-8):向部、市、区三级交通部门和 20 余家交通运输企业提供城市综合交通多维度信息服务;服务全市 590 余万辆机动车的驾车出行群体和每日约 2300 万人次的公交出行群体(注:此为 2019 年数据)。

三、工作情况

1. 全面监测

形成路网运行、轨道交通、公共交通、综合运输四大监测板块(图 5-9)。实现全年 $7 \times 24h$ 不间断值守,提供全天候的运行监测服务。

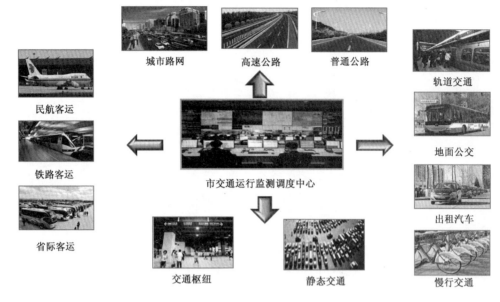

图 5-6　运行监测体系

图 5-7　协调调度体系

TOCC 的监测领域覆盖城市路网、国省干线、高速公路、地面公交、轨道交通、出租汽车、营运车辆、省际客运、旅游客运、危化运输、交通枢纽、民航客运、铁路客运、慢行交通、静态交通、交通气象、综合运输、动态数据、舆情信息等 19 个监测领域，如图 5-10 所示。

2. 协调联动

建立与铁路、民航、气象、旅游等多家单位的信息报送和共享机制。

在突发事件、极端天气等情况下，实现各种交通方式间协调联动。

春运期间，为 42 家春运小组成员单位提供一站式信息报送和共享。

积极探索多种交通方式，实现首都机场出租车接续运输客流及运力监测。

交通大数据应用领域 第五章

图 5-8 信息服务体系

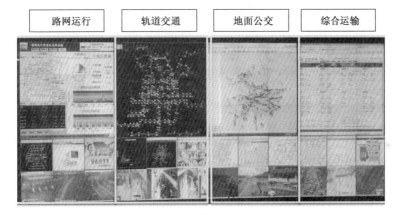

图 5-9 监测板块

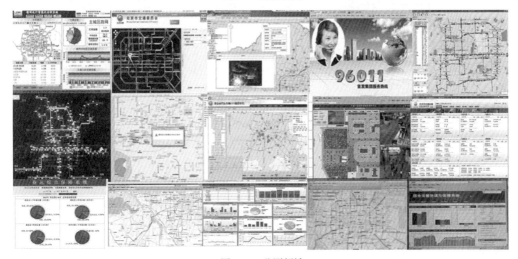

图 5-10 监测领域

2015年11月13—15日，三元桥实施旧桥拆除、新桥驮运安装工程，TOCC事先致函各大互联网信息服务企业，并及时告知施工动态，利用社会渠道扩大公众服务面，在政企联动的公众出行信息服务方面主动探索，取得良好效果。

3. 专项监测与应急调度

在APEC会议、抗日战争胜利70周年纪念活动、园博会等重大活动期间，开展专项监测，编发交通运行监测专刊，分析交通运行走势特点，面向政府报送交通运行情况，面向公众做好动态信息和出行提示服务。

高速公路免费通行期间，事前预测研判、事中监测服务、事后总结评价，支持政府科学决策、协调企业高效运营、引导百姓合理出行、均衡路网交通压力。

4. 运行分析

常态化编发北京市交通运行监测日报、周报、年报：客观监测记录北京市综合交通每日运行情况，分析综合交通运行特点和走势；依托全面整合的数据资源，利用不断完善的监测系统。

各类运行快报：早晚高峰交通运行快报；节假日交通运行快报；每周向市委办公厅信息综合室报送周运行专报；省际客运、公共自行车等行业领域运行专报。

专题分析：春节假期交通运行分析；节假日公路交通运行分析；高速公路免通节假日交通量预测分析；首都机场接续运输数据分析；春运交通运行分析 APEC/国庆阅兵单双号限行交通运行分析；空气重污染红色预警单双号限行运行分析。

5. 信息服务

通过网站、微博、微信、手机客户端（北京服务您、北京实时公交等）、车载终端等，向公众提供实时路况、公共交通、公共自行车、行业服务等多方式、综合性、一站式交通信息服务。

媒体直播：2014年4月30日，北京交通广播FM103.9正式入驻，交通委直播间开播；2015年11月25日，中国高速公路交通广播进驻大厅，常态开展连线播报；重大节假日和重点时期，广播、电视等各大新闻媒体现场直播。

6. 社会服务

TOCC是旅游开放日和科普开放日单位，向公众开放，让市民"零距离"接触交通、认识交通、感知交通，从而理解交通、支持交通。

TOCC也是北京交通大学、北京工业大学、北京交通运输职业学院等教学实习共建基地，在全国交通行业具有重要的示范和引领作用，可供全国各地和国外相关机构参观交流，也是各级领导视察北京交通的重要场所。

第三节 道路交通运行监测及辅助决策平台

一、道路交通运行监测

随着交通智能化水平的提高，特别是智慧城市的发展与建设，以北京、上海为代表的特大城市建设智能的道路交通信息采集系统，实现对主要道路交通流参数的实时获取。一般意义上,道路交通可检测的参数见表5-1。

道路交通可检测的参数　　　　　　　　　表5-1

道路属性	检测手段	检测参数
城市快速路	微波检测器	速度、流量、占有率
	视频检测器	速度、流量、占有率
	视频检测器(旅行时间检测器)	旅行时间
	地磁检测器	速度、流量、占有率
	GPS浮动车	速度、旅行时间
城市主干路(交叉口)	GPS浮动车	速度、旅行时间
	感应线圈检测器	流量、占有率
	视频检测器	速度、流量、占有率
	视频检测器(旅行时间检测器)	旅行时间
城市次干路与支路	GPS浮动车	速度、旅行时间
	感应线圈检测器	流量、占有率

1. 城市快速路

城市快速路一般包括城市环线、联络线、绕城高速等没有交叉路口的道路。一般布设的检测器是微波检测器,用以检测速度、流量、占有率参数,数据质量较高。

也可布设视频检测器,一方面检测速度、流量、占有率,另一方面检测主要路径的旅行时间信息。

部分城市布设地磁检测器。

另外,出租车GPS可以覆盖城市快速路系统,但是快速路主路和辅路的识别技术不太成熟,数据的质量相对差一些。

2. 城市主干路(交叉路口)

城市主干路(交叉路口)指城市的主干线,有交叉路口。一般布设的检测器是路口处的感应线圈检测器,可以检测速度、流量、占有率参数,但是速度参数的数据质量较差。感应线圈的损坏率较高,数据质量相对较差。

也可布设视频检测器,一方面,检测主要路径的旅行时间信息,另一方面,对于长路段而言,可在路段中间布设视频检测器,检测速度、流量、占有率参数。

出租车GPS可以覆盖城市主干路,由于出租车的运行特征,即需要停车上下客,速度为0的数据点较多,这使得出租车GPS的数据质量受到一定的影响。

3. 城市次干路与支路

部分城市次干路与支路可以实现GPS浮动车和感应线圈检测器的检测。

二、城市道路交通状态评价指标

1. 直接检测的指标

根据城市交通多源数据特性可以直接检测到的指标如下:

1)速度

交通流速度表示交通流流动的快慢,单位是 m/s 或 km/h。可以检测的速度参数如下。

(1)地点车速:车辆驶过道路上某一断面时的瞬时速度,观测距离很短,以行驶该距离的时间小于 2s 为限。微波检测器、视频检测器、地磁检测器可以获得地点车速;感应线圈检测器检测的数据依据流量推算出来的,准确度较低。

(2)瞬时速度:车辆行驶时的瞬时速度。GPS 浮动车可以获得车辆的瞬时速度。

(3)行程速度:又称区间车速或运送速度,是车辆行驶路程与通过该路程的总时间(包括停车时间)之比。GPS 浮动车可以获得行程速度。

2)流量

交通流量表示交通流在单位时间内通过道路指定断面的车辆数量,单位为辆/h 或辆/d。微波检测器、视频检测器、地磁检测器、感应线圈检测器均可实现流量的检测。

3)密度

交通流密度,表示交通流的疏密程度,即道路单位长度上含有车辆的数量,单位为辆/km。直接检测到的密度指标主要指占有率参数,包括以下两种。

(1)时间占有率:在道路的观测断面上,有车辆通过检测器的时间累计值与观测时间的比值。用来描述车辆占用道路断面的时间比例,通常用百分比表示,作为一个易于检测的指标,经常用来推算交通密度等其他交通指标。感应线圈检测器、视频检测器可以检测时间占有率参数。

(2)空间占有率:在观测路段上,所有车辆长度之和与路段总长度的比值。用来描述路段的拥挤程度,通常用百分比表示,直接反映路段的负荷情况。微波检测器可以检测空间占有率。

4)旅行时间

旅行时间指车辆通过两个道路断面的行驶时间。GPS 浮动车、视频检测器(旅行时间检测器)可以实现旅行时间参数的检测。

2. 需要计算的指标

根据道路交通信息采集系统检测的参数,可计算的参数如下。

1)流率

通过某一车道或道路某一断面的小时当量车辆数,单位为辆/h。

该指标用来描述道路上交通流的状态,可用于评价道路交通流的饱和程度,可以直接反映道路的负荷情况,是交通管理的重要参考。计算公式为:

$$f = \frac{v}{t} \tag{5-1}$$

式中:f——流率;

v——流量;

t——时间,h。

2)密度

在单位长度的车道上,某一时刻的车辆数,单位为辆/(km·车道)。

密度是描述道路拥挤程度的指标,反映车辆在道路上的空间分布状况,是道路负荷程度的一种度量。计算公式为：

$$d = \frac{f}{s} = \frac{v}{s \times t} \tag{5-2}$$

式中：f——流率；

s——速度；

v——流量；

t——时间，h。

3）延误

延误指由于道路和环境条件、交通干扰以及交通管理与控制等因素所引起的旅行时间的延长，单位为 s/辆。

对于单个交叉路口而言，延误用来描述车辆通过交叉路口的难易程度，直接反映交叉路口的拥挤状态，可作为评价交叉路口服务水平的重要参考依据。

对于主要路径而言，延误也可以反映路段的拥挤状态。

4）通行能力

路段通行能力是在一定的道路和交通条件下，道路上某一路段单位时间内通过某一断面的最大车辆数。计算公式为：

$$C = \frac{3600}{t} \tag{5-3}$$

式中：t——车头时距，s。

交叉路口通行能力的计算公式为：

$$C = \sum_{i=1}^{n} S_i \lambda_i \tag{5-4}$$

式中：S_i——第 i 个流向的饱和流率；

λ_i——第 i 个流向的绿信比（交通信号灯在一个周期内可用于车辆通行的时间比例）。

路网容量指在给定的道路和交通条件下，给定 OD 分布形态，采用某种交通分配准则，整个路网在给定时间内所能服务的最大标准车辆数。这个概念可以用于整体路网，也可用于局部网络。

5）饱和度

饱和度：当前道路流量 v 与道路通行能力 C（最大交通流量）的比值。

6）路网畅通率

路网畅通率：指定区域内，某一时刻路段服务水平处于畅通等级的路段数量与该区域路网所包含的所有路段数量的比值。对于连续时间序列而言，畅通的时间概率；对于断面时间而言，畅通的路段数量概率。

该指标描述了区域路网道路的通畅程度，是该区域交通总体状况的一个度量，其变化可以用于评价交通管理效果。

7）路网拥堵率

路网拥堵率：指定区域内，某一时刻服务水平等级处于拥堵的路段数量与区域路网所包含的所有路段的数量的比值。对于连续时间序列而言，它指拥堵的时间比例；对于断面时间而言，它指拥堵的路段数量比例。

该指标描述了区域路网的拥堵程度，是区域交通总体状况的一个度量，可以用于评价交通管理效果。

3. 北京市道路交通流预测系统

北京市道路交通流预测系统以中短时交通流预测和拥挤评价为核心，以 Web 服务方式对外提供路况显示、拥挤评价、旅行时间、统计分析和系统管理五大功能，界面如图 5-11 所示。

图 5-11 北京市道路交通流预测系统界面

1）路况显示

路况显示是北京市道路交通流预测系统最核心、最主要的功能部分，具体包含三部分。

第一部分，系统以 GIS 电子地图的形式向用户提供当前时刻以及未来 5min、15min、30min、1h、2h 的路况信息。

第二部分，系统以 GIS 电子地图的形式向用户提供北京市五环路范围内的静态路网信息和快速路范围内的检测器信息。

第三部分，路况显示作为预测系统的默认显示界面，还集成了其他常用的小功能。

2）拥挤评价

拥挤评价部分对每个路段的流量、速度、占有率、饱和度等多个交通参数进行综合分析，评定其对应的拥堵级别。路段的拥堵状况从畅通到拥堵共分为 5 级，分别用从绿到红的渐变色进行表征，以便在 GIS 电子地图上进行显示。

3）旅行时间

旅行时间部分从车牌识别数据中提取旅行时间信息，以提供相关服务。系统按照旅行时间的长短对路段进行分级，并以 GIS 专题图的形式进行显示。用户可以针对 GIS 地图进行平移、缩放、点击查询等操作。

4）统计分析

北京市道路交通流预测系统基于实时路况和历史数据提供丰富的统计分析功能，包括基于单个时段、单日或更长时段的针对单个断面或整个路网的各种统计计算。

5）系统管理

北京市道路交通流预测系统的用户分为普通用户和管理员两种，只有管理员才能使用完整的包括系统管理在内的五大项功能，普通用户只能使用前3项功能。系统管理功能包括用户管理和公告管理两部分。

第四节　居民出行行为检测与信息服务系统

一、居民出行行为检测

1. 基础数据及功能

居民出行行为检测的数据种类包括：人口时空数据、土地利用数据、经济活动数据、社会网络数据等。数据源包括：交通委、规划委、公安交管、气象等政府部门，以及互联网企业等。

基于上述数据，可以开发一系列应用系统：城市人口与出行决策系统、旅游出行决策系统、大型活动监测与支持系统等。

系统的基础功能包括：

（1）城市居住就业地分布监测：居住与就业地分布显示、居住与就业地分布历史数据查询。

（2）城市实时人口分布监测：实时区域人口监测、区域人口流量历史数据查询。

（3）城市居民出行分布监测：居民出行分布显示、居民出行分布历史数据查询。

2. 城市交通出行及人口流量分析平台

平台利用基于移动互联的城市交通运行状态检测系统的数据采集子系统、统计分析子系统、交通出行分析展现3个子系统建设，可获取人口、出行及交通状况信息，及用于相关性分析与决策支持，如图5-12所示。

图5-12　城市交通出行及人口流量分析平台

平台的核心功能包括以下几项。

(1)城市居住就业地分布监测(图5-13)。

①在WebGIS上实时渲染区域中的人口分布密度的变化情况,由绿到红分级显示,红色表示密度高,绿色表示密度低,交通管理人员可以查看特定区域中的居住和工作人口数量。

②具备区域居住与就业人口历史数据查询功能,通过历史数据的积累,用鼠标单击特定区域,以图表的方式展示该区域不同日期的居住与就业人口变化曲线。

所需信息:用手机信令数据获取的实时居住与就业信息。

图5-13 城市居住就业地分布监测

(2)城市实时人口监测(图5-14)。

①在WebGIS上实时渲染其人口分布密度的变化情况,由绿到红分级显示,红色表示人流密度高,绿色表示人流密度低,交通管理人员可以查看特定区域中的人员数量。

②并且具备区域人口流量历史数据查询功能。

所需信息:用手机信令数据获取的实时人口信息。

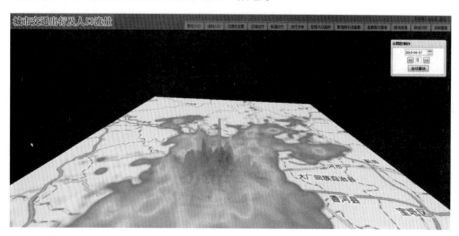

图5-14 城市实时人口监测

(3)城市居民出行分布监测(图5-15)。

①在WebGIS上实时渲染区域中的出行发生量和吸引量变化情况,用带箭头的线条表示

方向和出行量。

②具备区域居民出行分布历史数据查询功能,用鼠标单击特定区域,以地图渲染的方式展示该区域与其他区域之间的出行量。

所需信息:用手机信令数据得到的用户出行特征信息。

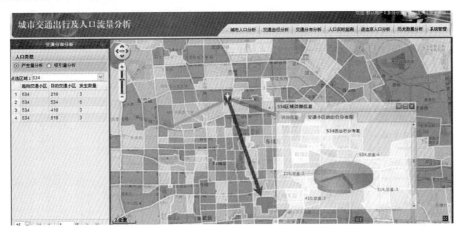

图 5-15　城市居民出行分布监测

二、信息服务系统

1. 信息服务种类

信息服务系统主要提供 8 种类型的信息。

1) 交通信息

(1) 实时路况信息:路网的拥挤程度、路段实时速度、交通量分布等信息。

(2) 交通事件信息:交通事件的发生时间、地点、发展状况等。交通事件是指发生时间和位置不可预测的、造成道路通行能力临时下降的事件,如交通事故、重大交通堵塞、车辆抛锚、货物散落、道路维修等。

(3) 交通事件的服务信息:发生交通事件以后的报警及救援信息。

(4) 交通管理信息:单行道、禁左转、步行街信息、限高限速限车类型、交通管制区域及管制时间、交叉口渠化图、交通组织图等信息。

(5) 交通控制信息:信号灯的相位、配时;区域控制的控制范围;行车延误等信息。

(6) 出行建议信息:包括出行的最优推荐方案信息;发生交通事件时的替代路线信息;事故多发、上下坡等危险路段的警告信息;限高、限速、超重的警告信息等。

(7) 出行的预计耗时信息:整个或某段线路的行程时间预测信息。

(8) 车辆管理信息:车辆的年检通知、违章的通告、缴纳罚款的地点、款额等信息。

(9) 驾驶人信息:驾驶人记分信息、体检信息等。

2) 运输信息

(1) 公共汽车的线路、停靠点位置、停靠点的换乘信息及车型信息,公共汽车的早发时间和收车时间、发车间隔时间等信息,公共汽车的票价信息。

(2) 出租车的预约电话。

(3)快速公交的行驶线路、停靠点的位置和换乘信息,快速公交的早发时间和收车时间、发车间隔时间等信息,快速公交的票价信息,快速公交管理机构的对外服务信息(办公地点、时间),快速公交的车内拥挤情况实时评价信息。

3)停车场信息

停车场位置信息,停车场营业时间信息,停车场收费信息,停车场实时空位信息。

4)道路信息

(1)道路属性信息:道路的名称、分类、宽度、车道数、设计速度、设计通行能力等,高架路、高速公路的入口位置等。

(2)交叉口信息:交叉口的名称、类型、设计通行能力等。

(3)行人过街设施信息:过街天桥的位置、高度、宽度,过街隧道的位置、深度、宽度等。

(4)道路收费信息:收费道路的收费站位置,收费价额信息。

(5)道路的维修、改造等施工实时信息。

(6)道路建设和规划信息:在建和规划道路的线位、与其他道路的连接、道路级别、设计宽度、车道数、设计流量、设计速度、建成时间等。

5)道路天气信息

道路天气信息是指特定道路的实时和预报天气情况信息,如暴风雨、大雾等。

6)道路环境信息

道路环境信息是指特定道路的实时和预报空气质量信息,如CO含量、铅含量等信息。

7)社会活动信息

社会活动信息是指可能影响道路交通状况的重大政治、文化、体育活动的时间、地点,可能的交通管制范围等信息。

8)统计分析数据

为交通规划部门、建设部门等相关单位提供基础信息的统计分析功能。涉及信息主要有位置、交通流、交通事件、停车、公共交通、非机动车出行、混合出行、交通指数、交通安全、交通气象信息、票务收费、铁路民航,总计12类信息。通过融合加工,为相关单位提供统计分析数据。

根据用户主体的不同,将上述不同用户所需要的信息内容分类,见表5-2。

不同用户类型需要的信息内容　　　　　　表5-2

用户类型	对应群体	交通信息用途	信息内容
交管部门	交警等交通管理人员	管理决策,发布交通诱导信息	交通信息、道路环境信息、道路天气信息、社会活动信息、路况统计分析数据等
社会公众	自驾车出行者	指导出行,提供出行线路诱导,节省出行时间,改善出行环境,方便、快捷、舒适地到达目的地	交通信息、停车场信息、道路天气信息、道路环境信息、社会活动信息等
	公交出行者		交通信息、公交信息、道路天气信息、道路环境信息、社会活动信息等
	慢行交通出行者		交通信息、道路天气信息、道路环境信息、社会活动信息等
	运营车辆		交通信息、道路天气信息、道路环境信息、社会活动信息等
政府部门	交通规划、建设和研究等相关单位	管理决策、科学研究	路况统计分析数据

2. 信息发布功能

系统可向室外诱导屏、交通广播电台、互联网以及手机等多种发布终端发布信息,并为未来发展预留发布接口。

1)室外诱导屏信息服务功能

室外诱导屏安装在城市道路上时,用于提示驾驶人前方的实时路况信息或者相关的一些交通信息。如前方的交通通畅程度以及前方道路的交通拥堵状况、服务水平等。这些道路交通信息的发布主要可以通过将不同拥堵程度的道路标为不同的颜色以发布路况信息,告知驾驶人前方的路况信息;同时还可以发布相应的各路段最高限速等相关信息;在高速公路上,室外诱导屏可以用来发布前方路况、隧道内的交通状况(如是否发生事故)、道路维护施工情况以及天气情况等。室外诱导屏在发布各相关道路状况信息的同时,也给出相应的通行建议,对交通进行疏导、保证道路的安全畅通,并且可显示相关的宣传标语、法规等。

室外诱导屏还能根据交通、天气及指挥调度部门的指令及时显示交通诱导信息,如:施工地段管制、强风、浓雾等警示标语及简单图形,从而让驾驶人提前了解道路状况,避免交通阻塞、减少交通事故发生。同时还可根据路面实际情况显示限速值,从而有效地对交通流进行诱导,使得城市主干道和快速路交通更加畅通。

同时系统还具备发布警告信息的功能:这类信息主要是根据与交通诱导信息发布系统联动的那些卡口监控系统所提供的监控数据,发布其管辖范围内行驶车辆的超速违章等信息。

除此之外系统还能显示通用的交通信息,如交通法规以及谨慎驾驶、注意安全、不要疲劳驾驶、保持车距等宣传标语,根据设定好的时间和信息显示周期轮流播放的信息。其信息内容、显示时间可通过系统进行更改。

例如北京市的诱导屏(图5-16),可分别显示实时路况信息、旅行时间信息、交通事件信息以及交通管制信息。

交通诱导室外显示屏显示的方式包括:以图形表示的路段流量状况以及文字表示的局部路况信息。以图形表示的流量状况显示模式相对固定,只需以一定的信息发布周期进行信息更新即可;以文字显示的局部路况信息则需要实时显示诱导屏覆盖范围内的全部重要信息。文字信息包括以下两类:交通状态信息,如发布覆盖区域内某一路段的大致行程时间、拥堵程度等;提示信息,如发布覆盖区域内出现交通事件的地点或路段、交通安全提示信息、诱导提示信息等。文字信息屏也可以通过人工编辑直接发布。

2)手机短信信息服务功能

和移动通信公司开展合作,正式开通交通信息短信服务平台。用户可通过手机短信形式免费获得车辆违法、车辆年检、驾驶人换证提示等交通信息服务,也能获得全市街路通行状况及雨雪冰冻等灾害性天气的信息。

交通信息短信平台提供服务时,用户发送及接收短信都免费。它将为交通参与者提供交通违法查询、车辆相关信息查询、驾驶员相关信息查询、交通法律法规宣传、主动告知服务等服务,具体如下:

a)实时路况

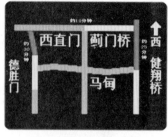
b)旅行时间

c)交通事件

d)交通管制

图 5-16　室外诱导屏发布信息示意图

(1) 实时路况查询。

通过在手机客户端输入城区主干道名称,即可看到实时路况。其中,道路信息以 3 种颜色表示,红色表示拥堵,黄色表示缓行,绿色表示通畅。此外,还实现实时查看功能,通过手机连接主干道关键路况摄像头,便可用视频或彩信的方式,直接查看道路的现场路况。实时路况查询有助于驾驶人行车过程中时刻掌握最新道路通行状况,选择最佳出行路径。

(2) 短信服务平台。

交通管理部门与通信公司密切联系,帮助用户完成对手机服务功能的订阅。通过短信群发向交通参与者(特别是驾驶人)实时提供交通服务信息、安全宣传信息、城区各主要道路的交通拥堵等级状况、道路交通服务水平状况以及因应急事故而产生的临时管制的信息,尤其可以利用短信平台向地区之外的驾驶人提供交通信息服务。还可以利用短信平台实时向社会公开相应的交通管理业务,利用短信平台免费发布交通违法信息提醒服务,车主可通过车辆注册时登记的手机号码订阅这项免费服务。此外,手机短信平台在城市公交系统中也可以发挥出其巨大的优势。

(3) 短信定制服务。

定制服务为注册用户提供短信提醒服务,主要服务内容包括:常用路线定制、交通事件定制、车辆信息定制、驾驶人信息定制和停车场定制等主要内容。

常用路线定制:定时为用户发送用户自定义的经常使用的出行路线的路况信息服务,例如从家到单位、从单位到家、接送孩子、商场购物等常用路线的服务。

出行提醒:①"出行时间"提醒,在用户规定的时间发送短信,提醒用户出行线路及旅行时间等;②"到达时间"提醒,根据用户设定到达目的地的时间,根据当前路况提醒用户何时出行。

交通事件定制:定时为用户发送用户自定路线上的交通事件信息,例如交通管制、施工、事故信息等,为用户规划其他出行路线、避开拥堵路段提供帮助。

车辆信息定制:为用户提供与其相关的机动车相关信息的定制,例如机动车违法、机动车年检提醒等。

驾驶人信息定制:为用户提供驾驶人积分、驾驶人体检信息等信息的提醒服务。

停车场信息定制:为用户提供其自定义停车场动态车位信息的提醒服务。

3) 交通广播信息服务功能

在交通管理方面,通过信息发布系统,将交通事故现场状况信息在第一时间内向公众、社会公布,使交通参与者得到及时的提醒,绕开事故发生地点和拥堵路段,降低发生交通拥堵事件的概率。交通服务方面,根据掌握的交通状况信息和信息发布渠道,向交通参与者提供交通指导信息,降低路网交通压力,同时为出行者推荐出发时间和出行方式,促使交通量在整个路网中平衡。同时,还可以随时发布天气预报、停车场信息、商场促销信息等多种实用生活信息。

在交通信息服务及交通诱导中运用交通电台有以下几个方面的优势:

(1) 交通广播电台有较高的覆盖率,目前很多城市的公共交通工具(如常规公交车、地铁、出租车)都已经覆盖了城市交通广播电台,据不完全统计,在大中城市的出租车领域,交通广播电台的市场占有率均超过80%,有些城市甚至超过95%。

(2) 城市交通广播电台与各城市交通管理以及城市规划等相关部门紧密联系,可及时获取城市实时路况信息、道路管制、施工、事故等交通相关信息。

(3) 现在大部分城市交通管理部门已经实现了对道路交通网络的视频监控,并与交通广播电台共享,而视频监控信息直观、准确、及时的特点使其具有很高的应用价值。

(4) 交通广播电台拥有大量的信息采集员和热心听众,以各种方式报送实时路况信息,极大增强了信息发布的及时性。另外,交通广播电台还可以实时地播放一些安全宣传信息、法律法规等相关信息,同时还可利用有线、无线基地台加强一线交警与交通指挥中心的联系,协调警力配置。

交通广播电台在交通管理中的具体运用如下:

(1) 将交警指挥中心实时监控大屏直接安装在直播室面前,主持人能够可视化即时播报市内各节点的交通情况,甚至能够坐在直播室通过遥控操作摄像头查看交通事故现场情况,可以模拟交通现场并进行"现场报道"。

(2) 可以在交通电台里面设置专门的交通类的电视栏目,由交通指挥中心的警官亲自播报信息,并且在各显示屏上滚动播放提示过路车辆驾驶人及时收看相关节目,这样可以减少很多警方监控的盲区。

(3) 开设交通服务频道,随时向观众和听众播放交通安全宣传片等。

4) 网络信息服务功能

基于互联网的信息服务模式主要实现如下几方面信息的发布。

(1) 交通信息发布。

① 交通运行状况信息:社会公众可以通过互联网登录地区交通警察支队官方网站、公众

号、微博等,查阅各种公开的交通管理及控制信息,也可以查询各城区主要道路的交通运行状况、拥堵程度、车流速度以及特定路段及路口的服务水平等状况。

②大型活动事故信息:交警可以及时地发布为大型活动以及一些突发事故等采取的临时交通管制措施,并提议拟采取的建议措施(如采取绕行等相关措施),从而可以很大程度上降低交通拥堵程度。

③突发事件信息:发布道路交通事故情况、道路交通施工情况、道路交通管制情况、影响道路交通的恶劣天气情况等。

④视频播放及服务窗口:设立相应的视频点播窗口,播放相应区域或者路段的交通实时录像(尤其是高峰时段的录像)。视频录像更为直观,效果甚佳。同时还可以开设相应的社会评论留言窗口,广泛汲取社会公众的评价建议,从而优化完善相关工作。

(2)交通安全宣传教育。

互联网,尤其是移动互联网在交通安全宣传方面与传统媒体相比具有很多的优势。首先,它的覆盖面广、传播力强。互联网宣传不仅受到广大出行人群的青睐,而且信息面之广也是一些传统媒体难以匹敌的,同时互联网可以 24h 不间断地更新与播放信息。其次,它的功能强大、渲染力强。互联网是一把双刃剑,充分利用其优势足以将交通安全宣传做到极致,同时也要极力避免负面事件的发生。

①公安交通管理部门可以充分利用网络丰富而强大的渲染功能。通过精心编写稿件,配发精彩图片、录制宣传视频等手段吸引网民关注,利用网络访谈、互动问答、投票参与等方式调动网民的参与热情,从而更为形象生动地讲述交通民警的感人事迹,更为直观地反映交通违法行为的危害性,更为有效地激发群众对交警工作的认同感和自觉维护交通安全的责任感。

②组织宣传民警在准确把握大众心理、认真筛选宣传素材、精心策划制作的基础上,在一些具有较大影响力的本地网站、公众号、微博发布道路交通安全宣传信息,介绍交警网上便民服务措施,引导网民关注交通安全交通管理业务。

③争取在本地影响力较大、点击率较高的网站、公众号、微博上发布道路交通安全宣传信息,开设交通安全窗口,设置地区交警支队信息服务网的链接点。通过定期组织网友见面会、建立专门 QQ 群(微信群)、在本地社区论坛上开辟交通安全专栏等形式,强化警民在线交流互动。

(3)交通管理业务办事指南。

业务办理指南,主要是用于发布各项交通管理业务的办理流程、相关规定、供下载的表格、办事机构的地址及其联系方式等。开通各类网上窗口,如网上民意调查、网上民意征集、在线交流以及交警微博等交流窗口,实时为人民排忧解难。同时,设立各种交通事故处理通报窗口、车辆牌照管理等相关信息查询窗口。同时还有相应的交通管控,事故黑点通告等。

(4)其他功能。

交通信息服务及诱导还应借助互联网与 122 服务台实时联动。同时还可以运用网络实施对专用车辆的指挥和调度管理,如医疗急救中心的急救车、消防中心的消防车、交警的指挥调度车、银行的运钞车、洒水车等车辆的指挥调度。

3. 国内外绿色出行信息服务 App

1) 北京实时公交 App

提供公交路径选择、公交到站时间预测等信息(图 5-17)。

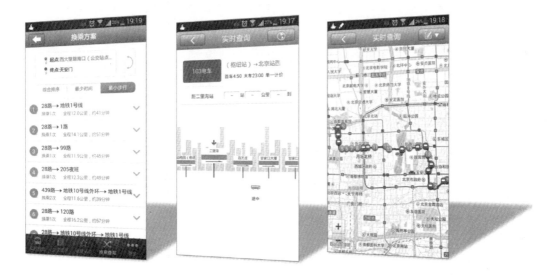

图 5-17　北京实时公交 App 界面示意图

2) 交通杭州 App

整合了五位一体公共交通体系(包括公交车、公共单车、地铁、水上公交和出租车)、长途公共交通运输工具(包括班车、列车和航班)及个人自驾等各类出行方式。该系统的 15 项主要功能提供了线路站点、班线时刻、票价里程、换乘转乘、路径规划、实时路况、通行费用等交通出行信息,如图 5-18 所示。

图 5-18　交通杭州 App 界面示意图

3) 广州地铁官方 App

提供地铁出行路线、首末班车时间、车站服务设施、车站周边信息、站外实景导航服务、实时运营公告,如图 5-19 所示。

图 5-19　广州地铁官方 App 界面示意图

4) 中国台湾地区转乘通 App

结合七大大众交通工具的换乘查询系统,提供台北市、新北市与高雄市实时公交信息,并提供 1～3 种换乘方案,如图 5-20 所示。

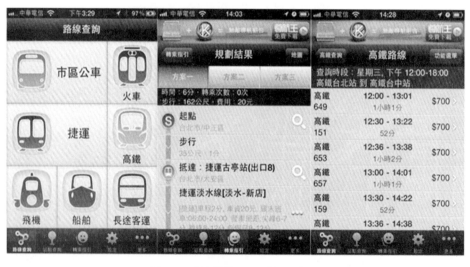

图 5-20　台湾转乘通 App 界面示意图

5）Free London Bus Time & Stop Information（伦敦公交时刻和站台信息）

Free London Bus Time & Stop Information 可以为用户提供公交方面的信息，包括伦敦公交时刻信息、实时公交站点信息及公交路线查询。其主要特色是可以为用户提供公交站点图片、实时公交出发信息、实时地图、位置跟踪、区域及邮编查询，如图 5-21 所示。

图 5-21　Free London Bus Time & Stop Information App 界面示意图

第五节　"互联网 + 交通"

一、国家相关政策

1. 推进"互联网 +"便捷交通促进智能交通发展的实施方案

国家发展改革委和交通运输部联合发布了《推进"互联网 +"便捷交通促进智能交通发展的实施方案》，提出如下要求。

1）完善智能运输服务系统

（1）打造"畅行中国"信息服务。

加强政企合作，支持互联网企业和交通运输企业完善各类交通信息平台，形成涵盖运输、停车、租赁、修理、救援、衍生服务等领域的综合出行信息服务平台，实现全程、实时、多样化的信息查询、发布与反馈。增强国家交通运输物流公共信息平台服务功能，建设行业数据交换节点，开发交通运输物流运行分析服务产品。充分利用新型媒介方式，建设多元化、全方位的综合交通枢纽、城市及进出城交通、城市停车、充电设施等信息引导系统。提高交通动态信息板等可视化智能引导标识布设密度。完善交通广播等传统媒介功能,扩大高速公路交通广播覆盖范围。

(2) 实现"一站式"票务支付。

稳步推进全国道路客运联网售票系统建设,推动实名制长途汽车客运、重点区域水路客运电子客票试点应用,旅客凭身份证件、电子凭证可实现自助购(取)票、检票、进出站。推动机票、道路客运售票系统等向互联网企业开放接入,积极研究铁路客票系统开放接入条件,鼓励互联网企业整合集成,为旅客提供全方位、联程客票服务,形成面向全国的"一站式"票务系统。稳步推进交通一卡通跨区(市)域、跨运输方式互联互通;加快移动支付方式在交通领域应用。

(3) 推进高速公路不停车收费(ETC)系统拓展应用。

以提高通行能力、缓解交通拥堵、减少排放为重点,提高全国高速公路 ETC 车道覆盖率。提高 ETC 系统安装、缴费等的便利性,加大用户发展力度,着重提升道路客运车辆、出租车等各类营运车辆使用率,力争 3 年内客车 ETC 使用率达到 50% 以上。研究推广标准厢式货车不停车收费。提升客服网点和省级联网结算中心服务水平,建设高效结算体系。促进 ETC 系统与互联网深度融合,实现 ETC 系统在公路沿线、城市公交、出租车、停车、道路客运、铁路客运等交通领域的广泛应用。

(4) 推广北斗卫星导航系统。

推动各种全球卫星导航系统在交通运输行业兼容与互操作。加强全天候、全天时、高精度的定位、导航、授时等服务对车联网、船联网以及自动驾驶等的基础支撑作用。鼓励汽车厂商预装北斗用户端产品,推动北斗模块成为车载导航设备和智能手机的标准配置,拓宽其在列车运行控制、车辆监管、船舶监管等方面的应用,更好地服务于旅客出行、现代物流和旅游休闲等。

(5) 推动运输企业与互联网企业融合发展。

充分发挥运输企业和互联网企业各自优势,鼓励线上线下资源整合,为公众提供多元化、高品质服务。发掘和满足旅客潜在需求,依托线下资源向线上拓展,延伸服务链条,创新商业模式。发挥互联网面向个性化需求、响应及时、组织高效等特点,积极整合线下资源,通过定制承运、网络预约出租汽车、分时租赁等方式,在城市交通、道路客运、货运物流、停车、汽车维修等领域,发展"互联网+"交通新业态,并逐步实现规模化、网络化、品牌化,推进大众创业、万众创新。鼓励运输企业和互联网企业进行战略合作,实现信息资源、资本、技术和业务等方面深度融合,以及与上下游产业链有机结合。

2) 构建智能运行管理系统

(1) 完善交通管理控制系统。

全面提升铁路调度指挥和运输管理智能化水平。推进新一代国家交通控制网、智慧公路建设,增强道路网运行控制管理能力。建设智慧港口,提高港口管理水平与服务效率。建设智慧航道,提升内河高等级航道运行状态在线监测能力。建设智慧海事,基于国家北斗地基增强系统和星基船舶自动识别系统,建设重点船舶全程跟踪和协同监管平台。推动 E-航海示范工程建设,为船舶提供辅助导航服务。完善现代空管系统,加强航空公司运行控制体系建设。推广应用城市轨道交通基于无线通信的列车控制系统。优化城市交通需求管理,完善集指挥调度、信号控制、交通监控、交通执法、车辆管理、信息发布于一体的城市智能交通管理系统。推进部门间、运输方式间的交通管理联网联控。

(2)提升装备和载运工具自动化水平。

提升铁路计算机联锁、编组站系统自动化程度,建设无人化集装箱码头系统,有序推动无人机自动物流配送,稳步推进城市轨道交通自动驾驶。推广应用集成短程通信、电子标识、高精度定位、主动控制等功能的智能车载设施。建设智能路侧设施,提供网络接入、行驶引导和安全告警等服务。加强车路协同技术应用,推动汽车自动驾驶。推进自主感知全自动驾驶车辆研发,根据技术成熟程度逐步推动应用。鼓励研发定制化智能交通工具。

(3)推进旅客联程联运和货物多式联运。

推进各运输方式间智能协同调度,实现信息对接、运力匹配、时刻衔接。推动旅客客票向"一票制"、货物运单向"一单制"发展。依托移动互联网促进客运、物流信息整合,鼓励发展客货无车承运,实现一体衔接。加强多式联运、交通枢纽物流园区、城市配送、危险品运输、跨境电子商务等专业化经营平台信息互联互通,提升大宗物资、集装箱、快递包裹等重点货物运输效率。积极推动长江及长三角地区江海联运与多式联运信息服务平台建设。鼓励中国铁路95306综合物流网络平台开发物流配送手持应用等服务。引导相关企业完善甩挂运输管理信息系统,进一步完善民航领域离港系统、航空物流信息平台。

3)健全智能决策支持系统

(1)建设安全监管应急救援系统。

建立集监测、监控和管理于一体的铁路网络智能安全监管平台。依托国家安全生产监管平台,建设交通运输安全生产监管信息化工程。完善运行监测与应急指挥系统,加快省级和中心城市系统建设,加强对重点营运车辆和重点运输船舶的监管。提升民航飞机在线定位跟踪能力,建设民用无人机安全飞行智能监管平台。提升城市轨道交通运营安全监管能力。加快推进"绿盾工程"建设,完善邮政快递安全监管平台。充分利用互联网技术,建立跨部门联防联控体系,加强交通、公安、安监、气象、国土等部门间的信息共享和协调联动,完善突发事件应急救援指挥系统。

(2)完善决策管理支持系统。

加强交通规划、投资、建设、价格等领域信息化综合支撑能力,完善综合交通统计信息决策支撑体系。充分利用政府、企业、科研机构、社会组织等数据资源,挖掘分析人口迁徙、公众出行、枢纽客货流、车辆船舶行驶等特征和规律,加强对交通规划建设、运营管理和政策制定等决策的支撑。推动交通运输网上行政许可"一站式"服务,推进许可证件(书)数字化,促进行政许可、服务监督的信息化和互联互通。加快推动交通运输行政执法案件电子化,实现行政执法案件信息异地交换共享和联防联控。推进非现场执法系统试点建设,实现综合巡检和自动甄别。推动汽车电子健康档案系统和汽车维修配件追溯体系建设。

4)加强智能交通基础设施支撑

(1)建设先进感知监测系统。

以提升运行效率和保障交通安全为目的,加强交通基础设施网络基本状态、交通工具运行、运输组织调度的信息采集,形成动态感知、全面覆盖、泛在互联的交通运输运行监控体系。基本形成覆盖全国的铁路设施设备运行状况监控网络。推动国家公路网建设和运行的监测、管理和服务平台构建,完善监测网点布设,深化公路、水运工程基础设施质量安全状态感知监测及大数据应用。加快推进内河高等级航道数字化建设,大力推广应用电子航道图。加强城市地面交通、轨道交通、枢纽场站等运行状况信息采集能力。建设交通节能减排监测网点,加强分析预警。

(2)构建下一代交通信息基础网络。

加快车联网、船联网建设,在民航、高铁等载运工具及重要交通线路、客运枢纽站点提供高速无线接入互联网的公共服务,扩大网络覆盖面。进一步完善全国高速公路信息通信系统等骨干网络,提升接入服务能力。探索应用交通运行控制、运营管理和信息服务的通信网络新技术,建设铁路下一代移动通信系统,布局基于下一代互联网和专用短程通信(DSRC)的道路无线通信网。研究规划分配智能交通频谱。

(3)强化交通运输信息开放共享。

推动跨地域、跨类型交通运输信息互联互通,依托国家及行业数据共享交换平台和政府数据开放平台,促进交通领域信息资源高度集成共享和综合开发利用,完善综合交通运输信息平台功能。按政务公开的有关规定,政府交通信息资源分级分类向社会开放,鼓励基础电信企业和互联网企业向小微企业和创业团队开放资源。鼓励发展交通大数据企业,提升处理和分析能力,创新数据产品,更好支撑企业运营管理和政府决策。

5)全面强化标准和技术支撑

(1)制定完善技术标准。

制定交通运输行业基础性数据共享相关标准,拟定政府公开数据集规范。结合技术攻关和试验应用情况,推进制定人车路协同(V2X)国家通信标准和设施设备接口规范,开展专用无线频段分配工作。以共性基础标准为重点,构建与国际接轨的中国智能汽车标准体系。统一内河电子航道图标准,制定内河船舶射频识别标准。推动交通支付系统和设备标准化。制定物流信息平台相关技术标准。加快国家智能交通技术标准国际化。推动核心关键技术研发应用和技术标准制定推广。

(2)积极研发和应用智能交通先进技术。

把握现代信息技术发展趋势,适应智能交通发展市场需求,在以下领域提升自主创新能力,突破交通关键核心技术,做好试点示范推广和产业化应用,着力解决交通运输领域存在的关键共性技术和短板瓶颈等问题。

①铁路和城市轨道交通自动运行技术。从优化运行系统结构、提高行车密度、强化车地信息交互及控制功能等方面,积极发展列车自动控制系统。开展全自动运行系统关键技术攻关,在车载设备休眠和自动唤醒、故障情况下应急控制、车载设备小型化等方面实现突破。研发城市轨道交通智能检测维修系统,实现设备故障预警和隐患排查。支持研发轨道交通全自动运行和智能维修的整套装备和软件。

②车联网和自动驾驶技术。加大对基于下一代移动通信及下一代移动互联网的交通应用技术研发支持力度,攻克面向交通安全和自动驾驶的人车路协同通信技术,基于交通专用短程通信技术和现有电子不停车收费技术实现车路信息交互;研发并利用具有自主知识产权的LTE(长期演进技术)开展智能汽车示范应用。示范推广车路协同技术,鼓励乘用车后装和整车厂主动安装具有电子标识、通信和主动安全功能的车载设施。推动高精度的地图、定位导

航、感知系统，以及智能决策和控制等关键技术研发。开展自动驾驶核心零部件技术自主攻关。充分利用大数据和云计算，实现智能共享和自适应学习，提高驾驶自动化水平。推广交通事故预防预警应急处理、运输工具主动与被动安全等技术。

③智能港航和船舶技术。在航海领域推广应用北斗卫星导航系统，提高船舶定位精度。在国际 E-航海战略规划下，研发下一代星基、陆基甚高频数据交换系统（VDES）和新型海上安全信息数字广播系统（NAVDAT），开发应用具有自主知识产权的基于 S100 标准和应用需求的电子海图和电子航道图应用船载终端，建设航海公共服务平台，提高中远海船舶保障能力。出台技术标准，加快船舶交通管理系统的国产化进程，促进船舶交通管理系统的区域和全国互联，实现海上智能交通管理。

④新一代空中交通管理技术。发展新一代空中交通管理系统，实现通信、导航、监视、信息管理和航空电子设备全面演进。重点发展地空数据链技术和地面 IP 网络技术等通信新技术。完善陆基导航的设施和布局，满足仪表运行和基于性能的导航运行需求，逐步推动从陆基导航向星基导航过渡。开展多静态一次监视雷达、多功用监视雷达、低空监视技术等新监视技术的研究工作。研究并推进广域信息管理技术应用。发展空中导航、空中防撞、机场地图和交通信息显示等先进航电技术。

⑤智能城市交通管理技术。加强大范围交通流信息采集、交通管理大数据处理、交通组织和管控优化、个性化信息服务等技术研发。进一步提升自主研发交通信号控制系统等在设备精确度、稳定性方面的技术水平，并大规模推广使用。

（3）大力推动智能交通产业化。

加快建立技术、市场和资本共同引领的智能交通产业发展模式。发挥企业主体作用，鼓励交通运输行业科技创新和新技术应用。推动智能交通基础设施规模化、网络化、平台化和标准化，营造开放的智能交通技术开发应用环境。

6）营造宽松有序发展环境

（1）构建公平有序市场环境。

放宽市场准入，鼓励社会资本积极参与交通新业态发展，调整完善相关支持政策，创造宽松发展环境。推动交通公共资源优化配置，实现不同市场主体在使用交通设施方面的同等待遇。

（2）推动信用信息双向对接。

推动公共信用信息开放，支持市场主体依法获取承运人守法信用、银行信用以及"信用中国"网站相关公共信用信息，加快共享交通发展。将各类市场主体形成的承运人信用记录纳入全国信用信息共享平台。

（3）创新行业监管方式。

各地应建立和健全部门联动协同监管机制，实行事前事中事后监管，依法规范网络预约出租汽车等新业态发展。不断提高行业监管水平和透明度。密切跟踪大规模市场兼并重组行为，加大力度甄别并处罚垄断及不正当竞争行为。

（4）健全网络安全保障体系。

加强网络安全风险防控，提升技术保障能力，加强重点网站、信息系统和客户端的运行安全监测预警，定期开展安全风险和隐患排查，增强应急处置能力。增强国家信息安全责任意识，保障高精度、高敏感的交通信息安全，防止侵犯个人隐私和滥用用户信息等行为。提供交通服务的互联网平台企业数据服务器须设置在我国境内。

（5）完善相关法律法规。

结合交通新业态发展特点，抓紧制定相关法律法规，规范引导行业发展。明确车辆、驾驶人等生产要素的市场准入标准，制定交通互联网服务标准。健全与行业发展相适应的税收制度。明确交通互联网服务企业及相关方在交通运输安全、信息安全、纠纷处置等方面的权利、责任和义务。研究制定智能汽车相关法规。

7）实施"互联网＋"便捷交通重点示范项目

综合考虑国家战略、区域条件、市场需求等因素，形成《"互联网＋"便捷交通重点示范项目》（详见附表），在基础设施、功能应用、线上线下对接、政企合作、新业态、典型城市等方面，形成27项重点示范项目。

（1）持续推进项目建设。

"互联网＋"便捷交通重点示范项目主要是具有引领作用、显著提升效率、提高安全水平、促进低碳节能、能够带动智能交通技术应用和关键核心技术研发的重点项目。各地方和部门要加大资金投入，有效发挥政府投资的引领示范和杠杆作用，充分吸引社会资本参与建设和运营。

（2）加强组织保障推动全面落实。

发展改革委和交通运输部将会同有关部门，依据本实施方案，明确职责分工，落实工作任务，加强协同配合，形成合力。各地要结合本地区实际，主动作为，积极试点示范，抓好落实。

2. 交通运输信息化"十三五"发展规划

交通运输部发布《交通运输信息化"十三五"发展规划》，提出推进"互联网＋"重点行动如下。

1）实施互联网＋便捷交通

政企合力推动"畅行中国"信息服务系统建设。深化推进省域客运联网售票系统建设，提高联网售票二级以上客运站覆盖率，推广普及电子客票、实名制购票，引导第三方综合客运联网售票平台发展，鼓励发展联程运输票务一体化服务。推进重点区域水路客运电子客票系统建设。在京津冀等重点区域率先启动交通一卡通互联互通，推动交通一卡通在出租汽车、长途客运、停车服务等交通领域的应用。持续推进城市公交智能化建设，支撑公交都市建设示范工程。推进全国地市以上城市整合建设出租汽车监管平台，研究推广使用95128出租汽车约车服务电话。鼓励企业建设汽车租赁车辆管理服务信息平台。完善全国互联互通的汽车维修救援体系，推动汽车电子健康档案系统与重点汽车维修配件追溯信息系统建设。推进驾驶人培训监管系统建设，实现驾培与考试信息共享。完善12328交通运输服务监督电话系统服务功能，推进部级电话系统建设，推动实现公众监督服务"一号通"。扩大中国高速公路交通广播覆盖范围，突出不同区域差异化信息服务。推进港航和船舶信息服务智能化应用。

> **专栏 5-1　"互联网+"便捷交通推进工程**
>
> "畅行中国"信息服务系统：政企合力推进覆盖城乡的出行引导综合信息服务示范，通过手机App、互联网站、电视、可变情报板以及交通服务热线（简称"四屏一热线"），提供基于位置的全程、实时交通出行信息服务。鼓励电子支付在交通领域的集成应用。支持各类社会主体基于开放共享数据开展综合交通出行服务产品的创新应用。
>
> 公路水路客运票务信息服务系统：依托省域道路客运联网售票系统，建设全国道路客运信息联网服务工程，实现全国道路客运信息的互联互通和共享，支持企业提供旅客联程、往返、异地出行票务服务。推进水路客运联网售票工程，实现渤海湾、琼州海峡、三峡库区等重点水域客运联网售票、实名制购票、运营管理、安全监管等功能。
>
> 汽车电子健康档案系统试点工程：试点开展基于全链条、全生命周期的汽车电子健康档案系统建设，提升行业数字化监管能力，为百姓营造放心修车环境。

2）推进"互联网+高效物流"

进一步制定完善物流信息化相关标准规范，深化开展国家交通运输物流公共信息平台建设，并按统一标准加强公路、水路与铁路、民航、邮政、海关、贸易、检验检疫等部门物流相关信息系统、"单一窗口"电子口岸平台对接，推动政府物流公共信息对社会的统一开放和共享。鼓励各地区采用政企共建方式因地制宜推进区域物流信息服务平台建设和互联应用，并作为交换节点接入国家物流平台。积极推进与商业化物流信息服务平台广泛合作，融合相关物流信息资源，共建全国物流信息服务网络。引导各地区开展农村物流信息平台建设。积极推进集装箱等铁水、公铁、公水、江海等多式联运的信息互联互通。推广使用货运"电子运单"，推动"一单制"多式联运试点示范。引导推动智慧港口、智慧物流园区建设，实现货运枢纽内多种运输方式顺畅衔接和协调运行。建设水路便利运输电子口岸信息服务平台。

> **专栏 5-2　"国家交通运输物流公共信息平台"推进工程**
>
> 国家交通运输物流公共信息平台升级改造工程：升级改造平台基础交换网络及管理服务系统，基本建成平台数据中心，完善平台信息安全保障体系，升级改造门户网站，建成"一站式"数据应用服务窗口。
>
> 国家交通运输物流公共信息平台行业交换节点建设工程：推动铁路、民航、邮政等行业物流信息交换节点建设，实现与国家物流平台间的信息互联与共享。

二、案例解析

下面本书介绍一些相关案例。[1-4]

1．"互联网+停车"

目前，"停车难、停车乱"问题严重影响了城市环境与交通秩序。随着"互联网+"的兴起，"互联网+停车"的深度融合，以智慧停车场、停车App等为代表的"互联网+停车"新业态迅速发展。纵观我国传统停车行业，行业现状包含四大痛点：总量缺口大、结构较分散、管理散乱、智能化水平低。这直接导致了停车需求端一位难求、停车体验差、停车供给端空置率高、管理成本高等诸多问题。

如今，随着互联网的发展，面向用户（C端）的社交网络和面向商品的电子商务已日渐成熟，尤其是进入移动互联网时代，通过智能终端，C端已实现普遍联网，移动支付等基础环境日渐完备，互联网下沉实体产业的条件同样已经成熟。

"互联网+停车"通过互联网把分散的停车场连接起来，破除信息孤岛，实现有限停车资源的优化配置是解决之道。"互联网+停车"市场在共享经济、资本涌入、政策利好三大驱动力下，各种停车App涌现。据不完全统计，全国停车App远超100个。

1）互联网停车投融资情况：四类"玩家"

在"蛋糕"逐渐显现之后，国内互联网停车发展的真实现状如何？又具有哪些潜在的发展和投资价值？

互联网停车领域主要有4类"玩家"：创业型公司；智能停车设备商；市政交管部门；BAT（百度、阿里巴巴、腾讯）。目前主要以创业型公司和智能停车设备商为主，BAT只是轻度参与。

创业型公司：互联网停车风起，大量创业型公司涌入，如停车百事通、ETCP、丁丁停车、e代泊等，创业型公司资源是短板，主要以轻资产模式切入。

智能停车设备商：智能停车设备商乘"互联网"的东风，从单纯的智能停车软硬件提供商向"智能停车设备云平台App"全套解决方案提供商转型升级，具备软硬件技术优势，同时沉淀下来的停车场客户构成资源优势。如无忧停车、捷顺科技（捷停车）、安居宝、立方控股（行呗）等。

市政交管部门：市政交管部门掌握路侧停车位及路外公共停车场（以北京为例，市政掌握16.65%的停车位），具有资源优势，同时财政雄厚，整合能力强，如深圳市道路交通管理事务中心（宜停车）、上海市交通委（上海停车）。

BAT：与"互联网打车"被"阿里""腾讯"独霸不同，BAT在"互联网停车"领域只是轻度参与。腾讯以"微信公众号微信支付"、百度以"百度地图百度钱包"、阿里以"支付宝高德地图立方控股"切入互联网停车，主要是以地图、支付应用和流量入口应用整合、嵌入停车App。

2）互联网停车竞争格局：5种模式

目前互联网停车主要有5种模式：车位信息共享、全流程优化、车位预定B2C（企业对消费者）、车位共享P2P（个人对个人）及代客泊车。

（1）车位信息共享：轻资产+集成数据+进场服务，节约搜寻成本。

该模式以轻资产方式，充分利用既有智能停车设备，通过咪表、智能停车管理系统、停车库发卡机等将智能停车场联网，集成实时空余车位信息，打破信息孤岛，实现车位信息共享，为用户提供车位搜索推荐、停车场导航的进场服务，节约搜寻成本［节约的搜寻成本=（单位时间用车成本+车主时间成本）×节约的车位搜寻时间］。此外，还收集停车场的静态信息，包括名称、位置、车位总量、出/入口POI信息、营业时间、收费标准、照片等，部分App还整合了停车场周边服务设施信息，如洗车、充电桩情况等。该模式的核心是信息，广覆盖、准确可靠的实时空余车位信息是关键。

优点：轻资产，可以低成本快速复制。瓶颈在于实时车位信息的覆盖面和准确性难以保障：停车场智能化水平低，各家数据标准不一，集成难度大；停车场经营方免费开放数据意愿不强。因此，一些 App 通过算法预测估算空余车位数量，对集成数据校准、补充。目前，大多数 App 静态信息的准确度有待提高，实时空余车位信息的可靠性堪忧。

盈利模式：车位信息免费共享；从进场服务切入车位预定，未来可能收取交易佣金；通过汽车后市场等实现流量变现（如停车百事通）；向导航及地图商客户提供实时车位数据服务，实现数据变现（Parkme）。

典型案例：美国的 Parkme，国内的停车百事通。

（2）全流程优化：重资产＋铺设备＋流程服务，深度介入停车场运营。

该模式以重资产方式，通过铺设智能停车设备，实现停车场的智能化和互联网化，为 C 端车主用户提供空车位搜索/匹配、车位预约/预定、车场导航、车位导航、反向寻车及快捷支付等全流程的停车优化服务（往往聚焦在"停车位搜索、导航"和"支付"两大领域），同时深度介入停车场运营管理，为 B 端停车场用户增益堵漏、提升管理效率，实现停车场无人值守。线下资源具有独占性，该模式的核心是标准化、快速的复制，抢夺停车场资源。

优点：重资产，打入停车场后，黏性大，同时所获取的实时车位信息更精确、质量更高。瓶颈在于线下推广难度较大，须逐个停车场突破，进行利益分享谈判、智能设备安装、改造、维修、升级，推进慢，难标准化复制，需要大量的地推团队。国内多数公司（如 ETCP、无忧停车等）甚至采取免费赠送设备的策略，加速向停车场渗透，但需要强大的资本支持。

盈利模式：对 C 端用户免费；协助 B 端停车场运营管理方提升运营效率、降低人力成本、提高周转率及收入，预计向停车场收取停车费交易分成是主要盈利点；延伸至包括洗护养修在内的"车生活"范畴，切入汽车后市场实现流量变现。

典型案例：美国的 Streetline，国内的 ETCP、停简单、无忧停车和宜停车。

（3）车位预定 B2C（企业对消费者）：停车"携程"模式。

该模式类似于"携程"，将停车场联网，提供车位预订服务。停车场运营方通过平台发布可预订的车位信息，车主在平台查询、预定，保证有车位。国内由于停车场智能化水平低，比较少采用该模式。

车位预定 B2C 的盈利模式：提取预定服务费。

典型案例：英国的 JustPark。

（4）车位共享 P2P：共享车位，盘活闲置停车资源。

该模式通过打造车主的车位共享平台，为有车位的、想停车的车主提供对接服务，盘活车位空闲时间，提高车位的使用率，为业主创收，为车主解决停车难问题。目前主要有两种模式：一种如 Sweetch 和 MonkeyParking 等采用轻资产模式，一种如丁丁停车和悠悠泊车采用智能地锁、物联网车位锁＋App 的模式。

车位共享 P2P 模式问题更倾向于依赖弹性社交，对守时性、突发状况估计不足，很容易导致客户体验不佳，而且难以应对情理之中、意料之外的突发状况。同时，车位共享 P2P 模式，不仅涉及平台和用户，还不可避免地牵扯到物业、停车管理公司，这构成线下推广的瓶颈。此外，在主要应用场景下，高频交易的双方可能会合谋绕开平台。

盈利模式：参与车位共享产生收益分成，由于牵扯到物业、停车管理公司，一些 App 也让物业分享一部分收益（如丁丁停车）。

典型案例：美国的 MonkeyParking，国内的丁丁停车。

(5) 代客泊车:人工代泊,盈利模式最清晰。

该模式以代泊员代为停车,将车主从停车难中完全解放出来,节约车主的时间成本,同时把代泊点附近的空闲停车资源盘活,以时间换空间。

代客泊车模式瓶颈:车辆长时间脱离车主控制,安全和信任问题是车主接受代客泊车模式的主要障碍,破解这两个问题是该模式推广的核心所在。主要破解手段有:布设摄像头24h全方位监控;停车完成后,拍下里程表和油表,以便用户取车时比对;e代泊自主研发了云柜车钥匙保管系统、代泊险等。

盈利模式:代客泊车模式盈利模式最清晰,直接收取代客泊车服务费,且其目标客户是高时间价值车主,价格敏感度低。同时,汽车后市场也是盈利重点,替车主在停车空闲期间洗车、维护是顺势之需。

典型案例:美国LUXE、ZIRX,国内e代泊、飞泊通。

3) 互联网停车的便捷功效

车主可以在网上查询空车位、预定车位,预定好车位后信息自动下载到手机或导航设备,一路导航到达目的停车位。

停车场能不停车快速出入,电子自动缴费,没有或只有很少的管理人员,服务水平和效率大大提升。

停车场内引导标识清晰,告知空车位位置,加快车流疏解,同时停车场内的灯光会根据车辆和人流的走向自动调整照明度,以节约能源。

车辆停好后自动定位,当车主离开后返回时,可很方便地找到车辆。寻找车辆可通过触摸屏和手机实现,通过手机可随时了解车辆的情况。

车位上设有智能监控,一旦汽车出现异常,通过手机可收到报警信息。

也可以通过手机查询、预定车位,预约上门洗车、维护、修理服务,完成后可通过手机观看,并自动缴费。

4) 互联网停车发展特点

(1) 互联网停车市场空间广阔。

停车难问题正逐步从一二线城市向三线城市蔓延,具有普遍性。全国汽车数量超过100万辆的城市有35个,汽车保有量合计超6000万辆,预计这35个城市将成为互联网停车渗透的核心市场。若以人均停车支出3000元/年计算,这35个城市停车行业收费总计超过1800亿元。互联网停车渗透整个停车流程,我们认为互联网停车服务提供方至少能从整个行业中分得10%的收益。不考虑互联网化后创造的市场增量,互联网停车的市场空间在180亿元以上。

(2) 多方割据,全国性和区域性玩家并存。

智能化是互联网化的前提,我国停车场智能化水平不高,决定了重资产经营是必须经历的过程。全流程优化模式会先行发展,且不太可能出现"赢家通吃"的情况,未来的竞争格局很可能是多方割据,全国性和区域性企业并存。

(3) 地图导航商、流量入口平台或是整合者。

地图导航商、流量入口平台或是整合者,把"割据"打通形成完整的城市停车拼图。互联网约车连接的是驾驶员和C端用户,而互联网停车须整合B端停车场再为C端用户提供服务,互联网停车的关键在于线下。依托流量优势,BAT(百度、阿里巴巴、腾讯)将扮演整合、打通各停车App的角色,而成为直接参与者的可能性小。

(4)胜出的关键是资源和资本。

对优质线下停车场资源的把握是关键。与互联网打车不同的是,互联网停车是一项硬工程,掌握庞大、优质的停车场资源是关键,停车App对车主的价值随停车场网络的规模快速增长,庞大的停车网络形成后,也构成竞争壁垒。

资本决定谁能笑到最后。无论是补贴C端,培养用户习惯,还是线下推广搭建智能停车网络,都需要雄厚的资本实力,一些企业免费赠送设备激进地推广产品,更是拉高了竞争门槛。背靠巨头,导入资源、流量是杠杆。移动互联网流量入口已被BAT等巨头占据,背靠巨头,获得资源、流量导入是脱颖而出的重要筹码。

5)国内代表智能停车O2O(线上到线下)平台

(1)停车百事通:背靠百度导航,布局广泛。

停车百事通是一家全国范围内做停车场资源整合的互联网公司,是一款"重度垂直"的应用。2014年12月底停车百事通宣布和百度合作,整合"百度导航"和"停车百事通"。已在北京上海等10个城市布局,向用户提供3万多个停车场实时信息。

用户可以在该应用上查询停车场出入口、剩余停车位、收费标准等信息。还可以预留车位、导航至停车场并用百度钱包在线支付。整个过程中产生并沉淀大量的数据,可为百度的LBS大数据所用。

(2)科拓停车管家:腾讯借微信布局智能停车O2O。

2014年底,腾讯也加速在智能停车领域的布局,和科拓智能停车场合作,推广"智慧型微信停车场"的概念。科拓停车管家是由厦门科拓通信技术股份有限公司开发的。

使用科拓停车管家时,用户可以依照自己的习惯选择关注基于微信公众号及支付宝服务号的"科拓停车管家",或下载"城市好停车"App,查看停车位置、停车时长等信息,并用微信支付停车费。与传统的取卡停车不同,微信停车车辆进停车场前可由摄像头自动抓拍车辆信息并识别车牌号,实现自动开闸进停车场。进停车场后,用户会收到一条包括停车空位和商场优惠的信息。在未来,科拓方面表示会提供更多的汽车后市场服务,如清洁洗车、新能源服务、维护和修理、代驾等,构建O2O生态平台。

(3)丁丁停车:以智能地锁切入,主打共享经济。

丁丁停车隶属于北京同于道科技有限公司。丁丁停车是一家P2P共享模式的停车位解决方案服务商。

丁丁停车前期主要针对小区内车主的私人停车库。丁丁停车从智能地锁切入,主打共享经济。车主用手机管理自家停车位的空闲时间并共享,以此获得收益。

商业模式方面,丁丁停车采用收益三方分成的方式。即物业公司为10%,丁丁平台为30%,出租车位业主为60%。

(4)高德车友汇:借地图优势进入智能停车领域。

高德借助其丰富的地图资源,早在2012年就推出了"高德车友生活"。高德以地图业务为基础,以用户为拓展核心,布局大量汽车O2O服务,其中就包括停车服务。车主可以对周边的停车场进行价格比较,同时可以按照导航精准地进入停车场。

此外,在"高德车友生活"上,车主可以了解附近天气状况、进行实时路况查询,了解附近加油站的价格、距离、用户评价等信息。对于车主来说,其功能已相对完善。

(5)停车宝:大力补贴,获取用户。

停车宝隶属于北京真来电科技有限公司,于2014年底获得明势资本、梅花天使和陈华的近千万元天使投资。停车宝提供停车场的空闲车位数量、停车价格、具体位置以及描述等。与此同时,用户可以办理VIP卡、月卡,并用卡付费。

有了资本支撑的停车宝在补贴方面力度明显较大。一方面向停车场发放部分补贴,另一方面则向用户提供高额红包补贴。此外,融资后的停车宝对北京停车场进行大范围智能停车管理系统的免费升级改造。

(6)安居宝:云停车场,发力"社区O2O+停车O2O"。

安居宝隶属广东安居宝数码科技股份有限公司,是一家主营智能家居系统研发、生产和销售的公司。于2014年11月推出"云停车场"。云停车场是基于原有停车场系统的升级,主要有三大特点:一是实现移动支付,降低人员成本;二是车主可通过"云停车场"系统出租自己的车位,获得收益;三是车主可通过系统了解停车场实时情况,提升安全性。

目前,云停车场主要依靠名叫"正佳停车小助手"的公众号运营,用户可以查询停车场、缴费停车。云停车场系统支持微信、银联、现金等多种方式,较为方便,但用户体验仍有待改善。

总的来看,市场上的智能停车O2O玩家有两种:一种是类似UGC(用户生成内容)模式,主打"共享经济",将私人的停车位或车库出租,提高资源利用率,如无忧停车;第二种是B2C模式,即用地推的方法获得停车场的各种数据,联网后加以分析利用,提高B端收益的同时帮助用户寻得停车位。

2."互联网+公交"

1)需求

"公交都市"的内涵是以公共交通引领城市的发展,让公共交通在城市交通运输中扮演更重要的角色,发挥更重要的作用。2012年12月起,交通运输部在公交都市建设示范工程的基础上,开始建设"城市公共交通智能化应用示范工程"。截至目前,大部分"公交都市"创建城市已经完成初步设计,个别城市已经开始建设,未来将是智能公交的建设投资集中期。

新的资本热潮也为市场带来了新机遇。在公交车载监控系统领域,以前的设备和系统已经可以满足调度、监控等一般化的基本需求。但是在大数据时代,利用"感知数据"的先天优势,公交车载监控系统迎来了更广阔的市场空间。在建设"公交都市"的大环境下,面临更高层次的数据分析、实时监控等需求时,公交车载监控系统到了升级换代的时刻。

2)市场

作为智能交通的主要细分领域之一,智能公交一直是行业内关注的焦点。2014年,千方科技、厦门蓝斯、大华股份等业内企业动作频繁,陆续获得各地智能公交项目,这一领域的市场成熟度快速增长。

智能公交市场在逐年递增,受到了政府和企业的高度关注。2015—2016年是投资的高峰期,也是智能公交市场的快速发展期。

国内各地都在争先创建"公交都市",大力提倡绿色公交、节能减排。在国家政策的大力支持下,作为公交都市建设的一项重要组成部分,公交电子站牌等公众体验项目会得到大力发展。电子站牌也是国内同时兴起的"智慧城市"热的重要组成部分。

从这几年的市场表现来看,电子站牌和智能公交正在并肩齐进,一方面,国内一些大中型城市已经有非常成熟的公交调度系统,再花费很少的资金就能拓展公交电子站牌的服务;另一方面,一些建成电子站牌的城市起到了很好示范作用,其他城市也纷纷效仿。

随着各地的智能公交调度系统等基础设施相继建成,接下来发展诸如公交电子站牌、智能公交 App 等公众可以参与和体验的项目将是智能公交发展的新方向。当然,"市民体验项目"不代表低配置,公众参与也不代表维护可以缺位,更懂需求、更富有技术含量、更贴近民生的项目才会被公众和市场认可。

3) 趋势

放眼于整个移动互联网,众多电信运营商、Wi-Fi 服务商均在围绕着公交查询、实时公交等用户需求逐点布局;互联网三巨头 BAT(百度、阿里巴巴、腾讯)各自的地图产品也涵盖类似公交线路查询、实时公交的功能。

对非政府研发的出行服务 App 来说,盈利模式值得思考。公交 App 企业已经开始对下一步的商业模式进行探索,部分厂商也开始尝试付费下载城市公交信息、广告、O2O 等可预见的盈利方法。对此,业内人士指出,"互联网+公交"的发展形式还有很多,关键要看如何发挥其最大活力。

公交 App 的大数据可以衍生出公交广告价值分析、人群行为数据分析和 OD 分析等多种分析模式。公交 App 有巨大的开发潜力,可以满足多层次的用户不同种类、不同角度的需求。

公交车载 Wi-Fi 在去年也曾被认为潜力无限,一些运营企业通过与电信运营商合作分成的模式,在全国各地布局公交车载 Wi-Fi 业务。但是,其业务效果被高估,复杂的使用流程和不稳定的信号很难留住用户,频频出现"叫好不叫座"的情况。

应该说,"互联网+公交"的模式中,互联网为智能公交开启了新的篇章,智能公交也为互联网企业涉足城市交通领域提供了一张"新船票"。但是,如何打好"互联网+"这张牌,还需要智能公交行业共同思考,继续努力。

第六节 智 能 网 联

一、智能网联概述

1. 智能网联汽车

智能网联已成为国内外前瞻技术研发的重点。2013 年,交通运输部和北京市政府合作共建了首个国家车联网产业基地。2016 年,工信部、北京市政府、河北省政府共同签订了"基于宽带移动互联网的智能汽车与智慧交通应用示范"框架合作协议。2017 年,中国智能网联汽车产业创新联盟在北京成立。2018 年,工信部、公安部、交通运输部联合发布了《智能网联汽车道路测试管理规范(试行)》,北京市政府印发了《北京市关于加快推进自动驾驶车辆道路测试有关工作的指导意见(试行)》和《北京市自动驾驶车辆道路测试管理实施细则(试行)》,上海市政府印发了《上海市智能网联汽车道路测试管理办法(试行)》。

智能网联汽车(Intelligent and Connected Vehicle, ICV)是指搭载先进的车载传感器、控制器、执行器等装置,并融合现代通信与网络技术,实现车与X(车、路、人、云等)智能信息交换、共享,具备复杂环境感知、智能决策、协同控制等功能,可实现安全、高效、舒适、节能行驶,并最终实现替代人来操作的新一代汽车[6]。

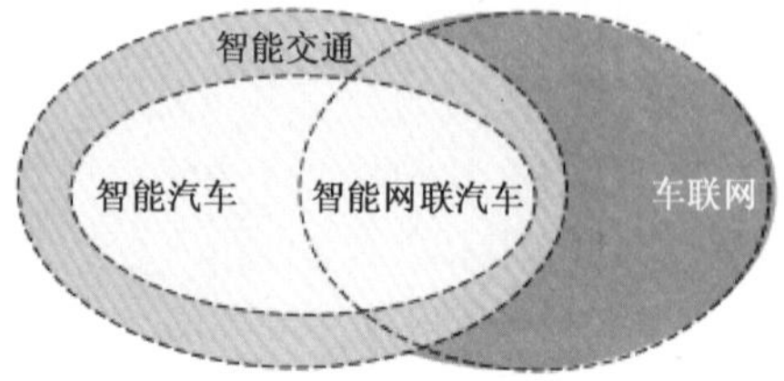

智能网联汽车可以提供更安全、更节能、更环保、更便捷的出行方式和综合解决方案,是国际公认的未来发展方向和关注焦点[7,8]。智能网联汽车、智能汽车与车联网、智能交通等概念间的相互关系如图 5-22 所示。智能汽车隶属于智能交通大系统,而智能网联汽车则属于智能汽车与车联网的交集。

图 5-22 智能汽车、智能网联汽车与车联网等的相互关系

2. 智能网联交通系统

智能交通系统是缓解交通拥堵、提高交通安全、改善交通污染的重要技术手段。随着人工智能、移动互联、大数据等新一代信息技术的迅速发展,以自动驾驶为主要特点的新一代智能交通系统逐渐成为解决交通问题新的突破口。

智能交通系统的发展包含 3 个阶段:第一阶段为动态感知,即实现覆盖全网道路的交通信息实时获取,并建立动态感知的大数据平台;第二阶段为主动管理,即提供主动规划、主动交通管控、主动指挥调度、主动公众服务等动态管理服务;第三阶段为智能网联,即实现车联网、车路协同、自动驾驶等。

智能网联交通系统作为智能交通系统发展的终极形式,是物联网技术在交通运输领域的重要应用。其通过雷达、视频等先进的车、路感知设备对道路交通环境进行实时高精度感知,按照约定的通信协议和数据交互标准,实现车与车、车与路、车与人以及车与道路交通设施间的信息交换,执行控制指令,最终形成智能化交通管理控制、智能化动态信息服务以及网联车辆自动驾驶的一体化智能网络系统。广义上,智能网联交通系统涵盖了智能网联汽车系统与智能网联道路系统,即智能网联车、车联网、主动道路管理系统、自动公路系统等均包含于智能网联交通系统。

二、智能网联汽车的体系架构

1. 智能网联汽车的价值链

智能网联汽车(ICV)在提高行车安全、减轻驾驶人负担方面具有重要作用,并有助于节能环保和提高交通效率。研究表明,在智能网联汽车的初级阶段,通过先进智能驾驶辅助技术有助于减少 30% 左右的交通事故,使交通效率提升 10%,油耗与排放分别降低 5%。进入智能网联汽车的终极阶段,即完全自动驾驶阶段,甚至可以完全避免交通事故,使交通效率提升 30% 以上,并最终把人从枯燥的驾驶任务中解放出来,这也是智能网联汽车最吸引人的价值魅力所在[9-11]。

2. 智能网联汽车的技术链

从技术发展路径来说,智能汽车分为 3 个发展方向:网联式智能汽车(Connected Vehicle, CV)、自主式智能汽车(Autonomous Vehicle, AV)及前二者的融合,即智能网联汽车(Connected and Automated Vehicle,CAV 或 Intelligent and Connected Vehicle,ICV),如图 5-23 所示。

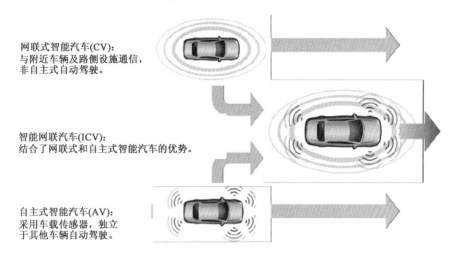

图 5-23　智能汽车的 3 种技术路径

智能网联汽车融合了自主式智能汽车与网联式智能汽车的技术优势,涉及汽车、信息通信、交通等诸多领域,技术架构较为复杂,可划分为"三横两纵"式技术架构:"三横"是指智能网联汽车主要涉及的车辆、信息交互与基础支撑 3 个领域技术,"两纵"是指支撑智能网联汽车发展的车载平台以及基础设施条件,如图 5-24 所示[12]。

ICV 的"三横"架构涉及的 3 个领域的关键技术可以细分为以下 9 种。

（1）环境感知技术。包括利用机器视觉的图像识别技术,利用雷达(激光、毫米波、超声波)的周边障碍物检测技术,多源信息融合技术,传感器冗余设计技术等。

（2）智能决策技术。包括危险事态建模技术,危险预警与控制优先级划分,群体决策和协同技术,局部轨迹规划,驾驶人多样性影响分析等。

（3）控制执行技术。包括面向驱动/制动的纵向运动控制,面向转向的横向运动控制,基于驱动/制动/转向/悬架的底盘一体化控制,融合车联网(V2X)通信及车载传感器的多车队列协同和车路协同控制等。

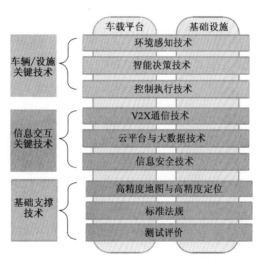

图 5-24　智能网联汽车"三横两纵"技术架构

（4）V2X 通信技术。包括车辆专用通信系统,实现车间信息共享与协同控制的通信保障机制,移动自组织网络技术,多模式通信融合技术等。

（5）云平台与大数据技术。包括智能网联汽车云平台架构与数据交互标准,云操作系统,数据高效存储和检索技术,大数据的关联分析和深度挖掘技术等。

（6）信息安全技术。包括汽车信息安全建模技术,数据存储、传输与应用三维度安全体系,汽车信息安全测试方法,信息安全漏洞应急响应机制等。

(7)高精度地图与高精度定位技术。包括高精度地图数据模型与采集式样、交换格式和物理存储的标准化技术,基于北斗地基增强的高精度定位技术,多源辅助定位技术等。

(8)标准法规。包括 ICV 整体标准体系以及涉及汽车、交通、通信等各领域的关键技术标准。

(9)测试评价。包括 ICV 测试评价方法与测试环境建设。

3. 智能网联汽车的产业链

ICV 的产品体系可分为传感系统、决策系统、执行系统 3 个层次,分别可类比人类的感知器官、大脑以及手脚,如图 5-25 所示。

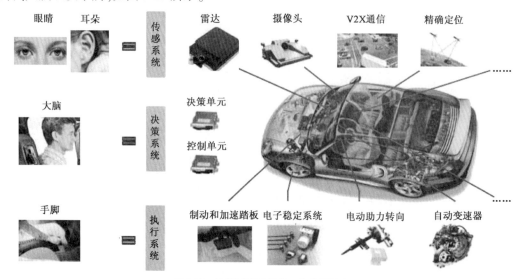

图 5-25　智能网联汽车的 3 个产品层次

ICV 的产业链涉及汽车、电子、通信、互联网、交通等多个领域,按照产业链上下游关系主要包括以下 6 类厂商。

(1)芯片厂商,开发和提供车规级芯片系统,包括环境感知系统芯片、车辆控制系统芯片、通信芯片等。

(2)传感器厂商,开发和供应先进的传感器系统,包括机器视觉系统、雷达系统(激光、毫米波、超声波)等。

(3)汽车电子/通信系统供应商,能够提供智能驾驶技术研发和集成供应的企业,如自动紧急制动、自适应巡航、V2X 通信系统、高精度定位系统等。

(4)整车企业,提出产品需求,提供智能汽车平台,开放车辆信息接口,进行集成测试。

(5)平台开发与运营商,开发车联网服务平台,提供平台运营与数据挖掘分析服务。

(6)内容提供商,高精度地图、信息服务等的供应商。

三、智能网联交通技术体系架构

智能网联交通技术体系集中应用了人工智能、传感技术、网络技术、计算技术及自动控制技术等,是一个集车辆自动化、网络互联化和系统集成化 3 个维度于一体的高新技术发展架构,其体系发展架构如图 5-26 所示[13]。

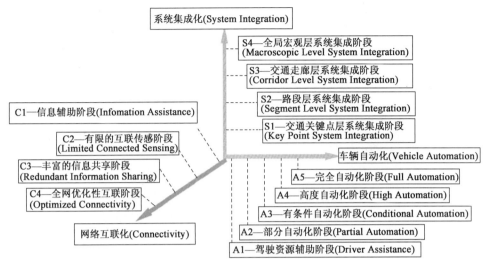

图 5-26 智能网联交通系统三维体系发展架构

1. "三维一体"发展架构

1) 车辆自动化

车辆的自动化发展水平从低到高可以分为驾驶资源辅助、部分自动化、有条件自动化、高度自动化和完全自动化 5 个阶段。

(1) 驾驶资源辅助阶段：在适用的设计范围下，自动驾驶系统可持续执行某一横向或纵向的车辆运动控制子任务（不可同时执行），由驾驶人执行其他的动态任务。

(2) 部分自动化阶段：在适用的设计范围下，自动驾驶系统可持续执行横向或纵向的车辆运动控制任务，驾驶人负责执行目标和意外检测与响应（Target and Accident Detection and Response，TADR）任务并监督自动驾驶系统。

(3) 有条件自动化阶段：在适用的设计范围下，自动驾驶系统可以持续执行完整的动态驾驶任务，用户需要在系统失效时接受系统的干预请求，及时作出响应。

(4) 高度自动化阶段：在适用的设计范围下，自动驾驶系统可以执行完整的动态驾驶任务和动态驾驶任务支援，用户无须对系统请求作出回应。

(5) 完全自动化阶段：自动驾驶系统能在所有道路环境执行完整的动态驾驶任务和动态驾驶任务支援，驾驶人无须介入。

2) 网络互联化

网络互联化发展主要包含信息辅助、有限的互联传感、丰富的信息共享和全网优化性互联 4 个阶段。

(1) 信息辅助阶段：驾驶人通过路侧设备获取路况信息，从而辅助驾驶和决策。

(2) 有限的互联传感阶段：驾驶人和车辆通过车内设备，以及路侧设备，获取相关信息，从而进一步辅助驾驶及进行决策。

(3) 丰富的信息共享阶段：驾驶人和车辆之间通过车内设备、路侧设备、全网信息中心以及车辆间信息共享设备获得更多层面的信息。不同车辆采用各自认可的驾驶方式进行驾驶和决策，其中驾驶方式包括驾驶人驾驶、车辆自行驾驶、车辆服从全网信息中心指令驾驶

（4）全网优化性互联阶段：全交通网络的信息不再过载和重复，驾驶人和车辆获得优化后的信息，安全、高效地驾驶和进行最优的行驶决策。

3）系统集成化

系统集成化的发展需要经历交通关键点层系统集成、路段层系统集成、交通走廊层系统集成和全局宏观层系统集成4个阶段，如图5-27所示。

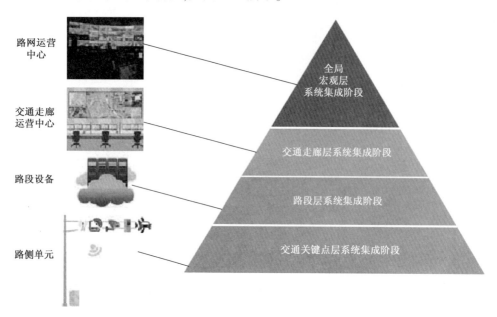

图5-27 智能网联交通系统集成化发展阶段示意图

（1）交通关键点层系统集成阶段：网联车辆在交通关键点与路侧设备进行信息交互，获得指令和必要信息，在各个交通关键点处解决具体事件，保障各微观交通节点的畅通和安全。该阶段的目标是实现交通关键点以及周边小区域的交通优化控制。

（2）路段层系统集成阶段：网联车辆与微观交通控制中心链接，获取指令与信息，通过指令在路段层面解决微观问题。这一阶段的目标是以单个路段为单位对交通进行管理和控制。

（3）交通走廊层系统集成阶段：网联车辆与中观控制中心链接获取出行路径规划。中观控制中心合理控制走廊层面的交通流量，提前预测拥堵事件，对全局系统进行合理规划。本阶段针对对路网交通运行有重要影响的交通走廊，由上一阶段的路段控制系统整合形成，从而支持更高级的控制算法，实现交通走廊层面的交通优化管理与控制。

（4）全局宏观层系统集成阶段：从最高层级优化交通分配，提高出行效率，降低人员出行成本和社会物流成本，实现全路网范围的全局优化管理与控制。

2. 系统关键模块

就技术发展路径而言，目前智能网联交通系统分为两个发展方向，即智能网联汽车和智能网联道路，如图5-28所示。IT企业、车企和运营企业主要开展以车为主的智能网联汽车技术研究；道路交通行业以路为主进行智能网联道路系统研究。智能网联交通系统融合了智能网联汽车与智能网联道路的技术优势，协调发展，最终实现自动驾驶。

图 5-28 智能网联交通系统发展路径

智能网联交通系统包括感知模块、融合预测模块、规划模块和控制模块等 4 个关键部分。在系统集成化不同阶段,关键模块参与程度不同。

(1) 感知模块:实现道路线形估计及环境感知、静态交通状态及动静态障碍物检测与识别、车辆状态估计及运动补偿、高精度地图或无地图定位等功能,为路侧单元融合预测模块提供必要的数据支撑,并为路侧单元规划模块提供真实交通模型。

(2) 融合预测模块:实现路侧感知信息与车辆感知信息融合、多传感器前向信息融合、多传感器多方向信息融合、多车信息融合、车辆轨迹预测、路段交通状态预测、路网交通状态预测等功能。路侧单元与车辆感知设备的信息融合能够提升感知精度,通过路段多车辆信息融合实现路段状态精准识别。

(3) 规划模块:路网层规划以提高路网效率、安全水平和降低能源消耗为目标,实现最优化;路段层规划根据路网层规划模块结果,对车辆队列、跟车间距等参数进行规划;路侧单元规划以车辆轨迹预测算法为核心,完成车辆行为及运动的规划、推理、决策等。

(4) 控制模块:路网层实现路网交叉口协调控制;路段层实现车队队列控制;路侧单元发送控制指令到车载单元,实现对汽车转向盘、加速踏板、制动踏板等执行机构的控制。紧急状态下,如通信中断时,控制权移交至车载单元,车载单元以安全为目标控制车辆。

3. 系统关键技术

智能网联交通系统融合智能汽车与智能道路的技术优势,涉及汽车、道路交通、计算机、通信等诸多领域,其包括六大关键技术及两大保障体系。

1) 六大关键技术

(1) 全时空智慧感知技术:以路侧感知设备为主实现全路网全息信息感知,主要包括道路环境感知、路侧单元 360°图像采集、车辆状态感知、高精度定位、车路协同感知、动静态交通状态感知等技术。

(2) 大数据技术:智能网联交通系统须完成大批量数据处理,实时挖掘有效交通信息,实现融合预测和路网优化控制等功能,主要包括人工智能、深度学习算法、智能预测、数据融合、图像识别、自适应优化控制等技术。

(3) 云平台技术:系统集成化终极阶段时,需要大量的存储和计算资源,利用云平台技术实现路侧设备、路段和路网信息共享和交互等功能,主要包括智能网联交通可视化技术、智能网联云平台大数据中心、基于智能网联云服务大数据框架等。

(4) 动态交互处理技术:路网层、路段层及路侧设备实时进行数据交互,实现区域路网最优是系统主要特点之一,动态交互处理技术十分关键,主要包括实时数据交互、全方位数据处理、动态数据发布、数据深度挖掘等技术。

（5）基础设施联万物（Infrastructure to Everything, I2X）通信技术：智能网联交通系统中不仅需要车车通信（Vehicle to Vehicle, V2V）、路车通信（Infrastructure to Vehicle, I2V）和路侧设备通信（Infrastructure to Infrastructure, I2I）也很重要，通信技术主要包括专用短程通信技术（Dedicated Short Range Communications, DSRC）、第4代移动通信技术-LTE 网络制式（the 4th Generation Mobile Communication Technology-Long Term Evolution, 4G-LTE）、第5代移动通信技术（the 5th Generation Mobile Communication Technology, 5G）等。

（6）智能控制技术：车队控制、车辆纵向控制、车辆横向控制、区域路网信号控制等技术。

2）两大保障体系

两大保障体系如图 5-29 所示。

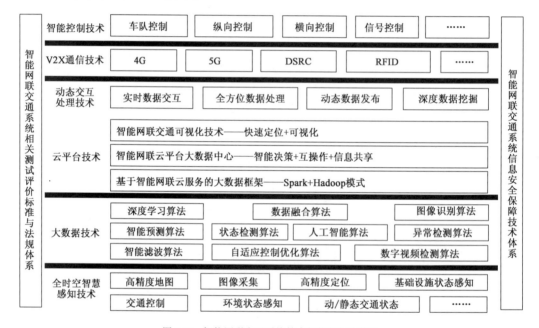

图 5-29　智能网联交通系统技术架构与保障体系

（1）智能网联交通系统相关测试评价标准与法规体系：加强车路一体化智能网联交通系统相关法律、伦理和社会问题研究，建立保障车路一体化智能网联交通系统健康发展的法律法规和伦理道德框架。

（2）智能网联交通系统信息安全保障技术体系：形成智能网联交通系统信息安全管理要求，制定相关信息安全技术标准，完善信息安全测试规范，建立智能网联交通系统信息安全应急响应体系。

四、智能网联车试验

中国已经开展了大量智能网联交通系统试验场的建设。工业与信息产业部批复并建设了智能网联汽车（上海）示范区、5G 车联网应用（浙江）示范区等10余个智能网联示范区；交通运输部批复授权了长安大学车联网与智能汽车试验场等3家智能网联测试基地；此外，还有大量企业和研究机构自主建设的示范测试区域。试验场的快速建设，能够支持智能网联相关技术的测试开发对测试场地的需求。

1. 系统模块与架构

面向智能网联交通系统的模块化柔性试验场,模拟未来智能网联交通系统的建设结构和管理模式,包括应用场景、感知发布、网络链路和管理服务4个层次:

(1)应用场景层主要负责对真实智能网联交通场景的模拟,通过模拟真实场景中天气、道路、交通和网络条件,实现对智能网联交通设备和服务对不同环境、不同场景的适应性验证。

(2)感知发布层通过摄像头、激光雷达、毫米波雷达等传感设备,以及可变信息板、交通信息发布平台等提供信息发布服务,实现环境数据及交通信息的采集,并传递相应的控制信息和服务信息。

(3)网络层是由LTE-V、DSRC、5G、Wi-Fi、EUHT(增强型超宽带)等无线通信网络技术组成的异构网络系统,通过网络间的协同工作,为应用场景层和感知发布层的设备和服务提供透明传输或专属网络信息服务。

(4)管理服务层负责下层数据的存储、备份、处理和可视化,并实现对下层测试设备的管理与维护,在每层功能内部,存在应用服务模块和测试管理模块。

应用服务模块用于模拟真实环境中智能网联交通系统的功能和应用场景,测试管理模块负责对测试过程进行记录和维护。模块化架构示意如图5-30所示。

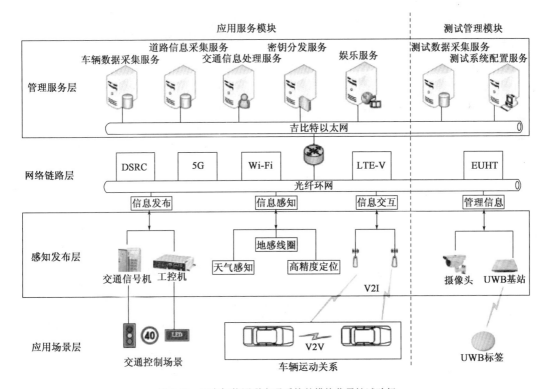

图5-30 面向智能网联交通系统的模块化柔性试验场

在所提出的系统中,每层功能模块在该层中相互独立,确保逻辑功能的独立运行,不与其他模块功能相互影响,并在上级功能中完成融合,保证不同功能的模块正常协作。平台中,所有模块通过全 IP 网络链接至吉比特以太网,统一分配地址,供远程访问和配置。在加入新的设备或应用模块时,只需要将设备和应用模块定位到模块化设计中的 4 层之一,将设备配置到给定网段的 IP 地址中,并配置对应网络服务地址,即可实现设备的兼容。

2. 平台构建

高速公路与城市低速区域将是自动驾驶系统率先应用的两个场景。高速公路的车道线、标示牌等结构化特征清晰,交通环境相对简单,适合车道偏离报警(LDW)、车道保持系统(LKS)、自动紧急制动(AEB)、自适应巡航控制(ACC)等驾驶辅助系统的应用。目前市场上常见的特斯拉等自动驾驶汽车就是 L1~L2 级自动驾驶技术的典型应用。而在特定的城市低速区域内,可提前设置好高精度定位、V2X 等支撑系统,采集好高精度地图,利于实现在特定区域内的自动驾驶,如自动物流运输车、景区自动摆渡车、园区自动通勤车等。

自动驾驶汽车测试评价方法研究与测试场建设成为热点。在测试场建设方面,美国密歇根大学率先建成了面积约 13hm^2 的智能网联汽车专用测试场 M-city(M 城市),如图 5-31 所示。

图 5-31　美国密歇根大学建设的智能网联汽车(ICV)专用测试场(M-City)

日本、欧洲等多地也已建成或在积极建设各类智能网联汽车专用测试场。上海嘉定于 2016 年率先建成中国第一个专业的智能网联汽车测试场,如图 5-32 所示。此后,重庆、北京等多地也建设了相应的智能网联汽车测试场。

图 5-32　上海嘉定智能网联汽车(ICV)测试场

长安大学搭建了车联网与智能汽车试验场,试验场面向智能网联交通系统,构建未来智能化公路硬件设备和管理方式样板,配备有模块化设计结构中的所有功能模块和硬件设备,并实现了系统集成。试验场配备 5 辆无人驾驶汽车,4 辆车联网测试汽车,以及包括 LTE-V、DSRC、LTE、Wi-Fi、EUHT 在内的 5 种无线通信网络系统和相关应用服务,能够满足各类智能网联交通设备和服务测试需求。试验场测试条件如图 5-33 所示。

a) 试验场全景

b) 试验场管理监控中心

c) 无人驾驶汽车测试平台

图 5-33　长安大学车联网与智能汽车试验场部分测试条件

本章参考文献

[1] 何承,朱扬勇,朱扬勇,等. 城市交通大数据[M]. 上海:上海科学技术出版社,2015.

[2] 赵光辉,朱谷生. 互联网+交通:智能交通新革命时代来临[M]. 北京:人民邮电出版社,2016.

[3] 赵光辉. 互联网+综合运输服务:综合运输服务战略与实战案例[M]. 北京:中国经济出版社,2016.

[4] 林榕. 交通运输行业数据中心建设与大数据运用[M]. 北京:人民交通出版社,2018.

[5] 张可,李静,杨子帆,等. 北京市综合交通运行监测数据体系与应用[J]. 交通与港航,2018,5(5):22-26.

[6] 李克强,戴一凡,李升波,等. 智能网联汽车(ICV)技术的发展现状及趋势[J]. 汽车安全与节能学报,2017,8(1):1-14.

[7] 吉星,李维晋. 智能网联汽车技术应用与发展趋势[J]. 时代汽车,2019(7):164-165.

[8] 关宇豪,蒋园园. 智能网联汽车技术应用与发展趋势[J]. 汽车实用技术,2018(22):25-27.

[9] 李立,徐志刚,赵祥模,等. 智能网联汽车运动规划方法研究综述[J]. 中国公路学报,2019,32(06):20-33.

[10] 陈子轩,马万经,郝若辰,等 面向智能网联车的硬件在环仿真平台[A]. 中国智能交通协会. 第十三届中国智能交通年会大会论文集[C]. 中国智能交通协会,2018.

[11] 王建强,王昕. 智能网联汽车体系结构与关键技术[J]. 长安大学学报:社会科学版,2017,19(6):18-25.

[12] 中国汽车工程学会.节能与新能源汽车技术路线图[M].北京：机械工业出版社,2016.
[13] Gay K. Connected and automated vehicle research in the United States[R/OL]. US Department of Transportation,(2014-11-16). http://www.unece.org/fileadmin/DAM/trans/events/2014/Joint_BELGIUM-UNECE_ITS/02_ITS_Nov2014_Kevin_Gay_US_DOT.pdf.

第六章

视频信息采集技术及其应用

第一节 概 述

一、引言

作为传统路网感知方法的补充手段,视频检测方法具有直观、快速的特点,逐渐受到业界的关注。充分利用架设在道路上的视频摄像头,可以实现对道路交通路网的智能感知,主要包括对车辆及障碍物的自动检测、对路面和车道线的自动检测、对车辆的跟踪和识别、对交通事件等交通行为的自动识别。

道路摄像机拍摄的视频流,经过编码压缩后,传输到监控中心机房的视频接入服务器,在这里视频流被解压(解码),转成算法分析程序需要的图片格式,之后算法分析程序对每一张图片进行分析,实现对交通参数等数据的采集以及对交通事件的检测。整个过程涉及数字图像的生成、视频传输编码、视频接入解码、视频分析等步骤,其中视频分析又分为目标检测、目标识别、目标跟踪、交通参数采集、交通事件检测等关键技术和环节。

目前全国已有部分省份的高速公路、国省干道实现了全省范围的视频检测分析,在日常的路网运行管理和交通安全畅通方面,发挥着越来越重要的作用。

本章将围绕以上内容分别阐述。

二、技术框架

随着用户需求的增长、硬件资源的提升、大数据、人工智能技术的进步,国内工业界诞生了对交通视频摄像头进行分析处理的平台,即视频大数据驱动的人工智能平台。

典型的人工智能平台的总体技术架构如图 6-1 所示[1],从下到上分为视频大数据生成与采集层、视频大数据处理存储层、视频大数据检测分析基础模块层、交通视频检测分析与应用层、应用实践层。

视频大数据生成与采集层采集 IP 摄像机、硬盘录像机或其他平台的实时视频流,提供覆盖多种设备型号、不同类型设备的统一视频接入服务。其中的关键技术在第二节中进行介绍。

针对实时视频流、录像文件等,通过视频大数据处理存储层实现对视频流的分布式计算和分析任务。视频云存储中心包含数据保密性、完整性和可用性的数据安全机制[2],采用用户身份认证技术、数据加密技术、验证码技术、水印技术等,为用户数据安全性提供保障。此部分内容不在本书范围内。

视频大数据检测分析基础模块,是人工智能机器学习中的基础部分,其典型技术路线是:目标分割、目标检测、目标识别、目标跟踪。以上各部分,根据应用场景不同,可以通过传统机器学习和深度学习手段实现。具体内容在第三节中进行介绍。

交通视频检测分析与应用层主要包括三大部分:一是基础通用检测模块,主要包括道路分割、车道线检测、视频采样、前景提取、图像匹配、目标结构化及定位、场景结构化及分类、视频跟踪;二是交通参数视频采集,主要包括车流量、平均车速、占有率等交通参数的计算;三是交通事件检测,主要包括拥堵事件、停车事件、交通事故、逆行事件、行人穿越事件、抛洒物事件、烟火事件等。具体内容在第四节中进行介绍。

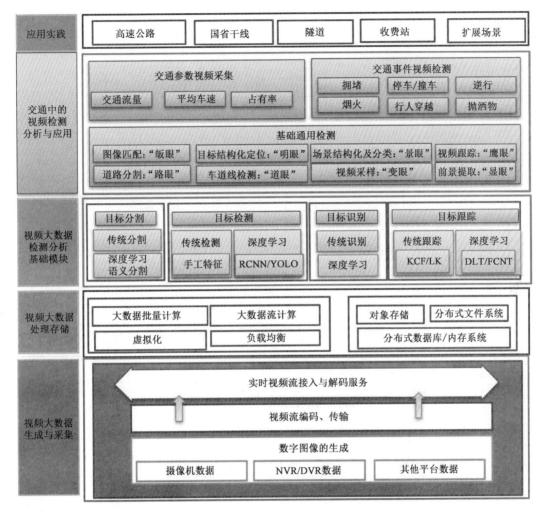

图 6-1 视频大数据人工智能总体技术架构图

在本章第五节讲了两个案例,一个是应用在全省的高速公路上的案例,另一个是应用在全省的国省干道上的案例,以加深读者的认识。

第二节 视频大数据生成与采集

一、数字图像的生成与模型

1. 数字图像的生成

(1)光源通过物体表面反射,经过摄像机镜头到达成像传感器(CCD 或 CMOS),在这里光信号转变成模拟电压(电信号)。之后通过 A/D(模数)转换,对模拟电压离散化,形成数字信号。数字信号处理运算(DSP)对原始数据进行去马赛克、锐化、白平衡等增强,对像素值进行压缩,最终生成数字图像(如 JPEG),如图 6-2 所示。

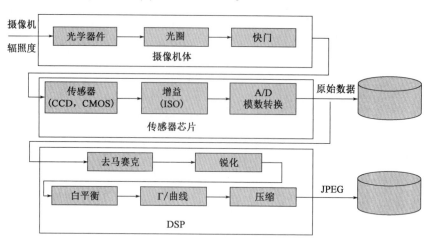

图 6-2　数字图像生成过程[3]

(2)图像矩阵如图 6-3 所示。每一张数字图像都是由 $M \times N$ 个像素(Pixel)组成,在计算机中用一个 $M \times N$ 维的矩阵表示。每个像素代表矩阵的一个元素,像素的值是矩阵元素的数值。图片的像素表示一张图片是由多少点构成的。x 和 y 与矩阵的行(r)和列(c)之间存在一对一的对应关系。图像左上角为原点坐标$(0,0)$,图像右下角坐标$(M-1, N-1)$,图像中心点坐标(x_c, y_c)分别是 M 和 N 各自除以 2 后取向下取整的整数,即式(6-1):

$$(x_c, y_c) = \left[\text{floor}\left(\frac{M}{2}\right), \text{floor}\left(\frac{N}{2}\right)\right] \tag{6-1}$$

其中函数 floor 为向下取整函数。

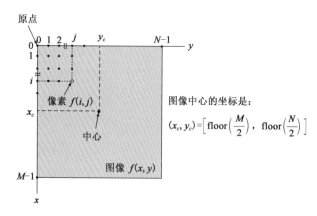

图 6-3　数字图像的坐标表示[4]

彩色的图像需要 3 个这样的矩阵,分别代表 3 个基本的色彩分量、亮度和色度分量。
在硬盘上存储一张数字图片需要的空间为(只考虑一个基本色):

$$b = M \times N \times k \tag{6-2}$$

(3)图像的位数。式(6-2)中 k 代表图像的位数,即每个像素点用多少位来表示,每一位可以取 0 或者 1。在计算机存储中,通常 1 个字节等于 8 位(比特,bit)。例如 $k=4$,表示 4 位图像,有 0000、0001、0010、0011 等,一直到 1111 的 16 种可能,每种可能表示一种颜色,即为 2^k 种颜色。如果 $k=8$,则有 $2^8 = 256$ 种颜色。

(4)图像的量化深度。2^k 又称图像的量化深度(Intensive Level),是图像中每个像素的数值对应的量化等级。量化深度越大,像素值越精确。256 级图像,又称 8 位图像。

(5)图像的大小。以一张未压缩的 1024×768 大小的 16 位彩色图像为例,图像文件字节数 = 图像分辨率 × 颜色深度 ÷ 8,即:$1024 \times 768 \times 16 \div 8 = 1572864B = 1536KB = 1.5MB$

2. 图像色彩模型与 YUV、YC_bC_r

当入射光照射到成像传感器时,来自光谱不同部分的光以某种方式整合为数字图像中离散的红(R)、绿(G)、蓝(B)色数值(RGB 又称"三基色")[5]。每个摄像机根据红、绿、蓝传感器的光谱响应函数对光做积分。其中 $L(\lambda)$ 是给定像素处的入射光谱,$\{S_R(\lambda), S_G(\lambda), S_B(\lambda)\}$ 是对应传感器的红、绿、蓝光谱敏感性。

$$R = \int L(\lambda) S_R(\lambda) d\lambda \tag{6-3}$$

$$G = \int L(\lambda) S_G(\lambda) d\lambda \tag{6-4}$$

$$B = \int L(\lambda) S_B(\lambda) d\lambda \tag{6-5}$$

用于视频传输的最早的彩色表示是 YIQ 标准,与欧洲为 PAL 提出的 YUV 标准相关。这两种标准都有一个亮度通道 Y,由公式得到:

$$Y'_{601} = 0.299 R' + 0.587 G' + 0.114 B'$$

其中,R'、G'、B' 是伽马(Gamma)压缩过的彩色分量的三元组。使用为 HDTV 制定的更新的彩色定义,公式为:

$$Y'_{709} = 0.2125 R' + 0.7154 G' + 0.0721 B'$$

U、V 分量分别为:

$$U = 0.492111(B' - Y') \tag{6-6}$$

$$V = 0.877283(R' - Y') \tag{6-7}$$

"Y"表示明亮度(Luminance 或 Luma),也就是灰阶值。"U"和"V"表示的则是色度(Chrominance 或 Chroma),作用是描述影像色彩及饱和度,用于指定像素的颜色[6]。

YC_bC_r 是 YUV 经过缩放和偏移的翻版。其中 Y 与 YUV 中的 Y 含义一致,指亮度分量,C_b 指蓝色色度分量,而 C_r 指红色色度分量。将 RGB 图像转换成 YC_bC_r 图像是为了减少存储或传输数量。在显示图像之前,还需要再转换成 RGB。

YC_bC_r 与 RGB(8 比特量化深度)相互转换公式为(根据 ITU-R 推荐的 BT.601 标准)

$$\begin{bmatrix} Y \\ C_b \\ C_r \end{bmatrix} = \begin{bmatrix} 0.299 & 0.587 & 0.114 \\ -0.169 & -0.331 & 0.499 \\ 0.499 & -0.418 & -0.0813 \end{bmatrix} \begin{bmatrix} R \\ G \\ B \end{bmatrix} + \begin{bmatrix} 0 \\ 128 \\ 128 \end{bmatrix} \tag{6-8}$$

即：

$$\begin{bmatrix} Y \\ C_b \\ C_r \end{bmatrix} = \begin{bmatrix} 0.299R + 0.587G + 0.114B \\ -0.169R - 0.331G + 0.499B + 128 \\ 0.499R - 0.418G - 0.0813B + 128 \end{bmatrix} \quad (6-9)$$

其中：

$Y = 0.299R + 0.587G + 0.114B$

$C_b = 0.564(B - Y)$

$C_r = 0.713(R - Y)$

$$\begin{bmatrix} R \\ G \\ B \end{bmatrix} = \begin{bmatrix} 1.0 & 0.0 & 1.402 \\ 1.0 & -0.344 & -0.714 \\ 1.0 & 1.772 & 0.0 \end{bmatrix} \begin{bmatrix} Y \\ C_b - 128 \\ C_r - 128 \end{bmatrix} \quad (6-10)$$

二、数字视频传输及编码、解码

1. 数字视频的生成、码流与帧率

数字视频就是以数字形式记录的视频,有不同的产生方式。一种是通过数字摄像机直接产生数字视频信号,存储在数字带、蓝光盘或者磁盘上,从而得到不同格式的数字视频。

如果使用模拟设备(模拟摄像头),要将模拟视频信号转为数字视频信号,可以通过数字视频硬盘录像机(Digital Video Recorder,DVR),将模拟摄像机的模拟信号转变为数字信号,获取数字视频。还可以通过网络硬盘录像机生成数字视频。

一张张的数字图像构成数字视频。数字视频有时间分辨率、空间分辨率、色彩空间、量化深度等参数,组合成为视频格式。在视频中,一张图片称为一帧。时间分辨率指的是帧率,即每秒的帧数(Frame per Second,fps)。一般普通分辨率视频为30fps,即每秒30张图片。视频的帧率越高,视频越流畅。

一个视频序列定义为：

$$\begin{cases} f_R(m,n,k) \\ f_G(m,n,k) \\ f_B(m,n,k) \end{cases} \quad (6-11)$$

其中,k 为帧数,(m,n) 为空间坐标,(R,G,B) 为色彩空间,$f_R(m,n,k)$ 为第 k 帧在坐标点 (m,n) 处 R 分量的幅度[7]。

码流(Data Rate)是指视频文件在单位时间内使用的数据流量,又称码率,是视频编码中画面质量控制中最重要的部分,单位是"比特/秒"(bps: bit per second),表示经过编码(压缩)后的数据每秒需要用多少个比特来表示。同样分辨率下,视频文件的码流越大,压缩比就越小,画面质量就越好。以1000kbps编码的音视频为例,其中 1kbps = 1024×8bps,b 就是"比特位"(bit),s 就是"秒"(second),p 就是"每"(per)。1000kbps 音视频数据每秒需要用 1000k 的比特来传输。

2. 视频传输编解码全过程

视频的传输分为两种：一种是模拟视频的传输,也就是摄像头电信号进行远距离传输,这

种方式主要是在传统的视频监控系统中应用,它的成本比较高,传输距离也有限制,而且随着距离的增大,会出现信号衰减和信道噪声等问题;另一种传输是和互联网技术结合起来,先把数字视频信号压缩后得到码流数据,然后通过网络传输到远端。目前,第二种传输方式的应用最为普遍。

视频传输的全过程如图6-4所示,视频源经过前处理后,经过编码器进行压缩编码,形成码流在互联网信道上进行传输,以每秒传输多少比特的码流(单位:bps)来计算占用的网络带宽。之后,经过解码器对视频进行解压缩,解压后的视频可以用于后期的视频分析、视频投到大屏展现等。

图6-4 视频传输过程

目前主要的视频编解码协议有:H.261、H.263、H.264和mpeg-1、mpeg-2和mpeg-4。第一个视频压缩标准是H.261,它的很多视频压缩的思想,一直影响到压缩标准H.264。H.264由国际标准化组织(ISO)和国际电信联盟(ITU)组织共同制定,与mpeg-4第10部分相同。

H.264是目前国内交通应用最为广泛的协议,它对视频压缩编码和解码全流程如图6-5所示。

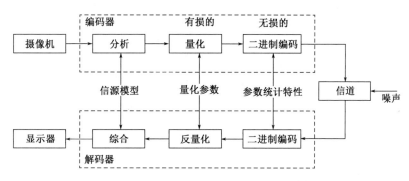

图6-5 H.264视频压缩编码和解码全流程[8]

根据采用的不同信源模型,视频编码可以分为两大类:基于波形的编码和基于内容的编码。如果采用一幅图像由许多像素构成的信源模型,信源模型的参数就是每个像素的亮度和色度的幅度值。对这些参数进行压缩编码技术称为基于波形的编码。如果采用一个分量由几个物体构成的信源模型,这种信源模型的参数就是各个物体的形状、纹理和运动。对这些参数进行压缩编码的技术被称为基于内容的编码。

利用以上两种编码方法,得到相应的量化前的参数。再对这些参数进行量化,用二进制码表示其量化值。最后,进行无损熵编码进一步提高码率。

解码过程是以上编码过程的逆过程:获取二进制码表示的参数,对参数进行反量化后输出到显示器或者用于视频分析处理。

3. H.264编码

编码是把数字视频信息压缩的技术,以节省视频传输中所占用的带宽。预测编码是视频编码中的核心技术之一,利用已编码像素的重建值得到当前像素的预测值,通过预测来消除像素间的相关性。视频编码器对预测后的差值进行量化,对量化后的残差进行熵编码,同时利用残差与预测值得到当前像素的重建值,用于预测之后的待编码像素,大幅提高编码效率。

预测编码基本过程如图 6-6 所示。

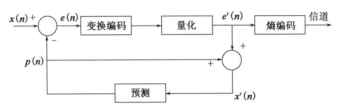

图 6-6　预测编码基本过程

变换编码是指以空间域中像素形式描述的图像转换至变换域,以变换系统的形式表示,以达到去除空间冗余的目的。

量化(Quantization)是将信号的连续取值(或大量可能的离散取值)映射为有限多个离散幅值的过程。在视频编码中,残差信号经过变换编码后,得到较大动态范围的变换系数,对变换系数进行量化,可以减少信号取值空间,获得更好的压缩效果。

熵编码是指按信息熵原理进行无损编码,即大概率出现的信号采用较短的码字表示,小概率出现的信号采用较长的码字表示,最终使平均码长最短。

信息熵的定义为:

$$H(x) = -\sum_{i=1}^{q} p(x_i) \log p(x_i) \tag{6-12}$$

其中,$p(x_i)$ 是信息源发出符号 x_i 的概率,$\sum_{i=1}^{q} p(x_i) = 1$。当信息源发出 $i = 1 \sim q$ 的所有符号的概率相等时,信息熵取值最大。信息熵是信息量大小的度量,信息量大,表示信息的不确定性大,信息熵取值就大。

熵编码的原则是,对离散信源进行适当变换,变换后的信源尽可能等概率分布,从而使新信源的每个码符号平均所含的信息量最大、信息熵取值最大,最终使平均码长最短。

压缩后的视频流片段难以理解,网络适配层对压缩视频流进行封装和标识,生成网络抽像单元(NALU),使其可以被网络识别并优化处理,如图 6-7 所示。

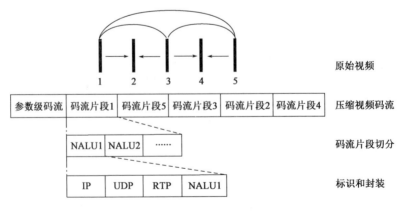

图 6-7　视频压缩[9]

4. H.264 解码流程

H.264 的功能分为两层，视频编码层(VCL)和网络提取层(NAL)。VCL 包含核心压缩引擎和块、宏块、片的语法级别定义。NAL 负责将 VCL 产生的比特字符串适配到各种网络和多元环境中，NAL 解码器负责将符合 H.264 码流规范的压缩视频流解码并进行图像重建。解码器功能框图如图 6-8 所示。

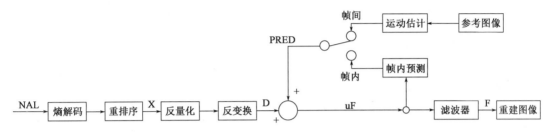

图 6-8　解码器功能框图

解码器从 NAL 接收压缩的比特流，对码流进行熵解码求得一系列量化系数 X，这些系数经过反量化和反变换得到残差数据 D。解码器使用从码流中解码得到的头信息创建一个预测块 PRED，PRED 与残差数据 D 求和得到图像块数据 uF。每个 uF 通过去方块滤波得到重建图像的解码块 F。

更为详细的解码流程如图 6-9 所示。

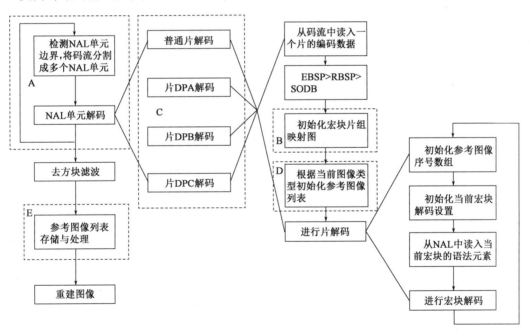

图 6-9　解码器解码流程详图

以上流程主要涉及 NAL 单元解码，包括普通片、A 片、B 片、C 片解码等过程。

5. 视频流接入解码应用

清楚了解视频传输编码、解码的全过程之后，接下来介绍在实际应用中，如何获取实时视频流并对其进行解码,得到 YUV 格式数据,提供给算法程序进行后续的视频分析和图像处理。

获取视频流阶段起始于视频编码传输后,可以从网络摄像机、DVR、NVR 或其他视频平台上,通过多种方式获取视频流,主要包括 ONVIF 协议、GB28181 协议,还有各厂商提供的二次开发接口。

取得的视频流都是按 H.261、H.263 或 H.264 协议压缩后的很难理解的"裸流",即原始数据流,这样的视频流无法用于视频分析处理操作,需要将这些视频流解码恢复成原始图像,转成 YUV 或 RGB 格式,送给后续程序进行分析处理操作。不同厂商有不同的视频解码库和解码方式,可以通过硬件实现解码,也可以通过软件实现。一般情况下,硬件解码的效率要高于软件解码。

Ffmpeg 是一个开源免费跨平台的视频流方案。它提供了音视频采集、编解码、图像处理、格式转换等功能。开发者可选择直接使用 Ffmpeg 自带的 H.264 解码器或者第三方的解码库进行视频解码。解码后的 YUV 数据可以输入到算法分析程序,进行图像智能分析和展示播放。

第三节 视频大数据检测分析基础

获取解码后的视频流图像后,就可以针对视频图像进行分析和处理,主要包括:图像目标检测与识别、视频目标跟踪等环节。

在实时视频流中对目标进行检测和识别,本质上是对视频流中的图像帧进行抽样检测:根据路面摄像机架设的高度、角度和焦距问题,每秒检测 10 帧图像(一般实时视频流为每秒 25 帧或 30 帧,相当于每隔 3~5 帧检测 1 帧图像),可以满足交通视频分析的时间性能要求。因此,视频中的目标检测和识别,本质上是图像中的目标检测与识别。本节介绍图像中的目标检测与识别方法及其原理。

图像目标检测与识别的一般步骤包括:特征检测、目标分割、检测识别。每个步骤都可以采用传统机器学习和深度学习两种方法实现。传统机器学习需要人为指定选用哪些特征进行检测、分割和识别。而深度学习则是机器自动决定提取哪些特征,不用人为指定特征。

卷积运算和卷积核是传统机器学习和深度学习的基本运算,它们都通过卷积实现特征的提取。

一、图像目标特征检测

在图像中,一般称受关注的区域为前景。图像前景提取是运用图像处理算法,快速准确地提取出图像中感兴趣的信息。一幅图像可以表示为一幅前景图像与一幅背景图像的组合。

根据业务场景的实际需求,需要在图像中将特定的物体检测出来,这个物体即为目标,这个过程称为目标检测。在交通场景中,待检测的目标有:道路路面、车道线、机动车辆、行人、非机动车辆、抛洒物等。

图像中的目标由一个个像素组成,两张像素值接近的图像,其目标不一定相似。两者的区别不在于每个像素的值,而是在于小组像素的特征。

图像中的目标特征主要有颜色特征、纹理特征、形状特征和空间关系特征。

颜色特征和纹理特征是全局特征,描述了目标的表面性质;形状特征有两类表示方法,一类是轮廓特征,另一类是区域特征,轮廓特征主要针对目标的外边界,区域特征则关系到整个形状区域;空间关系特征,是指图像中分割出来的多个目标之间的相互的空间位置或相对方向关系,这些关系也可分为连接/邻接关系、交叠/重叠关系和包含/包容关系等。

提取图像中的目标特征,是图像处理中的初级运算[10],从图像中抽取出的目标特征一般有直方图特征、颜色纹理特征、轮廓特征、边缘特征、点特征等。

不同的特征可以用不同的滤波方法过滤出来,常见的线性滤波器是卷积运算滤波器[11],滤波器核(卷积核)与它要检测的特征非常类似。图像的卷积运算如图6-10所示,利用周边邻域内的像素对图像进行了加权求和,卷积运算也是一种邻域滤波[12]。

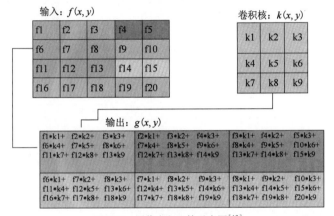

图6-10 图像卷积运算示意图[13]

每个像素需要 k^2 次(乘-加)操作,其中 k 是卷积核的大小(宽度或高度)。如果将2维核 k 看成矩阵,可以通过奇异值分解(SVD)将其拆分成垂直核函数和水平核函数,即称这个卷积核可以分离。分离后的卷积核可以通过如下方式大幅提高运输速度:先用一维行向量进行卷积,再用一维列向量进行卷积,每个像素总共需要 k^2 次操作。

检测目标特征需要用到几十或上百个滤波器核,提取包括角点、条形、边缘、纹理等特征,常见的角点检测算子如 Harris(哈里森)算子[14]等。表6-1 ~ 表6-4 列出了各种算子的卷积核和算法关键步骤。这里只挑其中一部分进行介绍。

Sobel(索贝尔)算子是带方向的一阶导数滤波器,用方向导数作为卷积核作用于图像。Sobel 算子有两个,一个是检测水平边缘的,另一个是检测垂直边缘的。

水平方向 Sobel 算子:
$$G_x = \begin{bmatrix} -1 & 0 & 1 \\ -2 & 0 & 2 \\ -1 & 0 & 1 \end{bmatrix}$$

垂直方向 Sobel 算子:
$$G_y = \begin{bmatrix} 1 & 2 & 1 \\ 0 & 0 & 0 \\ -1 & -2 & -1 \end{bmatrix}$$

拉普拉斯算子是一个二阶微分算子,使用平滑核函数的拉普拉斯算子对图像做卷积。以上两种带方向导数的滤波器,可以检测图像目标的边缘。

表 6-1 纹理特征检测中的算子(方法)一览表

算子	卷积核	算法关键步骤
Gabor(加博)	一维:$\hat{f}(\varepsilon)=\int_{-\infty}^{\infty}f(t)e^{-i2\pi t\varepsilon}\mathrm{d}t$ 二维:$\hat{f}(\varepsilon_x,\varepsilon_y)=\iint f(x,y)e^{-i2\pi(\varepsilon_x x+\varepsilon_y y)}\mathrm{d}x\mathrm{d}y$	将原信号的时间域空间通过傅里叶变换转变为频率域空间,可以反映信号局部区域的特征,对图像边缘敏感
LBP[8]	(01111100)₁₀=124　LBP₈¹　LBP₁₆²　LBP₈² 　$\begin{bmatrix}44&118&192\\32&83&204\\61&174&250\end{bmatrix}$　$\begin{bmatrix}0&1&1\\0&0&1\\0&0&1\end{bmatrix}$	原始的 LBP 算子定义为在 3×3 的窗口内,以窗口中心像素为阈值,将相邻的 8 个像素的灰度值与其进行比较,若周围像素值大于中心像素值,则该像素点的位置被标记为 1,否则为 0。

表 6-2 角点检测中的算子一览表

算子	卷积核 (求水平方向的梯度)	卷积核 (求垂直方向的梯度)	算法关键步骤
Harris[7] (哈里森)	$\begin{bmatrix}-1&0&1\\-1&0&1\\-1&0&1\end{bmatrix}$	$\begin{bmatrix}-1&-1&-1\\0&0&0\\1&1&1\end{bmatrix}$	(1)对每个像素点计算相关矩阵 M。[7] $A=w(x,y)\otimes I_x^2$ $B=w(x,y)\otimes I_y^2$ $C=D=w(x,y)\otimes(I_xI_y)$ $M=\begin{pmatrix}A&D\\C&B\end{pmatrix}$ (2)计算每个像素的 Harris 角点响应。 $R=(AB-CD)^2-k(A+B)^2$ (3)在 $w\times w$ 范围内寻找极大值点,若 Harris 角点响应大于阈值,则视为角点。 Harris 算子对灰度的平移是不变的,因为只有差分,对旋转也有不变性,但是对尺度很敏感

续上表

算子	卷积核 （求水平方向的梯度）	卷积核 （求垂直方向的梯度）	算法关键步骤
Susan （苏珊）	类圆形模板进行卷积，模板中心像素是标号为19的点 | | | 1 | 2 | 3 | | | | | 4 | 5 | 6 | 7 | 8 | | | 9 | 10 | 11 | 12 | 13 | 14 | 15 | | 16 | 17 | 18 | 19 | 20 | 21 | 22 | | 23 | 24 | 25 | 26 | 27 | 28 | 29 | | | 30 | 31 | 32 | 33 | 34 | | | | | 35 | 36 | 37 | | |		利用圆形模板遍历图像，计算每点处的Susan值； 设置阈值 g，进行阈值化，得到特征信息响应； 使用非极大值抑制寻找角点

表6-3 边缘检测中的一阶微分算子一览表

一阶微分算子	水平方向卷积核 （求水平方向梯度）	垂直方向卷积核 （求垂直方向梯度）	高斯滤波器 （高斯卷积核）	算法关键步骤
Canny （坎尼）	$\begin{bmatrix} -1 & 0 & 1 \\ -2 & 0 & 2 \\ -1 & 0 & 1 \end{bmatrix}$	$\begin{bmatrix} -1 & -2 & -1 \\ 0 & 0 & 0 \\ 1 & 2 & 1 \end{bmatrix}$	$\begin{bmatrix} 2 & 4 & 5 & 4 & 2 \\ 4 & 9 & 12 & 9 & 4 \\ 5 & 12 & 15 & 12 & 5 \\ 4 & 9 & 12 & 9 & 4 \\ 2 & 4 & 5 & 4 & 2 \end{bmatrix}$	高斯核与原始图像卷积，求得平滑后的图像； 水平和垂直方向卷积核与平滑后图像卷积，求每个像素点的梯度幅值及方向： $$G = \sqrt{G_x^2 + G_y^2} \quad \theta = \arctan\frac{G_y}{G_x}$$ 梯度方向近似到4个可能角度之一（一般为0°，45°，90°，135°）； 非极大值抑制，保留每个像素点上梯度强度的极大值，将模糊边界变得清晰，仅保留了一些细线条（候选边缘）；滞后阈值需要两个阈值（高阈值和低阈值）
Sobel （索贝尔）	$\begin{bmatrix} -1 & 0 & 1 \\ -2 & 0 & 2 \\ -1 & 0 & 1 \end{bmatrix}$	$\begin{bmatrix} -1 & -2 & -1 \\ 0 & 0 & 0 \\ 1 & 2 & 1 \end{bmatrix}$	同Canny算子。	有时梯度用简单公式代替： $$G = \|G_x\| + \|G_y\|$$
普利维特 （Prewitt）	$\begin{bmatrix} -1 & 0 & 1 \\ -1 & 0 & 1 \\ -1 & 0 & 1 \end{bmatrix}$	$\begin{bmatrix} 1 & 1 & 1 \\ 0 & 0 & 0 \\ -1 & -1 & -1 \end{bmatrix}$		与Canny算子类似

续上表

一阶微分算子	水平方向卷积核（求水平方向梯度）	垂直方向卷积核（求垂直方向梯度）	高斯滤波器（高斯卷积核）	算法关键步骤
Roberts（罗伯茨）边缘检测	$\begin{bmatrix} 1 & 0 \\ 0 & -1 \end{bmatrix}$	$\begin{bmatrix} 0 & 1 \\ -1 & 0 \end{bmatrix}$	—	与Canny算子类似
Krisch（克里斯奇）	8个方向的模板（卷积核3×3）： {{-3,5,5;-3,0,5;-3,-3,-3}, {-3,-3,5;-3,0,5;-3,-3,5}, {-3,-3,-3;-3,0,5;-3,5,5}, {-3,-3,-3;-3,0,-3;5,5,5}, {-3,-3,-3;5,0,-3;5,5,-3}, {5,-3,-3;5,0,-3;5,-3,-3}, {5,5,-3;5,0,-3;-3,-3,-3}, {5,5,5;-3,0,-3;-3,-3,-3}}		—	它采用8个模板对图像上的每个像素点进行卷积求导数，这8个模板代表8个方向，对图像上的8个特定边缘方向作出最大响应，运算中取最大值作为图像的边缘输出

表6-4 边缘检测中的二阶微分算子一览表

二阶微分算子	卷积核（求不同方向的梯度）	算法关键步骤
Laplace（拉普拉斯）	a) 拉普拉斯运算模板 $\begin{bmatrix} 0 & -1 & 0 \\ -1 & 4 & -1 \\ 0 & -1 & 0 \end{bmatrix}$ b) 拉普拉斯运算扩展模板 $\begin{bmatrix} -1 & -1 & -1 \\ -1 & 8 & -1 \\ -1 & -1 & -1 \end{bmatrix}$ c) 拉普拉斯其他两种模板 $\begin{bmatrix} 1 & 1 & 1 \\ 1 & -8 & 1 \\ 1 & 1 & 1 \end{bmatrix}$，$\begin{bmatrix} 0 & 0 & 1 & 0 & 0 \\ 0 & 1 & 2 & 1 & 0 \\ 1 & 2 & -16 & 2 & 1 \\ 0 & 1 & 2 & 1 & 0 \\ 0 & 0 & 1 & 0 & 0 \end{bmatrix}$	—
LOG（拉普拉斯和高斯）		对图像先进行高斯滤波（$G\sigma \times f$），再进行Laplace算子运算
DOG（高斯函数差分）		对图像进行两次高斯平滑再将结果相减，可以近似得到LOG算子作用于图像的效果

傅里叶变换是分析滤波器核 $k(x,y)$ 频率特征的工具,用正弦信号和滤波器核进行卷积后,可以得到另一个频率相同但幅度和相位不同的正弦波。可以认为输入信号为正弦信号,经过与滤波器卷积后,产生的输出响应为正弦信号。不断用正弦波和滤波器卷积,观察幅度和相位差。

Sobel 算子的可分离核(水平方向)进行傅里叶变换后,发现它最初线性地增强频率,但随后高频衰减,导致对精细边缘的检测会出现问题。

采用 Gabor(加博)滤波器进行纹理特征的检测,一个 Gabor 核实际上就是一个高斯核与正弦波调制的结果,可以看作是高斯核应用在正弦波的频域部分。

关键点检测和匹配分为 4 个阶段,即特征提取阶段、特征描述阶段、特征匹配阶段、特征跟踪阶段。提取到特征后,进入了特征匹配阶段,需要明确哪些特征来自不同图像中的位置。分两个阶段,第一阶段是选择匹配策略,确定哪些匹配将被传送到下一阶段处理;第二阶段是设计出有效的数据结构和算法完成匹配。特征匹配将在后续章节中介绍。

二、传统目标分割算法

目标分割(Object Segmentation)指的是利用检测出的图像灰度、颜色、纹理、形状等特征,把图像分成若干个互不重叠的区域,并使这些特征在同一区域内呈现相似性,在不同的区域之间存在明显的差异性,最终将具有独特性质的区域(具有特定含义的区域)提取出来的方法,适用于多类目标的像素级分割。图像分割的任务是寻找"相互匹配"的像素组。

上节提到的特征检测,属于低层视觉。本节的"目标分割",则属于中层视觉。尽管上节提到的边缘检测,也是目标分割的一种方式,但目标分割涉及更高层的视觉分析。

目标分割分为前景目标自动提取、交互式分割和语义分割等。其中,交互式分割在某种程度上,可以称之为"二类语义分割",如图 6-11 所示。

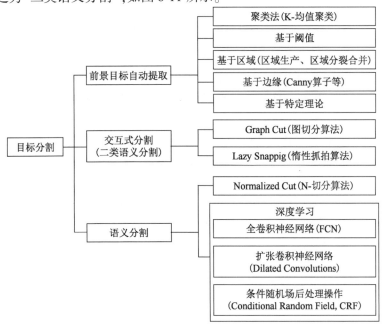

图 6-11 目标分割的方法分类示意图[15]

传统的前景目标自动提取的目标分割方法主要分为聚类法、基于阈值的分割方法、基于区域的分割方法、基于边缘的分割方法以及基于特定理论的分割方法等。

K-均值聚类法是指采用K-Means聚类算法,将图像中的每一个像素归到一个聚类中心点,进而实现对每个像素的分组,从而将图像分割成K个聚类的迭代算法,它可以基于颜色特征和纹理特征实现图像分割。选取K个聚类中心后,计算所有剩下的对象到这些聚类中心的距离,即像素到聚类中心之间的绝对偏差或偏差的平方,将距离最相近的化为一类,逐渐迭代直到聚类中心位置不再发生变化。偏差通常用像素颜色、亮度、纹理、位置或它们的加权组合计算。由于对原始图像一般情况下不知道有多少类目标,初始的聚类数无法确定,因此算法对初始参数极为敏感,有时需要人工干预参数的初始化才能求得最优解。[16]

阈值分割法,利用来自原始图像的灰度或彩色特征,或由原始灰度或彩色值变换得到的特征,通过设定不同的特征阈值,把图像像素点分为若干类。灰度阈值分割法是一种常用的并行区域技术[17],它是图像分割方法中应用最多的一类。它假设一幅图像由前景和背景组成,通过统计学的方法来选取一个阈值,使得这个阈值可以将前景和背景尽可能地分开,即在某种判据下最优(使各类之间的方差最大化)。阈值分割中,重要的是阈值的选取,可以分为全局阈值法和局部阈值法两类。全局阈值方法指在分割过程中对图像上每个像素使用的相等的阈值;局部阈值方法指每个像素所使用的阈值不同。局部阈值法常常用于照度不均或灰度连续变化的图像分割,又称自适应阈值。阈值分割的优点是计算简单、运算效率较高、速度快。阈值分割算法对阈值具有较强的依赖性,光照不均匀、噪声、图像中存在不清晰的部分或阴影等,常常导致分割错误。

基于区域的分割方法中,区域生长法(Region Seeds Growing,RSG)和分裂合并法是两种典型的串行区域技术,其后续的处理要根据前面步骤的结果进行决定。区域生长法先对每个需要分割的区域找一个种子像素作为生长的起点,然后将种子像素周围邻域中与种子像素有相似性质的像素合并到种子像素所在的区域中。将这些新像素当作新的种子像素继续进行上面的过程,直到再没有满足条件的像素可被包括进来,这样一个区域就长成了。区域生长法需要选择一组能正确代表所需区域的种子像素,确定在生长过程中的相似性准则,制定让生长停止的条件或准则。相似性准则可以是灰度级、彩色、纹理、梯度等特性。选取的种子像素可以是单个像素,也可以是包含若干个像素的小区域。大部分区域生长准则使用图像的局部性质。优点是计算简单,对于较均匀的连通目标有较好的分割效果。它的缺点是需要人为确定种子点,对噪声敏感,可能导致区域内有空洞。同时当目标较大时,计算量较大,分割速度较慢。

区域分裂合并算法的基本思想是先确定一个分裂合并的准则,即区域特征一致性的测度,当图像中某个区域的特征不一致时就将该区域分裂成子区域,当相邻的子区域满足一致性特征时,则将它们合成一个大区域,直至所有区域不再满足分裂合并的条件为止。区域生长比区域分裂合并的方法节省了分裂的过程,但只能从单一像素点出发进行生长(合并),而区域分裂合并的方法可以在一个较大的相似区域基础上再进行相似合并。

图像分割的一种重要途径是通过边缘检测,即检测灰度级或者结构具有突变的地方。图像中边缘处像素的灰度值不连续,可通过求导数来检测。人们常用微分算子进行边缘检测。常用的一阶微分算子有Roberts算子、Prewitt算子和Sobel算子,二阶微分算子有Laplace算子和Kirsh(科什)算子等。这些算子对噪声敏感,只适合于噪声较小、不太复杂的图像。

由于边缘和噪声都是灰度不连续点,直接采用微分运算难以克服噪声的影响。因此用微分算子检测边缘前要对图像进行平滑滤波。LOG 算子和 Canny 算子是具有平滑功能的二阶和一阶微分算子,边缘检测效果较好,其中 LOG 算子是采用 Laplace 算子求高斯函数的二阶导数,Canny 算子是高斯函数的一阶导数,它在噪声抑制和边缘检测之间取得了较好的平衡。但该方法只适合于噪声较小、不太复杂的图像。

交互式前景分割是一类半自动分割方法,通常由用户在图像上标记出部分前景和背景区域,算法根据这些标记的种子区域将图像的前景目标从背景中提取出来。常见的交互式前景分割算法有 Graph Cut(图切分算法)、Lazy Snapping(惰性抓拍算法)[18]等。Graph Cut 是最主要的方法,大部分的方法由此扩展。

图像语义分割就是机器自动分割并识别出图像中的内容,分为传统语义分割和基于深度学习的语义分割。

传统语义分割中比较代表性的方法是"Normalized Cut"(N-切分算法),简称"N-Cut"[19]。通常,传统基于图划分的语义分割方法都是将图像抽象为图(Graph)的形式 $G=(V,E)$(V 为图节点,E 为图的边),然后借助图理论(Graph Theory)中的理论和算法进行图像的语义分割。常用的方法为经典的最小割算法(Min-Cut Algorithm)。不过,在边的权重计算时,经典 Min-Cut 算法只考虑了局部信息。如图 6-12 所示,以二分图为例(将 G 分为不相交的两部分),若只考虑局部信息,那么分离出一个点显然是一个 Min-Cut,因此图划分的结果便是类似或这样离群点,而从全局来看,实际想分成左右两大部分。

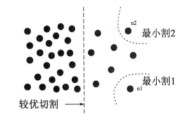

图 6-12 最小割算法分割二分图示意图

针对这一情形,N-Cut 则提出了一种考虑全局信息的方法来进行图划分(Graph Partitioning),即将两个分割部分 A 和 B 与全图节点的连接权重[assoc(A,V) 和 assoc(B,V)]考虑进去,达到考虑全局信息而摒弃划分离群点的目的。这样的操作类似于机器学习中特征的规范化(Normalization)操作,故称为 Normalized Cut。N-Cut 不仅可以处理二类语义分割,而且将二分图扩展为 K 路(K-way)图划分即可完成多语义的图像语义分割。

三、传统目标检测与识别

传统机器学习对目标的检测与识别,主要包括特征检测(提取)、特征匹配等环节。本节主要介绍在特征检测提取以后,针对提取到的特征作哪些处理,从而实现对目标的检测与识别。

传统机器学习对视频图像中的目标检测方法有:基于判决式模型,将目标和背景看为二分类的方法,如 SVM、Adaboost、神经网络等;基于生成模型寻找与目标相似度最大的区域,如 PCA、SR、随机森林等;背景建模、混合建模等方法。

传统机器学习对视频图像中的目标识别方法有:以 K-Means 为代表的聚类方法;以支持向量机 SVM 等为代表的分类法;以 PCA、LDA、SVD、RP 等为代表的降维简化数据法。

早期的车辆、行人(障碍物)检测方法基于静止不动的摄像机,通过剔除背景、提取前景、提取全局或局部特征,然后经过模板匹配的方式,从图像中检出车辆[20],然后进行分类。

对道路路面进行分割后,通过提取车道线的颜色信息、外形信息等特征,进行车道线的检测[21]。通常情况下,由于存在摄像机拍摄角度、车道线弯曲等情况,需要对图像进行逆透视变换[22],消除图像远端直线交叉处的"灭点"后,再进行直线检测。

检出车辆后,通常采用分类、模板匹配、自适应背景闪存[23]等方式,对车辆进行识别[24]。

四、深度学习原理及基础网络结构

深度学习在本书中特指深度卷积神经网络,它是深度学习的典型代表。

1. 深度卷积神经网络的作用及原理

采用深度卷积神经网络,是要提高传统机器学习在特征检测、目标检测识别中的准确率和检出率,提高算法性能。业界普遍认为,机器学习模型的学习能力与它的复杂度有关,复杂度越高,学习能力越强,检测精度越高。对神经网络模型来讲,复杂度变高有两个途径:一是把网络层级增多,将模型变"深";二是将模型变"宽"。模型变宽,只增加了函数的个数;模型变深,不仅增加函数个数,还增加了它的嵌入层次。模型变深比变宽更复杂,可供训练的数据量越来越大,可提供的计算能力(硬件设备的算力)越来越强,这使得我们使用复杂模型成为可能,将模型变深逐渐成为趋势。深度卷积神经网络应运而生,并在工业界得到广泛应用。

深度卷积神经网络的本质是表征(特征)学习的能力。传统机器学习在解决一个问题之前,需要人类专家先人工设计一些特征,比如说颜色、纹理等特征,特征表达出来之后再进行学习。而深度学习是通过训练,自己学习特征,不用人类关注,甚至人类也无法解读深度学习得到的特征。

深度卷积神经网络采用分层计算,每一层提取图像中的不同特征,比如底层提取图像的颜色、纹理等特征,上一层提取边缘、轮廓特征,更高层提取更抽象的图像特征。每一层都有不同的特征空间,不断进行特征空间变换,这样做的好处就是,在某些特征空间中不能被精确识别的特征,变换特征空间后,变得更容易识别,进而提高了检测识别的精度。

深度卷积神经网络可以视为包含了很多参数的数学模型,这个数学模型由层层函数嵌套组成。

其网络很深、很宽,产生了以下问题[25]:

各层网络相连的参数太多,在训练数据集较小的情况下,容易过拟合,使模型在应用到其他数据集时效果很差;计算复杂度大,对计算资源要求较高,难以应用到实际场景中;网络太深后,容易导致梯度消失,使训练无法收敛,很难训练出优化的模型。

2. 逐层计算:前向推理与反向传播

通过设计不同的卷积核,可以检测出不同的特征。但在实际应用场景中,人们无法确认卷积核的大小和具体数值,于是人们很自然想到,能否让机器接受训练和学习,然后由机器确定卷积核的具体数值?

人类只需要提出任务,比如检测一张图片上的物体是否是一辆车的任务。然后,人类整理出成千上万张有车的图片,把里面的车通过人工标记出来,告诉机器车的外形是这样的。接下来就由机器去学习车的特征。

机器学习就跟人类学习一样,是通过大量的训练进行学习的,训练的过程如下。

第一阶段是前向推理阶段。首先,初始化一些卷积核的数值和其他参数的数值,一般是在一定范围内的随机值。然后,通过卷积神经网络的前向推理,在卷积网络的每一层提取特征。

随后,将这些特征进行全局和归一化处理,送入分类器进行分类。这个阶段输出分类结果,比如分类结果是一辆车。这一阶段涉及的主要运算包括卷积运算(一系列乘法、加法的运算)、非线性激活函数等。

第二阶段是反向传播阶段。将第一阶段得到的检测结果与人工标记的真实结果做对比,计算误差,也就是 Loss 数值(损失数值)。

接下来的目标,是通过不断地迭代调整卷积核数值大小和其他参数大小,将 Loss 值稳定在一个较小的数值范围内,这是一个最优化问题,目标是找到使 Loss 达到最小值(局部极小值)的最优参数。Loss 函数的自变量实质上是卷积神经网络里包括卷积核在内的一系列参数,为了让 Loss 函数以较快速度达到局部最小值,容易想到的办法是沿着梯度下降的方向去调整自变量。梯度就是 Loss 函数对自变量的偏导数。

深度卷积神经网络,对偏导数的计算和参数的求解,是从最后一层开始。先计算最后一层 Loss 函数对各参数的偏导数,更新各参数。之后,反向计算前一层网络中 Loss 函数对各参数的偏导数,然后逐层反向传播到网络的最前面一层。这个过程,就是误差的反向传播阶段,目的是逐层求解各层的参数。

当 Loss 值收敛到一定数值范围内并稳定后,训练结束。此时,网络里的各种参数的数值已经确定,深度卷积神经网络的学习结束,并输出一个模型。此模型可以部署在实际场景中,不断实时接收新的视频流,通过前向推理,输出推理结果提供给其他系统或用户使用。

由以上逐层计算可见,在深度卷积神经网络的网络中,每一层级的卷积核大小、激励函数和各参数,对前向推理和反向传播阶段的影响很大,决定了这个模型的检测精度和效率。因此,深度卷积神经网络的网络架构十分重要。经典的基础网络架构包括:AlexNet、VGG、ResNet、GoogleNet、Darknet 等,下面将分别介绍各网络架构。

3. 基础网络结构

以 AlexNet 为代表的经典卷积神经网络 CNN 适合于图像级的分类和回归任务,得到的是整个输入图像属于一个类别的概率。如图 6-13 所示,原图片为 224×224 大小图片,3 个通道。在经过第一层的卷积和池化层操作后,原图对应的响应张量大小为 55×55。经过第二层的卷积核池化层操作后,对应的响应张量大小为 27×27。

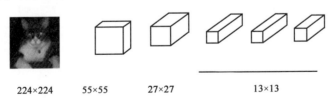

图 6-13 CNN 网络对猫的分割中图片大小变化示意图

如图 6-14 所示,第一层卷积为 11×11 大小的卷积核 96 个,每个 GPU 上 48 个。第一层池化层 Max-Pooling 为 2×2 的核;第二层卷积为 5×5 卷积核 256 个,每个 GPU 上 128 个。第二层池化层 Max-Pooling 为 2×2 的核;第三层卷积与上一层是全连接,3×3 的卷积核 384 个,分到两个 GPU 上个各自 192 个;第四层卷积:3×3 的卷积核 384 个,两个 GPU 各 192 个。该层与上一层链接没有经过 Pooling 层。第五层卷积为 3×3 的卷积核 256 个,两个 GPU 上各 128 个。第五层池化层 Max-Pooling 为 2×2 的核。第一层全链接 4096 维,将第五层池化层

Max-Pooling 的输出链接成为一个一维向量,作为该层的输入。第二层全链接层为 4096 维。最后的 Softmax 层输出为 1000 维,每一维都是图片属于该类别的概率。

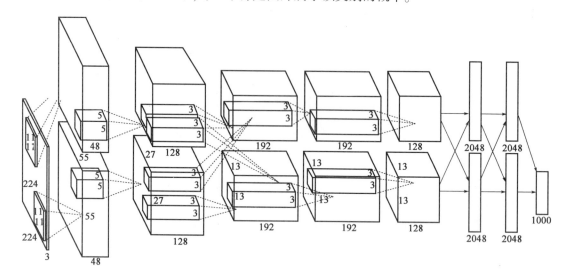

图 6-14　CNN 网络结构示意图[26]

VGG(牛津大学计算机视觉组)卷积神经网络是牛津大学在 2014 年提出来的模型,通过 3×3 小型卷积核和 2×2 最大池化层,构筑了 16~19 层深卷积神经网络。它是很多检测和分割模型的基础网络,比如 Faster RCNN、SSD、YOLO、Segnet 等,都用了 VGG 作为基础网络。

VGG 一共有 6 种网络,分为 A、A-LRN、B、C、D、E 6 种。下面以 C 类型,即 VGG-16 (图 6-15)为例,介绍网络情况。

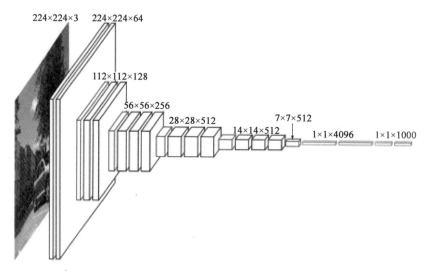

图 6-15　VGG-16 网络架构图[27]

VGG-16 输入 224×224×3 的图片,经过 64 个卷积核的两次卷积后[28],进行 1 次池化操作。之后又经过 2 次 128 的卷积核卷积之后,采用 1 次池化操作。再经过 3 次 256 的卷积核的卷积之后,采用池化操作。重复 2 次 3 个 512 的卷积核卷积之后再做池化操作,再之后是 3

次全连接操作,将局部特征转为全局特征。

GoogLeNet(图6-16)和 VGG 是 2014 年 ImageNet(图像网)挑战赛的冠亚军,是很多检测和分割模型的基础网络,比如 Faster RCNN、YOLO 等,都用了 GoogLeNet 作为基础网络。它采用了 Inception(创始)网络结构,构造了一种"基础神经元"结构,搭建一个稀疏性、高计算性能的网络。

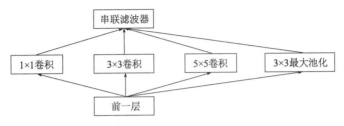

图 6-16　GoogLeNet 的基础神经元结构图

该结构将 CNN 中常用的卷积核卷积操作、池化操作堆叠在一起。一方面增加了网络的宽度,另一方面也增加了网络对尺度的适应性。卷积层中的网络能够提取输入的每一个细节信息,同时 5×5 的滤波器也能够覆盖大部分接受层的输入。还可以进行一个池化操作,以减少空间大小,降低过度拟合。

但是,5×5 的积核所需的计算量太大,造成了特征图的厚度很大。为了避免这种情况,在 3×3 前、5×5 前、Max-Pooling 后分别加上了 1×1 的卷积核,以起到降低特征图厚度的作用,这就是 Inception v1 的网络结构,如图 6-17 所示。

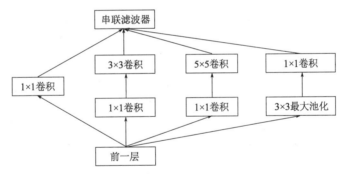

图 6-17　GoogLeNet 中的 Inception v1 结构图

ResNet 残差神经网络(Residual Neural Network)由微软研究院的 Kaiming He(何凯明)等 4 名华人提出,通过使用残差单元(ResNet Unit)成功训练出了 152 层的神经网络,是很多检测和分割模型的基础网络。ResNet 的主要思想是在网络中增加了直连通道,即高速网络(Highway Network)的思想,允许原始输入信息直接传到后面的层中,如图 6-18 所示。

ResNet 有不同的网络层数,比较常用的是 50 层、101 层、152 层。它们都是由上述的残差模块堆叠在一起实现的。

五、基于深度学习的目标分割

1. 全卷积神经网络 FCN

为了解决传统的 CNN 网络池化层下采样带来的响应张量变小问题,全卷积网络(FCN)采用双线性插值将响应张量的长度上采样到原图大小;为了更好地预测图像中的细节部分,FCN将网络中浅层的响应也考虑进来;为了能够对不同大小的输入图片进行预测,实现数据的多尺度输入,FCN将传统CNN中的全连接层全部转化成卷积层。

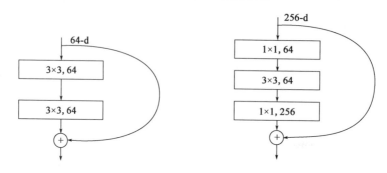

图 6-18　ResNet 残差学习模块图[29]

FCN 输入的图像是 $H \times W$ 大小,经过第 1 层到第 5 层的卷积和池化操作后,得到的图像越来越小,分辨率越来越低,图像变为原图像的 $H/32 \times W/32$ 大小,此时所产生图叫作热图,即最重要的高维特征图。然后逐层向前迭代反卷积和插值进行上采样,经过两次线性插值,最后就完成了整个图像的还原,即把图像放大到原图像的大小。

FCN 将第 4 个池化层和第 3 个池化层的响应保留,分别作为模型 FCN-16s 和 FCN-8s 的输出,与原来 FCN-32s 的输出结合在一起做最终的语义分割预测,如图 6-19 所示。

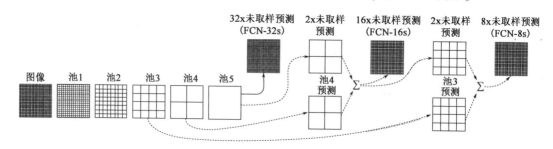

图 6-19　FCN 跨层(Skip Layers)示意图[30]

池化层的下采样倍数的不同会导致不同的语义分割精细程度。FCN-8s 则因下采样倍数较小可以取得较为精细的分割结果。

2. 扩张卷积

扩张卷积(Dilated Convolution)的主要作用:去掉池化下采样操作的同时,不降低网络的感知区域(Receptive Field)。以 3×3 的卷积核为例,传统卷积核在做卷积操作时,是将卷积核与输入张量中连续的 3×3 区块逐点相乘再求和[如图 6-21a)所示,红色圆点为卷积核对应的输入像素,绿色为其在原输入中的感知区域]。而扩张卷积中的卷积核则是将输入张量的 3×3 区块隔一定的像素进行卷积运算。如图 6-20b)所示,在去掉一层池化层后,将传统卷积层换成一个扩张 2 倍的扩张卷积层,此时卷积核将输入张量每隔一个像素的位置作为输入进行卷积计算,这时对应到原输入的感知域已经扩大;同理,如果再去掉一个池化层,就要将其之后的卷积层换成扩张 4 倍的扩张卷积层,如图 6-20c)所示。因此,去掉池化层后,扩张卷积也能保证网络的感知域,从而确保图像语义分割的精度。

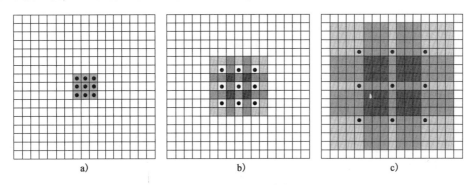

图 6-20 扩张卷积[31]

3. 条件随机场

以深度学习为框架的图像语义分割大多采用了条件随机场(Conditional Random Field, CRF)作为最后的后处理操作,将图像中各像素之间的语义联系/关系考虑进去,以便对语义预测结果进行优化。

CRF 将图像中每个像素点所属的类别都看作一个变量,即 $x_i \in \{y_1, y_2, \cdots, y_c\}$。

然后考虑任意两个变量之间的关系,建立一个完全图,如图 6-21 所示。

在全链接的 CRF 模型中,对应的能量函数为:

$$E(x) = \sum_i \varphi_u(x_i) + \sum_{i<j} \varphi_p(x_i, x_j) \tag{6-13}$$

其中 $\varphi_u(x_i)$ 是一元项,表示 x_i 像素对应的语义类别,其类别可以由 FCN 或者其他语义分割模型的预测结果得到;而第二项为二元项,二元项可将像素之间的语义联系/关系考虑进去。例如,"天空"和"鸟"这样的像素在物理空间中相邻的概率,应该要比"天空"和"鱼"相邻的概率大。最后通过对 CRF 能量函数的优化求解,实现对 FCN 图像语义预测结果的优化,从而得到最终的语义分割结果。

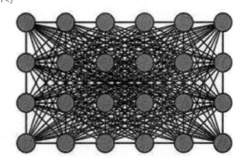

图 6-21 图像中像素点所属类别之间语义关系的完全图

六、基于深度学习的视频目标检测与识别

主流的目标检测方法分为两类:

(1) 第一类是以 R-CNN 为代表,结合候选区域(Region Proposal)和 CNN 分类两阶段目标检测法,即两阶段检测法(Two-Stage)。它将检测问题划分为两个阶段,第一阶段产生候选区域,第二阶段对候选区域分类,这类算法的典型代表是基于候选框的 R-CNN 系算法,如 R-CNN、SPPNet、Fast R-CNN、Faster R-CNN、FPN 等。

(2) 第二类是以 YOLO 为代表,不需要候选框阶段,直接产生物体的类别概率和位置坐标值,经过单次检测即可直接得到最终的检测结果,即单一阶段检测法。这种方法有更高的检测速度,比较典型的算法如 YOLO、SSD 等,将目标检测转换为回归问题。

1. 两阶段检测法:R-CNN/SPP-NET/Fast R-CNN/Faster R-CNN

2014年Ross Girshick(罗斯·吉尔什克)等人提出了R-CNN算法,算法分为4个步骤:①输入图像;②生成1000~2000个候选区域;③对每个候选区域使用深度网络提取特征;④特征送入每一类的SVM分类器,判别是否属于该类,并使用回归器精细修正候选框位置。

R-CNN算法存在以下局限:一张图像的候选框存在大量重叠,提取的特征冗余过多,需要进行很多重复的卷积计算。此外,特征提取、微调网络、训练SVM分类器、边框回归等,需要进行多阶段的训练,过程复杂且会产生大量的中间结果文件,占用大量内存,导致测试和训练时速度较慢;R-CNN中独立的分类器和回归器需要大量特征作为训练样本,导致训练时所需空间较大。

空间金字塔池化(Spatial Pyramid Pooling,SPP)将金字塔思想加入到CNN[30],实现了数据的多尺度输入。SPP网络只对原图进行一次卷积得到整张图的特征图(Feature Map),然后找到每个候选框在特征图上的映射区块(Patch),将此区块作为每个候选框的卷积特征,输入到SPP层和之后的层,节省了大量的计算时间,比R-CNN提速100倍左右。

Fast R-CNN算法[32,33]在RCNN的基础上采纳了SPP Net方法,对RCNN做了改进,使得性能进一步提高。采用ROI池化层(ROI-Pooling Layer)以及多任务损失函数(Multi-Task Loss),将分类任务和边框回归统一到了一个框架之内,解决了R-CNN的问题。

Fast R-CNN仍然没有解决用"选择搜索"(Selective Search)进行候选框选择的时候计算速度慢的问题。针对这个问题,在Faster R-CNN中,作者创建了RPN网络替代"选择搜索"(Selective Search)算法进行候选框选择,使得整个目标识别真正实现了端到端的计算,将所有的任务都统一在了深度学习的框架之下,所有计算都在GPU内进行,使得计算的速度和精度都有了大幅度提升[34]。

2. 单一阶段检测法:回归YOLO

尽管Faster R-CNN在计算速度方面已经取得了很大进展,但是仍然无法满足实时检测的要求。因此有人提出基于回归的方法,即直接从图片中回归出目标物体的位置以及种类。具有代表性的两种方法是YOLO和SSD。

YOLO[35]总体思路如下:①首先将图像划分成7×7的网格;②对于每个网格,都预测2个边框,计算每个边框是目标的置信度、每个边框区域在多个类别上的概率;③根据上一步可以预测出7×7×2个目标窗口,然后根据阈值去除可能性比较低的目标窗口,最后用非极大值抑制法去除冗余窗口即可。整个过程非常简单,不需要借助中间的候选区域(Region Proposal)再找目标,直接回归便完成了位置和类别的判定。

YOLO的网络结构与GoogLeNet的模型比较类似,主要是最后两层的结构,卷积层之后接了一个4096维的全链接层,然后又全链接到一个7×7×30维的张量上。7×7是划分的网格数,每个网格预测两个目标,每个目标有4维坐标信息(中心点坐标加上长宽)以及1个目标置信度,再加上20个类别,总共为30维的向量[(4+1)×2+20=30]。可以利用前述的4096维全图特征直接在每个网格上回归出目标检测需要的信息(边框信息加类别)。

YOLO-v1网络结构如图6-22所示。

YOLO方法虽然舍弃了候选区域阶段,加快了速度。但是定位精度、分类精度比较低。

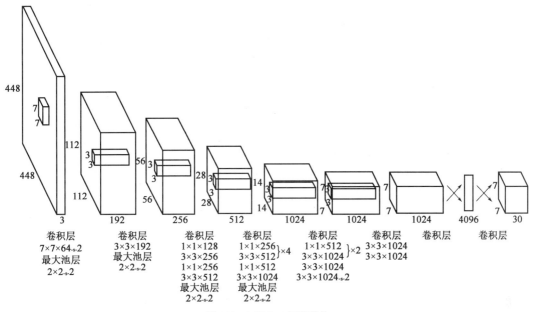

图 6-22　YOLO-v1 网络结构

YOLO-v3[36]做了改进，其总体架构如图 6-23 所示。

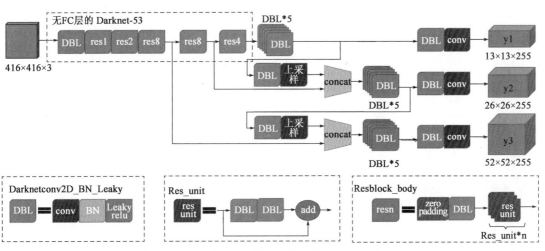

图 6-23　Yolo-v3 总体架构

YOLO-v3 的基础网络采用 darknet-53，用逻辑回归预测每个边界框的分数，每个框使用多标签分类来预测其可能包含的类，提高了检测精度。

七、传统视频目标跟踪方法

目标跟踪简单分为单摄像头跟踪和跨多摄像头跟踪[37,38]。单摄像头跟踪又分为跟踪单一目标的单目标跟踪，跟踪多个目标的多目标跟踪；跨多摄像头跟踪分为"重叠多摄像头跟踪"和"非重叠多摄像头跟踪"。重叠多摄像头跟踪，指的是同一目标同一时间出现在多个摄像头视域中，此时，图像融合是研究重点；"非重叠多摄像头跟踪"指的是两个摄像头视域没有交叉，一辆车离开一个摄像头视域到另一个摄像头视域，中间有监控盲区。此时，摄像头关联模型研究是重点。

车辆跟踪通常采用跟踪子特征的方式[39],在高速公路上,通常采用背景估计、目标跟踪的方式。在城市道路上,为了更好地适应高密度车辆[40],通常采用目标分类和3D建模方法[41]。

跨多摄像头目标跟踪中的一个重要方向是目标重识别(Re-Identification,ReID)[42],通常采用基于特征的方法,即提取图像特征并对特征进行分类或验证,常见的方法有:传统特征提取方法[43];深度学习特征提取方法[44];基于度量的方法,即比较两张图的相似度;基于视频序列的方法,即采用递归神经网络(Recurrent Neural Networks,RNN)等深度学习方法[45]等。

本书主要介绍单摄像头跟踪,不涉及跨多摄像头目标跟踪。

目标跟踪算法可以被分为产生式(Generative Model)和判别式(Discriminative Model)两大类别。

产生式方法运用生成模型描述目标的表观特征,之后通过搜索候选目标来最小化重构误差,主要思想是寻找最佳匹配的窗口。比较有代表性的算法有稀疏编码(Sparse Coding)、在线密度估计(Online Density Estimation)和主成分分析(PCA)等。产生式方法着眼于对目标本身的刻画,忽略背景信息,在目标自身变化剧烈或者被遮挡时容易产生漂移。

判别式方法通过训练分类器来区分目标和背景。这种方法也常被称为实时检测跟踪(也称基于检测的跟踪,Tracking-by-Detection),其主要思想就是学习从背景中区分目标。判别式方法因为显著区分背景和前景的信息,更具鲁棒性,逐渐在目标跟踪领域占据主流地位。目前大部分深度学习目标跟踪方法也归属于判别式框架。

在判别式方法中,基于相关滤波(Correlation Filter)的跟踪方法因为速度快、效果好吸引了众多研究者的目光。相关滤波器通过将输入特征回归为目标高斯分布来训练滤波器,并在后续跟踪中寻找预测分布中的响应峰值,以定位目标的位置。相关滤波器在运算中巧妙应用快速傅里叶变换,速度大幅度提升。目前基于相关滤波的拓展方法也有很多,包括核化相关滤波器(Kernelized Correlation Filter,KCF),加尺度估计的相关滤波器(DSST)等。

1. 核化相关滤波器:KCF算法

跟踪任务的关键在于:在接下来的视频帧中,找到前几帧出现的同一个目标,并判断哪个目标与要跟踪的目标最相似。相关值就是两个目标相似性的度量,相关滤波器就是设计一种滤波器模板,使得当它作用在跟踪目标上时,得到的响应最大(相关性最高、最相似),最大响应值的位置就是目标的位置。

KCF跟踪算法是在2014年由Henriques(亨里克斯)等人提出来的[46],KCF的主要贡献在于[47]:

(1)使用目标周围区域的循环矩阵采集正负样本,利用脊回归训练目标检测器,并成功地利用循环矩阵在傅里叶空间可对角化的性质将矩阵的运算转化为向量的点乘,大大降低了运算量,提高了运算速度,使算法满足实时性要求。

(2)将线性空间的脊回归通过核函数映射到非线性空间,在非线性空间通过求解一个对偶问题和某些常见的约束,同样可以使用循环矩阵傅里叶空间对角化简化计算。

(3)给出了一种将多通道数据融入该算法的途径。

KCF[48]一般都是在追踪过程中训练一个目标检测器,使用目标检测器去检测下一帧预测位置是否是目标,然后再使用新检测结果去更新训练集进而更新目标检测器。而在训练目标检测器时,一般选取目标区域为正样本,目标的周围区域为负样本,越靠近目标的区域为正样本的可能性越大。

2. LK 光流算法

光流指的是图像移动过程中,每个像素在 x 和 y 方向上的位移量[49]。Lucas-Kanade(卢卡斯-金出)光流算法由 Bruce D. Lucas(布鲁斯·D. 卢卡斯)和 Takeo Kanade(金出武雄)提出[50],简称 LK 光流法。

LK 光流法有 3 个假设条件[51]:

(1)亮度恒定:一个像素点亮度值(像素灰度值)是恒定不变的。

(2)小运动:时间的变化不会引起位置的剧烈变化。

(3)空间一致:即前一帧中相邻像素点在后一帧中也是相邻的。

基本的算法原理和数学推导如下。

设前一帧时间为 t,后一帧时间为 $t+\delta t$。则前一帧 I 的像素点 $I(x,y,z,t)$ 在后一帧的位置为 $I(x+\delta x, y+\delta y, z+\delta z, t+\delta t)$。

根据亮度恒定假设,有:

$$I(x,y,z,t) = I(x+\delta x, y+\delta y, z+\delta z, t+\delta t) \tag{6-14}$$

根据小运动假设,可将式(6-14)右侧用泰勒级数展开,有:

$$I(x+\delta x, y+\delta y, z+\delta z, t+\delta t) = I(x,y,z,t) + \frac{\delta I}{\delta x}\delta x + \frac{\delta I}{\delta y}\delta y + \frac{\delta I}{\delta z}\delta z + \frac{\delta I}{\delta t}\delta t \tag{6-15}$$

由以上两个公式,可得:

$$\frac{\delta I}{\delta x}\delta x + \frac{\delta I}{\delta y}\delta y + \frac{\delta I}{\delta z}\delta z + \frac{\delta I}{\delta t}\delta t = 0 \tag{6-16}$$

$$\frac{\delta I}{\delta x}V_x + \frac{\delta I}{\delta y}V_y + \frac{\delta I}{\delta z}V_z + \frac{\delta I}{\delta t} = 0 \tag{6-17}$$

二维图形中,公式变为:

$$I_x V_x + I_y V_y = -I_t \tag{6-18}$$

根据空间一致性假设,利用 3×3 窗口内的 9 个像素点建立方程:

$$\begin{bmatrix} I_{x1} & I_{y1} \\ I_{x2} & I_{y2} \\ \vdots & \vdots \\ I_{x9} & I_{y9} \end{bmatrix} \begin{bmatrix} V_x \\ V_y \end{bmatrix} = \begin{bmatrix} -I_{t1} \\ -I_{t2} \\ \vdots \\ -I_{t9} \end{bmatrix} \tag{6-19}$$

采用最小二乘法求解,得:

$$\begin{bmatrix} V_x \\ V_y \end{bmatrix} = \begin{bmatrix} \sum I_{xi}^2 & \sum I_{xi}I_{yi} \\ \sum I_{xi}I_{yi} & \sum I_{yi}^2 \end{bmatrix} \begin{bmatrix} -\sum I_{xi}I_{ti} \\ -\sum I_{yi}I_{ti} \end{bmatrix} \tag{6-20}$$

根据上式通过累加邻域像素点在 3 个维度的偏导数并做矩阵运算,即可算出该点的光流 (V_x, V_y)。

当目标运动速度较大时,以上方法出现较大误差。这时,逐层将原始图像缩小,让目标运动速度在缩小的图像中变得较小,使其用光流公式检测更精确,这种方法就是金字塔光流法。

八、基于深度学习的目标跟踪

目前基于深度学习的目标跟踪算法采用了几种思路来解决目标跟踪问题：

(1) 迁移学习的思路，即利用辅助图片数据预训练深度模型，在线跟踪时微调，以深度学习跟踪器 DLT[52] 和结构化输出深度学习跟踪器 SO-DLT 为代表。

(2) 卷积神经网络和观测模型相结合的思路，即借助在大规模数据集上训练出的 CNN 网络获得目标的特征表示，之后再用观测模型进行分类获得跟踪结果，以全卷积神经网络跟踪器 FCNT[53] 为代表。

(3) 深度特征和滤波器相混合，其主要思路是提取深度特征，之后利用相关滤波器确定最终的边界框。

(4) 运用递归神经网络解决目标跟踪。

1. 迁移学习思路：DLT/SO-DLT

迁移学习的思路是：使用辅助的非跟踪训练数据进行预训练，获取对物体特征的通用表示。在实际跟踪时，通过利用当前跟踪目标的有限样本信息对预训练模型进行微调(Fine-Tune)，使模型对当前跟踪目标有更强的分类性能，这种迁移学习的思路减少了对跟踪目标训练样本的需求，也提高了跟踪算法的性能。

DLT 是第一个把深度模型运用在单目标跟踪任务上的跟踪算法，首先提出了"离线预训练 + 在线微调"的思路，很大程度上解决了跟踪中训练样本不足的问题。它的主体思路如图 6-24 所示。

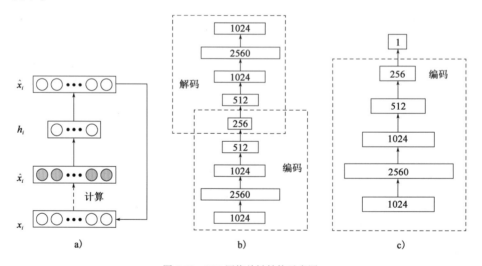

图 6-24 DLT 网络关键结构示意图

(1) 使用栈式降噪自编码器(Stacked Denoising Autoencoder, SDAE)，在大规模自然图像数据集上进行无监督的离线预训练，获得通用的物体表征能力。预训练的网络结构如图 6-24b) 所示，一共堆叠了 4 个降噪自编码器[54]。

(2) 在线跟踪部分结构如图 6-24c) 所示，取离线 SDAE 的编码(Encoding)部分叠加激活函数(Sigmoid)分类层组成了分类网络。利用第一帧获取正负样本，对分类网络进行在线微调

(Fine-Tune),获得对当前跟踪目标和背景更有针对性的分类网络。在跟踪过程中,对当前帧采用粒子滤波(Particle Filter)的方式提取一批候选的区块(Patch),将这些区块(Patch)输入分类网络中,置信度最高的即为最终的预测目标。

但是 DLT 本身也存在一些不足:SDAE 全链接的网络结构使其对目标的特征刻画能力不够强,效果仍低于一些使用人工特征的传统跟踪方法。

SO-DLT[55]延续了 DLT 利用非跟踪数据预训练加在线微调的策略,来解决跟踪过程中训练数据不足的问题,同时也对 DLT 存在的问题作出很大的改进。

它使用类似 AlexNet 的网络结构,如图 6-25 所示,有几个特点:针对跟踪候选区域的大小将输入缩小为 100×100;网络的输出为 50×50 大小、值在 0~1 之间的概率图,每个输出像素对应原图 2×2 的区域,输出值越高,则该点在目标边界框中的概率也越高。在卷积层和全连接层中间,采用 SPP-net 中的空间金字塔池化来提高最终定位的准确度。

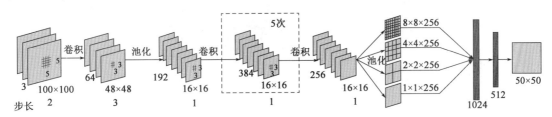

图 6-25 SO-DLT 总体架构

SO-DLT 在线跟踪的过程如图 6-26 所示。

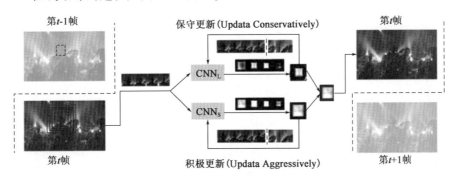

图 6-26 SO-DLT 在线跟踪示意图

处理第 t 帧时,首先以第 $t-1$ 帧的预测位置为中心,从小到大以不同尺度修剪区域放入卷积网络中。选定第 t 帧的最佳搜索区域后,在该区域输出的概率图上采取一系列策略,确定最终的边界框中心位置和大小。为了解决漂移问题,使用了长期和短期两个卷积网络,即 CNNS 和 CNNL。CNNS 更新频繁,使其对目标的表观变化及时响应。CNNL 更新较少,使其对错误结果更具鲁棒性。二者结合,取置信度最高的结果作为输出,从而在适应性和漂移之间达到均衡。

2. 卷积神经网络和观测模型相结合:FCNT

直接使用大规模分类数据库上训练出的卷积神经网络获得目标的特征表示,之后再用观测模型进行分类获得跟踪结果。这种做法避免了跟踪时直接训练大规模卷积网络样本不足的困境。

FCNT 是其中的代表,主要对 VGG-16 的 Conv4-3 和 Conv5-3 层输出的特征图谱作出分析,并得出以下结论:卷积神经网络的特征图可以用来进行跟踪目标的定位;卷积神经网络的高层(Conv5-3)特征擅长区分不同类别的物体,对目标的形变和遮挡具有鲁棒性,但是对类内物体的区分能力非常差。低层(Conv4-3)特征更关注目标的局部细节,但是对目标的剧烈形变不具鲁棒性。

FCNT 最终形成了如图 6-27 所示的框架结构。

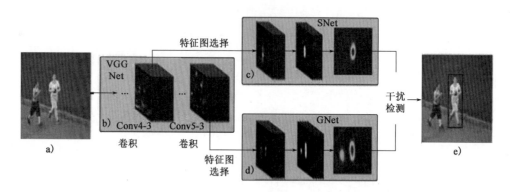

图 6-27 FCNT 框架结构示意图

根据 Conv4-3 和 Conv5-3 特征,分别构建特征选择网络,选出和当前跟踪目标最相关的特征图通道;针对筛选出的 Conv5-3 和 Conv4-3 特征,分别构建捕捉类别信息的 GNet 和区分背景相似物体的 Snet(两层卷积结构);在第一帧中使用给出的边界框生成热度图回归训练;对于每一帧,以上一帧预测结果为中心修剪出一块区域,之后分别输入 GNet 和 SNet,得到两个预测的热度图(Heat Map),并根据是否有背景相似物体决定使用哪个热度图生成最终的跟踪结果。

FCNT 根据对 CNN 不同层特征的分析,构建特征筛选网络和两个互补的热度图预测网络。达到有效抑制背景相似物体、防止跟踪器漂移、同时对目标本身的形变更具鲁棒性的效果。

3. 递归神经网络:RTT

循环神经网络 RNN,尤其是带有门结构的长时间记忆网络 LSTM、门控循环单元 GRU 等,在时序任务上显示出了突出的性能。

循环目标跟踪 RTT[56]是其中的代表,对整体跟踪有用的可靠目标部分采用多向循环神经网络建模和挖掘,最终解决因预测误差累积和传播导致的漂移问题,是对基于局部的跟踪方法和相关滤波法的改进和探索。

RTT 的整体框架如图 6-28 所示。

首先对每一帧的候选区域进行网状分块,对每个分块提取特征,最终连接起来获得基于块的特征;得到分块特征以后,RTT 利用前 5 帧训练多方向 RNN 来学习分块之间大范围的空间关联;由 RNN 得出置信图之后,训练相关滤波器获得最终的跟踪结果。

RTT 相比于其他基于传统特征的相关滤波器算法有较大的提升,说明 RNN 对关联关系的挖掘和对滤波器的约束确实有效。

但是,目前已有的深度学习目标跟踪方法还很难满足实时性的要求,如何设计网络和跟踪流程提升速度和效果,还有很大的研究空间。

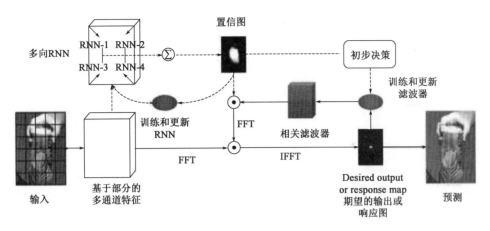

图 6-28 RTT 的整体框架示意图

第四节 交通中的视频检测分析应用

一、基础通用检测

1. 道路分割

将道路从图像中分割出来,是交通视频分析应用的基础环节。业界提出一种道路分割方法,将分割和分类问题转化为多任务的回归和分类问题,快速高效地完成高速公路路面分割和摄像机相对路面位置定位。涉及关键的环节是标注路面区域的 5 个关键特征点(图 6-29)和摄像机的位置信息,其次定义损失函数,最后进行深度学习迭代训练,当训练收敛之后,选择当前的训练模型作为结果模型。

研究者设计了如图 6-30 所示的网络结构模型,分为 3 个卷积层、3 个池化层、4 个 Relu 层和 2 个全连接层。其中卷积层的主要作用是提取图像中具有平移、旋转、尺度不变的特征,同时完成对图像特征维度降维,防止过拟合,提高模型泛化能力;卷积层的特点主要包括局部感知、参数共享、多核卷积。共有两个全连接层,第一个全连接层主要起到将高维数据降维的作用,使数据特征维度降低到 192 维,然后再经过第二个全链接层的处理,输出 11 维的结果信息,即是模型最终的输出结果信息。其中前 10 维代表路面的 5 个关键点的 (x,y) 坐标信息,第 11 维表示摄像机相对于路面的位置信息(右或左)。

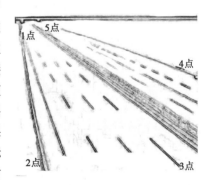

图 6-29 路面 5 个关键特征点示意图

以上方法的特点是快速、高效,但在应用到城市内多弯路情况时,路面分割的精度不够高。此时,采用 SegNet[57] 模型将路面分割出来,效果更好,如图 6-31 所示。SegNet 基于全卷积神经网络(FCN),应用 VGG16 作为基础网络架构,去掉全链接层,搭建对称模型,解决自动驾驶或者智能机器人中的图像语义分割问题。

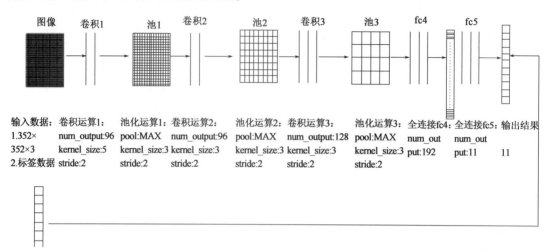

图 6-30　网络结构示意图

图 6-31　道路分割效果示意图

SegNet 采用编码器-解码器结构,如图 6-32 所示。左边是编码器,通过卷积提取特征,编码器采用 VGG16 的前 13 层卷积网络。

SegNet 的创新之处在于解码器层,每个编码器层都对应一个解码器层,如图 6-32 的右侧所示。解码器层将低分辨率的编码器特征映射到全输入分辨率特征图上,进行像素级分类。通过对较低分辨率的输入特征图进行上采样及反卷积操作,重现全输入图像特征。随后,每个像素被送入 Softmax 分类器,为每个像素产生属于该类的概率,在路面分割应用中,则生成属于路面的概率。

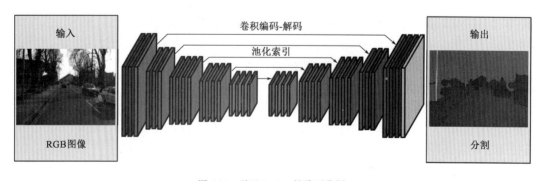

图 6-32　基于 SegNet 的路面分割

基于 SegNet 的路面分割方法,经过针对实际应用场景的改进加工后,比如数据的标注、训练、参数调整、Softmax 输出等,形成了新方法。

2. 车道线检测

精确检测出每一条车道线,为分析每条车道的交通流量及交通事件奠定基础,是交通视频分析的基础功能模块。

高速公路监控摄像头由于经常发生焦距、角度的调整,使得车道线检测系统无法获取相机的姿态信息,这使得传统的投影变换无法满足全车道线检测的要求。由于国内道路交通系统复杂,有的道路处于匝道口、有的道路车道间有多个绿化隔离带,车道线检测很难用一个统一的模型来解决所有的场景差异问题。最后,由于天气等外界因素影响,使得在极端天气条件下(如雨雪、大雾等)以及车道线磨损、被其他物体或者拥堵车辆遮挡等情况下,传统方法很难精确地检测到车道线。

因此,在实际交通应用中,急需一种自动适应场景切换的高速交通全车道线自动检测方法。它能不依赖相机外参数,在所有天气条件、所有道路交通状况下,对高速公路上的各车道完成检测、分析和定位任务[58]。

此方法的关键环节包括:运动车辆轨迹方向分析,判断出道路的灭点,如图 6-33 中最远处相交的点;基于灭点估计出来的相机外参数,进行逆透视投影变换,将车道线相交于灭点的原始图像变换为车道线相互平行的鸟瞰视图;采用跟踪方法对车辆检测目标进行跟踪,每个车辆形成一个轨迹;根据车辆轨迹和车道宽度等信息,检测收敛迭代处理,得到车道线的最佳估计结果。

图 6-33　车道线监测效果示意图

升级版本的算法用改进的 YOLO-v3 算法(深度学习)检测图像中车道线、绿化带、应急车道线、边界线、灭点等,根据检测到的信息、摄像机位置信息拟合车道线。这种方法不依赖于车辆跟踪算法的精度,检测效果更好,但需要的计算资源更多。

3. 视频采样

将带有时间属性的实时视频流,按每秒固定采样几帧图像(在高速交通应用中,一般每秒采 10 帧)的频率,积累 30s 或 1~2min,累加转换成一张空间的静态图像,我们称之为"采样图"。对这一张包含了 30s 或 1~2min 视频内容的采样图(静态图像)进行处理,不仅避免了对每一帧图像都进行检测和跟踪,提高检测效率,还能一定程度上避免车流量大、多辆车同时通过时的漏检问题。

采样图的总高度(行数)与视频序列的时间总长度相关,按每秒采 10 帧计算,则 1s 的视频序列生成的采样图的总行数为 10 行,视频序列中的每帧图像,在采样图中占一行。1min 的视频序列生成的采样图的总行数为 600 行。采样图的宽度(列数)与视频序列中每帧图像的宽度(列数)一致。

生成采样图的过程如下:首先,在视频流中的原始图像上确定采样线,一般选取垂直于道路方向的一条线。其次,按照每秒采集 10 帧的频率,采集每帧图像中采样线位置的上一行的全部数据。最后,将采样线上的数据按顺序排列,构造采样图。

根据采样线的位置在检测过程中固定与否,采样图分为定线采样图和变线采样图。变线采样图在生成过程中,采样线的位置发生变化。

白天、晚上、隧道场景采样线示意图如图 6-34 所示。

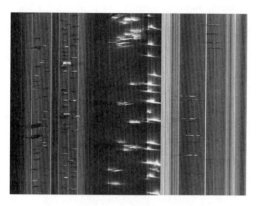

图 6-34　白天、晚上、隧道场景采样线示意图

一张采样图的宽度(列数),反映了视频流中原始图像的宽度;一张采样图的高度(行数),反映了视频序列的时长(视频中帧的总数量)。

4. 前景提取

在交通应用场景中,树叶、标识牌、桥梁桥面、山体、建筑物等经常会遮挡路面,很容易被判断为交通拥堵事件,影响视频分析检测的效果。为了避免以上影响,将运动中的车辆作为前景提取出来,是非常重要的环节。同时,要避免将晃动的树叶也作为前景提取出来。前景提取效果示意如图 6-35 所示。

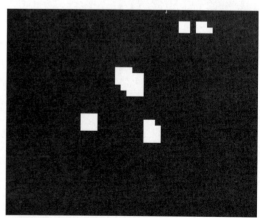

图 6-35　前景提取效果示意图

运动前景提取包括以下关键步骤。

(1)训练阶段:将视频样本通过视频抽帧采样和离散余弦(DCT)变换,从时域转到空域再

转到频域。DCT 转换后的低频系数体现的是图像中目标的轮廓和灰度分布特性,高频系数体现的是目标形状的细节信息。DCT 变换之后,能量主要集中在低频分量处。

提取 DCT 系数后得到图像特征,对这些图像特征采用混合高斯模型 GMM 进行背景建模。通过视频样本不断迭代训练 GMM 模型,直到最优解。

(2)测试阶段:对新输入的图像帧,采用同样方法提取 DCT 系数,将系数矩阵中的值与 GMM 中的值进行比较,如果其差值在设定阈值方差之间,则认为是背景,否则认为是前景。

在实际场景应用中,可以不断地利用前面的视频帧对 GMM 模型进行训练学习和更新,使其对动态背景有更好的鲁棒性。

5. 图像匹配

在交通应用场景中,经常需要判断前后图像帧中出现的车是否相同。但由于普通道路摄像机架设位置高,整个车在图像中占据的面积较小,很难拍摄到车牌号码,不能通过车牌识别来判断是否为同一辆车。这种情况,采用图像匹配进行判断,就显得非常必要,如图 6-36 所示。

图 6-36　图像匹配

图像匹配(皈眼)的方法有很多种。一般步骤为:

首先,提取目标区域内的图像特征,这些图像特征可以是通过线性滤波器提取的各种特征,包括各种角点特征、边缘特征等,也可以是通过深度学习提取的特征。

其次,比较两张图片中特征向量间的相似性。向量相似性有多种度量方法,包括马氏距离、欧氏距离(空间中两点距离)、曼哈顿距离(两点间差的绝对值)、切比雪夫距离(两点间差的最大值)、夹角余弦、汉明距离、杰拉德相似系数、相关系数、信息熵等。

最后,根据阈值判断相似性。当相似性大于某个设定的阈值,则匹配成功,视为同一辆车;否则,匹配失败,判断不是同一辆车。

6. 目标结构化及定位

在交通应用场景中,经常需要区分人、机动车、非机动车等目标,还需要将车辆分为更精细的多种类型,区分每一种类型的车辆,区分每辆车的颜色。也要将检测出的人区分为警察、普通行人、环卫工人、路政人员等。在某些特殊事件的检测中,还需要区分出车头、车尾、车窗、车标等。以上目标除了精细化分类外,还要定位出它们在图像中的位置。以上内容,称为图像目标结构化及位置回归定位,又称"明眼"。目标结构化示意如图6-37所示。

图6-37　目标结构化示意图

以上内容涉及目标检测、目标分类、位置回归等内容,可以采用深度学习的目标检测与识别方法,采用YOLO、RefineDet等进行分类和位置回归,输出目标属于每个类别的概率和位置信息,根据位置信息将目标用矩形框在原始图像中标识出来。

7. 场景结构化及分类

影响视频分析检测精度的因素有很多,主要包括:视频摄像头本身的因素,如摄像头转动、视频画面花屏、扭曲变形等;恶劣天气影响,比如雨天、雪天、大风天导致的摄像头抖动等;摄像头是否在拍摄路面,有时候摄像头会被转动而拍摄天空、草地、建筑物、路标等,并没有拍摄道路上的车辆通行情况。

在实际应用中,如果对这些场景不进行区分并检测,则很容易引发错误报警,严重影响视频分析检测的质量和效果。

对以上内容的检测,可以划分为以下几种类别的分类检测:场景识别,比如摄像头不照在路面的场景为"非路面场景",摄像头不断抖动的场景为"摄像机抖动场景";天气识别,比如雨天、雪天、雾天等;异常事件识别,包括图像扭曲变形等。可以采用深度学习目标检测识别(分类)模型对以上类别进行分类,如图6-38所示。

8. 视频跟踪

为了计算出车辆的行驶速度,对车辆进行跟踪是非常必要的环节。有时候,也要跟踪行人的运动轨迹,以便分析行人是停在道路上还是在穿越道路。其他背景,比如树叶、阴影等,也需要跟踪其运动轨迹,以便更精细地区分是否是干扰背景还是要检测的车辆、行人及其他目标。

视频跟踪(鹰眼)的主要步骤包括:首先,初始化目标位置,选取关键特征点或边界框;其次,寻找目标在一帧图像中最接近真实的位置。不断重复以上步骤,即可完成对视频中目标的跟踪。

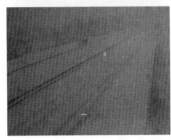

图 6-38　场景结构化分类示意图

考虑到道路上的车辆行驶速度快,对跟踪的实时性要求较高,推荐采用 LK 光流法或 KCF 算法进行跟踪,效果如图 6-39 所示。

图 6-39　LK 光流法与 KCF 算法的跟踪效果

二、交通参数视频采集

1. 车流量

车流量指的是,在规定的时间内通过道路上检测断面的车辆数,单位为辆。

实时统计通过的每一辆车,或者统计 1min、2min 通过的车辆总数。检测出的车流量,需要区分车型,比如大车、小车,或者按照 9 类车型进行统计,包括小客车、大客车、小型货车、中型货车、大型货车、特大型货车、集装箱车、摩托车、拖拉机。

交通流量的计算涉及时间信息,比如要计算每分钟通过多少辆车,就需要统计某一个断面1min通过了多少辆车。图像分析只能检测出某一时刻有多少辆车存在,但某一时刻路面上车辆的数量,不等于断面交通流量。

通常的做法是,在图像中划定一条检测线,跟踪车辆的车头和车尾,等车尾全部通过检测线后,视同过了一辆车。但是这种方法紧密依赖车辆检测和车辆跟踪的精度,在遇到类似车型,或者高速公路上,由于摄像头架设位置高,导致各种车辆在视频图像中的差别不大时,往往把 A 车的运动与 B 车的运动弄混,导致车辆跟踪出现很大偏差,这样计算得到的车流量的误差较大。

在视频图像中,首先基于"变眼"进行视频采样(图 6-40),将视频时间序列内容转化成一张图像的空间内容,生成视频采样图。采样图中无重复、无遗漏地保留了通过的车辆信息。

图 6-40 基于"变眼"的视频采样图

将以上的视频采样图输送到深度学习的目标检测网络中,基于目标检测完成车辆检测和车辆计数,并区分出车辆类型。

2. 平均车速

平均车速指的是,在单位时间内,通过道路上检测断面全部车辆瞬时速度的算术平均值,单位为 km/h。

生成的视频采样图上的每个目标的高度,反映了车辆完全通过采样线的时间。高度越高,说明通过的时间越长,速度越慢。车速与高度成反比。

第 i 辆车的瞬时车速计算公式为:

$$v_i = \frac{s}{h} \tag{6-21}$$

其中,s 为每个场景中采样线的宽度,在图像中以像素距离标识。根据摄像机参数等信息,将 1 个像素代表的距离长度,换算成物理世界中的实际距离,单位为 m。

h 为目标的高度,如果高度为 10,则代表 10 帧图像的时间,按每秒采集 10 帧的频率计算,10 帧代表 1s。h 数值越大,表示时间越长,单位为 s。

v_i 代表第 i 辆车的瞬时车速,单位为 m/s,转换成 km/h。

采样图中所有车辆瞬时速度的算术平均值,就是平均车速,计算公式为:

$$\bar{v} = \frac{1}{N}\sum_{i=1}^{N} v_i \tag{6-22}$$

式中:N——采样图中的车辆总数。

3. 占有率及其他

车道时间占有率指的是某一时间内,车辆通过断面的累计时间占该段时间的百分比,计算公式为:

$$R_t = \frac{1}{t_T}\sum_{i=1}^{n} t_i \tag{6-23}$$

式中:R_t——车道时间占有率;

t_T——总观测时间,在采样图中,即为采样图的总高度(行数);

t_i——第 i 辆车的占用时间,在采样图中,即为该车的高度(占用的采样图行数);

n——该路段的车辆数。

车头时距指的是连续两车的车头通过同一断面的时间间隔,在视频采样图中,指的是两辆车的车头间距。

平均车头时距指的是通过道路上检测断面全部车辆车头时距的算术平均值。

车辆排队长度指的是在检测完一个规定的时间段之后,得到的队列中的车辆数量。

三、交通事件视频检测

交通事件检测是更高层次的图像理解。目前主要应用在高速公路、国省干线公路、普通公路和城市道路上的突发事件检测。

1. 拥堵事件检测

对于拥堵事件的判断,关键在于对"突变"的检测。发生拥堵的时刻前后,交通流量和车速都发生了突然变化,抓住这个"突变"瞬间,就能判断是否发生了拥堵事件。

首先,采用道路分割"路眼"提取路面信息;然后,通过视频采样"变眼"进行交通流量、车速的检测;随后,构建熵模型(图6-41)[60],观察熵值突变情况。如果发生突变,则判断为拥堵事件,发出报警信息。文献[60,61]提供了两种交通拥堵事件检测方法。

但夜间高速公路的照明条件差,在前后没有车灯的情况下很难看到车身,即使是高速摄像机采集到的画面彩色噪点也较大。夜间容易出现远光灯、地面反射光、各车之间车灯相互影响等干扰,传统的基于车辆识别检测以及基于交通流量等参数的拥堵检测,并不完全适用于夜间高速公路场景。

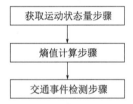

图6-41 采用"熵"模型检测拥堵事件流程示意图[59]

为解决此问题,通过夜间前景提取与深度学习相结合[61],利用拥堵的持续性来改善前景提取的效果,利用拥堵时车辆集中、车灯多、亮度相对高的特性做深度学习目标检测,二者融合可以提高夜间交通拥堵检测的准确性。

2. 停车及撞车事件检测

停车事件检测的关键要素在于:在同一位置是否长时间停放车辆,这辆车是不是同一辆车。

首先,采用目标结构化及定位"明眼",对车辆目标进行检测并确定出目标的位置。然后,采用"瓯眼"进行图像匹配,判断是否是同一辆车。如果以上条件都满足,则判断为停车事件。

撞车事件根据撞车后的特性进行分析,撞车事件发生后会形成至少两个停车事件,或者是一个停车事件和一个拥堵事件,结合前面的停车和拥堵事件检测,根据车流量、车速、占有率、熵值突变等其他信息判断是否出现撞车事件。停车、撞车事件检测流程如图6-42所示。

此外,可以根据交通事故的特性,比如有车、有人、有熵值的突变,综合判断是否为交通事故,进一步提高撞车事件检测的准确率。

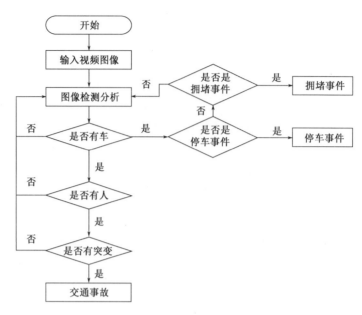

图 6-42　停车事故、交通事故检测流程图

3. 逆行事件检测

逆行事件在视频图像中呈现的关键特征有以下几种:有车道线,有正常的行驶方向属性(根据摄像头定位方向),有车辆,车辆运动轨迹。跟踪车辆运行轨迹,与正常的行驶方向不一致,则判断为逆行事件。

车辆逆行检测流程如图 6-43 所示。

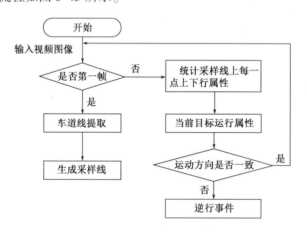

图 6-43　车辆逆行检测流程图

摄像机和路面位置信息确定之后,采样线位置的属性也固定下来,通过一段时间的学习即可统计出采样线位置具备的方向属性。并以此为基准方向,后面有新车辆通过时,比较当前通过车辆运行方向是否与基准属性一致,从而判断是否发生逆行事件。

由以上流程可知,逆行事件检测的准确率依赖于车道线的检测准确率,也依赖于摄像机对路面位置信息判定的准确率。

4. 行人穿越事件检测

行人穿越采用深度学习目标检测加上目标跟踪的方法,采用道路分割"路眼"提取路面,确定行人的检测区域。在路面外的行人不属于检测对象。

采用深度学习目标结构化及定位"明眼"对视频进行结构化,对路面上的行人目标进行检测并确定其位置。

当检测到行人之后,再对该目标进行跟踪(鹰眼),根据运动轨迹判断是否发生行人穿越事件。

对检测到的行人,采用场景结构化及分类"景眼"进一步区分是行人、警车还是环卫工人,如图 6-44 所示。

图 6-44　检测到的行人和环卫工人效果图

5. 抛洒物事件检测

抛洒物事件是指车道上有物体从行驶车辆上掉落,干扰车道通行,且其状态持续时间不小于某一设定值的交通事件。对其进行视频检测有几个关键要素:特定区域内(路面上)、特定类型目标(不是车辆等)。

采取前景检测、累积、深度学习分类的方案,物体掉落之后会在相应的区域形成前景信息。采取深度学习分类的方法,识别满足该属性信息的区域是否为车辆或者其他类别,如果是车辆则不是抛洒物事件,如果是其他类别,则是抛洒物事件。

抛洒物事件检测流程如图 6-45 所示。

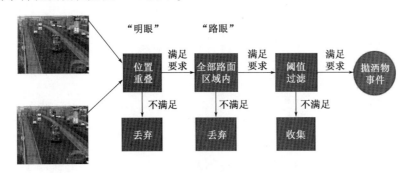

图 6-45　抛洒物事件检测流程示意图

首先,通过目标结构化及定位"明眼"确定目标类型和位置,判断是不是车辆,回归出物体的具体位置。如果位置发生重叠,说明是同一个物体,为了避免重复报警,丢弃这个目标。

然后,通过道路分割"路眼"判断这个物体是否在路面上,如果是在路面上,则进行下一步的阈值过滤,进而判断是否是抛洒物事件。

6. 烟火事件检测

车辆起火事件采用可疑区域、深度学习分类的方法,根据起火时图像亮度发生变化,尤其是 R 通道变化剧烈,同时起火发生时图像边缘信息丰富的特性,将符合该条件的图像数据作为正负训练样本进行分类训练。

烟火事件检测流程如图 6-46 所示。

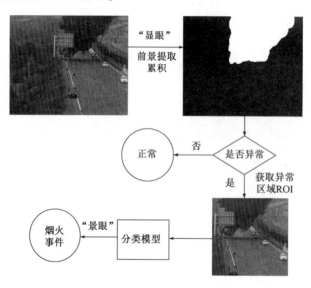

图 6-46 烟火事件检测流程图

采用"显眼"提前前景,并判断图像是否异常或发生了突变,如果图像异常或发生了突变,则截取异常区域,送入深度学习分类模型,采用场景结构化及分类"景眼"对其进行分类,只区分两个类别,第一个类别为"是烟火事件",第二个类别为"不是烟火事件"。根据分类模型输出结果,判断是否为烟火事件。

第五节 应 用 实 践

一、"云、边、端"三级应用部署架构

目前高速公路路网监测与应急处置存在以下局限:

(1)无法第一时间发现交通事件,影响应急处置时效,主管部门较为被动。

(2)海量视频依靠肉眼监测,无法避免疲劳导致的漏报。

(3)现有监测存在局限,即现有的车辆检测器、浮动车、手机信令等监测手段普遍存在覆盖范围有限、易受天气影响、无法区分车道、维护困难等局限性。

(4)未充分利用海量视频进行交通参数的采集和统计,很难进行实时交通预测预警和研判。

针对以上问题,业界研发出面向智慧高速公路应用的视频大数据智能分析系统,充分利用

高速公路外场现有摄像机设备,通过实时采集视频大数据,从海量的非结构化视频数据中,快速发掘出高价值信息,实现对交通事件的快速发现和报警,并实现实时交通数据采集。

视频大数据智能分析系统的总体架构为"云平台+边缘计算+终端摄像机",即"云、边、端"架构(图6-47)。交通路网感知实时性的要求较高,需要在更贴近摄像机设备的网络边缘地方实时分析视频流数据,完成数据运算。在高速路网的视频监控中,各高速路段的监控分中心处于网络边缘,"慧眼达"实时分析的算法程序部署在这里。边缘计算作为一种本地化的分布式计算模式,不需要将数据发回云端及计算中心集中处理,具有更快的响应速度,降低了总体安全风险。

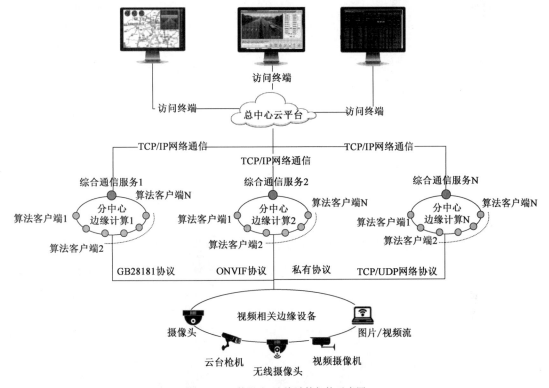

图6-47 "慧眼达"边缘计算架构示意图

部署在网络边缘的算法客户端,通过 GB28181 协议、ONVIF 协议等,实现实时视频流的接入及算法分析,并将分析结果传至综合通信服务器。综合通信服务器实现客户端系统与业务应用系统之间的数据通信,并将实时分析数据汇总后推送至第三方业务系统。

业务应用系统部署在总中心的云平台上,以"一张图"的直观展示方式,供高速公路监管人员使用。业务应用系统将各算法客户端的分析结果进行集中展示,并对这些数据进行第二次深入分析。

二、高速公路案例

高速公路路网运行管理系统基于现有的道路监控摄像机,实时监测高速路网运行状态,实现了对全网各路段拥堵、停车、撞车、逆行等交通事件的自动检测和即时上报,系统准确采集并提供在网车辆数、平均车速、占有率等详细的交通参数信息,形成了全路网自动化、智能化、全天候的监控服务。

系统在某省部署运行将近3年,覆盖全省6400多km高速里程、23条主要干线、58个监控分中心、3800余路摄像机、实时监测全省高速公路全路网运行状况(图6-48)。

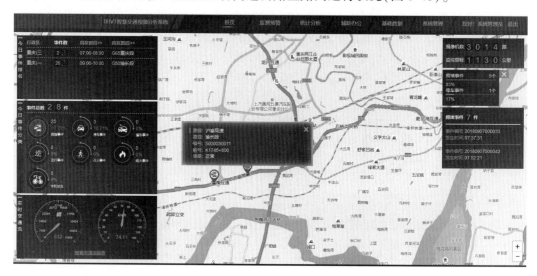

图6-48　全路网运行实时监测(原型系统模拟)

系统实现了对高速公路网运行状况的自动化检测,对异常停车、撞车、交通拥堵、行人穿越等事件的智能化报警,交通参数的实时采集及统计(图6-49)。

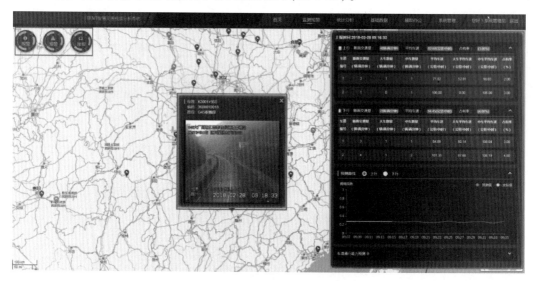

图6-49　交通数据实时采集(原型系统模拟)

截至2019年9月,系统累积分车道的交通流数据达到30亿条,准确触发拥堵报警21000余起、停车71000余起,路段"团雾"报警百万余次。

高速公路事故发生6s内完成报警,1min内自动完成事故原因分析,准确率超过93%。如图6-50所示,当系统自动检测到交通事件时,立即以"声光报警"的形式提醒监控人员,自动显示事件发生的地点以及事发时各车道的交通流量、占有率等变化趋势,并自动生成事发时的录像和处置时的图像进行对比,有助于监控人员作出准确判断;自动显示事件类型、等级、位置、所属监控分中心等内容,并对事件原因、排队长度做进一步分析。根据以上信息,可以快速评估事件的影响范围、预估持续时长,监控人员可根据经验即时进行调整或确认,辅助路警联合指挥工作,快速发现并处置事件,最大程度降低人员伤亡和财产损失。

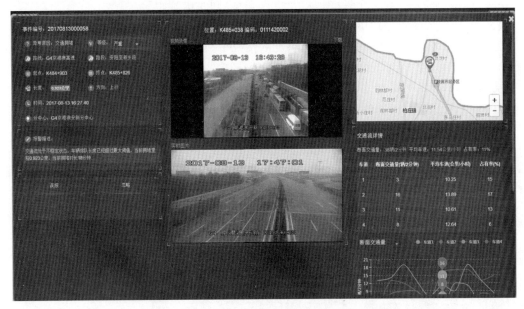

图 6-50 交通事件实时发现"一张图"(原型系统模拟)

对于各类不同的应用场景及复杂天气状况,系统具备自适应能力,无论是白天还是夜晚、雨天还是雪天,系统可自动切换至相应算法,将影响降到最低,从而真正实现全路网、全天候监测(图 6-51)。

图 6-51 全天候路网运行监测

三、国省干道案例

系统基于视频流,采用智能视频分析技术,全天候对车辆违章停车、拥堵、逆行、行人、抛洒物等交通异常事件进行检查,并将报警信息上传到监控中心。当有交通异常事件发生时发出语音报警,提示当前发生异常事件的地点及事件类型,同时出现报警视频画面,便于相关人员进行报警确认;实现重点路段的24h全天候监控覆盖。

系统能够基于监控视频,在车道清晰可见的情况下,自动准确识别车道线、车型(大型车、小型车),实现对道路分上下行交通参数的计算,计算维度包含断面车流量、平均车速、占有率、车头时距、车辆排队长度。

对国省干线隧道内出现单车道或多车道拥堵状况,影响道路畅通的交通事件进行检测报警。系统检测到的交通拥堵事件如图6-52所示。

图6-52 系统检测到的交通拥堵事件

系统对国省干线、隧道内行驶车道或停车区域进行停车事件检测,当车辆在此区域的停止时间大于预设时长进行报警提示。应急车道长时间停车事件检测如图6-53所示。

系统对国省干线、高速公路、隧道内行驶区域中的两车及以上车辆相撞事件进行检测。

系统对国省干线、隧道(单向隧道)内机动车辆逆行且行驶距离大于设定值的交通事件进行检测报警。

系统对国省干线、大桥上车道上机动车辆异常驶离正常行驶区域的交通事件进行监测报警。

系统对国省干线紧临山坡路段阻碍车辆行驶的滑坡、泥石流事件进行监测报警。塌方事件检测如图6-54所示。

系统能够获取监测路段的能见度数据,并进行实时数据处理分析,一旦判定能见度较低,严重影响道路可视范围,系统将迅速进行雾天场景检测提示。

图6-53 应急车道长时间停车事件检测

图 6-54 塌方事件检测

系统对道路覆盖雪后的场景进行检测,如识别出雪天场景,系统将迅速进行雪天场景检测提示。

系统能快速分析出摄像机视频信号丢失(黑屏)、视频抖动、视频转动、镜头有雨等设备图像故障,能够对视频源图像异常情况进行诊断检测,强制停止噪声数据的传输,并发出报警指令。

本章参考文献

[1] 赵英,王亚涛,黄刚.交通视频大数据应用研究进展[J].科技导报,2019,37(06):73-83.

[2] 韩怿冰,宋文军,尚展垒.云存储环境下的用户数据安全机制研究[J].网络安全技术与应用,2016(4):63-64.

[3] 塞利斯基.计算机视觉——算法与应用[M].艾海舟,兴军亮,等译.北京:清华大学出版社,2012:58.

[4] Rafael C. Gonzalez, Richard E. Woods. Digital Image Processing. Fourth edition. New York: Pearson, 2018: 68.

[5] 塞利斯基.计算机视觉——算法与应用[M].艾海舟,兴军亮,等译.北京:清华大学出版社,2012:63-69.

[6] 懒皮. H264 系列一 YUV、YCbCr 与 RGB. [EB/OL]. (2018-09-13) [2019-9-21]. https://www.meiwen.com.cn/subject/lrlbgftx.html.

[7] 万帅,杨富正.新一代高效视频编码—H.265/HEVC:原理、标准与实现[M].北京:电子工业出版社,2014.

[8] 毕厚杰.新一代视频压缩编码标准 H.264/AVC[M].北京:人民邮电出版社,2009.

[9] 万帅,杨富正.新一代高效视频编码—H.265/HEVC:原理、标准与实现[M].北京:电子工业出版社,2014.

[10] 王志瑞,闫彩良.图像特征提取方法的综述[J].吉首大学学报(自然科学版),2011,32(05):43-47.

[11] Forsyth D, JeanPonce.计算机视觉:一种现代方法[M].高永强,等译.北京:电子工业出版社,2012.

[12] 塞利斯基.计算机视觉:算法与应用[M].艾海舟,等译.北京:清华大学出版社,2012:86-280.

[13] 伊恩·古德费洛,约书亚·本吉奥.深度学习[M].李凯,译.北京:人民邮电出版社,2017.

[14] Linol Zhang.角点检测算子.[EB/OL](2017-01-11)[2019-09-25]. https://blog.csdn.net/linolzhang/article/details/54342610.

[15] 赵英.智慧城市与视频大数据[M].北京:科学出版社,2018.

[16] 王亚涛,江龙,赵英,等.一种快速的高速公路路面分割和摄像机定位的方法[P].北京:CN108230330A,2018-06-29.

[17] 图像分割. 百度百科. [EB/OL][2017-11-21]. https://baike.baidu.com/item/%E5%9B%BE%E5%83%8F%E5%88%86%E5%89%B2/10986705.

[18] 汪一休. 关于交互式图像分割算法的研究[D]. 合肥:中国科学技术大学,2009.

[19] 袁国亮. 图像语义分析学习(一):图像语义分割的概念与原理以及常用的方法. [EB/OL]. [2017-11-19]. https://www.cnblogs.com/734451909-yuan/p/7060227.html.

[20] Gupte S, Masoud O, Martin R F K, et al. Detection and classification of vehicles[J]. IEEE Transactions on Intelligent Transportation Systems, 2002, 3(1): 37-47.

[21] Cheng H Y, Jeng B S, Tseng P T, et al. Lane detection with moving vehicles in the traffic scenes[J]. IEEE Transactions on Intelligent Transportation Systems, 2006, 7(4): 571-582.

[22] 赵英, 江龙, 王亚涛, 等. 视频大数据采集分析技术在高速路网安全畅通中的应用[J]. 中国交通信息化, 2017(增刊1): 143-147.

[23] Karmann K P. Moving object recognition using an adaptive background memory[J]. Time-Varying Image Processing and Moving Object Recognition, 1990, 2: 289-296.

[24] Lipton A J, Fujiyoshi H, Patil R S. Moving target classification and tracking from real-time video[C]//IEEE Workshop on Applications of Computer Vision. Piscataway, NJ: IEEE, 1998: 8-14.

[25] 雪饼. 大话CNN经典模型: GoogLeNet (从 Inception v1 到 v4 的演进) (2018-03-17) [2019-11-01]. https://my.oschina.net/u/876354/blog/1637819.

[26] 雨石. 卷积神经网络. [EB/OL] (2014-11-29)[2017-11-25]. http://blog.csdn.net/stdcoutzyx/article/details/41596663.

[27] dta0502. VGG16学习笔记. [EB/OL] (2018-03-22)[2019-10-25]. https://blog.csdn.net/dta0502/article/details/79654931.

[28] gbyy42299. VGG16模型理解. [EB/OL] (2018-03-22)[2019-10-25]. https://blog.csdn.net/gbyy42299/article/details/78969261.

[29] dayL_W. ResNet介绍. [EB/OL] (2018-07-10)[2019-10-25]. https://blog.csdn.net/u013181595/article/details/80990930.

[30] Long J, Shelhamer E, Darrell T. Fully convolutional networks for semantic segmentation[J]. IEEE Transactions on Pattern Analysis & Machine Intelligence, 2014, 39(4): 640-651.

[31] Yu F, Koltun V. Multi-Scale Context Aggregation by Dilated Convolutions[EB/OL]. [2017-11-18]. http://www.eecs.wsu.edu/~sji/classes/DL16/CNNseg/DilatedConvolutions.pdf.

[32] Ross Girshick. Fast R-CNN. [EB/OL] (2015-4-30)[2017-11-25]. https://arxiv.org/abs/1504.08083.

[33] Ren S, Girshick R, et al. Faster R-CNN: Towards Real-Time Object Detection with Region Proposal Networks[J]. IEEE Transactions on Pattern Analysis & Machine Intelligence, 2017, 39(6): 1137.

[34] Ross Girshick, Jeff Donahue, Trevor Darrell, et al. Rich Feature Hierarchies for Accurate Object Detection and Semantic Segmentation. 2014 IEEE Conference on Computer Vision and Pattern Recognition (CVPR), vol. 00, no., pp. 580-587, 2014, doi:10.1109/CVPR.2014.81.

[35] CSDN3. 基于深度学习的目标检测算法综述. [EB/OL] (2017-03-04)[2017-11-25]. http://blog.csdn.net/standing_on_giant/article/details/60333329.

[36] 木盏. Yolo系列之 yolo V3[深度解析]. (2018-09-12)[2019-11-02]. https://blog.csdn.net/leviopku/article/details/82660381.

[37] 彭甜. 三个关键检测技术:目标检测、目标跟踪和多摄像头协同[D]. 上海:上海交通大学, 2010.

[38] 刘安安, 苏育挺. 跨摄像头的多运动目标跟踪方法: 102156863B[P]. 2011-8-17.

[39] Beymer D, Mclauchlan P, Coifman B, et al. A real-time computer vision system for measuring traffic parameters

[C]. Proceedings of IEEE Computer Society Computer Vision & Pattern Recognition,1997:495-501.

[40] Buch N,Velastin S A,Orwell J. A review of computer vision techniques for the analysis of urban traffic[J]. IEEE Transactions on Intelligent Transportation Systems,2011,12(3):920-939.

[41] Hu W M,Xiao X J,Xie D,et al. Traffic accident prediction using 3-D model-based vehicle tracking[J]. IEEE Transactions on Vehicular Technology,2004,53(3):677-694.

[42] 罗浩. 基于深度学习的行人重识别研究综述[EB/OL].(2017-12-10)[2018-9-12]. https://blog.csdn.net/baidu_18891025/article/details/79202249.

[43] Zapletal D,Herout A. Vehicle re-identification for automatic video traffic surveillance[C]// Computer Vision and Pattern Recognition Workshops. Piscataway,NJ:IEEE,2016:1568-1574.

[44] Liu X C,Liu W,Mei T,et al. A deep learning-based approach to progressive vehicle re-identification for urban surveillance[C]//European Conference on Computer Vision. Cham:Springer,2016:869-884.

[45] Zhou Y,Shao L. Vehicle re-identification by adversarial bi-directional LSTM network[C]//IEEE Winter Conference on Applications of Computer Vision. Piscataway,NJ:IEEE,2018:653-662.

[46] Henriques J F,Rui C,Martins P,et al. High-Speed Tracking with Kernelized Correlation Filters[J]. IEEE Transactions on Pattern Analysis & Machine Intelligence,2014,37(3):583-596.

[47] 一只有恒心的小菜鸟. Cnblog2. KCF目标跟踪方法总结分析与总结.[EB/OL][2017-11-25]. https://www.cnblogs.com/YiXiaoZhou/p/5925019.html.

[48] 王亚涛,江龙,赵英,等. 一种基于视频图像的适用多场景的车流量计算方法[P]. 北京市:CN110021174A,2019-07-16.

[49] longlovefilm. LK光流算法.[EB/OL].(2018-04-05)[2019-9-12]. https://blog.csdn.net/longlovefilm/article/details/79824723.

[50] Lucas B and Kanade T. An Iterative Image RegistrationTechnique with an Application to Stereo Vision. Proc. Of 7th InternationalJoint Conference on Artificial Intelligence(IJCAI),pp.674-679.

[51] 光流法详解之一(LK光流)[EB/OL].[2019-9-12]. https://www.cnblogs.com/riddick/p/10586662.html.

[52] DLT:Wang Naiyan,Yeung Dit-Yan. Learning a deep compact image representation for visual tracking[C]// Lake Tahoe,Spain:International Conference on Neural Information Processing Systems. Curran Associates Inc. 2013:809-817.

[53] Wang Lijun,Ouyang Wanli,Wang Xiaogang,et al. Visual Tracking with Fully Convolutional Networks[C]// Santiago,Chile:IEEE International Conference on Computer Vision. IEEE Computer Society,2015:3119-3127.

[54] 凌风探梅. CSDN5. 深度学习在目标跟踪中的应用.[EB/OL](2016-9-22)[2017-11-25]. http://blog.csdn.net/real_myth/article/details/52620145.

[55] Wang Naiyan,Li Siyi,Gupta A,et al. Transferring Rich Feature Hierarchies for Robust Visual Tracking[EB/OL].[2017-11-20]. https://www.researchgate.net/publication/271140805_Transferring_Rich_Feature_Hierarchies_for_Robust_Visual_Tracking.

[56] Cui Z,Xiao S,Feng J,et al. Recurrently Target-Attending Tracking[C]// IEEE Conference on Computer Vision and Pattern Recognition. IEEE Computer Society,2016:1449-1458.

[57] Badrinarayanan V,Kendall A,Cipolla R. SegNet:A Deep Convolutional Encoder-Decoder Architecture for Image Segmentation[J]. IEEE Transactions on Pattern Analysis and Machine Intelligence,39(12)2481-2495.

[58] 邓家勇,赵英,江龙,等. 一种自适应场景切换的高速交通全车道线自动检测方法:CN108230254A[P]. 2018-06-29.

[59] 赵英,麻越,江龙,等. 一种基于深度学习和熵模型的交通事件检测方法:CN108345894A[P]. 2018-

07-31.

[60] 苏国锋,赵英,袁宏永,等.交通事件检测方法以及系统:CN105809954A[P].2016-07-27.

[61] 魏世安,江龙,赵英,等.基于前景提取与深度学习融合的夜间交通拥堵检测方法:CN109887276A[P].2019-06-14.

第七章

车路协同与自动驾驶

车路协同与自动驾驶是在交通大数据广泛应用以来,智能交通领域的两个关键的应用场景,很可能在未来引领道路交通系统发生重大变化。从原理上探索车路协同和自动驾驶的概念、区别与联系,引导道路交通系统走上良性的智能化发展道路,具有重要的意义。

第一节 车路协同系统概述

一、车路协同的背景与发展历程

20世纪60年代以来,交通规划一直在破解城市交通问题中发挥着最关键的作用,虽然作为城市发展中重要一环的交通规划理论最终的结果往往是一系列的交通基础设施建设、组织和管理措施等,但其思路则来自对出行者出行行为的分析和预测。最初出行者被认为无法获取出行途中的全部信息,只能根据有限信息作出部分理性的决策,尽管随着行为学理论的不断演进,1978年Simon(西蒙)提出了"有限理性"理论[1,2]和满意决策准则,从预测原理上部分解决了预测精度的问题,但在实际生活中,人们对即时获取更多信息、辅助出行决策提出了越来越高的要求。

早在我国提出车路协同的概念之前,20世纪70年代人们就开始探索通过信息技术提高道路出行体验的途径。作为车路协同的原始形式的交通信息服务系统(又称交通诱导系统)包括静态交通诱导和动态交通诱导两类。静态交通诱导系统使用记录交通状况的历史数据库或者地理信息系统进行路线引导,有效提高了出行者的出行体验。随着交通系统面临的问题日趋复杂,为了能将实时的交通状况反映到诱导系统中,在最优路径计算时采用随时间变化的动态出行费用,基于现代通信技术的动态路径诱导系统[3](Dynamic Route Guidance System,DRGS)应运而生。

1. 道路交通信息服务系统在日本的起源与发展

动态诱导系统研究最早开始于20世纪70年代中期的日本。研究项目首先进行了基于FR射频通信的车载动态诱导系统的开发试验,并得到了可以减少13%行程时间的结论,但受限于当时的技术、资金等因素,该研究项目没有继续下去。20世纪80年代,日本又相继进行了道路车辆通信系统(RACS)和高级车辆交通信息与通信系统(AMTIC)的研究。

1990年开始的车辆信息通信系统(Vehicle Information and Communication System,VICS)项目是世界上第一个全国统一的车辆信息与通信系统,1991年成立推进协会,1993年进行公开演示试验,1995年成立财团法人VICS中心,1996年率先在大城市提供VICS信息,2004年车载机总销售量达到1000万台,2007年达到2000万台。道路方面,截至2009年4月,已经有29万条VICS路段能够提供交通信息,完成了高速公路、国道等共38万km中的17万km,占比45%。技术方面,2007年开始提供交通事件信息服务,2008年开始提供停车信息服务,2010年开始提供全方位的气象预警信息。[4]

日本交通管制信息服务图标及其含义见表7-1。

表 7-1　日本交通管制信息服务图标及含义

图标	含义	图标	含义	图标	含义
■	交通事故	!	交通拥堵	◤	道路建设
■	故障车辆	⊖	工程施工	❆	冰雪路面
⊗	道路封锁	50	道路限速	▯	车道管理
▲	匝道入口限制	▽	减速慢行	⊖	禁止通行
⇄	交替单向通行	⇅	双向通行	✕	匝道入口关闭
⊘	禁止大型车辆	▦	连锁规制		

2000 年之后,随着交通信息服务系统的不断演化,更加依赖于实时通信技术的各种形态的车路协同系统开始出现,1997 年由日本警察厅主持开发的"21 世纪交通管理系统 UTMS21"[5]由智能交通控制系统 ITCS(Intelligent Traffic Control System)和 8 个子系统组成,其中包括了先进的车辆信息系统 AMIS(Advanced Mobile Information System)、车辆运行管理系统 MOCS(Mobile Operation Control System)、动态路线诱导系统 DRGS(Dynamic Route Guidance System)、安全驾驶支持系统 DSSS(Driving Safety Support System)等。AMIS、MOCS 和 DRGS 分别是针对私家车、营运车辆的静态和动态交通信息服务系统,DSSS 则是基于红外信标的早期安全驾驶辅助系统。

2. 欧美道路交通信息系统的起源与发展

德国和英国分别在 20 世纪 80 年代末期开发出了用于示范的基于红外信标通信的动态路径诱导系统,即 LISB 系统和 AUTOGUIDE 系统,二者都是利用历史数据进行诱导的。20 世纪 90 年代德国西门子公司基于 LISB 开发的 ALI-SCOUT 系统(在欧洲被称为 EURO-SCOUT)具有一定的国际影响力,它是基于红外信标通信方式的中心决定式路径诱导系统。基于 ALERT-C 协议的交通数据频道广播已经或即将在英国等 11 个欧洲国家开通,向用户提供交通事故、拥堵、道路施工等信息,其商用系统 CARMINAT、DYNAGUIDE 等可以提供动、静态结合的信息。[6]

美国早在 1989 年就制定了 IVHS 战略,研究智能交通系统的总目标、分系统和研究内容(图 7-1)。Pathfinder 是美国第一个 IVHS 研究项目,它提供的信息为道路拥堵程度信息,以文字形式显示于电子地图上或以语音提示驾驶人。1996 年美国在伊利诺伊州进行了先进的驾驶人和车辆导航概念(Advanced Driver and Vehicle Advisory Navigation Concept,ADVANCE)项目的研究,当时美国投入运用的 MAYDAY 系统可以向用户报告车辆位置,用户在必要时可以获得紧急救助。[7]

随后美国颁布了对 ITS 发展具有跨时代意义的两部法案,分别是 1991 年颁布的路上综合运输效率化法案(International Surface Transportation Efficiency Act,ISTEA)和 1998 年颁布的面向21世纪运输均衡法案(the Transportation Equity Act for the 21st Century,TEA-21)。随着两部法案的相继生效,美国智能交通的侧重点也从ISTEA实施期间的关注控制和技术(七大领域系统包括先进的交通管理系统ATMS、先进的公共运输系统APTS、先进的出行者信息系统ATIS、先进的乡村运输系统ARTS、商用车辆运营系统CVO、先进的车辆控制和安全系统AVCSS、自动公路系统AHS)转向TEA-21实施期间的关注车辆和基础设施协同方面(四大项目领域包括城市ITS基础设施、乡村ITS基础设施、商用车辆ITS基础设施、智能车辆行动计划IVI)。[8]

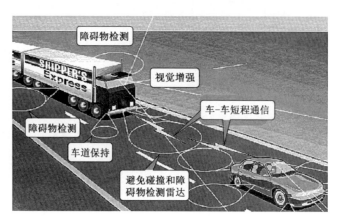

图7-1 美国智能交通系统20世纪90年代IVHS的设计

二、车路协同的概念

车路协同是采用先进的无线通信和新一代互联网等技术,全方位实施车车、车路动态实时信息交互,并在全时空动态交通信息采集与融合的基础上开展车辆主动安全控制和道路协同管理,充分实现人、车、路的有效协同,保证交通安全,提高通行效率,从而形成安全、高效和环保的交通系统。

其中需要重点关注的有:车路协同关键技术主要包括信息采集技术、通信技术、数据系列技术、交通服务、管理与控制技术等。从关键技术和系统建设来看,车路协同问题是一个复杂问题、系统问题,既不是完全抛弃交通领域多年发展积累的出行者需求和服务习惯,完全依靠大数据等新技术就可以解决的,也不能无视当前新技术的蓬勃发展,仅基于传统理论进行系统设计和优化。

当前实现车路协同的技术核心瓶颈在于通信技术,没有高效率的通信技术,车路协同就无法实现。近年来,随着交通信息采集设备、交通诱导与控制设备的更新换代,各类交通数据如雨后春笋般蓬勃出现,加上数据处理技术的不断发展,传统交通领域积累了多年难以处理的数据资料和信息迸发出强大的生命力,这些进步对车路协同通信技术的实时性、稳定性、准确性等提出了更高的要求。

新一代车路协同系统功能不应限制在传统的交通诱导、信息服务等方面,随着交通系统的不断发展,车路协同可以在更广阔的领域发挥更加重要的作用。例如:在道路安全预警方面,车路协同系统可以更加智能化地检测到桥梁等基础设施的实际状况;在气象预警方面,车路协同可以更加精细化地划分危险区域、制定对策方案,一方面能及时发现安全隐患,另一方面能在保证安全的前提下最大限度地提高基础设施使用效率。

第二节　当前车路协同发展状况

截至2019年,世界上的车路协同系统研发和应用主要集中在美国、欧盟和日本3个国家或地区。中国在2010年之后也开展了相关研究,取得了一定的进展和成果。

一、美国车路协同系统

美国车路协同系统的发展进入21世纪之后主要经历了3个阶段:

第一阶段,也即ISTEA和TEA-21法案颁布的阶段。

第二阶段,2003年,美国交通部负责智能交通项目的科研人员和专家开始意识到,车车通信(Vehicle to Vehicle,V2V)、车路通信(Vehicle to Infrastrucure,V2I)技术对提升道路交通安全,解决一些疑难交通问题有关键作用。基于此前的研究项目(智能汽车项目和IVI),美国交通部开展了车路协同系统项目(VII)。

美国科学家设想的车车通信系统模型如图7-2所示。

图7-2　美国科学家设想的车车通信系统模型(V2V)

第三阶段,随着VII项目从研究阶段步入商用化测试和投放市场阶段,相关技术逐渐成熟,社会大环境发生重大变化,研究人员意识到,需要进一步拓展智能交通计划的研究范围,即应该去探索新兴的无线及计算机技术在该领域的应用潜力。2009年美国交通部将VII项目更名为IntelliDrive(智能驾驶)[9],之前独立进行的"CICAS协同式交叉路口碰撞防止系统"和"SafeTrip-21"研究则划归至IntelliDrive项目统一管理。IntelliDrive旨在通过建立机动车、道路基础设施和行人携带的无线设备之间的互联通信机制,增强道路交通安全、提升出行便利并减少环境污染。

项目开展后,美国交通部决定在合适的区域展开实地测试。CICAS项目组在弗吉尼亚州的小镇黑堡(Blacksburg)对一套"十字路口闯红灯警示装置"的原型系统进行了先期测试。在2007—2008年的测试周期内,87名测试驾驶员按照预设的路线在公共道路上驾车行驶。该路线包括了13个安装有道侧通信设备的十字路口,其中3个是通过红绿灯控制的,而其余10个只有停车标志。该测试表明这套警示系统相当有效。

之后在2008年和2009年的测试阶段,美国交通部及其合作伙伴在密歇根的奥克兰郡及加州的帕罗奥图特别设计的实验区域对VII进行了为期两年的概念验证测试[10,11]。研究人员希望通过一些基础性的测试来评估5.9GHz频段的DSRC专用短程通信技术的通信能力和功能特性。DSRC是一个以IEEE802.11p为基础的标准,采用专属无线频率——5.9GHz频段内的75MHz频谱。这是美国联邦通信委员会(FCC)在1999年专门为智能交通系统(ITS)分配,用于实现车辆在高速状态下的短程通信,以保障公共交通安全的频段。测试表明,VII车路协同的概念可行,只是需要针对下面两个问题进行额外实验:①基于DRSC专用短程通信技术搭建的通信网络是否能够在大范围的交通区域内发挥作用;②用户个人隐私数据是否安全,能否得到有效保障。针对这一情况,美国交通部及合作伙伴计划将密歇根的VII实验场地向公众和其他私营企业开放,用于新技术新应用的测试工作。

美国交通部于2011年5月26日将IntelliDrive正式更名为智能互联汽车研究(CVR,Connected Vehicle Research)[12],但项目目的、内容、规划并没有发生改变。其中,CICAS项目主要是为了开发测试相关技术应用,以减少有红绿灯或停车标识的十字路口碰撞事故的发生。比如允许汽车和交通信号系统进行通信,如果驾驶人有闯红灯的苗头,那么车内的警报系统会提醒驾驶人注意十字路口是否有行人通过,避免意外事故发生。车辆向外传输自己的实时位置信息,交通信号灯可以同车辆共享信号变更间隙等信息,这样当车辆行驶至十字路口时,车内中控屏上会出现停车警示。SafeTrip-21研究的是通过目前的一系列技术,在短期内实现更为安全、便捷的出行。这项研究的应用范围包括搜集运营车队(出租车等)的监测数据,或使用便携式的装置获取交通流量数据,以便出行者借助这些实时数据合理进行路径和换乘方式的规划。

由美国交通部下设部门研究与特殊项目管理局(Research and Innovative Technology Administration,RITA)制定的"智能交通战略研究计划(2015—2019)"就是以IntelliDrive项目内容为核心的,计划在这5年里将研究重点集中于"互联汽车""自动驾驶""新兴功能""企业数据""协同性"及"加速产业扩张"六大领域。美国交通部主导的智能互联汽车研究项目将联合联邦政府、各州本地的交通职能部门、OEM主机厂和零部件供应商、公众对车路协同技术进行测试评估。该技术能够使小汽车、公交车、货车、火车、道路基础设施、智能手机及其他可携带移动设备互相"沟通"。例如,在高速公路上行驶的私家车,可以借助DSRC专用短程通信技术彼此"交流",这样一来,所有的车辆对周围车辆的位置及行为都能够了如指掌。无论是可能突然出现的结冰的路段,还是拐角处盲区内突然出现、为躲避障碍物占用对向车道的其他机动车辆,驾驶人都会提前收到通知,系统会对可能出现的危险情况发出警报。

从发布的智能交通战略研究计划(2015—2019)中可以看到,美国交通部主导的"智能互联汽车项目"会将主要精力放在车路协同系统的本地化推进及大规模商用化上。而车路协同技术的研究、开发以及量产,会落实在下面两个领域:

(1)V2V通信机制的建立将主要依赖DSRC专用短程通信技术。不过基于DSRC技术打造的设备安装在车内,它向外传输的安全信息要受到交通部门的监管,因而涉及这项技术的研究、开发及量产事宜,也将由美国交通部负责。

(2)其他车路协同和通信系统的运行,可以由 DSRC 或包括蜂窝网络、Wi-Fi、GPS 卫星在内的多种通信技术保障。尽管美国交通部并没有针对这些通信技术研究提出任何监管性的要求,但这些技术都属于整个 CVR(智能互联汽车研究)项目的研究范畴。

美国智能交通系统项目联合办公室(Intelligent Transportation System Joint Program Office, ITSJPO)主要负责计划部署人员、提供资金和技术支持,选取了3个试点区域部署车路协同系统。首批试点区域分别位于坦帕、纽约和怀俄明州南部的85号州际公路,ITSJPO 希望试点工作的成功能对互联汽车的推进以及车路协同技术的成熟产生催化作用,尽快推出能够在大规模市场中量产的商业化产品。

美国交通部 2012 年 8 月开展的车路协同应用测试如图 7-3 所示。

目前已经有不少车企宣布将在 2017 年量产的车型搭载 V2V 等车载联网技术,未来还计划为老款车型提供后装的车联网设备。当然,政府公务用车及客运货运车队的快速应用,将加速车联网技术的商业化进程。车联网和自动驾驶技术都是美国智能交通系统项目联合办公室基础性研究的重点,而有关这两项技术的创新性研究是美国交通部战略计划的关键组成部分。

图7-3　美国交通部 2012 年 8 月开展的车路协同应用测试

二、欧洲车路协同系统

在 1986 年欧盟启动了"最高效及安全欧洲交通项目(Program for European Traffic with Highest Efficiency and Unprecedented Safety,PROMETHEUS)",意在研究车车通信(PRO-NET)、车路通信(PRO-ROAD)、辅助驾驶(PRO-CAR)等先进的交通信息技术。此外,欧盟同期开始研究的还有"保障车辆安全的欧洲道路基础设施计划(DRIVE)"。

2000 年欧盟发布的 KAREN 项目[13]包含了 ITS 体系框架。2004 年,在欧盟信息总局的信息通信技术与运输和环境组织的会议中,来自各领域的专家在提高道路运输的安全和管理方面就目标和发展优先级进行了探讨。本次讨论为 2005—2006 年第六框架计划的道路运输发展项目工作计划的确立奠定了基础。与会专家一致认为,车路协同是道路运营者、基础设施、车辆、驾驶人员和其他道路使用者互相合作,以实现高效、安全、舒适且不泄露隐私的出行环境的基础。车车通信和车路协作系统对实现这些目标具有重要的作用。

2008 年 12 月欧盟发布欧洲实施 ITS 行动计划[14],该计划是一个重要的 ITS 发展政策指导性文件。计划包括 6 个优先行动领域及实施阶段,其中行动计划 4.2 把车路协同作为智能交通发展中的重要阶段,即在 2011—2013 年对车路协同系统的研发进行评估,并对车路协同的部署应用策略进行评估。

欧盟和欧洲民间共同资助了一批由众多国家、政府、企业、研究机构等参与的大型合作系统项目,如 CVIS、SAFEPOT 和 COOPERS,对车路协同的相关技术进行研发、应用试验及标准应用验证,为未来车路协同系统的顺利部署和应用做了充分准备。目前这些项目的陆续结束证明了车路协同系统的适用性。

2012年10月,在维也纳举行的ITS世界大会[15]上,包括大众、奥迪、宝马等在内的12个主要汽车制造商共同签署的合作系统部署备忘录正式发布。备忘录的目标是在2015年正式生产出支持合作系统的车辆,车辆安装有车车通信和安全辅助驾驶终端。这个部署计划迅速得到了道路运营管理方的众多技术支持公司、标准化组织、设备集成商的积极响应。由道路运营方、道路管理方、城市运输管理和车车通信联盟等利益相关方组成的阿姆斯特丹组织(Amsterdam Group)按照合作系统部署应用的要求进行工作。

2011年1月1日,欧盟启动了Drive C2X车联网项目[16],意在打造一个安全、高效、环保的行车环境。该项目采用的车联网技术核心是利用网络、传感等各种智能技术,对整个交通系统进行监控,通过数据交互,提高交通效率,增强交通安全。而C2X就是"Car to X"(车连万物)的缩写。Drive C2X分为两个部分:首先是车间互联,也就是C2C(Car to Car);其次是汽车与基础设施的互联,即C2I(Car to Infrastructure)。但由于欧洲国家众多,通信标准各异,该项目一直未能顺利展开。2008年,欧盟委员会推出了《欧洲智能交通部署行动计划》。在ETSI(欧洲电信标准化协会)和CEN(欧洲标准委员会)的推动下,以COMeSafety为首的一个个旨在统一智能交通通信架构的项目得以实施。从2002年起,欧盟在40多个相关项目中,总计投入超过1.8亿欧元用于理顺智能交通通信技术体系。在2014年2月12日,ETSI、CEN及欧盟委员会发布通告:车辆间共同的通信技术标准已经研究完成。在欧洲,不同厂商生产的汽车已经可以互相通信。Drive C2X项目于2014年宣布试验成功(图7-4)。2015年,合作系统被正式部署使用。

图7-4 2014年Drive C2X宣布测试数据

在Drive C2X中:

(1)车辆需要配备支持IEEE 802.11p、UMTS及GeoNetworking标准的设备,用来实现与其他车辆及路边基础设施的数据通信。这一系统与汽车CAN总线连接,用来收集车辆动态数据和与其他车辆交流。同时车辆还要支持无线互联网络,这样车辆数据可以直接被发送至控制中心。

(2)交通设施,包括交通灯以及交通标志牌等,都要集成网络通信功能。这些设施可以直接将指示信息发送至车辆,同时这些设施还可以作为中继器,转发外来的信息。作为可选项,这些交通设施还可以与控制中心通过无线网相连。

(3)控制中心负责整个交通系统的管理,它接收由车辆及交通设施发送的数据,并可以反过来向车辆及交通设施发送信息。

Drive C2X 准则层评价指标如图 7-5 所示。

图 7-5　Drive C2X 准则层评价指标

该项目建成后的功能主要包含 3 个方面,分别是安全、交通效率、信息娱乐及商业模式。具体功能包括:拥堵预警、修路预警、事故预警、天气预警、前方紧急制动预警、碰撞前预警、限速提示、红绿灯速度优化等。最后,研究者们又进一步将注意力集中到了以下 8 项涉及交通安全及交通效率的功能上。

(1) 急救车辆提醒 AEVW。系统可以通过警灯、警笛辨认急救车辆,提醒驾驶人为靠近的急救车辆让路。驾驶人会早早地获得警告并作出反应,如让路或停车。因此急救车辆可以更快地到达救援目的地。另外,急救车和路面其他车辆的碰撞危险也大大降低。

(2) 抛锚车辆警告 CBW。抛锚车辆会提醒接近自己的其他车辆。该信息在弯道或雾天等低能见度的条件下尤其重要。

(3) 车内信号牌 IVS。通过 C2I 通信,驾驶人可获取当时的交通信号。安放在交通信号灯旁边和交通关键点处的路边设备向靠近的车辆发出信号,在车辆显示屏上显示当前的交通信号。IVS 车内信号牌有 3 个不同的功能部分:限速牌、儿童警告、让车标志。在限速牌部分,当车辆接近限速标志时,车辆显示屏右边会出现限速标志小图标。如果车辆已超速,显示屏中部会出现较大的车速表,同时伴有声音警告,提醒驾驶人。在儿童警告部分,当车辆驶近相关标志时,车辆显示屏右边会显示相应的小图标。仅当该车必须在路口让出优先通过权时,图标注释才会额外显示。

(4) 障碍警告 OW。驾驶人可通过该功能获得关于前方障碍的警告。为了降低事故的可能性和严重性,驾驶人可预先对前方障碍作出反应并适当减速。事故预警界面如图 7-6 所示。

图 7-6　事故预警界面(注:"Achtung:Unfall voraus"意为"注意:前方事故")

(5)天气警告 WW。天气警告系统为驾驶人提供天气信息及警告,如侧风、大雾、大雨、积雪或冰面。在车辆接近危险区域时自动触发警告。

(6)前方拥堵警告 TJAW。驾驶人会在靠近拥堵路段时得到预警,如前方有上坡或弯道等难以看清前方拥堵路况的情况,报警会在早期发出。在此基础上,驾驶人可以平静安全地作出反应。该系统的任务是避免严重的追尾,此类追尾常常由高速公路拥堵导致。

(7)道路施工警告 RWW。路面维修警告系统会在早期提醒驾驶人前方存在施工路段,如路面维修等,驾驶人可相应提前降低车速。另外限速提示和车道关闭提示会显示给驾驶人。该系统的任务是降低施工路段的事故发生率,提高车辆、驾驶人和道路施工人员的安全。

(8)绿灯车速建议 GLOSA。该系统的任务是为驾驶人提供速度提示,以便在遵守限速的前提下,车辆驶到前方信号灯时正好赶上绿灯。如果在遵守限速的前提下无法赶上绿灯,则该系统不提供车速建议。当信号灯显示红色时,其红灯剩余时间会显示在车辆屏幕上。车速建议系统提升了交通效率,因为它减少了不必需的加速和减速,优化交通流量,降低排放和油耗。

Drive C2X 的实用功能如图 7-7 所示。

图 7-7 Drive C2X 的实用功能

如果路面前方出现异常情况,车辆驾驶人将在提前数十或数百米的地方得到信息,同时,在车载屏幕上,事故或障碍的具体地点也会被标记,帮助驾驶人提前做好准备。2014 年 7 月 16 日,Drive C2X 在柏林公布了其实验结果。数据显示,如果这一体系的渗透率达到了 100%,那么 IVS 系统可降低 23% 的死亡率和 13% 的受伤率。WW 系统则可降低 6% 的死亡率和 5% 的受伤率。同时,这些功能也能显著改善环境和提升交通效率。

三、日本车路协同系统

1973 年,以通产省为主开发的"汽车综合(交通)控制系统"[Comprehensive Automobile (Traffic) Control System, CACS][17] 被认为是日本最早的 ITS 项目,当时在世界上处于领先地位。从 1984 年开始,建设省主持开发了"路车间信息系统"(Road/Automobile Communication System, RACS);1987 年开始,警察厅主持开发了"先进的车辆交通信息与通信系统" (Advanced Mobile Traffic Information & Communication System, AMTICS)[18];1989 年,建设省又将 RACS 升级为"先进的道路交通系统"(Advanced Road Transportation System, ARTS);1991

年,运输省主导开发了"先进的安全汽车"(Advanced Safety Vehicle,ASV);通产省主导研究开发了"超智能车辆系统"(Super Smart Vehicle System,SSVS)。1991 年日本政府还组织了警察厅、通产省、运输省、邮政省和建设省,分别负责交通安全、电子、产业政策、汽车、通信和系统监督以及道路,集中 RACS 和 AMTICS 的成果,开发了"车辆信息与通信系统"[19](Vehicle Information & Communication System,VICS)并投入运行。同时,警察厅也于 1991 年,在 AMTICS 的基础上,独自开发了"新交通管理系统"(Universal Traffic Management System,UTMS),然后又升级为"21 世纪交通管理系统"(Next Generation Universal Traffic Management System, UTMS21)[7]。1994 年 1 月,日本设立了专门负责在 5 个省厅、大学和科研机构以及民间企业之间联络和 ITS 的促进机构——车辆、道路、交通智能化推进协会(Vehicle, Road Traffic Intelligence Society,VERTIS)。1996 年 4 月,"车辆信息与通信系统 VICS"在东京都地区正式投入运营。1999 年 11 月,日本组织了"自动公路系统"(Automated Highway System,AHS)公开试验。

  为推广应用 ITS 的研究成果,引进先进技术,实现 ITS 的多元化,发挥先进技术的优越性,日本还先后制定了 Smartway(智能道路)计划[20]和 Smartcar ASV(Advanced Safety Vehicle,先进安全型汽车)计划[21,22]。计划的目的是创造综合 ITS 技术的高效、安全的通行环境。在设想中,这条道路将会有先进的通信设施不断向车辆发送各种交通信息,车辆通过所有的收费站都不需要停车缴费,能以较快的速度通行,道路与车辆可高度协调,道路提供必要信息以便车辆进行自动驾驶。日本 Smartway 的计划实施方案如下:1999 年产、学、官结合的"推进委员会"开始运作,2000 年为正式引进先进道路支援系统 AHS 进行试验验证,2001 年完成有关智能道路标准,2002 年将智能道路在全国主要道路上引进。Smartcar ASV 计划在机动车上装备电子导航系统、车辆间通信设备、自动驾驶装置等先进的电子仪器,使之能了解行车路途上的交通状况,不断选择最佳行车路线,依靠车道白线、车辆间通信信息等进行自动或半自动驾驶。如:在转弯时可测出普通汽车侧后方的视觉死角位置的车辆、行人,进行自动制动。日本为推行 Smartcar 计划,专门组织了 ASV(先进安全型汽车)的研究开发项目推进研讨会。预计通过推广 Smartway 及 Smartcar 计划,日本将大大提高道路的安全性、畅通性、扩大安全、舒适的活动空间。

  道路方面,2006 年 2 月日本第一次展示"Smartway 公开实验模型",于 2007 年 10 月发布 "Smartway2007"。Smartway 项目的目标是建立一个全新的车路协同的系统,5.8GHz 的频段是专门供 Smartway 项目使用的。

  日本 Smartway 系统概况如图 7-8 所示。

  车辆方面,日本大规模推动 ASV 技术的应用。这些汽车的共同特点是:车上有了"眼睛"和"头脑",即安装了多种传感器和微型计算机,通过计算机对周围信息的判断,能有效地防止车与车、车与人发生碰撞。如一种"防止追尾制动装置(CMS)",能在汽车快要接近前方行驶的汽车时,发出"嘟嘟"的警报声提醒驾驶人。如果驾驶人无视这一警告而继续高速前行, CMS 会再次发出警告,同时会自动减速,并拉紧安全带。假如驾驶人还不作出反应,该装置就会强行紧急制动。有的汽车还在保险杠部位安装有雷达,可以通过前方 100m 以内的车辆反射波了解其行驶状况,然后再由计算机结合本车的行驶状况来综合判断,当可能出现险情时,就会向警报器和制动器发出指令。

  还有一种保持行车路线的装置,能通过风窗玻璃上方的摄像头监视道路上的交通标线,汽车一旦压上或偏离标线,便会自动调整行车方向,让汽车回到行车道中央。由于标线种类繁多,有时会突然增加,因此研发人员在各种高速公路上进行了多次测试,以求万无一失。有些汽车上还装有"弯道报警器"和"防侧滑装置",通过两个摄像头来观察道路情况,遇有弯道,就会边调整制动装置和发动机输出功率,边保持汽车的正确行进方向。此外,有些车上还安装了防止疲劳驾驶的"瞌睡报警器",用摄像机监视驾驶人是否在打盹;一旦发现驾驶人的眼皮开始"打架",就会用声音信号发出警告。

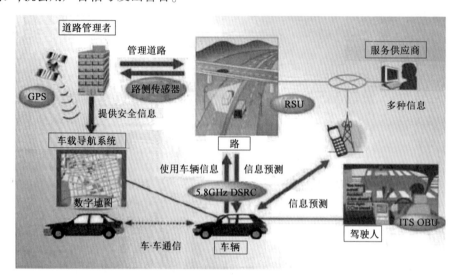

图 7-8 日本 Smartway 系统概况

据日本国土交通省技术安全部测算,"如果所有的汽车都采用了 ASV 技术,那么造成人员死亡的交通事故将减少近 40%"。

第三节 通信与网络技术

作为车路协同的核心应用技术之一,车车通信和车路通信是车路协同的关键。在智能交通中,相对于其他领域的研究(例如城市公共交通管理、交通诱导与服务等),对交通专用通信技术的研究起步最晚,有些领域还处于最初级的阶段。

在全球范围内,最主要的车联网通信技术标准有两种:DSRC(IEEE)和 LTE-V(3GPP),支持车辆连接到所有的相关事物,包括道路设施、其他车辆等。

一、专用短程通信 DSRC

在智能交通的发展中,专用短程通信[5](Dedicated Short Range Communication,DSRC)技术是 ITS 的基础之一,其相关技术在 20 世纪 90 年代开始取得了突破性进展。

1992 年,美国材料试验学会(American Society for Testing Materials,ASTM)主要针对 ETC 业务的开发而最先提出 DSRC 技术的概念,该通信技术采用 915 MHz 频段开展标准化工作。1999 年 10 月,美国联邦通信委员会在 5.9GHz 频段中为 V2V 和 V2I 两种类型的短距离连接(Dedicated Short-Range Communication,DSRC)划分了专用频段。2001 年,ASTM 的相关标准委员会选定 IEEE802.11a 作为 DSRC 底层无线通信协议。在 2004 年,IEEE 修订了 IEEE802.11p 协议规范,并成立工作组启动了车辆无线接入(Wireless Access in the Vehicles Environment,WAVE)[23]的标准制定工作,为进一步开展车路协同的技术研究,启动 VII/IntelliDrive 项目。同年的美国费城,ACM(国际计算机组织,Association Computing Machinery)第一届车载随意移动网络(VANET)学术会议召开,"VANET"这个缩写单词第一次被正式使用。2010 年,WAVE 工作组正式发布了 IEEE 802.11p 车联网通信标准[24]。该标准作为车载电子无线通信规范,应用于智能交通(ITS)系统,成为 DSRC 标准下的底层协议(MAC 层/PHY 层,即 OSI 模型中的数据链路层和物理层)。

欧洲早在 1994 年就由 CEN(欧洲标准委员会)开始了 DSRC 标准的起草。1995 年,欧洲 DSRC 标准草案完成,并于 1997 年获得通过(ENV12253"5.8GHz-DSRC-物理层"和 ENV12795 "DSRC-数据链路层")。2001 年 6 家欧洲汽车厂商(宝马、大众、戴姆勒-克莱斯勒等)联合供应商、研究机构成立了"车辆间通信联盟(Car 2 Car Communication Consortium,C2C-CC)",联盟旨在利用无线 LAN 技术开发车间通信功能,并制定欧洲的车辆与基础设施之间的通信标准。为解决车间通信问题,2004 年宝马和大众加入了 FleetNet 项目(2000 年)的后续工程车载网络(Network on Wheels,NOW),主要针对车间通信和保证数据安全性进行研究。在 2008 年,欧洲电信标准协会 ETSI 在 5.9GHz 频段为车载网划分了专用频道。在欧盟的第六框架计划中诸多智能交通项目(同时也是"eSafety 项目")都在推动车联网/车载网相关技术的发展,包括 COOPERS(智能交通安全协助系统)、CVIS(车路协同系统)、SAFESPOT(安全点项目)等。

1994 年日本联合多家企业进行了 ETC 收费系统的野外试验,并对 DSRC 频率进行了选频。1997 年,日本 TC204 委员会制定了日本的 DSRC 标准。2001 年 ETC 系统正式开始服务。1999 年日本(23 家企业)启动了 Smartway(智能道路系统),主要是在交通场景中提供各种信息交换的基础设施,各类设施的通信方式主要都采用了 DSRC。(注释:日本的 VICS、ETC、AHS 目前都属于 Smartway 项目)2007 年,日本初步完成了 Smartway 项目部分路段的试验计划。日本的 DSRC 由 ISO/TC204 制定,并支持最终的 IEEE 802.11p 版本(美国)。

二、车路协同版 4G 通信技术 LTE-V

在 2006 年,多家通信和汽车领域企业(爱立信、沃达丰、曼恩、大众)携手推进智能汽车协作通信项目(Cooperative Cars,CoCar),旨在研究利用蜂窝通信技术(采用 3G 网络)实现行车预警信息的相互传递(车辆之间、车与道路管理系统之间)。随后,宝马和福特公司加入了 CoCarX 项目,在 LTE 网络覆盖下,车间的协作通信取得了较好的性能测试结果。2012 年,欧盟资助 LTEBE-IT 项目,开展 LTE 演进协议在 ITS 中的应用研究。

2015 年,3GPP 国际组织分别设立了专题"LTE 对 V2X 服务支持的研究"和"基于 LTE 网络技术的 V2X 可行性服务研究",正式启动 LTE V2X 技术标准化的研究[25]。行业内,将 "LTE-V2X"简写为"LTE-V",它是基于无线蜂窝通信的车联技术,在业内也称为"C-V2X (Cellular-Vehicle to Everything,蜂窝-车联万物)"。国内多家通信企业(华为、大唐、中兴)参与了 LTE-V 的研发。2016 年 9 月 3GPP 完成了"基于 LTE PC5 接口的 V2V"标准制定,其标准规范引入了 LTE-D2D 的 SideLink 链路技术,实现了高速度、高密度行车场景下的车与车直接通信。这种允许车间直连的通信方式,和以往的蜂窝通信技术有较大差异,也称为"分布式

("LTE-V-Direct")工作方式。与"分布式(LTE-V-Direct)"相对的传统蜂窝通信工作方式是"集中式(LTE-V-Cell)",以基站为信息转发节点进行通信。

2017年3月,3GPP在"基于LTE的V2X业务"项目中,完成了车联网中各类型通信(车与车的蜂窝网通信、车与道路设施通信、车与人通信等)的标准化制定。在3GPP的5G通信标准中,LTE-V将逐步演进为NR-V2X[26]。

三、车联网和智能交通

从DSRC和LTE-V的发展历史来看,DSRC起步较早,并且已经在许多ITS的研究项目中崭露头角,实现了一部分相对成熟的车联网应用(例如日本的Smartway中的各类子项目,欧洲的COOPERS、CVIS、SAFESPOT、PreVENT等项目,美国的ETC应用、VII/IntelliDrive等项目)。

在LTE-V标准之前,车辆使用3G/4G的蜂窝无线技术连接到网络,被称为Telematics[27](Telecommunications和Informatica的合成词,意为"远距离通信技术和信息技术结合的网络")。Telematics是车联网的一种常见形式,但由于只实现了车与云端的链接,所以也被理解为"狭义车联网"。LTE-V的出现,是试图打破原本蜂窝接入网络只能作为DSRC技术补充的境地,将短距、直连、非IP化的通信技术(PC5接口)和蜂窝通信技术进行融合,从而在车联网领域形成一个完整的通信技术体系。

第四节 自动驾驶概述

在汽车问世后不久,发明家们就开始研究自动驾驶汽车了。虽然实现自动驾驶在技术上是人类自有车以来的长期梦想,但事实上完善自动驾驶汽车的道路比发明它要长得多。

一、自动驾驶发展历程

早在1925年,发明家Francis Houdina(弗朗西斯·胡迪纳)展示了一辆无线电控制的汽车,他的车在没有人控制转向盘的情况下在曼哈顿的街道上行驶。根据《纽约时报》的报道,这种无线电控制的车辆可以发动发动机,转动齿轮,并鸣喇叭。"就好像一只幽灵的手在转向盘上。"

1969年,人工智能的创始人之一的约翰·麦卡锡在一篇名为"电脑控制汽车"的文章中描述了与现代自动驾驶汽车类似的想法。麦卡锡所提出的想法是:一名"自动驾驶者"可以通过"电视摄像机输入数据,并使用与人类驾驶者相同的视觉输入",来帮助车辆进行道路导航;用户应该可以通过使用键盘输入目的地来驱使汽车能够立即自动前往目的地,同时也存在额外的命令可以让用户改变目的地,例如在休息室或餐厅停留,可以放慢速度或者在紧急情况下加速。虽然没有这样的车辆存在,但麦卡锡的文章为其他研究人员的任务设计提供了帮助。

20世纪90年代初,卡内基梅隆大学的研究人员Dean Pomerleau(迪恩·波默洛)写了一篇博士论文,描述了神经网络如何让自动驾驶汽车能够实时从公路获取原始图像来实现和输出方向控制。Pomerleau并不是唯一一个研究自动驾驶汽车的研究人员,但结果证明,他使用神经网络的方法比其他尝试手动将图像划分为"道路"和"非道路"类别的尝试更有效。

1995年,Pomerleau和他的同事Todd Jochem(托德·乔切姆)在公路上试驾了他们的无人驾驶汽车。他们的无人驾驶小型货车(他们必须控制加速和制动)穿越了2797 mile(英里),从匹兹堡、宾夕法尼亚州到加州的圣地亚哥,从东海岸到西海岸。在这段旅途里,两人实现了"不用手驾驶横跨美国"的任务。

2002年,DARPA(美国国防高级研究计划局)宣布了一项重大挑战,他们为顶级研究机构的研究人员设立的条件是:如果研究人员能建造一辆能够在莫哈维沙漠行驶142 mile的无人驾驶汽车,他们将提供100万美元的奖金。当2004年挑战开始时,15个竞争者中没有一个能够完成任务。其中的"胜利"号在着火之前,几小时内只能跑不到8 mile的路程。

尽管制造自动驾驶汽车的可能性在21世纪前10年似乎仍很低,但自动泊车系统的诞生表明传感器和自动驾驶技术正在接近实现我们现实世界中的场景。丰田公司的日本普锐斯混合动力车从2003年开始提供自动停车辅助服务,而雷克萨斯很快就为其雷克萨斯LS轿车添加了类似的系统。福特也在2009年加入了主动泊车辅助系统。一年后,宝马推出了自己的泊车辅助系统。

从2009年开始,谷歌开始开发无人驾驶汽车项目,该项目现在被称为Waymo。该项目最初由Sebastian Thrun(塞巴斯蒂安·特龙)领导,他曾是斯坦福人工智能实验室的主任,也是谷歌街景服务的共同发明人。几年后,谷歌宣布其设计的无人驾驶汽车在电脑控制下总共行驶了30万mile,并且没有发生一起事故。到2017年底,所有的谷歌无人驾驶汽车加起来已经行驶了超过200万mile。

2013年,包括通用汽车、福特、奔驰、宝马在内的大型汽车公司都在研发自己公司的自动驾驶汽车技术。有一些车,比如2014年的奔驰S级轿车,增加了一些半自动的功能,如自动驾驶、在车道内行驶、避免事故等。特斯拉、优步、苹果等公司也开始积极地探索自动驾驶技术。

但是在自动驾驶技术迅速发展的同时,第一次无人驾驶汽车的意外死亡事件发生了。这起事故发生在佛罗里达州,当时,一辆特斯拉Model S正处于自动驾驶模式,在撞上一辆18轮的牵引式挂车后,特斯拉的车主身亡。事故原因是在挂车出现之后,这辆特斯拉自动驾驶汽车未能及时制动。这一事件再次引发了有关自动驾驶汽车的争论,特别是围绕其行驶过程中的一些技术和伦理问题。

二、自动驾驶的概念与分级

2017年12月北京市交通委发布了全国首个自动驾驶车辆道路测试管理实施细则《北京市自动驾驶车辆道路测试管理实施细则(试行)》[28],其中对自动驾驶的定义是:自动驾驶系统是指能在某一时段实现自动驾驶功能的系统。自动驾驶功能是指在自动驾驶车辆上,不需要测试驾驶员执行物理性驾驶操作的情况下,能够对车辆行驶任务进行指导与决策,并代替测试驾驶员操控行为使车辆完成安全行驶的功能。自动驾驶功能包括自动行驶功能、自动变速功能、自动制动功能、自动监视周围环境功能、自动变道功能、自动转向功能、自动信号提醒功能、网联式自动驾驶辅助功能等。

2019年6月长沙市人民政府颁布了《长沙市智能网联汽车道路测试管理实施细则(试行)V2.0》,其中对智能网联汽车的定义是:智能网联汽车是指搭载先进的车载传感器、控制器、执行器等装置,具备复杂环境感知、智能决策、协同控制等功能,未来可扩展融合现代智能信息交换、共享技术,并最终可实现替代人来操作的新一代汽车。

美国汽车工程师学会(Society of Automotive Engineers,SAE)作为汽车以及航空行业的顶级标准制定组织,早在2014年就已经发布第一版《标准道路机动车驾驶自动化系统分类与定义》(J3016),对不同级别自动驾驶技术之间的差异性有了明确的划分[29]。2016年,美国交通部发布关于自动化车辆的测试与部署政策指引,明确将SAE J3016标准确立为定义自动化/自动驾驶车辆的全球行业参照标准,用以评定自动驾驶技术。此后,全球诸多汽车行业相关的企业也采用SAE J3016对自身相关的产品进行技术定义。

日本内阁官方IT综合战略室在2017年发表"官民ITS构想·技术路线图2017"[29],其中关于自动驾驶的定义也采纳SAE J3016标准,并对SAE J3016(2016年9月)中所定义的0~5等级进行介绍。按照SAE对自动驾驶等级的划分,自动驾驶技术分为0~5级6个等级。0级代表没有自动驾驶技术的传统人类驾驶,而1~5级则随自动驾驶的技术配置进行分级,见表7-2。

自动驾驶等级划分　　　　　　　　　　　表7-2

SAE分级	SAE名称	SAE定义	主体			系统作用域
			驾驶操作	周边监控	支援	
0	无自动化	由人类驾驶者全权操作汽车,在行驶过程中可以得到警告和保护系统的辅助	人类驾驶者	人类驾驶者	人类驾驶者	无
1	驾驶支援	通过驾驶环境对转向盘和加减速中的一项操作提供驾驶支援,其他的驾驶动作都由人类驾驶者进行操作	人类驾驶者、系统			部分
2	部分自动化	通过驾驶环境对转向盘和加减速中的多项操作提供驾驶支援,其他的驾驶动作都由人类驾驶者进行操作				
3	有条件自动化	由无人驾驶系统完成所有的驾驶操作。根据系统请求,人类驾驶者提供适当的应答	系统	系统	系统	
4	高度自动化	由无人驾驶系统完成所有的驾驶操作。根据系统请求,人类驾驶者不一定需要对所有的系统请求做出应答,限定道路和环境条件等				
5	完全自动化	由无人驾驶系统完成所有的驾驶操作。人类驾驶者在可能的情况下接管。在所有的道路和环境条件下驾驶				

通过国内外的定义可以看出,自动驾驶是指依靠计算机系统,自动、安全操控机动车辆实现交通功能的智能汽车系统。自动驾驶具有以下几个基本特征。

(1)自动驾驶并不强调"无人"。无人驾驶是自动驾驶发展过程中的一个阶段,在此之前,允许通过以人为主的驾驶辅助系统和有人监控的部分或有条件的自动驾驶等系统来过渡。从某种意义上讲,"无人驾驶"程度的自动驾驶技术相比于辅助驾驶等技术,在开放路况条件下,尚未被公认具有十分显著的社会和经济效益,但相对于已经投入使用的驾驶辅助系统等相对传统的有人驾驶的机动车而言,在安全性、舒适性等方面表现出一定的价值。

（2）自动驾驶并不强调采用何种技术路线。自动驾驶技术是自动控制技术发展的产物，但实现自动驾驶并非必须通过人工智能、视觉计算等技术和雷达、激光等监控装置或全球定位系统等。例如，从目前已经实现的自动驾驶功能来看，有些是通过高精度、高实时性的电子地图确定障碍物位置，有些是通过摄像头等获得录像或照片，通过视觉计算确定路径，有些通过雷达对障碍物进行感知。就自动驾驶本身而言，更关注能实现的功能和实现水平，以及该水平的自动驾驶对交通系统产生的影响和未来的发展状况。

（3）世界各国颁布的自动驾驶标准规范等内容普遍对自动驾驶应当实现的功能提出了一定的要求。对这些要求进行梳理，不难看出，各种技术路线的自动驾驶具有一些共性特点，包括具有先进的通信、计算机、网络和控制技术，基于传输速度快、信息量大、可靠性强的实时通信，目标是实现在更宽松条件下、更开放环境下的自动驾驶，基本功能包括自动起动、自动运行、自动停车、自动折返等。

第五节　自动驾驶研究进展

一、红旗自动驾驶汽车

1. 研究历史

贺汉根教授带领团队从 20 世纪 80 年代末开始研究自动驾驶汽车，2001 年研制成功车速达 76km 的无人车，2003 年研制成功中国首辆高速自动驾驶汽车红旗 CA7460，最高车速可达 170km/h。2006 年由国防科技大学自主研制的新一代自动驾驶汽车红旗 HQ3，则在可靠性和小型化方面取得突破。

2. 运行测试情况

红旗 HQ3 无人车在 2011 年 7 月 14 日从京珠高速公路长沙杨梓冲收费站出发，历时 3h 22min 到达武汉，总行驶距离 286km。实验中，无人车自主超车 67 次，途遇复杂天气，部分路段有雾，在咸宁还遭逢降雨。

3. 技术细节

红旗 HQ3 自主驾驶系统采用了集环境感知、车辆状态监控、行为决策、驾驶行为建模、车辆控制为一体的综合性技术，涵盖了自适应巡航、车道线跟踪、碰撞报警等多项主动安全技术，在正常交通情况下，在高速公路上最高稳定自主驾驶车速为 130km/h，最高峰值自主驾驶车速为 170km/h，具有超车功能。

该无人车在测试中遇到了一些复杂的交通状况和路段车道线不清的情况。车辆没有安装 GPS 导航设备，完全利用自身环境传感器对道路标线进行识别，进而依靠车载的智能行为决策和控制系统，正常汇入高速公路的密集车流中自动驾驶。

该无人车在测试中遇到几次其他车辆强行超车导致车距过近的情况，大部分都由无人驾驶系统自主处理。当天测试阶段人工干预 10 次，传感器误报 3 次，人工干预距离约 180m；途中遇路段维修 4 次，人工干预距离 510m；其他车辆违规行驶带来安全威胁 1 次，人工干预约

150m；进入八○休息区和羊楼司收费站人工干预约 1300m。总的人工干预里程不到 1%。

二、宇通自动驾驶汽车

1. 运行测试情况

2015 年 8 月 29 日，宇通大型客车从河南省连接郑州市与开封市的城际快速路——郑开大道城铁贾鲁河站出发，在完全开放的道路环境下完成自动驾驶试验，共行驶 32.6km，最高车速 68km/h，全程无人工干预，不过为了保障安全，客车上还是配备了驾驶人。

2. 技术细节

从河南省连接郑州市与开封市的城际快速路——郑开大道城铁贾鲁河站出发，装备摄像机、激光雷达、GPS 以及复杂软件的宇通客车，在完全开放的道路环境下，途经 27 个十字路口、26 个信号灯路口，完成了跟车行驶、自主换道、邻道超车、路口自动辨识红绿灯通行、定点停靠等一系列试验科目，行驶 37km，最高车速 68km/h，平均车速 36km/h，停靠公交车站 2 次。顺利到达指定的终点，全程无人工干预。

该车在自动驾驶条件下成功安全驾驶的核心是整车智能驾驶系统，它包括智能主控制器、智能感知系统、智能控制系统 3 大主要组成部分，分别充当大客车的"大脑""眼睛与耳朵"以及"四肢"，各个功能相互协调，实现自主驾驶。

以识别并等待红绿灯为例，智能感知系统依靠分布在车前后左右的摄像机、激光雷达，形成 360°无死角探测区，满足各种复杂路况下车辆对周边环境的感知需求。同时，车辆驱动系统可响应由主控制器发出的虚拟加速踏板指令，如判断前方为绿灯则稍后加速直接通过，如认为前方为红灯或黄灯，则会提前减速，直至在路口停车。一旦遇紧急情况，自动驾驶客车会依情况紧急程度，采取不同的减速度进行制动，最大限度避免发生追尾碰撞事故。尤其在安全行驶中，依靠车四周的雷达探测前后方障碍物与本车的相对速度与距离，启用预警措施，并根据这种信息调整加速、减速等措施。

三、百度自动驾驶汽车

1. 运行测试情况

2015 年 12 月，百度自动驾驶汽车国内首次实现城市、环路及高速道路混合路况下的全自动驾驶。百度公布的路测路线显示，百度自动驾驶汽车从位于北京中关村软件园的百度大厦附近出发，驶入 G7 京新高速公路，经五环路，抵达奥林匹克森林公园，并随后按原路线返回。百度自动驾驶汽车往返全程均实现自动驾驶，并多次完成了跟车减速、变道、超车、上下匝道、掉头等复杂驾驶动作，完成了从进入高速(汇入车流)到驶出高速(离开车流)的不同道路场景的切换。测试时最高车速达到 100km/h。

2. 技术细节

百度自动驾驶汽车依托人工智能，通过使用摄像机、激光雷达、毫米波雷达和 GPS 等系统感知周围环境，决定最优行车路线，实现自动驾驶。2016 年，百度自动驾驶汽车的顶部配置 64 线激光雷达，两侧及后部配备 3 个 16 线激光雷达扫描车身周围盲区，正前方有双目摄像头及毫米波雷达。车顶后部安装了用于实时定位的 GPS 模组。2016 年 8 月份在 KITTI 评测中，百度自动驾驶车在用摄像头判断物体时,准确率为90.13%,判断行人和红绿灯的准确率达到了95%和99.9%,同时百度无人车使用的高精地图精确到厘米级。

四、清华自动驾驶汽车

1. 研究历史

20世纪90年代初期,清华大学开始研究自动驾驶车辆的相关技术。90年代后期,清华大学研发的自动驾驶试验平台THMR(Tsinghua Mobile Robot,清华智能移动机器人)系列无人车问世。

2003年,清华大学研制成功THMR-V型自动驾驶车辆,能在车道线清晰的结构化道路上完成巡线行驶,最高车速超过100km/h。

2008年,由中国工程院李德毅院士带队组成了清华大学智能车团队,清华大学智能车团队隶属于清华大学计算机科学与技术系人工智能方向,共有教师、博士生等20余人。目前,团队已经在多条开放道路上进行自动驾驶实验,自动驾驶行驶里程超过30万km,在国内人工智能领域属于顶尖水平。

2. 运行测试情况

长安汽车与华为及清华大学合作研发自动驾驶汽车,首辆样车在2015年10月31日于重庆完成了国内首次亮相。

2016年4月17日,长安汽车宣布完成2000km超级自动驾驶测试项目。长安汽车此次长距离自动驾驶测试总里程超过2000km,历时近6d,途经四川、陕西、河南、河北等全国多个省市及地区,最终抵达北京。

五、美国谷歌自动驾驶汽车

1. 研究历史

2005年,塞巴斯蒂安·特龙(Sebastian Thrun)领导一个由斯坦福学生和教师组成的团队设计出了斯坦利机器人汽车,该车在由美国国防部高级研究计划局(DARPA)举办的第二届"挑战"(Grand Challenge)大赛中夺冠,在沙漠中行驶超过132mile(约合212.43km)。而且,这一支由15位工程师组成的团队继续投身于此项目。这个项目即为谷歌自动驾驶汽车的前身。

2. 运行测试情况

2012年4月1日,Google决定联合NASCAR,将自己的自动驾驶汽车跟真正的赛车一起对比,证明机器人比人类驾车技术要高。不过在正式加入NASCAR之前,他们的自动驾驶汽车还需要经过各种检测才能最终驶向NASCAR的赛道。

在2014年5月28日的Code Conference(代码会议)科技大会上,谷歌推出自己的新产品——自动驾驶汽车。和一般的汽车不同,谷歌自动驾驶汽车没有转向盘和制动器。

2014年12月21日,谷歌宣布,其首款成型的自动驾驶原型车制造完毕,并在2015年进行路测。

3. 技术细节

谷歌自动驾驶汽车合计已经行驶超过200万mile。技术人员表示:谷歌自动驾驶汽车通过摄像机、雷达传感器和激光测距仪来"看到"其他车辆,并使用详细的地图来进行导航。手动驾驶车辆收集来的信息的体量是如此巨大,必须将这些信息进行处理转换,谷歌数据中心强大的数据处理能力将这一切变成了可能。谷歌自动驾驶所面临的难题是自动驾驶汽车和人驾驶的汽车如何共处而不引起交通事故。

谷歌的自动驾驶汽车还处于原型阶段,不过即便如此,它依旧展示出了与众不同的创新点。和传统汽车不同,谷歌自动驾驶汽车行驶时不需要人来操控,这意味着转向盘、加速踏板、制动踏板等传统汽车必不可少的配件,在谷歌自动驾驶汽车上通通看不到,软件和传感器取代了它们。

4. 面临问题

谷歌自动驾驶汽车不仅仅面临在行驶过程中会有的问题。在出发前,自动驾驶汽车需要就目的地形成详细的路线图,其复杂程度远远超过在谷歌地图上找路线。若新的交通信号或停车标志等未能及时在程序化的地图上更新,谷歌自动驾驶汽车就会在上述标志出现时"视而不见"。MIT Technology Review 2014 年 8 月发布的一份报告显示,谷歌研发的自动驾驶汽车运行依赖地图和详细的数据,这一前提大大限制了它们的上路范围。报告称,谷歌自动驾驶汽车无法在 99% 的美国公路上自动行驶。

虽然谷歌自动驾驶汽车已经安全运行很长里程,但显然其需要面临的测试还有很多。潜在问题主要在于自动驾驶汽车自身的探测技术水平,也就是其在不同环境条件下辨别视野内各物体的能力。自动驾驶汽车探测技术将行人视为移动的圆柱形像素团,厄姆森表示这一点也可能会制造麻烦,举例来说,当路边的警察示意交通工具停下时,自动驾驶汽车将无法作出反应。谷歌自动驾驶汽车可以探测到交通信号灯的光亮,但为了同时确保探测功能不受太阳光的影响,谷歌还在积极努力进行改善。此外,上路后的自动驾驶汽车还将面临很多不可预知的挑战,例如坑洼地面、行人突然闯入汽车道以及停车等问题。

5. 规范与技术标准

美国加利福尼亚州已经允许全自动驾驶汽车上路测试。加利福尼亚州是硅谷所在地,众多高科技企业在此落户。不过此前,加利福尼亚州只允许有转向盘和制动踏板等装置的自动驾驶汽车,在持有驾照的测试员在车上监控的情况下上路测试。

自动驾驶汽车已经获得了加利福尼亚州立法批准,谷歌可能会在该州部署数百辆自动驾驶车,用来接送公司员工上下班。据报道,谷歌自动驾驶汽车在试运行的过程中,到目前为止仅与其他社会车辆发生过两次碰撞,其中一次是非常小的事故。

随后,谷歌可能会将自动驾驶汽车推向更多的地区,例如拉斯维加斯,因为除了加利福尼亚,内华达州也已经允许谷歌自动驾驶汽车上路行驶了。另外,有雄厚的资金做保障,谷歌接下来会给自动驾驶汽车建设一些必要的基础设施,试图将用户的责任剥离出来,并且会在内华达州市场以一个非常具有竞争力的价格推出自动驾驶汽车。

六、英国 Lutz 自动驾驶汽车

1. 技术细节

Lutz Pathfinder 的外观酷似摩天轮箱轿,能装下两个人和各自的行李。与同为单厢车的 Smart 比,Lutz 只有 Smart 1/2 长、2/3 宽。这辆纯电动车最高时速被设定为 15mile(约 24km),

最大行驶里程为40mile,满电量续航近6h。

Lutz还是像普通车一样配了转向盘和制动踏板,等到测试完成后会逐步移除,最后留下的将只有两块触摸屏,一块用于输入地址并作为仪表板,另一块用于娱乐和获取信息。

该车车身一共搭载了19个传感器,包括全景照相机、雷达、激光雷达、停车传感器,用来共同描绘一幅车身周边环境画像。雷达可以监测Lutz周围的车辆;全景照相机会捕捉路边标识和交通信号灯,追踪前车和障碍物;激光雷达检测道路边界;车轮附近和前侧底部的停车传感器则用于识别路缘石曲线,保证停车安全。

2. 运行测试情况

与这辆车同日公布的,是英国政府发布的自动驾驶汽车上路测试的官方许可。4个获批的测试城市分别为布里斯托、米尔顿凯恩斯、考文垂和格林尼治。格林尼治主攻测试安全与整合,米尔顿凯恩斯和考文垂提供汽车路测环境,布里斯托侧重车辆法律和保险以及民意调查。

3. 规范与技术标准

2015年1月,英国开始允许自动驾驶汽车在公路上行驶。英国监管部门要求上路的自动驾驶汽车必须有人监控,并且可以随时切换到人工驾驶模式。自动驾驶汽车都配备GPS进行导航,另外还配备摄像头和传感器,使车辆感知周围的物体和其他行驶车辆,使其能够应对障碍。

未来,英国公路法规和运输部测试会配合自动驾驶汽车进行改良。

七、法国Cycab自动驾驶汽车

法国INRIA公司花费10年心血研制出Cycab自动驾驶汽车。"赛卡博"的全球定位系统要比普通的全球定位系统功能强大许多。普通GPS系统的精度只能达到几米,而"赛卡博"却装备了名为"实时运动GPS"的特殊GPS系统,其精度可达1cm。这款自动驾驶汽车装有充当"眼睛"的激光传感器,能够避开前进道路上的障碍物,还装有双镜头的摄像头,人们甚至可以通过手机控制驾驶汽车。每一辆自动驾驶汽车都能通过互联网来进行通信,这意味着这种自动驾驶汽车之间能够做到信息共享,从而组成车队,以很小的间隔按顺序行驶。该车也能通过交通网络获取实时交通信息,防止交通阻塞发生。在行驶过程中,该车还会自动发出警告,提醒过往行人注意。

八、德国Ibeo自动驾驶汽车

在德国汉堡的Ibeo公司应用先进的激光传感技术把自动驾驶汽车变成了现实:这辆自动驾驶智能汽车由普通轿车改装而成,在车身安装了6台名为"路克斯"(LUX)的激光传感器,可以在错综复杂的城市公路系统中自动驾驶。车内安装的自动驾驶设备包括激光摄像机、全球定位仪和智能计算机。

在行驶过程中,车内安装的全球定位仪将随时获取汽车所在的准确方位。隐藏在前灯和尾灯附近的激光摄像机随时探测汽车周围180m内的道路状况,并通过全球定位仪路面导航系统构建三维道路模型。此外,它还能识别各种交通标志,保证汽车在遵守交通规则的前提下安全行驶。安装在汽车行李舱内的计算机将汇总、分析两组数据,并根据结果向汽车传达相应的行驶命令。

激光扫描器能够探测路标并提醒是否有车离开车道。在激光传感器的帮助下,无人汽车便可以实现自行驾驶:如果前方突然出现汽车,它会自动制动;如果路面畅通无阻,它会选择加速;如果有行人进入车道,它也能紧急制动。此外,它也会自行绕过其他停止运行的车辆。

九、日本车队一体自动驾驶行车系统

2013年2月25日,日本新能源和产业技术综合开发机构在一个试验场展示了这一技术的应用,4辆货车分别保持4m间距、以时速约80km/h的同一速度进行了试跑。每辆货车上都安装了自动驾驶系统,通过车辆间的通信,各辆车可以共享速度和制动等信息,从而使得系统能够同时控制多辆货车。

研究机构表示,安装这一系统的货车能以很短的车间距排成队列自动行驶,减少空气阻力,避免不必要的制动,大幅提高燃油效率。上述测试结果显示,与车辆各自行驶相比,这种技术能够节省油耗15%以上。这一技术有望应用于行驶在高速公路上的汽车车队。

十、阿联酋EZ10自动驾驶汽车

2016年8月31日,阿拉伯联合酋长国迪拜道路交通管理局宣布,一种用于载客摆渡的自动驾驶汽车2016年9月1日起将在迪拜市中心开始为期1个月的试运营。这种名为"EZ10"的10座自动驾驶电动车外形方正,车身不分前后,可以双向行驶。该项目由迪拜道路交通管理局与伊玛尔地产公司联合推出,是迪拜为打造新型智能城市采取的智能移动解决方案的一部分。

第六节　车路协同和自动驾驶的关系

车路协同与自动驾驶将是未来交通运输领域的战略制高点,将引发道路交通组织和运行形态的变革,同时还是解决当前道路交通安全、拥堵和污染等重大问题的有力手段。发达国家均在实施推进自动驾驶与车路协同发展的相关行动计划。为此,必须首先揭示车路协同和自动驾驶之间的区别和联系。

一、车路协同和自动驾驶的区别和联系

车路协同作为智能交通发展的重要阶段和一种独特的交通系统,与自发明机动车以来人类对智能驾驶技术的展望——自动驾驶之间,具有紧密的联系。

具体而言:从技术层面来看,车路协同是实现自动驾驶的一条技术路径;从应用层面来看,自动驾驶是车路协同的一个应用场景;从市场层面来看,自动驾驶是车路协同当前一个具有市场前景与动力的发展方向;从我国道路交通系统发展的层面来看,车路协同是引导自动驾驶良性发展的正确方向和必由之路。

但同时也应注意:从历史来看,车路协同不是为了自动驾驶而发展的,车路协同的最终目标也不是实现自动驾驶,而是改善道路出行者的体验。从发展方向来看,既不能仅将车路协同局限在作为实现自动驾驶的技术路线,也不能抛弃车路协同,完全走单车智能化的道路。

二、车路协同和自动驾驶的技术路线选择问题

随着智能交通技术的快速发展,智能网联交通系统被认为是未来道路交通发展的重要方向。因为其不仅可以解决我国主要运输通道普遍面临的扩容需求与资源紧张的突出矛盾,而且将全面提升道路交通系统的效率和安全、绿色水平。

智能网联交通系统的实现路径有两条:一条是以车为主的自动驾驶技术路线,强调"聪明的车";另一条是车路一体化发展的车路协同技术路线,强调"简单的车、聪明的路"。

1. 自动驾驶技术路线的特点

目前世界上主要的自动驾驶技术路线大多是以车为智能主体的解决方案。无论是以谷歌、优步、百度等为代表的互联网科技公司,还是以特斯拉、沃尔沃、奥迪等为代表的汽车制造企业,他们都试图应用激光雷达、毫米波雷达、超声波雷达、视频图像等先进的感知设备,将汽车打造成极为聪明的移动智能体。

这种以车为主体的解决方案,由于需要在每一辆车上安装大量昂贵的感知及计算决策设备,且这些设备也仅能服务于单台智能车辆,这使得该技术路线的投资回报率较低。同时,以车为主的技术路线对相关算法、软件具有非常高的要求。此外,目前的实践证明,以车为主实现自动驾驶的车辆,其稳定性及安全性还未达到令人满意的水平。由于自动驾驶技术路线具有上述几个弊端,所以目前业界普遍认为要到2025—2030年或更晚才可能实现大规模的商用化。

2. 车路协同技术路线的特点

车路协同技术路线的主要特点如下。

(1)将原本车载的感知设备系统布设到道路基础设施上(路侧端),这样,路侧固定的感知设备便可以为所有通行的车辆提供感知支持,使得智能车辆的感知能力更强,而普通车辆不需安装昂贵的感知设备也能具有一定的感知能力。

(2)车辆的控制由在道路基础设施上安装的路侧控制系统和车载控制系统共同完成。这样更有利于多辆智能车间的协同换道、协同避险等协同控制。同时,由于感知信息可以通过路侧系统进行多车间的共享,根据共享的感知信息,车辆可以以更小的安全车距进行编队行驶,能够有效地提高道路通行能力。

(3)车路协同技术路线的感知系统、控制系统、通信系统、信息安全系统等可多重备份配置,这使得系统的安全性、稳定性更高,可以保证自动驾驶车辆的安全运行,有利于自动驾驶技术的快速普及。

本章参考文献

[1] 《中国公路学报》编辑部. 中国交通工程学术研究综述·2016[J]. 中国公路学报,2016,29(06):1-161.
[2] 史斌. 车路协同系统车车信息交互性能优化方法[D]. 北京:北京交通大学,2017.
[3] 黄敏,蔡娜,孙珠婷,等. 优化算法在动态路径诱导系统中的研究综述[J]. 海南师范大学学报(自然科学版),2019,32(04):416-419.
[4] 费音,曹建永. 国内外智能网联汽车标准概况研究[J]. 质量与标准化,2019(11):47-50.

[5] 张天,汤利顺,王彦聪,等.C-V2X标准演进及产业化综述[J].汽车文摘,2020(02):22-28.

[6] 黄罗毅,吴志周,杨晓光,等.基于仿真的IEEE802.11p在车路协同中的适应性研究[J].交通信息与安全,2011,29(03):123-126.

[7] 李宏海,刘冬梅,王晶.日本VICS系统的发展介绍[J].交通标准化,2011(15):107-113.

[8] 徐岩宇,黄中祥,李环燕.日本通用交通控制系统计划中的动态线路引导系统[J].国外公路,1996(03):16-19.

[9] 戴涛,范蜀晋.日本研究开发21世纪汽车安全新技术[J].微型轿车,1996(06):28-29.

[10] 王笑京.中国智能交通发展回眸(一)智能交通系统的起步岁月[J].中国交通信息化,2018(12):18-21.

[11] 杨博文.智能交通系统的研究现状及发展趋势分析[J].中国设备工程,2019(02):121-122.

[12] 李松,王玲.发达国家IVHS研究与进展[J].国外公路,1998(04):19-22.

[13] 尚刚,陈宝.智能交通系统(ITS)在日本的发展综述[J].华东公路,1999(03):62-65.

[14] 史其信,熊辉.展望21世纪智能交通系统(ITS)的发展[J].黑龙江工程学院学报,2001(01):52-56+61.

[15] Arnaout,G.M.,Khasawneh,M.T.,Jun Zhang,Bowling,S.R..An IntelliDrive application for reducing traffic congestions using agent-based approach[P].Systems and Information Engineering Design Symposium (SIEDS),2010 IEEE,2010.

[16] Kim Euiho,Shin Yujin.Feasibility Analysis of LTE-Based UAS Navigation in Deep Urban Areas and DSRC Augmentation.[J].Sensors(Basel,Switzerland),2019,19(19).

[17] Yang WANG,Yu LIU,Bo-ya ZHOU.Development Status and Test Methods Research on Intelligent and Connected Vehicles[P].DEStech Transactions on Engineering and Technology Research,2018.

[18] 张继永,杨斌.无线车联网WAVE的车地通信初步研究[J].通信技术,2012,45(10):36-38.

[19] Mumford,Richard.DRIVE C2X Project Update[J].Microwave Journal,2012,55(8).

[20] Okamoto,H.,Hase,M..The Progress of AMTICS-Advanced Mobile Traffic Information and Communication System[P].Transportation Electronics,1990.Vehicle Electronics in the 90′s:Proceedings of the International Congress on,1990.

[21] Totani,S..Development and current status of CACS(comprehensive automobile traffic control system)[P].Vehicular Technology Conference,1980. 30th IEEE,1980.

[22] 黄海川.自动驾驶的现状分析和实现过程[J].数字通信世界,2018(03):81-82.

[23] 巩建国,赵琳娜.日本VICS系统简介与借鉴[J].汽车与安全,2015(01):101-105.

[24] 解读我国首个自动驾驶路试指导意见细则[J].汽车与安全,2018(03):14-15.

[25] 龙夫.日本ASV安全汽车的技术研究动向[J].汽车与安全,2005(02):47-48.

[26] 李俨,高路.5G NR-V2X直连通信频率需求研究[J/OL].中兴通信技术:1-9[2020-03-02].http://kns.cnki.net/kcms/detail/34.1228.TN.20200222.1132.002.html.

[27] 张晟剑,欧春尧.技术-组织-环境(TOE)框架下车联网产业生态创新演化研究[J].科技创新发展战略研究,2020,4(01):26-30.

[28] 《中国公路学报》编辑部.中国汽车工程学术研究综述·2017[J].中国公路学报,2017,30(06):1-197.

第八章

新技术开发应用现状与发展展望

物联网、5G、区块链、云计算、先进视频技术、北斗、人工智能、车路协同等新技术的快速发展，突破了传统交通领域发展的技术局限、发展模式和发展速度，将大大提高智能交通技术的应用广度和深度，推动交通运输智能化时代的到来。

本书第三、六、七章分别介绍了云计算、先进视频技术、车路协同，本章重点介绍物联网、5G、区块链、北斗、人工智能等其他5种新技术。

一、物联网技术在交通中的应用

物联网（Internet of Things，IoT）是互联网、传统电信网等信息承载体，是让所有能行使独立功能的普通物体实现互联互通的网络。物联网将现实世界数字化，应用范围十分广泛。在交通领域主要有以下应用。

（1）智能驾驶方面：物联网允许车队相互对接并控制整体系统，为驾驶人员提供更多数据并帮助其深入了解其载具的当前状态。智能交通物联网中的RFID技术、传感器网络、移动通信等支撑技术，可以建设城市地面交通智能管理控制平台，实现包括中心城区流量实时监测与动态诱导、机动车定点测速、交通信号灯智能控制等功能。

（2）智能停车场：以停车位资源为基础，通过安装地磁感应、摄像头等装置，实现车牌识别、车位的查找与预定以及使用App自动支付等功能。

（3）无感收费：通过摄像头识别车牌信息，将车牌绑定至微信或者支付宝，根据行驶的里程，自动通过微信或者支付宝收取费用，实现无感收费，提高通行效率，缩短车辆等候时间。

（4）智能公交车：智能公交通过RFID、传感等技术，实时了解公交车的位置，实现弯道及路线提醒等功能。同时能结合公交的运行特点，通过智能调度系统，对线路、车辆进行规划调度，实现智能排班。

（5）共享自行车：共享自行车是通过配有GPS或NB-IoT模块的智能锁，将数据上传到共享服务平台，实现车辆精准定位、实时掌控车辆运行状态等功能。

（6）充电桩：运用传感器采集充电桩电量、状态以及位置等信息，将采集到的数据实时传输到云平台，通过App与云平台进行链接，实现统一管理等功能。

（7）智能红绿灯：通过安装在路口的装置，实时监测路口的行车数量、车距以及车速，同时监测行人的数量以及外界天气状况，动态地调控交通信号灯，提高路口车辆通行率，减少交通信号灯的空放时间，提高路网的效率。

（8）仓库、设备管理：仓库是运输和物流的重要组成部分。物联网可以跟踪与库存、设备和车辆相关的数据，以获得现场生产力。这将能够收集和共享所有关键任务数据，以使正确数量的产品被正确地运输。

二、5G技术在交通中的应用

5G技术一般指第5代移动通信技术（5th Generation Mobile Networks或5th Generation Wireless Systems、5th-Generation），是面向移动通信需求而发展的新一代移动通信系统，其将与其他无线移动通信技术密切结合，便构成新一代无所不在的移动信息网络。5G的性能目标是高速率、低时延、节省能源、降低成本、提高系统容量和大规模设备链接。未来5G系统还须具备充分的灵活性，具有网络自感知、自调整等智能化能力，以应对未来移动信息社会难以预计的快速变化。

5G 技术是在 2G、3G、4G 等其他无线通信技术的基础上所研发的新型技术,整体来说,5G 技术主要有表 8-1 所示的几个独特的特点[1-3]。

5G 主要技术指标性能特点 表 8-1

特点	更快		更广		更优	
	峰值速率	用户速率	时延	移动性	区域容量	连接密度
5G	20Gbps	100Mbps	1ms	500km/h	10Mbps/m^2	100 万/km^2
4G	1Gbps	10Mbps	10ms	350km/h	0.1Mbps/m^2	1 万/km^2
提升倍率(倍)	20	10	10	1.5	100	100

5G 在交通领域的主要应用包括以下几个方面[4,5]。

1. 车联网与自动驾驶

5G 技术的连续广域覆盖、热点高容量、低功耗大链接和低时延高可靠四大特性能够对无人驾驶汽车产生的庞大数据进行传输和处理,可以提供更精准的地图定位和更复杂的运算,从而引导无人驾驶技术高速、稳健、安全发展。

2018 年 9 月 19 日,中国移动发布国内第一条 5G 自动驾驶车辆测试道路,位于北京市房山区的高端制造业基地,这条道路首期开放长度为 10km,可同时容纳 10 辆自动驾驶汽车开展研发验证、测试工作,设有 10 个 5G 基站、115 个智能感知设备、32 个车路协同(V2X)信息采集点位、4 套智能交通控制系统,可提供 5G 自动驾驶所需的 5G 网络、5G 边缘计算平台,具备 5G-V2X 能力、5G 高精度定位能力。

2019 年 4 月 12 日,国内首条 5G 智能网联高速公路封闭测试场正式启用,并在现场开展车路协同路演测试,测试场位于山东滨莱高速改扩建项目中保留的废旧高速路段。该测试路段已完成 5G 信号全覆盖,测试车辆实现了对高速公路环境的 360°感知和车路信息交互协同,实现了道路、车辆、控制设备的互联。

2019 年 7 月 14 日,广州市正式启动"全国首个自动驾驶 5G 车联网示范岛"建设,在广州国际生物岛正式启动 1 条自动驾驶公交应用示范线、5 台自动驾驶出租应用示范车辆,标志着该区正式迈入自动驾驶 MaaS(出行即服务)综合应用新时代。目前广州联通已完成了岛上全部 12 个 5G 基站的部署,广州公交集团已与公安交警对接了信号灯车路协同的技术方案。

2. 智慧停车

5G 的高速率、低时延、广链接等特点,为物联网提供更好的基础设施,应用"5G + 物联网"技术扩大覆盖范围,并简化传感器部署,将会极大地改善当下"停车难"的问题。5G,再加上 DDA、NB-IoT、LoRa 等物联网技术的发展,将带领智慧停车进入无感停车时代。

3. 智慧出行

5G 时代的到来,为车与车、车与路、车与人之间的信息交换提供了一条"高速公路",使得智慧出行组件之间的联动更加灵活,出行的智能化水平将再次得到提升。

4. 智能交通管控

5G 的接入改变了过去监控视频通过本地缓存分析再上传照片的模式,不仅能够实时监测违法车辆轨迹,还可以在后台实时监测事故现场处理进度,提高管理效率,实现交通态势实时感知,辅助城市交通治理。

5G 技术下,超高清的道路视频监管成为现实,浙江舟山跨海大桥安装了全景特写摄像机,图像传输采用联通 5G 通信信道,可清晰展示驾驶人面部表情。摄像机通过 5G 网络传输,舟山跨海大桥监测图像无任何卡顿或延迟,监控图像实时传输质量已达到千兆网络传输水准。

成都交警推出全国首个 5G 智慧交通创新应用。2019 年 2 月,成都电信和成都公安联合发布全国首个 5G 智慧交通示范应用。成都交警以"5G 直升机 + 无人机"的全新模式和交通管理空地联勤的科技手段,创新助力道路巡查和执法管理。

5. 5G 智慧码头

5G 技术所具备的低时延、高带宽、大容量特性,为港口解决好自动化设备的通信问题提供了全新方案。青岛港自动化集装箱码头已成功验证了毫秒级时延的工业控制信号和高于 30 路高清摄像头视频数据在 5G 网络的混合传输。

6. 5G 智慧机场

机场作为重要的综合交通枢纽,包含设备、交通、通信等诸多的 5G 使用场景。结合 5G 高速率、低时延、大带宽的技术特点,5G 未来将在机场物联网、机场自动化调度、人工智能服务、旅客服务、行李跟踪等方面发挥巨大的作用。

7. 在轨道交通的应用领域

综合分析看来,轨道交通内 5G 应用场景主要包括:3D/超高清视频等大流量移动宽带业务、与运维相关的大规模物联网业务,全自动驾驶自动化业务等需要低时延、高可靠链接的场景。

总之,5G 移动通信作为信息领域的核心技术,在接入方面,5G 网络可以为智能交通、智慧城市、智能政务等行业应用提供海量终端接入;在通信方面,5G 网络可以为无人机、自动驾驶等提供超低时延、高可靠性、强安全性的通信支持,为超高清视频直播、增强现实、混合现实等提供超高带宽的通信保证。

未来,随着我国 5G 网络建设全面铺开,5G 技术将构建全方位的信息生态系统,驱动全社会的数字化转型,促进智能交通高速向前发展。

三、区块链技术在交通中的应用

区块链是分布式数据存储、点对点传输(并且会在多个节点上存储同一块数据)、共识机制、加密算法等计算机技术的新型应用模式[6,7]。区块链技术按照时间顺序将数据区块以链条的方式组合成特定数据结构,并以密码学方式保证去中心化共享总账不可篡改和不可伪造,能够安全存储简单的、有先后关系的、能在系统内验证的数据;各节点可进行数据验证、存储和维护[8]。

1. 区块链技术具有的特点

(1)去中心化。区块链技术不依赖额外的第三方管理机构或硬件设施,没有中心管制,除了自成一体的区块链本身,通过分布式核算和存储,各个节点实现了信息自我验证、传递和管理。去中心化是区块链最突出、最本质的特征。

(2)开放性。区块链技术的基础是开源的,除了交易各方的私有信息被加密外,区块链的数据对所有人开放,任何人都可以通过公开的接口查询区块链数据、开发相关应用,因此整个系统中的信息高度透明。

(3)独立性。基于协商一致的规范和协议(类似比特币采用的哈希算法等各种数学算法),整个区块链系统不依赖其他第三方,所有节点能够在系统内自动、安全地验证、交换数据,不需要任何人为的干预。

(4)安全性。只要不能掌控全部数据节点的51%,就无法肆意操控修改网络数据,这使区块链本身变得相对安全,避免了主观人为的数据变更。

(5)匿名性。除非有法律规范要求,单从技术上来讲,各区块节点的身份信息不需要公开或验证,信息传递可以匿名进行。

2. 区块链技术在交通领域的主要应用

1)在数据共享方面的应用:提高共享深度和效率

区块链技术的分布式去中心化特性,能够将原有的大量服务器、海量存储离散分布到不同参与者的节点中,大幅降低系统部署和维护成本。通过搭建交通运输链,构建面向交通运输产业的区块链网络。这一区块链网络可以结合互联网、物联网等传统网络技术,借助区块链技术的可信任、智能合约等特征,将交通运输产业中的政府、企业、机构等主体,与车辆等运输装备,道路、桥梁、场站等基础设施,进行有效的数据共享网络链接。

在区块链基础上形成的交通运输链,能够打造新的数据共享、流通信任机制,实现新的设备间点对点服务交换可行网络,推动交通运输产业主体协作模式的运行。此外,交通运输区块链还能确保数据流通的公开透明,进一步确保数据资产权益,提升智能交通的运行效率,降低智能交通运行的总体信用成本。

2)可实现交通费用的即时支付

将车辆和车主的通证地址进行绑定存储,完成车辆认证管理。在这个管理体系下,车主的通证就是车辆的电子车牌号。通过普及通证的使用,高速收费、交通违法罚款、停车费用等有关车辆收费事务,都能够即时在线上进行,实现即时付款。拥堵收费或污染收费体系中可以智能调整各路段的收费标准,不同时间、不同路况,收费不同。所有费用可以安全地直接从乘客的区块链电子钱包或信用卡中扣去,同时向监管机构提交记录。

3)能提升车联网信息安全

目前,黑客可以通过一段简单的代码实现对车载网络的破坏性攻击,完成诸如制动、改变车速、播放音乐、将乘客锁在车内等操作。通过在车联网系统中引入区块链,可大大提升现有车联网的安全程度;使用区块链的车联网,通过共识机制实现更加安全可靠的认证存储,并能提供可持续性服务,车联网的数据难以被篡改。

4)更加精准判断交通运行状态,支撑精准信息服务

通过区块链数据共享与定位系统的结合,能够有效记录并实时分享车辆所在位置,从而实时判断并发布交通拥堵状况,真正做到实时采集并反馈交通信息。由于区块链去中心化的技术特征,不需要通过中心服务器来处理与发布全部数据,能做到最快向车主推送信息,帮助车主使用智能终端分析路线、调整规划,节约个人时间并降低道路交通拥堵程度。

5)助力解决停车难问题:车位信息快速获取、车位管理、停车费用即时支付

区块链支付技术能够实现精准的数据收集,从支付环节着手,实现对用户画像更为准确与

完整的分析，为停车费的即时支付提供稳定、快捷、透明、安全的支付渠道。2018年，贵州宏立城集团发起建设的车位宝App正式上线，这是首个基于区块链技术的智慧停车移动互联网工具。该App集智慧停车与停车缴费、车位管理、车位转让、租赁投资于一体，用户下载车位宝App后，只需要绑定车牌号，获得区块链的专属节点，即可将有关信息加以互通，迅速实现车主与车位提供方的交互。由此，用户能获得更为便捷、智慧的停车服务。

6）物流区块链：状态跟踪、信息交互、降低成本、提高效率

在物流过程中，每个区块能够记录不同环节的详细交易信息，随时上传到整个区块链网络。这样既可以达到信息安全共享的效果，又能促进信息交互，提升交通物流规模和效益。对物流机构本身而言，也能大大降低成本、提高效率。

2018年，京东成立了国内首个物流与区块链技术应用联盟。腾讯和"中国物流与采购联合会"签署战略合作协议，联合发布了双方首个重要合作项目：区块供应链联盟及运单平台。同年，阿里巴巴旗下的菜鸟与天猫国际共同宣布，已经启用区块链技术，全面跟踪跨境进口商品的物流信息、上传和查证，通过对商品的生产、运输、通关、报检和第三方检验进行全流程查验，从而为产品打上独一无二的"身份证"，以便消费者查询、验证。

四、北斗系统在交通中的应用

北斗卫星导航系统（BeiDou Navigation Satellite System）简称北斗系统，英文缩写为BDS，是中国自行研制的全球卫星导航系统，免费为全球用户提供全天候、全天时、高精度的定位、测速和授时服务，在人类生活、国防保障中都具有重要的作用[1]。北斗卫星导航系统标识如图8-1所示。

北斗系统是继GPS、GLONASS（全球卫星导航系统）之后的第3个成熟的卫星导航系统，由空间段、地面段和用户段3部分组成，可全天候、全天时为各类用户提供高精度、高可靠定位、导航、授时服务，并具短报文通信能力，用于监控救援、信息采集、精确授时、导航通信，主要应用于车辆运营、沿海和内河船舶、水利、气象、石油、海洋和森林防火、通信、电力、交通、边防巡逻、海岸缉私等领域。

1. 北斗卫星导航系统的特点

图8-1 北斗卫星导航系统标识

（1）北斗系统空间段采用3种轨道卫星组成的混合星座，与其他卫星导航系统相比高轨卫星更多，抗遮挡能力更强，尤其低纬度地区性能优点更为明显。

（2）北斗系统提供多个频点的导航信号，能够通过多频信号组合使用等方式提高服务精度。高精度作为北斗系统产业化的一个重要板块，在变形监测、精细农业、机械控制等多方面彰显优势，涌现出一批典型技术系统与示范应用工程。

（3）北斗系统创新融合了导航与通信能力，具有实时导航、快速定位、精确授时、位置报告和短报文通信服务等多种功能[8]。

截至 2018 年 12 月,在中国范围内已建成 2300 余个北斗基地增强系统基准站,已在交通运输、农林渔业、水文监测、气象测报、电力调度、救灾减灾、公共安全等领域得到广泛应用,随着建设和服务能力的发展,北斗系统已经逐步渗透到人们社会生产和生活的方方面面,融入国家核心基础设施,产生了显著的经济效益和社会效益,为全球经济和社会发展注入新的活力。

北斗系统已广泛应用于重点运输过程监控、公路基础设施安全监控、港口高精度实时定位调度监控等领域,国产民航运输飞机首次搭载北斗系统。截至 2018 年 12 月,全国已有超过 617 万辆道路营运车辆、3.5 万辆邮政和快递运输车辆、36 个中心城市约 8 万辆公交车、370 艘交通运输公务船舶、3200 余座内河导航设施、2900 余座海上导航设施已应用安装使用或兼容北斗系统,建成了全球最大的营运车辆动态监管系统,有效提升了监控管理效率和道路运输安全水平[3]。据统计,2011—2017 年,中国道路运输重特大事故发生起数和死亡失踪人数均下降约 50%。交通运输行业高度重视北斗系统在行业的推广应用工作,交通运输部积极推动北斗系统在交通运输领域的应用,促进北斗系统服务"一带一路"倡议,推动北斗系统纳入国际搜救卫星组织,北斗三号第 13、14 颗卫星搭载了由交通运输部参与建设的搜救载荷,组成北斗卫星搜救系统,作为全球卫星搜救系统的组成部分,为全球遇险船舶和人员提供报警和定位服务。实现交通行业与北斗系统相互促进,共同发展[9-12]。

2. 北斗卫星导航系统在交通领域的主要应用

1) 智能导航

利用北斗定位功能,通过与信息通信、物联网、云计算等技术深度融合,能够实现手机导航、车辆导航、路线规划等一系列位置服务功能,使人民生活更加便捷。

利用北斗系统导航功能,能够做到:对行驶途中的车辆进行实时定位,高精度获取车辆运行轨迹信息;根据事先预存的地图指导车辆行驶,能够动态显示车辆行驶情况;根据输入信息,给出准确的路径指导。

2) 实时交通信息采集与车辆监控、管理

利用北斗系统,将配备探测仪的车辆作为信息采集点,对各道路的车流量情况进行实时采集与整理,对道路交通状况进行分析,实时监控各交通路段的车辆信息,同时将收集到的路况信息上传到智能交通系统中,利用北斗系统的短信通信功能,以语音播报的形式为驾驶人提供交通路况信息,帮助其选择合理的驾驶路线,避开拥堵区域。实时交通信息发布功能的主要作用包括:帮助驾驶人掌握交通情况,选择最佳路线,缩小行驶时间;分散交通流,缓解交通堵塞,保证交通畅通;提高安全性;减少大气污染,保护环境;节省能源,提高经济效益。

北斗系统广泛应用于重点车辆运输过程监控、公路基础设施安全监控等领域。利用北斗定位及通信技术,实现对车辆的监控。可以在地图上展示车辆行驶信息,使运输公司实时掌握运输车辆的实际情况及分布状态。通过基于北斗系统的客户端系统,用户能实时掌握自己及其他车辆的位置信息,实现远程协作。

3) 公交车监控和管理

利用北斗系统的短报文通信功能,公共交通管理部门可以采用车辆监管系统对各车发回的信息进行综合分析,包括实时提供车辆运行信息,准确的每辆车、每个驾驶员、每次出车的翔实情况等,再将调度命令发送给驾驶员,及时调整车辆运行情况,实现有效管理;减轻驾乘人员的劳动强度,有利于对驾乘人员工作的正确考核。同时,还可以推广使用电子站牌,电子站牌通过无线数据链路接收即将到站车辆发出的位置和速度信息,显示车辆运行信息,并预测到站时间,为乘客出行提供方便,可以降低运行成本,提高经济效益。

4)自动驾驶应用

精准定位和导航是无人驾驶车辆在未知或已知环境中能够正常行驶的最基本要求,是实现在宏观层面上引导无人驾驶车辆按照设定路线或者自主选择路线到达目的地的关键技术。北斗系统的北斗差分定位技术,能够确定车辆的三维位置,获取最低米级、最高厘米级的高精度位置信息。

5)支撑实时交通信息服务

通过车辆的定位信息,掌握交通实时情况,进行实时诱导,提供精准化交通服务,保证交通畅通。

6)行车安全管理

通过对北斗系统位置信息的显示分析,能对道路上一些不安全的行为进行记录,以便事后及时处理,加快事故的确认和处理,使受阻的路段尽快恢复通行,提高道路交通运营能力。

除上述应用外,北斗系统在盲区定位、紧急救援、无人机导航、铁路建设、运营、维护、桥梁变形实时监测、滑坡及变形监测等方面均广泛应用。

北斗系统应用领域广泛,未来发展空间可期,北斗系统将持续提升服务性能,扩展服务功能,增强连续稳定运行能力。

五、人工智能在交通中的应用

人工智能(Artificial Intelligence,AI)是近些年广受关注的新兴技术,它的学术定义为:用于模拟、延伸和扩展人的智能的理论、方法、技术及应用系统的一门新的科学技术。人工智能技术能够提供一种能以与人类智能相似的方式作出反应的智能系统[13,14]。

人工智能的核心技术包括模式识别、机器学习、数据挖掘以及智能算法等。

为抢抓人工智能发展的重大战略机遇,构筑我国人工智能发展的先发优势,加快建设创新型国家和世界科技强国,2017年7月国务院印发的《新一代人工智能发展规划》中指出,新一代的人工智能主要是大数据基础上的人工智能,它呈现出深度学习、跨界融合、人机协同、群智开放和自主智能的新特点。

人工智能在交通领域的主要应用如下。

1. 图像识别技术

图像识别技术是人工智能的一个重要领域。它是指从图像中识别各种不同模式的目标和对象的技术。

图像识别技术通过算法来判断车辆的速度、车流密度,从而可以得到当前交通状况,并分析未来短时间内当前道路可能出现情况,并且可以结合导航系统有效疏通道路、避免拥堵、降低交通事故发生的概率。

车辆识别技术是智能交通系统中至关重要的环节之一。该技术通过车牌提取、图像预处理、特征提取等技术,识别车辆牌号。

人工智能在车辆颜色、车辆厂商标志识别、无牌车检测、非机动车检测与分类、车头车尾判断、车辆检索、人脸识别等相关的技术方面也比较成熟。

2. 自动驾驶技术的应用

人工智能在智能环境感知、车辆智能行为决策与路径规划、车辆智能控制等方面为自动驾驶技术的发展提供了重要支撑。

3. 在出租车行业的应用

在出租车行业，人工智能主要应用于对出租汽车合法性的有效识别、实现乘客、驾驶员和运营管理部门的信息共享与互动方面，对于提高出租车的服务质量、保障驾驶员和乘客的安全、维护出租汽车行业的市场秩序有重要作用，同时对精确打击非法营运等工作提供支撑。

4. 在公交调度方面的应用

公共交通是城市交通中的重要一环，而公交调度关系到城市交通的稳定运行，人工智能的应用能够有效解决公交调度自动化水平较低的问题。

在公交调度优化中，人工智能可结合全球定位系统（北斗）、客流 IC 卡进行数据采集，根据采集的 IC 卡历史数据，并使用人工智能相关算法进行客流统计分析和短期客流预测，再通过公共交通车辆的 GPS 采集数据，获取车辆的发车时间、发出班次以及线路车辆的周转率，在这些基础上，通过人工智能技术的客流和车辆匹配算法，对线路的发车间隔、发车频次等进行优化和设计，以此来实现公交车辆的自动调度和指挥，以确保车辆的准点运行，缩短乘客的等候时间以及增加车辆载客率。

5. 城市交通实时路况分析和动态交通诱导

基于交通流信息实时路况信息，利用人工智能技术与算法，对路网实时路况进行分析和评估，并自动生成相应的路网导航信息，实现动态导航与诱导。

人工智能在道路交通中的应用虽已初见曙光，但依然任重道远。类脑智能技术将是人工智能发展的重要方向，它将使计算机能模仿人去感知环境、理性思考、执行动作，这也是未来交通与人工智能融合的重要领域。

六、边缘服务器在交通中的应用

边缘服务器[15]是安装于路侧，可以存储各种类型的交通数据并进行边缘计算的服务器硬件的统称。近年来，随着万物互联时代的到来和无线网络的普及，网络边缘的设备数量及其产生的数据量都急剧增长。根据 Fior Markets（菲奥尔市场研究）发布的预测数据，到 2027 年，全球边缘计算市场能够达到 183.6 亿美元。在这种情况下，以云计算为代表的集中式处理模式将无法高效地处理边缘设备产生的数据，无法满足人们对服务质量的需求，边缘服务器应运而生。

边缘服务器是实现边缘计算技术的物理基础，也是构成智慧城市的"端、边、云"三层计算架构的基本单元。在智慧城市运行中会产生海量的数据。在对海量数据的处理、分析和利用的过程中，需要有战略思考、合理分工、深度分析利用。边缘服务器作为云计算中心在网络边缘的延伸，能够大幅降低网络负载，提高响应速度，降低能源消耗，满足行业数字化在敏捷连接、实时业务、数据优化、应用智能、安全与隐私保护等方面的需求，帮助政府更快、更及时地作出决策,提高城市的智能化水平、系统的效率、安全水平和市民的生活质量。

未来,边缘服务器应作为智能服务的一种模式,成为智慧城市的基本细胞、城市智能交通系统的基本单元。具体来说,边缘服务器的深度应用主要表现在以下几方面。

1. 引领交通管理与控制的革命性变化

深化边云协同的交通控制架构,切实落实边缘计算关键功能,包括:

(1)实时动态分析能力:多源信息融合分析、海量数据挖掘、动态交通需求分析、态势分析研判、预测与预警、动态评估。

(2)交通设施设备智能管理能力:设施设备状态诊断、设施设备协同、设施设备的智能运维。

(3)支撑交通信息服务功能:交通流状态感知、分析研判;交通信息服务方案生成与推送。

(4)基于大数据支撑的交通管理一体化:实时动态全面分析研判能力;"交通控制+诱导调控+需求管理"一体化;支撑"情指勤督"一体化;为精准执法提供依据和辅助决策;为现场服务提供传输、查询、快速办理等功能。

(5)为功能创新提供研究基础支撑:实时全息数据支撑;仿真模拟反馈与评价。

2. 具备全面支撑车路协同能力

充分发挥边缘服务器的网络连接和计算能力优势,使其成为车路通信、车车通信的硬件基础;在车辆优先控制和自动驾驶应用场景中,边缘服务器提供车辆与信号控制机之间的双向通信,并且开发专门的控制策略支撑这些应用场景;在车路协同应用中边缘服务器既作为数据的管理者,也作为上层平台与车辆之间的信息中转器。

此外,边缘服务器还应具备路侧智能感知(车流、事件、天气、移动体等全时空动态信息感知)、大数据处理、交通态势研判等全面实时动态分析、交通组织与交通诱导方案生成、行车安全预警等能力,成为自动驾驶路侧全智能模板。

3. 担任AI算法的主要执行者角色,发挥重要作用

边缘计算服务器具有很强的信息计算能力,尤其适合部署已经在云平台训练好的人工智能算法。因为边缘计算服务器距离数据发生源更近,并且并发量相比云端低很多,因此可以更加稳定地执行各类AI算法。如此,边缘计算服务将可以完成原始数据的清理、AI算法实施、数据融合、交通控制全链条的工作,非常适合高级辅助驾驶、自动驾驶、事件识别、紧急报警、人群管控等各种应用场景。

4. 实现信息全面共享、融合和深度应用

未来,边缘服务器能够实现与主流感知设备的全连接,具备实时采集融合交通、城管、教育等多领域信息的能力;可作为小型数据中心,连接云端和终端用户,打通瓶颈,实现跨领域数据的融合共享,为跨领域分析奠定基础;同时,融合人工智能等关键技术,具备跨领域数据存储、处理分析能力。

5. 成为智慧城市基本细胞

边缘服务器作为智慧城市的基本细胞,应具备以下功能:海量数据分类、分级、分主题云存储;跨领域大数据分析研判能力;大范围综合现状分析、态势分析及专题领域态势分析;为业务

务联动提供分析与评估支撑;为智慧城管、智慧教育、智慧医疗等提供数据存储、传输、分析、研判和初步评估功能。

6. 成为城市智能交通系统的基本单元

边缘服务器作为城市智能交通系统的基本单元,具备构建不同功能的标准化可组装模块,能够根据区域特点和需求生成不同组合功能模块。具体来说,功能模块包括交通需求分析模块、交通态势研判模块、支撑"情指勤督"一体化模块、交通控制模块、交通执法支撑模块、交通便民服务模块、交通组织与管理模块、自我进化与评估优化支撑模块、智能运维模块、智慧城市支撑模块。

七、总体展望

未来新技术包括颠覆性新技术的发展,将使得交通与技术深度融合,为智能交通系统的高质量发展提供强有力支撑。未来新技术在交通领域主要有以下发展趋势:

(1) 实现信息的全息智能感知。
(2) 通信和传输更便捷、信息更安全。
(3) 实现交通大数据资源的共享开放及深度利用。
(4) 分析研判更智能、更精准。
(5) 交通服务更智能、管理更高效、运行更安全。
(6) 信号控制优化和车路协同将快速发展并得到广泛应用。
(7) 交通的跨界融合与协同创新成为发展新趋势。
(8) 自动驾驶、无人机、智能船舶等将逐步走进人们的生活。

党中央国务院发布的"交通强国建设纲要"也指出,要推动大数据、互联网、人工智能、区块链等新技术与交通行业深度融合,建设一流技术。

因此,未来新技术发展要按照"纲要"要求,坚持以创新为第一动力,加强前沿科技的研发,提升智能交通水平,使得与交通行业深度融合的大数据、互联网、人工智能等新技术,为交通插上数字化的翅膀,为交通强国建设提供强大动能。

本章参考文献

[1] 周丽芬.智慧交通的未来:基于5G技术的车联网[J].汽车后市场,2019(13).
[2] 彭德义.基于机器学习的5G无线通信物理层关键技术研究[J].湖南工程学院学报(自然科学版),2019(3):37-43.
[3] 王殿海,李志刚,曾文.智能城市前瞻:基于5G技术的智能交通初探[J].福建电脑,2019,35(01):110-111.
[4] 啜钢,裴静,刘倩,等.安防系统中5G关键技术分析[J].中国安防,2017(12):71-77.
[5] 邹建军.5G技术在智能交通中的应用[J].电子技术与软件工程,2019(16).
[6] 杨嫚.基于区块链技术的会计模式浅探[J].新会计,2017(9):57-58.
[7] 袁勇,王飞跃.区块链技术发展现状与展望[J].自动化学报,2016,42(4):481-494.
[8] 中国卫星导航系统管理办公室.北斗卫星导航系统发展报告(3.0版)[R].北京:中国卫星导航系统管理办公室,2018.

［9］ 中国新闻两会专刊.应用领域广 北斗系统效益高［EB/OL］.（2019-03-19）［2020-01-09］http：//www.glac.org.cn/index.php? m = content&c = index&a = show&catid = 2&id = 5308.

［10］ 交通运输部.分阶段稳步推动北斗系统在交通运输行业实现全覆盖［J］.卫星与网络,2018(12)：74.

［11］ 马甲林.基于北斗卫星导航系统短报文服务的水上安全通信［J］.水运管理,2019,41(05)：15-18 + 22.

［12］ 郭晗.2018 年北斗应用回顾［J］.卫星应用,2019(04)：10-13.

［13］ 盛杰诚.人工智能技术在智慧交通中的应用［J］.电子制作,2019(10)：67-68 + 34.

［14］ 张军平.人工智能的发展历程与未来方向［J］.国家治理,2019(04)：3-6.

［15］ 陆洋,李平,周庆华.智慧城市的基本单元：边缘服务器的功能定位及其深度应用［J］.科技导报,2020.6.